新时代外国语言文学
新发展研究丛书

总主编 罗选民 庄智象

第二语言习得新发展研究

Second Language Acquisition: New Perspectives and Development

杨连瑞 蔡金亭 徐锦芬 陈士法 / 著

清华大学出版社
北京

内 容 简 介

本书共 11 章,从背景、理论、方法和实践等层面对全球化背景下近二十年来的第二语言习得研究新发展进行了探讨。本书充分体现了二语习得研究的跨学科性质和研究内容的主题性特点,强调多学科兼容并蓄原则,通过认识论理论和科学方法来分析二语习得现象并构建二语习得研究的学科体系。本书贯彻本土化和应用性相结合的原则,对国际二语习得研究的理论和方法进行分析和构建的同时,梳理提炼出中国的学派,并将研究成果运用到提高我国外语教育教学和国际汉语教育教学中,体现出二语习得研究中国化的特点。

本书可以作为高校外国语言文学专业研究生的教材或参考书,对广大从事外语教学的教师和研究人员也有一定的参考价值。

版权所有,侵权必究。举报:010-62782989,beiqinquan@tup.tsinghua.edu.cn。

图书在版编目(CIP)数据

第二语言习得新发展研究 / 杨连瑞等著. —北京:清华大学出版社,2022.1(2023.3 重印)
(新时代外国语言文学新发展研究丛书)
ISBN 978-7-302-59859-6

Ⅰ. ①第⋯ Ⅱ. ①杨⋯ Ⅲ. ①第二语言—语言学习—研究 Ⅳ. ① H003

中国版本图书馆 CIP 数据核字(2021)第 273859 号

策划编辑:郝建华
责任编辑:郝建华　方燕贝
封面设计:黄华斌
责任校对:王凤芝
责任印制:丛怀宇

出版发行:清华大学出版社
网　　址:http://www.tup.com.cn, http://www.wqbook.com
地　　址:北京清华大学学研大厦 A 座　　邮　编:100084
社 总 机:010-83470000　　邮　购:010-62786544
投稿与读者服务:010-62776969, c-service@tup.tsinghua.edu.cn
质量反馈:010-62772015, zhiliang@tup.tsinghua.edu.cn

印 装 者:大厂回族自治县彩虹印刷有限公司
经　　销:全国新华书店
开　　本:155mm×230mm　　印　张:23.5　　字　数:406 千字
版　　次:2022 年 1 月第 1 版　　印　次:2023 年 3 月第 2 次印刷
定　　价:138.00 元

产品编号:088075-01

中国英汉语比较研究会
"新时代外国语言文学新发展研究丛书"
编委会名单

总主编

罗选民　庄智象

编　委

（按姓氏拼音排序）

蔡基刚	陈　桦	陈　琳	邓联健	董洪川
董燕萍	顾曰国	韩子满	何　伟	胡开宝
黄国文	黄忠廉	李清平	李正栓	梁茂成
林克难	刘建达	刘正光	卢卫中	穆　雷
牛保义	彭宣维	冉永平	尚　新	沈　园
束定芳	司显柱	孙有中	屠国元	王东风
王俊菊	王克非	王　蔷	王文斌	王　寅
文秋芳	文卫平	文　旭	辛　斌	严辰松
杨连瑞	杨文地	杨晓荣	俞理明	袁传有
查明建	张春柏	张　旭	张跃军	周领顺

总　　序

　　外国语言文学是我国人文社会科学的一个重要组成部分。自 1862 年同文馆始建，我国的外国语言文学学科已历经一百五十余年。一百多年来，外国语言文学学科一直伴随着国家的发展、社会的变迁而发展壮大，推动了社会的进步，促进了政治、经济、文化、教育、科技、外交等各项事业的发展，增强了与国际社会的交流、沟通与合作，每个发展阶段无不体现出时代的要求和特征。

　　20 世纪之前，中国语言研究的关注点主要在语文学和训诂学层面，由于"字"研究是核心，缺乏区分词类的语法标准，语法分析经常是拿孤立词的意义作为基本标准。1898 年诞生了中国第一部语法著作《马氏文通》，尽管"字"研究仍然占据主导地位，但该书宣告了语法作为独立学科的存在，预示着语言学这块待开垦的土地即将迎来生机盎然的新纪元。1919 年，反帝反封建的"五四运动"掀起了中国新文化运动的浪潮，语言文学研究（包括外国语言文学研究）得到蓬勃发展。中华人民共和国成立后，尤其是改革开放以来，外国语言文学学科的发展势头持续迅猛。至 20 世纪末，学术体系日臻完善，研究理念、方法、手段等日趋科学、先进，几乎达到与国际研究领先水平同频共振的程度，取得了令人瞩目的成绩，有力地推动和促进了人文社会科学的建设，并支持和服务于改革开放和各项事业的发展。

　　无独有偶，在处于转型时期的"五四运动"前后，翻译成为显学，成为了解外国文化、思想、教育、科技、政治和社会的重要途径和窗口，成为改造旧中国的利器。在那个时期，翻译家由边缘走向中国的学术中心，一批著名思想家、翻译家，通过对外国语言文学的文献和作品的译介塑造了中国现代性，其学术贡献彪炳史册，为中国学术培育做出了重大贡献。许多西方学术理论、学科都是经过翻译才得以为中国高校所熟悉和接受，如王国维翻译教育学和农学的基础读本、吴宓翻译哈佛大学白璧德的新人文主义美学作品等。这些翻译文本从一个侧面促成了中国高等教育学科体系的发展和完善，社会学、人类学、民俗学、美学、教育学等，几乎都是在这一时期得以创建和发展的。翻译服务对于文化交流交融和促进文明互鉴,功不可没,而翻译学也在经历了语文学、语言学、文化学等转向之后,日趋成熟,如今在让中国了解世界、让世界了解中国,尤其是"一带一路"建设、人类命运共同体构建,讲好中国故事、传递好中国声音等方面承担着重要使命与责任,任重而道远。

20世纪初,外国文学深刻地影响了中国现代文学的形成,犹如鲁迅所言,要学普罗米修斯,为中国的旧文学窃来"天国之火",发出中国文学革命的呐喊,在直面人生、救治心灵、改造社会方面起到不可替代的作用。大量的外国先进文化也因此传入中国,为塑造中国现代性发挥了重大作用。从清末开始特别是"五四运动"以来,外国文学的引进和译介蔚然成风。经过几代翻译家和学者的持续努力,在翻译、评论、研究、教学等诸多方面成果累累。改革开放之后,外国文学研究更是进入繁荣时代,对外国作家及其作品的研究逐渐深化,在外国文学史的研究和著述方面越来越成熟,在文学理论与文学批评的译介和研究方面、在不断创新国外文学思想潮流中,基本上与欧美学术界同步进展。

外国文学翻译与研究的重大意义,在于展示了世界各国文学的优秀传统,在文学主题深化、表现形式多样化、题材类型丰富化、批评方法论的借鉴等方面显示出生机与活力,显著地启发了中国文学界不断形成新的文学观,使中国现当代文学创作获得了丰富的艺术资源,同时也有力地推动了高校相关领域学术研究的开展。

进入21世纪,中国的外国语言学研究得到了空前的发展,不仅及时引进了西方语言学研究的最新成果,还将这些理论运用到汉语研究的实践;不仅有介绍、评价,也有批评,更有审辨性的借鉴和吸收。英语、汉语比较研究得到空前重视,成绩卓著,"两张皮"现象得到很大改善。此外,在心理语言学、神经语言学和认知语言学等与当代科学技术联系紧密的学科领域,外国语言学学者充当了排头兵,与世界分享语言学研究的新成果和新发现。一些外语教学的先进理念和语言政策的研究成果为国家制定外语教育政策和发展战略也做出了积极的贡献。

习近平总书记指出:"要着力推进国际传播能力建设,创新对外宣传方式,加强话语体系建设,着力打造融通中外的新概念新范畴新表述,讲好中国故事,传播好中国声音,增强在国际上的话语权。"为贯彻这一要求,教育部近期提出要全面推进新工科、新医科、新农科、新文科等建设。新文科概念正式得到国家教育部门的认可,并被赋予新的内涵和定位，即以全球新技术革命、新经济发展、中国特色社会主义新时代为背景，突破传统的文科思维模式与文科建构体系，创建与新时代、新思想、新科技、新文化相呼应的新文科理论框架和研究范式。新文科具备传统文科和跨学科的特点，注重科学技术、战略创新和融合发展，立足中国，面向世界。

新文科建设理念对外国语言文学学科建设提出了新目标、新任务、新要求、新格局。具体而言，新文科旗帜下的外国语言文学学科的发展目标是：服务国家教育发展战略的知识体系框架，兼备迎接新科技革命的挑战能力，彰显人文学科与交叉学科的深度交融特点，夯实中外政治、文化、社会、历史等通识课程的建设，打通跨专业、跨领域的学习机制，确立多维立体互动教学模式。这些新文科要素将助推新文科精神、内涵、理念得以彻底贯彻落实到教育实践中，为国家培养出更多具有融合创新的专业能力，具有国际化视野，理解和通晓对象国人文、历史、地理、语言的人文社科领域外语人才。

进入新时代，我国外国语言文学的教育、教学和研究发生了巨大变化，无论是理论的探索和创新，方法的探讨和应用，还是具体的实验和实践，都成绩斐然。回顾、总结、梳理和提炼一个年代的学术发展，尤其是从理论、方法和实践等几个层面展开研究，更有其学科和学术价值及现实和深远意义。

鉴于上述理念和思考，我们策划、组织、编写了这套"新时代外国语言文学新发展研究丛书"，旨在分析和归纳近十年来我国外国语言文学学科重大理论的构建、研究领域的探索、核心议题的研讨、研究方法的探讨，以及各领域成果在我国的应用与实践，发现目前研究中存在的主要不足，为外国语言文学学科发展提出可资借鉴的建议。我们希望本丛书的出版，能够帮助该领域的研究者、学习者和爱好者了解和掌握学科前沿的最新发展成果，熟悉并了解现状，知晓存在的问题，探索发展趋势和路径，从而助力中国学者构建融通中外的话语体系，用学术成果来阐述中国故事，最终产生能屹立于世界学术之林的中国学派！

本丛书由中国英汉语比较研究会联合上海时代教育出版研究中心组织研发，由研究会下属29个二级分支机构协同创新、共同打造而成。罗选民和庄智象审阅了全部书稿提纲；研究会秘书处聘请了二十余位专家对书稿提纲逐一复审和批改；黄国文终审并批改了大部分书稿提纲。

本丛书的作者大都是知名学者或中青年骨干,接受过严格的学术训练,有很好的学术造诣,并在各自的研究领域有丰硕的科研成果,他们所承担的著作也分别都是迄今该领域动员资源最多的科研项目之一。本丛书主要包括"外国语言学""外国文学""翻译学""比较文学与跨文化研究"和"国别和区域研究"五个领域,集中反映和展示各自领域的最新理论、方法和实践的研究成果,每部著作内容涵盖理论界定、研究范畴、研究视角、研究方法、研究范式,同时也提出存在的问题,指明发展的前景。总之,本丛书基于外国语言文学学科的五个主要方向,借助基础研究与应用研究的有机契合、共时研究与历时研究的相辅相成、定量研究与定性研究的有效融合,科学系统地概括、总结、梳理、提炼近十年外国语言文学学科的发展历程、研究现状以及未来的发展趋势,为我国外国语言文学学科高质量建设与发展呈现可视性极强的研究成果,以期在提升国家软实力、构建人类命运共同体过程中承担起更重要的使命和责任。

感谢清华大学出版社和上海时代教育出版研究中心的大力支持。我们希望在研究会与出版社及研究中心的共同努力下,打造一套外国语言文学研究学术精品,向伟大的中国共产党建党一百周年献上一份诚挚的厚礼!

罗选民 庄智象
2021 年 6 月

前　言

　　随着当今世界全球化的到来，第二语言习得研究已经成为国内外语言学门类学术研究成果和队伍规模最大的领域之一。人类语言的物质属性及其承载文化和交际的功能决定了二语习得过程的复杂性与多维度，大力开展这个领域的研究有助于揭示人类大脑的二语习得原理和智力活动的特性，从而改进语言学习和二语教学。二语习得最初虽是应用语言学的一个分支，主要为语言教学提供帮助，但随着中介语假设的提出，它已从应用语言学和生成语言学理论中分离出来，成为一门独立的学科。二语习得研究作为应用语言学的前沿交叉学科，其研究涉及语言学、心理学、社会学及教育学等多学科知识，历经五十多年的发展，逐步构建了自己的理论体系，研究方法和手段日益科学化和多样化，显示出这门新兴学科强大的生命力和广阔的发展前景。在我国，二语习得研究起步较晚，主要是从20世纪80年代初才开始引起人们的注意，当时的研究以引进、介绍或评述西方学者的二语习得研究成果为主。进入90年代，国内的二语习得研究开始全面系统地引进、消化和吸收西方的研究成果，并结合我国的实际情况，开展了一些针对性的研究。从90年代后期至今，国内的二语习得研究，特别是针对我国大学生的英语习得研究，从理论探讨到实证研究都非常活跃，出现了吸纳国外成果和创新国内实践并存的局面。近年来，一些中国学者开始在国际学术界崭露头角，有些中国学者的成果在国际学术界正在不断产生影响力。

　　为了全面回顾、总结和提炼近二十年来国内外二语习得研究理论与实践取得的众多成果，客观研究和展示二语习得研究的学科新发展和未来趋势，本书分概述、理论、方法、实践和结语五部分，主要内容包含以下六个方面。第一，本书从学科发展历史层面，对全球化背景下近二十年来的二语习得研究新发展进行了研究和延伸，并针对二语习得研究发展阶段，在对比分析、错误分析和中介语研究的基础上，提出英语国际通用语研究作为二语习得研究新的发展阶段。第二，本书在文献综述时使用文献计量学和基于WOS中h指数的聚焦主题性特点分析，强调研究方法的跨学科性质和兼容并蓄原则，通过认识论理论和科学方法来分析二语习得现象并构建二语习得研究的学科体系。第三，在文献计量和综述研究的基础上，本书对二语习得研究的重要研究成果进行了梳理，主要对重要研究论文和专著予以评介，同时对学科发展历史中的重要团体和代表人物进行介绍。第四，针对二语习得的实践研究，本书着重梳理和介绍了目前世界上具有重要影响力的任务型教学法与对中国外语教学实践产生重要影响的续论和产出导向法。第五，本书在撰写过程中贯彻本土化和应用性相结合的原则，对国际二语习得研究的理论和方法进行分析，梳理和提炼出中国的学派、中国的代表人物，并将研究成果运用到提高我国外语教育教学中，体现出二语习得研究中国化的特点。第六，本书更加面向未来，强调二语习得研究中的中介语本体论，以及影响中介语系统的内部、外部若干因素和未来发展趋势。二语习得研究若要充分揭示其内部和外部矛盾，必须从多学科理论中借鉴能够解决这些矛盾的有用成分，对其进行综合、梳理，将其纳入二语习得的研究体系，以共同认识二语习得的复杂过程。这是近年来二语习得研究跨学科融合的特点，也是二语习得理论研究寻求突破、创新和发展的有效途径。

  本书根据丛书编委会编写指导思想，由四位长期进行二语习得研究和人才培养的作者分工合作撰写而成。第1章、第2章和第11章由杨连瑞教授撰写，第3章和第4章由蔡金亭教授撰写，第5章和第6章由徐锦芬教授撰写，第7章至第10章由陈士法教授撰写，最后由杨连瑞教授统稿集成全书。博士研究生潘克菊、李旎、贾莉、合佳妮、彭玉乐、刘欢、邱靖茹、张雨晴、薛淑玮、胡霞参与了部分章节的撰写。撰写过程中还得到了张军教授、王雪梅教授、王敏教授、秦丽莉教授、唐建敏教授、卢洪山教授、戴运财教授、温植胜博士、吕雷宁博士、莫俊华博士、闫姗姗博士、郗佼博士等的大力支持。

  在本书的写作过程中，中国第二语言习得研究会创始会长、广东外语外贸大学王初明教授，中国第二语言习得研究会第二任会长、北京外国语大学金利民教授，他们在百忙之中审读此书并提出宝贵意见，在此一同表示感谢。

  本书可以作为高等学校外国语言文学专业研究生的教材或参考书，让他们了解本学科国内外最新研究动态、发现研究问题，还可供广大从事外语教学的教师、研究人员参考与使用。

  中国学者开展二语习得研究，需要以国际二语习得研究为参照，扎根中国大地，并面向世界与未来。由于才疏学浅，加上时间仓促，我们对国内外二语习得研究新发展追踪不足，书中不当之处在所难免，在此诚望专家同仁和广大读者批评指正。

杨连瑞
2021年4月

目　　录

第一部分　概述 ... 1

第1章　第二语言习得研究的发展历程 ... 3

1.1　二语习得研究的发端 ... 3

1.2　二语习得研究的学科性 ... 4

 1.2.1　学科定位 ... 4

 1.2.2　研究对象 ... 5

 1.2.3　学科性质 ... 9

1.3　二语习得研究的发展阶段 ... 10

 1.3.1　对比分析 ... 10

 1.3.2　错误分析 ... 12

 1.3.3　中介语研究 ... 13

 1.3.4　英语作为国际通用语研究 ... 14

1.4　二语习得研究的认识方法论 ... 15

 1.4.1　认识论与二语习得理论构建 ... 16

 1.4.2　基于唯理论的认知派 ... 17

 1.4.3　基于经验论的社会派 ... 18

 1.4.4　认知派与社会派之间的主要分歧 ... 19

 1.4.5　二语习得理论构建的融合观 ... 20

第2章　第二语言习得研究的发展现状 ... 25

2.1　国内二语习得研究文献计量学分析（1998—2020） ... 25

- 2.1.1 研究工具与数据采集 ················· 25
- 2.1.2 发文量年度分布 ··················· 26
- 2.1.3 二语习得研究热点议题：基于关键词分析 ··· 27
- 2.1.4 国内二语习得研究文献共被引分析 ······· 30
- 2.1.5 二语习得研究机构及发表期刊统计分析 ···· 34

2.2 国际二语习得研究文献计量学分析
（2009—2020） ························ 36
- 2.2.1 研究工具与数据来源 ················ 36
- 2.2.2 国际二语习得研究文献共被引分析 ······· 36
- 2.2.3 国际二语习得研究关键词分析 ·········· 51

2.3 基于 WOS 中 h 指数的二语习得研究
聚焦主题分析 ························· 56
- 2.3.1 术语介绍与研究方法 ················ 56
- 2.3.2 聚焦主题 1：借助神经科学研究语言发展
  与大脑机制的关系 ··················· 59
- 2.3.3 聚焦主题 2：元分析成为一个主要的
  研究手段 ························· 61
- 2.3.4 聚焦主题 3：二语习得与双语研究 ······· 63
- 2.3.5 聚焦主题 4：年龄因素与二语最终成效 ···· 66
- 2.3.6 聚焦主题 5：二语习得与二语写作以及
  纠正性反馈的作用 ··················· 67

第二部分　第二语言习得研究的成果 ············ 71

第 3 章　第二语言习得研究的理论及模式 ········· 73
3.1 普遍语法视角下的二语习得研究 ············ 73
- 3.1.1 从宏观逻辑到微观机制 ············· 74

  3.1.2 从单一界面到多界面 ·················· 75
 3.2 二语习得的可加工理论 ························· 78
 3.3 二语习得的输入加工理论 ······················ 81
 3.4 基于使用取向的二语习得理论 ················ 84
 3.5 社会文化视角下的二语习得研究 ············· 87
  3.5.1 社会文化理论的主要概念 ············ 87
  3.5.2 社会文化视角的二语习得研究 ······ 88
 3.6 动态系统理论视角下的二语发展 ············· 90
 3.7 二语学习策略模式 ···························· 92
 3.8 监察模式 ······································ 95
  3.8.1 习得—学习假说 ························ 96
  3.8.2 自然顺序假说 ··························· 97
  3.8.3 监察假说 ································· 97
  3.8.4 语言输入假说 ··························· 98
  3.8.5 情感过滤假说 ··························· 99

第4章 第二语言习得研究的代表性成果、人物和团体 ··· **105**
 4.1 二语习得研究的代表性成果 ················· 105
  4.1.1 期刊论文 ······························· 105
  4.1.2 学术专著 ······························· 115
 4.2 二语习得研究的代表性人物 ················· 118
 4.3 二语习得研究的代表性团体 ················· 139

第三部分　第二语言习得研究的方法 ············· 143

第 5 章　第二语言习得研究设计 ················ 145

5.1　定量研究 ··························· 146
5.1.1　定量研究的定义 ················· 146
5.1.2　定量研究的种类 ················· 148
5.1.3　定量研究的信度效度 ············· 159

5.2　定性研究 ··························· 162
5.2.1　定性研究的定义 ················· 162
5.2.2　定性研究的种类 ················· 165
5.2.3　定性研究的信度效度 ············· 167

5.3　混合研究 ··························· 169
5.3.1　混合研究的定义 ················· 170
5.3.2　混合研究的种类 ················· 171
5.3.3　混合研究的信度效度 ············· 175

第 6 章　第二语言习得研究的跨学科性 ············ 177

6.1　二语习得理论的跨学科性 ················ 177
6.2　二语习得实证研究的跨学科性 ············· 178
6.3　二语习得的多维性特征 ················· 183
6.3.1　微观层面 ····················· 184
6.3.2　中观层面 ····················· 185
6.3.3　宏观层面 ····················· 186

6.4　跨学科性对二语习得研究的机遇与挑战 ······ 188
6.4.1　跨学科性对二语习得研究的机遇 ····· 188
6.4.2　跨学科性对二语习得研究的挑战 ····· 191

6.5　未来研究发展方向 ································· **194**

第四部分　第二语言习得的实践研究 **201**

第 7 章　任务教学法 **203**

7.1　理论背景与概述 ································· **203**
7.2　任务教学法中的"任务"类型 ················· **204**
7.3　任务教学法的实施模式和原则 ················· **207**
7.4　任务教学法的应用研究 ························· **208**
7.4.1　理论探讨 ································· **208**
7.4.2　写作教学 ································· **211**
7.4.3　听说教学 ································· **211**
7.4.4　任务复杂度 ······························ **212**
7.4.5　语法教学与激发学习兴趣 ················· **213**
7.5　任务教学法的发展与面临的挑战 ··············· **213**

第 8 章　续论 **217**

8.1　续论的提出背景 ································· **217**
8.2　续论的发展历程 ································· **219**
8.2.1　写长法 ··································· **219**
8.2.2　读后续写 ································· **221**
8.2.3　语言理解与产出的不对称性 ··············· **222**
8.2.4　模仿与创造 ······························ **223**
8.2.5　续论的构建与完善 ······················· **224**
8.3　续论的应用 ······································ **228**
8.3.1　词汇层面 ································· **228**
8.3.2　句法层面 ································· **229**

	8.3.3 写作层面	229
	8.3.4 翻译层面	230
8.4	续论的质疑与进一步发展	231

第9章 产出导向法 · 233

9.1	理论背景	233
9.2	产出导向法的发展	234
	9.2.1 理论预热期	234
	9.2.2 理论雏形期	236
	9.2.3 理论形成期	237
	9.2.4 理论修订期	240
	9.2.5 理论再修订期	241
9.3	产出导向法的应用	245
9.4	产出导向法面临的挑战与展望	247

第10章 汉语作为第二语言习得研究 · 249

10.1	现状分析	249
10.2	发展脉络	250
	10.2.1 综述类研究	251
	10.2.2 理论类研究	252
	10.2.3 实证类研究	253
10.3	"词本位"与"字本位"教学之争	254
	10.3.1 词本位教学	255

    10.3.2 字本位教学 ·· 256
  10.4 效果与评价 ··· 257

第五部分 结语 ··· 261

第 11 章 中国外语教学与第二语言习得理论创新 ········ 263
  11.1 二语习得的本质与外语教学 ······························ 264
  11.2 汉语母语与英语二语本体上的差异 ·················· 266
  11.3 大脑差异与思维方式 ·· 267
  11.4 国际二语习得理论在中国的传播 ······················ 268
  11.5 中国二语习得理论的创新 ·································· 271

参考文献 ··· **273**

术语表 ··· **347**

图　目　录

图 1-1　R. Ellis（1994：194）二语习得研究范围和目标 ⋯⋯⋯⋯⋯ 6
图 1-2　Ellis（1997：35）语言输入、语言输出示意图 ⋯⋯⋯⋯⋯⋯ 9
图 2-1　1998—2020 年二语习得研究发文数量的年度分布 ⋯⋯⋯⋯ 26
图 2-2　1998—2020 年二语习得文献关键词共现网络图谱 ⋯⋯⋯⋯ 27
图 2-3　1998—2020 年国内二语习得研究作者合作网络图谱 ⋯⋯⋯ 33
图 2-4　关键词共现知识图谱 ⋯⋯⋯⋯⋯⋯⋯⋯⋯⋯⋯⋯⋯⋯⋯ 52
图 2-5　突变关键词检测 ⋯⋯⋯⋯⋯⋯⋯⋯⋯⋯⋯⋯⋯⋯⋯⋯⋯ 56
图 3-1　习得—学习假说模型（Krashen，1979：156） ⋯⋯⋯⋯⋯ 96
图 3-2　自然顺序假说模型（Krashen，1982：16） ⋯⋯⋯⋯⋯⋯ 97
图 3-3　语言输入假说模型（Krashen，1985：21） ⋯⋯⋯⋯⋯⋯ 99
图 3-4　情感过滤假说模型（Krashen，1982：31） ⋯⋯⋯⋯⋯⋯ 100
图 5-1　单次案例设计流程图 ⋯⋯⋯⋯⋯⋯⋯⋯⋯⋯⋯⋯⋯⋯⋯ 152
图 5-2　单组前后测设计流程图 ⋯⋯⋯⋯⋯⋯⋯⋯⋯⋯⋯⋯⋯⋯ 152
图 5-3　静态组比较设计流程图 ⋯⋯⋯⋯⋯⋯⋯⋯⋯⋯⋯⋯⋯⋯ 153
图 5-4　仅后测控制组匹配设计流程图 ⋯⋯⋯⋯⋯⋯⋯⋯⋯⋯⋯ 153
图 5-5　前后测控制组匹配设计流程图 ⋯⋯⋯⋯⋯⋯⋯⋯⋯⋯⋯ 154
图 5-6　3×3 平衡设计实验 ⋯⋯⋯⋯⋯⋯⋯⋯⋯⋯⋯⋯⋯⋯⋯⋯ 154
图 5-7　时间序列设计流程图 ⋯⋯⋯⋯⋯⋯⋯⋯⋯⋯⋯⋯⋯⋯⋯ 155
图 5-8　仅后测控制组设计流程图 ⋯⋯⋯⋯⋯⋯⋯⋯⋯⋯⋯⋯⋯ 155
图 5-9　前后控制组设计流程图 ⋯⋯⋯⋯⋯⋯⋯⋯⋯⋯⋯⋯⋯⋯ 156
图 5-10　所罗门四组设计流程图 ⋯⋯⋯⋯⋯⋯⋯⋯⋯⋯⋯⋯⋯⋯ 156
图 5-11　A-B 设计流程图 ⋯⋯⋯⋯⋯⋯⋯⋯⋯⋯⋯⋯⋯⋯⋯⋯⋯ 157
图 5-12　A-B-A 设计流程图 ⋯⋯⋯⋯⋯⋯⋯⋯⋯⋯⋯⋯⋯⋯⋯⋯ 157
图 5-13　多基线设计流程图 ⋯⋯⋯⋯⋯⋯⋯⋯⋯⋯⋯⋯⋯⋯⋯⋯ 158

图 5-14　定性研究各个要素的互动步骤和过程⋯⋯⋯⋯⋯⋯⋯⋯⋯ 163
图 5-15　交汇设计⋯⋯⋯⋯⋯⋯⋯⋯⋯⋯⋯⋯⋯⋯⋯⋯⋯⋯⋯⋯ 173
图 9-1　POA 的理论体系（文秋芳，2015：548）⋯⋯⋯⋯⋯⋯⋯⋯ 238
图 9-2　修订版 POA 的理论体系（文秋芳，2017a，2017b）⋯⋯⋯ 240
图 9-3　再修订版 POA 的理论体系（文秋芳，2018a：393）⋯⋯⋯ 242
图 9-4　POA 单元教学流程（文秋芳，2020）⋯⋯⋯⋯⋯⋯⋯⋯⋯ 244

表 目 录

表 2-1　1998—2020 年国内二语习得文献前 20 位关键词的频次排序……28
表 2-2　1998—2020 年国内二语习得文献关键词突现性统计……29
表 2-3　1998—2020 年被引频次前 20 位的国内二语习得研究文献统计…30
表 2-4　1998—2020 年发文量前 15 位的国内二语习得研究文献作者统计…32
表 2-5　1998—2020 年发文量前 20 位的国内二语习得研究发文机构统计…35
表 2-6　1998—2020 年载文数前 10 位的国内二语习得研究期刊统计……35
表 2-7　被引频次 100 以上的经典文献列表……37
表 2-8　中介中心性在 0.05 以上的经典文献列表……43
表 2-9　被引频次 30 以上的过渡文献列表……46
表 2-10　中介中心性在 0.05 以上的过渡文献列表……49
表 2-11　频次位居前 39 名的高频关键词……53
表 2-12　中介中心性位居前 39 名的高频关键词……54
表 2-13　题目关键词比对分析：题目关键词及其在 81 篇整体文本中的频次…58
表 2-14　brain 出现频次及比例表……59
表 2-15　meta-analysis 出现频次及比例表……61
表 2-16　bilingual 出现频次及比例表……63
表 2-17　age 出现频次及比例表……66
表 2-18　writing 出现频次及比例表……68
表 3-1　语言加工程序及其结构性结果（Pienemann，1998：9）……79
表 5-1　不同学者对定性研究的分类框架（Creswell & Poth，2018）……165
表 5-2　Creswell 及其合作者的混合方法研究分类……172
表 9-1　POA 理论体系发展历程……234
表 11-1　二语习得理论流派……269

第一部分
概 述

第 1 章
第二语言习得研究的发展历程

1.1 二语习得研究的发端

第二语言习得（second language acquisition，SLA），简称为"二语习得"，是一门既古老又年轻的学科。说它古老是因为，早期二语习得研究主要源于外语教学，而世界上的外语教学可以追溯到距今已有两千多年历史的古罗马时期。西方语言学术界最早使用"习得"一词也不过一百年历史，可以追溯到创刊于 1916 年的《现代语言期刊》（*The Modern Language Journal*）第一卷第二期的文章和书评，J. C. Weigel 在 1919 年第三卷第八期《现代语言期刊》中发表了《词汇习得》（"The Acquisition of a Vocabulary"）一文，最早使用了"习得"一词。说它年轻是因为，二语习得正式作为一个学术领域研究则主要始于西方 20 世纪 60 年代末或 70 年代初，学者们普遍把 S. P. Corder 在 1967 年发表的《学习者错误的意义》（"The Signifcance of Leaners' Errors"）以及 L. Selinker 在 1972 发表的《中介语》（"Interlanguage"）这两篇文章看作是这个学科建立的标志。不过，U. Weinreich 在 1953 年的《接触中的语言》（*Languages in Contact*）一书中，开始注意到了语言干扰（language interference）现象，指出这是"由于熟悉一种以上的语言而出现的双语者话语偏离语言规范的现象"（Weinreich，1953：1），这是语言迁移、中介语、石化（fossilization）等二语习得核心概念的雏形（赵杨，2015）。

二语习得主要探求人们在掌握母语后是如何获得第二语言的。Doughty & Long（2003）认为，广义的二语习得研究不仅涵盖了儿童和成人在自然或教学环境中习得或丧失第二语言的现象，而且方言的习得或丧失也在二语习得研究者的视野之内。Doughty & Long（2003）同时指出，语言学习是人类特有的一种高度复杂的认知过程，语言习得研究有助于揭示人类大脑的工作原理和智力活动的特性。从学科发展肇始起，它具有专业性与大众性并存的学科特点。普通人对二语习得中的问题都可以发表一些看法，而且不同人的看法往往也不同。这是因为该学科探讨的问题，如如何更好地学好一门外语等，与我们的现实经验联系紧密，不像量子力学那样，专业以外的人士只能敬而远之。同时，它是一门专业性很强的学科：有独立于其他学科的核心问题，有比较完备的研究方法，以及研究人员要经过严格的学术训练。专业性与大众性这对矛盾，使得二语习得研究在常识和经验的引领下容易入门，但要达到一定的高度和水平，必须经过专门的学术训练（赵杨，2015）。

1.2 二语习得研究的学科性

1.2.1 学科定位

学科就是按照学问的性质而划分的门类，例如自然科学中的物理学、化学。二语习得的学科定位，首先取决于人们对二语习得的认识与理解。

二语习得是当今全球化时代人们司空见惯的一项语言学习和实践活动，也是一个极其复杂的人文现象和众多学科交叉的学术领域。二语习得研究主要探求人们在掌握母语后是如何获得第二语言的，二语习得理论就是系统地研究二语习得的本质和习得过程，也是一门学问。这门学问有它自己特定的性质和研究对象，不同于其他门类的学问，所以它也是一门学科。作为一门新兴的学科，二语习得研究在发展中应重视其学科性质的科学定位和学科体系的科学建构。

依赖课堂教学的外语学习和注重自然语言环境的二语习得，两者在语言系统的形成过程上或语言习得机制（language acquisition device，LAD）的运行过程上没有本质的差异，尽管形成的语言能力由于语言接触的时间、语言输入的质和量、学习者的动机等方面的区别而存在速度上的差异和语言能力发展不均衡的现象。因此我们认为在我国语言学研究领域，宜采用国外学术界常用的"第二语言习得"这个术语，来通指学习者学会母语后在课堂内外另一门或二门或 n 门语言的学习或习得。

1.2.2 研究对象

二语习得研究可分为理论二语习得研究和应用二语习得研究，前者主要是建立二语习得理论，如普遍语法理论（Chomsky，1965）、监察理论（Krashen，1982）、文化适应模式（acculturation）（Schumann，1978）、适应理论（Giles，1980）、功能理论（Givon，1985）、多变语言能力模式（Ellis，1985a）等众多理论体系。研究者从社会学、心理学、语言学等角度研究二语习得的心理过程、认知过程和语言过程。具体研究学习者在掌握母语之后是如何学习另一套新的语言体系的，研究学习者学到了什么和没学到什么，研究为什么大部分学习者的第二语言无法达到母语的水平，研究母语对二语习得的影响，研究学习者运用第二语言的过程等。后者则研究如何运用二语习得的研究成果来改进第二语言或外语教学、教材编写和教学方法、撰写教学语法、设计课堂活动和在课堂环境中提高教学效果，研究课堂语言教学对语言习得的影响，第二语言学习者个体差异（individual differences）等。Ellis（1985a）认为，二语习得研究有两个主要的目标——描写和解释。描写第二语言学习者的整体语言能力和各项具体语言技能的习得和发展过程；解释学习者为什么能够习得第二语言以及外在因素和内在因素对二语习得的作用等。

二语习得是一个动态的非线性的复杂过程。Larsen-Freeman（1997）认为许多相互作用的因素决定二语习得的发展过程。例如，语言因素方面包括源语（source language）、目的语、第一语言（L1）的标记性、第二语言（L2）的标记性、输入语的数量和种类、互动（interaction）的数量和种类、反馈的数量和种类、二语习得的语境等；学习者因素方面涉及年龄、语言学能（language aptitude）、动机和态度等社会心理因素、性格因素、认知风格、学习策略、性别、兴趣等。Ellis 对二语习得研究的范围和目标曾做了如下图示和说明（见图 1–1）：

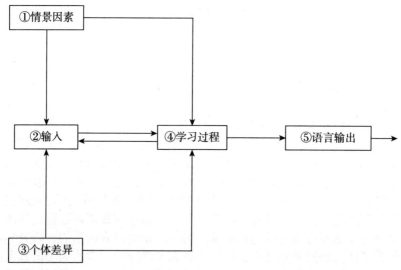

图 1-1 R. Ellis（1994：194）二语习得研究范围和目标

1. 情景因素

　　Ellis（1986）认为，情景因素是指谁在和谁交谈；交谈的环境是在课堂里，在正式场合，还是在自然的环境中；会话的题目是什么。例如，在课堂教学这个正式场合下，交谈者是教师和学生，双方使用正规的语言，主要学习语言中显性的特征，如语法、词汇等。Krashen（1982）称之为"学习语言"，即学习者有意识地认识第二语言的过程，其中人的大脑运用了监察机制，来监督语言中有无语法错误，是否符合语法规则，因此双方彼此均有心理压力。相反，在非正式、自然的语言环境中，如在车站、饭馆或在商店里，由于人们是以交际为中心的，所注重的是意义，而不是语言形式，交际是在一个无意识的过程中进行的，因此，交谈双方没有心理压力，也无意去纠正对方的语法错误，Krashen（1982）称之为"无意识地习得语言"。

2. 语言输入

　　语言输入是指在用第二语言听或读时所接收的第二语言输入的类型。例如，教师或说母语的人是怎样将自己的语言调整到第二语言学习者的水平上的？自然情景下的输入和正规课堂情景下的输入有哪些不同？行为主义的语言学习观认为，教师准确而严格地控制输入是非常重要的。第二语言必须通过进行大量的练习与强化，有步骤地教给学习者。好像盖房子一样，每一块砖都须在精确的程序中仔细放置，以此来建立第二语言的技能和习惯。而 Chomsky（1965）关于语言习得的心智观认为，输入只是开动了学习者"内在的语言习得机制"。教师的语言输入只是让轮子转了起来，而不是创造了语言这个轮子。当前的理论研究介乎于行为主义理论和 Chomsky 的理论之间。目前的观点普遍认为，学习一门语言并非把砖放到位就行，也不是摁电钮去开动机器。单纯地建立"刺激—反应"链并不能产生有效的第二语言学习，问题的关键是向第二语言学习者提供适合其语言发展阶段的输入。话语分析的研究表明，第二语言学习者同说母语的人在一起能够进行有效的交际。这就是说，我们需要懂得互动关系，特别是有意义的协商，以理解输入和输出是怎样互动的。具体说就是运用策略使会话得体而有意义。例如，寻找彼此都能听懂的话题、放慢讲话的速度、重复重要的短语、强调句子中的关键词，这些都有助于二语习得中的输入。学习者同样可用言语及非言语的交际形式以表示明白、不太明白或需要更换话题或语言的层次。

3. 学习者个体差异

Ellis 理论框架的另一个重要组成部分就是学习者的个体差异。人们普遍认为，儿童第二语言所达到的水平，不仅是因为置于各种情景及课堂教学方法之下，而且是由于受个体差异的影响，比如人们学习第二语言的年龄、学习语言的能力、认知方式、动机、态度及性格。这些都不同程度地影响第二语言的习得。Ellis（1985a）指出，个体差异与二语习得之间的关系产生了两个不同的问题。首先，年龄和学习方式上的个体差异是否导致儿童与成年人习得第二语言时采取不同的学习思路；其次，个体差异是否影响二语习得的速度或速率以及最后达到的水平。二语习得中个体差异的研究者强调个体差异的重要性。因此，在进行研究设计时，常常是为了找出学习者之间明显的差异。但二语习得理论及研究是把重点放在情景、输入及过程上，而不强调个体差异的作用。虽然 Ellis 在这里列举出了影响二语习得个体差异的诸项因素，但现在的研究还不清楚这些因素影响二语习得的思路和速率的程度。例如，外向型性格和内向型性格对习得语言的程度的影响到底有多大？焦虑、自尊、自我意识、课堂中的竞争起促进作用或阻碍作用？作用的程度如何？

4. 学习者的加工过程

　　Ellis 理论框架的另一个重要组成部分就是学习者的加工过程。只考虑外部的输入和第二语言的输出来研究二语习得显然不够。第二语言学习者把接收到的输入进行过滤、加工和组合。但这个过程我们是观察不到的，只有在语言学习的认知策略中才能做出推论。弄清楚学习者的加工策略对教师来说十分重要，因为教师需要知道怎样才能构成可理解的输入，怎样才能创设有利于习得的情景。Tarone（1980）年提出一个三重的学习者策略模型：一是学习策略，指学习者有意识或无意识地获得第二语言输入的方式，如记忆；二是产生策略，指学习者有效地运用第二语言的知识；三是当语言水平有限时，学习者充分利用交际策略或交际手段同别人用第二语言进行交际。Chomsky（1965）窥探大脑黑匣子独辟蹊径，他摒弃一般认知策略机制的论断，认为大脑机制的结构中有特殊的语言功能，他将其称为语言习得机制——人获得语言先天的蓝图。他进一步指出，在语言输入和语言产生之间，有一个语言加工过程，在这个过程中，学习者大脑中所固有的普遍语法规则在起着作用。

5. 第二语言输出

　　Ellis 理论框架的最后一部分就是第二语言输出。他认为：第一，每一个学习者在任何一个时期的语言水平都可以看成是进化着的，而非固定不变的。语言能力测试可以测量语言掌握的总量，但不能反映其最高的水平。第二，语言输出随着学习者所处的环境不同而在不断变化。学习者在饭店和商店的环境下说得流利，而在商务等场合下就不见得流利了。Swain（1985）对语言输出这一概念有着重要贡献。他认为，有机会从事有意义的口头交际是二语习得中的一个必要的组成部分。人们在表达意义时，学到了语言的结构和形式。换句话说，一个人可以懂得一门语言，但是如果缺少有意义的练习，那就不会说得流利、自然。人们通过阅读而学会阅读，通过写作而学会写作。要想说话，要想自己的话能让别人听懂，就需要有意义的、真实的对话。而这样的机会在课堂里是不多的。课堂的弊病在于学生懂得第二语言（可理解的输入），但不能产生语言（可理解的输出）。

　　总之，Ellis 的二语习得研究范围和目标图中的各部分是相互联系的，而图 1-1 中的②↔④→⑤是二语习得研究中最引人关注的，因为这是语言输入到内部处理再到语言输出的全过程，这个过程中尤其以②↔④为研究的焦点。对此我们可以说，二语习得研究主要探讨从语言输入到语言输出这个中间过程,最终目标是揭示人们在获得母语(或第一语言)后习得第二(第三、第四等)语言的奥妙(见图1-2)。由于大脑处理第二语言的过程目前仍然是看不见摸不着的所谓"黑箱",二语习得研究只能通过对语言输入与语言输出来推测和判断这个"黑箱"是如何工作的。同时,输入难以控制,有多少输入能变为吸收(intake)又不好确定,而输出是从"黑箱"中出来的且又相对容易观察,所以学习者的语言输出或学习者的语言便成为二语习得研究的重要切入口。

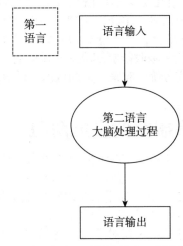

图1-2 Ellis(1997:35)语言输入、语言输出示意图

1.2.3 学科性质

"由于研究变得更复杂,所需的知识也更复杂,只有由多学科学者组成的研究队伍共同研究同一问题,才能不断取得进步。"(Bialystok,1998)二语习得研究不是一门单一的学科,它从众多相关学科中吸收滋养,但又并非是这些学科的简单综合,它具有跨学科的特点,因此对二语习得研究的突破性进展则有赖于多学科的协同作战。二语习得研究除了从语言学、心理语言学、社会语言学、心理学、教育学等学科借鉴和吸收有益的理论、方法和研究手段为自己所用外,Bialystok(1998)等认为还包括哲学、社会学、社会心理学、认知心理学等社会科学,以及神经系统科学、神经生物学、神经语言学等自然科学。随着二语习得研

究的不断深入和发展，研究者在借鉴的基础上创新并建立了适合本学科研究的个案研究法、自然观察法、自我内省法、实验研究法、相关研究法和调查研究法等定性和定量研究范式的方法论体系。假以时日，该学科势必会改变处于接受和受惠的一方、只有索取而少贡献的局面，对其他相关学科的研究和发展产生影响，学科之间的借鉴、应用和发展都是相互的（岳眉云，2001）。

总之，二语习得研究是建立在综合地应用语言学研究、心理学研究、教育学研究及其相互交叉学科研究等方面的研究成果的基础之上的，其研究方法和过程是把二语习得作为一个有结构特征的实体，充分地揭示它的内部和外部矛盾，通过专门的研究从语言学研究、心理学研究、教育学研究理论中吸收能够解决这些矛盾的有用成分，加以综合、梳理，使这些有用的成分统一起来，共同认识二语习得这一复杂的过程。

1.3 二语习得研究的发展阶段

Sharwood-Smith（1994）在阐述20世纪60年代到80年代第二语言研究领域的理论发展时，将这段历史大致分为三个阶段。在二语习得作为一个研究领域之前，研究的重点是以结构主义语言学和行为主义心理学为基础，对第一语言与第二语言进行对比分析。20世纪60年代后期及70年代，研究的重点转到对学习者在学习过程中所犯的错误进行分析，研究学习者的中介语。70年代中期到80年代中期的研究重点转到以认知心理学、生成语言学和语料库语言学为基础对学习者使用的语言进行分析。80年代中期以后，研究重点又转到二语习得理论与发展模式的阶段上。

近年来，英语作为通用语（English as a Lingua Franca，ELF）研究已经发展成为一个独立的研究领域，可以看作为二语习得研究的一个新的发展阶段。二语习得研究呈现出了扩大、深入、再扩大的发展趋势。下文主要介绍二语习得研究的四个发展阶段。

1.3.1 对比分析

严格说来，二语习得研究的诱发阶段开始于20世纪40年代至60年代所盛行的语言对比分析，其奠基人是美国语言学家、外语教学法专家Robert Lado。对比分析的初衷是试图以行为主义心理学和结构主义语言学作为理论支撑，来解决第二语言学习与第二语言教学中的问题。对比分析假设是通过对两种语言系统（L1 和 L2）的对比，发现母语和目标语之间的相同点和不同点，试图预测两种语言的相同点会导致外语学习过程中的正迁移，而两种语言之间的不同点则会导致外语学习过程中的负迁移；换言之，两种语言系统中的差异越大，即各自的语言形式和程式与对方的差异在质和量上均互不相容，则语言学习过程中的困难也就越大，从而形成潜在干扰（Weinreich，1953）。

但是在20世纪70年代初，对比分析遭到激烈的批评。一种批评来自对对比分析的预测能力的怀疑；另一种批评涉及两种语言对比的可行性问题；此外，还有来自教学实践的批评。归结起来，对比分析所面临的理论危机主要包括三个方面：（1）关于行为主义学习理论。以Chomsky为代表的心灵学派认为，行为主义学习理论借助实验室条件下的动物的学习行为来解释人类在自然条件下的语言学习是毫无意义的。刺激—反应的理论无法解释人类语言学习的复杂性，模仿与强化的概念也无法说明人类语言学习的创造性。（2）对比分析的两个虚假命题（proposition）。根据对比分析的"强式说"，第二语言学习者产生的错误完全可以通过两种语言的对比来预测。由此推论，语言的"差异"等于学习的"难点"，学习的"难点"必然导致语言表达的"错误"。问题是，语言的"差异"是语言学上的概念，学习的"难点"则是心理学上的概念。学习的"难点"无法直接从两种语言差异的程度来推测。教学实践也证明，依据对比分析确认的难点事实上并不完全导致错误的产生。（3）分类范畴的普遍性问题。两种语言的对比涉及作为对比基础的范畴的普遍性问题，但是，试图寻求两种语言系统分类范畴的一致性，抑或是表层结构的普遍一致性都是不现实的。即使是表层结构看起来对等的两个句子，其交际功能也很难一致。因此，系统的对比面临分类范畴不一致的问题。失去对比范畴的一致性，科学、恰当的或者说有意义的对比便无从谈起。对比分析的理论方法存在的致命弱点，如果归结为一句话，那就是：人们试图用简单的语言学的方法去解决复杂的心理学的问题。二语习得涉及学习的主体和客体的方方面面，对比分析却仅仅局限于语言系统的对比，忽略了学习者这一主体以及作为学习客体的学习过程。应该承认，Lado 的对比分析影响了全世界的外语教学，虽然长期遭受批评，但至今不能被根本驳倒。若从方法论的角度看，对比分析作为一种研究方法还被人们继承了下来，如当今盛行于美国的在"原则参数理论"框架内形成的比较句法学，使用的仍是对比分析的方法，尽管是经过修正了的对比分析。对比分析和迁移研究在"失宠"数十年后又再度成为二语习得研究和语言教学领域的热门话题,特别是比较两种语言类型的类型学迁移研究(Rutherfod,1983;Yip,1995)。其实,对比是认识事物的方式和过程,是一切认识和思维的基础。现代二语习得研究成果表明,既重视共性研究又注意差异探讨才能有效解释学习者语言生成过程和现象(高远,2002)。

1.3.2 错误分析

由于对比分析难以预测二语习得过程中学习者可能犯的"语言错误",60年代后期至70年代初人们便把研究兴趣和重点转移到对二语习得者的语言错误本身的分析上。错误是语言学习过程的重要特征,错误分析使人们将视线从避免错误转移到研究错误上来,从而为研究二语学习过程提供了一种更直接、更有效的方法。语言错误可分为两大类:一类是由于受母语影响造成的错误;另一类则是二语习得者不受母语影响而出现的错误。这两类错误还可分为:语言使用过程中偶然的随机性错误(mistakes);反映学习者过渡性语言能力但具有规律性的错误(errors)。对教师来说,错误是教学中重要的信息来源,错误分析是教学中的一个重要手段,错误分析可以使教师了解学习者已经具有的语言水平,从而推断某位学生还必须学哪些内容。此外,学习者的语言错误还能给研究者提供语言是如何学会的证据,如学习者使用过的学习策略和程序等。这些错误还可以被学习者用作验证某些假设的手段(Corder,1967)。

错误分析也有很大的局限性。Bley-Vroman(1983)认为错误分析不应只从目标语的角度来描写和分析错误,这样得出的结论会具有很大的片面性,他把这一局限性叫作"比较失误"(comparative fallacy)。换句话说,错误分析建立在分析学习者错误的基础上,忽视学习者自己独特的规则系统,因此只能说明学习者的中介语距离目标语有多远,但是不能提供足够的材料来描写他们的中介语系统。忽视学习者已有的语言能力(学习者在每个阶段能够做什么),只关注错误本身而忽视了对二语习得发展过程的总体把握,没有把错误放在语言习得发展这一动态过程中去分析和解释(Schachter,1974)。另外,错误分析不能解释回避策略,Schachter把这个缺点叫作"错误分析中的错误"。她指出,只统计出现的错误数目会得出错误的结论,因为一个句子没有错误不等于达到了本族语水平(高远,2002)。

1.3.3 中介语研究

  Chomsky（1959，1965）对母语习得本质的阐述为 70 年代初的二语习得研究提供了新的理论基础。Chomsky 认为，行为主义的观点无法解释语言习得中的两个基本事实：第一，儿童能够创造性地使用语言，他们能够理解和使用以前从未说到或接触过的语言；第二，即使是在有缺陷的语言环境中，儿童依然可以系统地获得语言。他认为，"创造性"是语言的本质之一，人类语言的这一特性是无法以任何形式的"刺激—反应"学习方式来习得的。人类的这种语言能力只能来自人的大脑本身，而不是外界因素影响的结果。由于对比分析和错误分析存在着理论和实践上的先天不足，人们开始另辟蹊径，将研究重心逐渐由对比两种语言间的异同和分析语言学习者的错误转变为研究语言学习者和他们的语言。研究者注意到，实际上每个语言学习者在某个阶段所使用的语言既非母语也非第二语言，而是体现自己语言运用的第三种语言。众多的研究者曾用不同的术语来描述这同一种现象，如 Nemser（1971）用 approximative systems（近似体系），Corder（1971）用 idiosyncratic dialects（特异方言）和 transitional competence（过渡能力），Selinker（1972）用 interlanguage（中介语）等。"中介语"一词是从学习者本身出发，而不是从目标语的角度来观察，比较中性，现被广泛使用。从历史上看，中介语研究是从错误分析发展而来的，但它关注的并不仅仅是语言错误，而更关注语言知识的整个系统和组织；语言错误只是其中的一部分（Yip，1995）。中介语理论认为：中介语是一种自然语言，它具有三种本质特征：（1）系统性——从其初始态开始，它就具有一种连贯的内部结构，因此可以对其进行系统的语言分析；（2）可渗透性——它可以受第一语言和第二语言规则或形式的同时渗入或影响，并且受到其他一些有关因素的影响；（3）石化性——发音方法、词汇用法和语法规则的某些方面都有可能固定下来或发生石化，如发音石化是造成外国腔的一个重要原因。中介语语法永远达不到母语语法那样的水平；它在其他语言层面上也不会是完美无缺的（Adjemian，1976；Selinker，1972）。因此，中介语句法学家的目标是从句法变异中找出其一致性和模式，并对中介语的句法做出系统的描写，在此基础上，从共时和历时的角度对这种系统性作出解释（Rutherford，1984）。

  R. Ellis（1994）在评价早期的中介语理论时指出，中介语理论是二语习得研究的一个恰当的起点，它是第一次旨在为二语习得提供解释的理论。因此，中介语的概念使得二语习得领域有了自己独立的研究方向，也标志着二语习得开始成为一门独立的学科。

1.3.4　英语作为国际通用语研究

目前，世界上有80多个国家把英语作为母语或通用语，有100多个国家把英语作为学校中的学习课程。近十几年来，英语非本族语使用者的数量早已大大超过了本族语者。多数国家和地区以及人类活动的主要领域，比如商务、学术、外交等，均选择英语作为国际交流的主要媒介，使其成为不同语言文化背景交际者所选择使用的共同语言。与历史上出现过的其他通用语不同，英语已经获得了人类历史上第一个全球通用语的地位，具有划时代的意义。

英语在全球的广泛传播很早就引起了学者们的关注。Kachru在1985年提出了"世界英语"（World Englishes）的理论，把英语划分为"三个同心圈"，即内圈（以英语为母语的国家，如英国、美国等）、外圈（以英语为二语或官方语言的国家，如印度、尼日利亚等）和拓展圈（以英语为外语的国家，如中国、德国等）。日益深入的全球化进程使英语使用无处不在，完全打破了"三个同心圈"的限定。语言接触在不同国家和不同文化背景的英语使用者相互交流的过程中不断地发生。

母语相同的英语使用者所产出的英语具有系统性的一致特征。Mauranen（2018）将这种母语相同的英语使用者产出的、具有显著语言接触特征的英语称作similect。芬兰人说的英语是Finnish similect，中国人说的英语是Chinese similect，德国人说的英语是German similect……而ELF是不同母语者使用各自的similect进行交际过程中产生的接触性语言。从这个意义上来说，ELF的本质属性为"二级接触语言"（secondary order contact language）。

英语是当今世界的国际学术通用语，不论何种语言背景的研究者都需要在自己的学术领域经历"二次社会化"（secondary socialization）。在英语已经成为国际学术通用语的背景下，如何使用英语在国际学术交流中成功交际有着重大意义。为了回答以上问题并为教学提供指导，Maurannen（2003）建设了学术英语通用语语料库ELFA（English as a Lingua Franca in Academic Settings）和WrELFA（Written English as a Lingua Franca in Academic Settings），通过分析国际学术交流中成功的语言使用来揭示学术语篇的主要特征，为研究者的学术英语产出提供借鉴。她发现，学术英语通用语在口语和书面语中均展现出与标准变体相异的语言特征，而且在某些方面呈现出系统性特征，但这些变异并没有成为人们学术交流的障碍。同时，随着经济全球化程度的日益加深，跨文化商务交际研究迎来了"语言转向"（Kankaanranta et al., 2015: 136），英语作为国际商务通用语的角色越来越受到关注。商务英语通用语交际指母语为非英语的交际者在商务活动中，为完成机构任务而选择英语作为共享交际代码进行的交际。

SLA 研究以学习者目标语的语言规范作为习得效果的重要衡量标准，把学习者的学习过程看作是学习者语言向本族语者的目标语规范不断靠拢的过程。ELF 研究则聚焦于以各种语言背景的人士在国际学术领域、国际商务等活动中使用英语作为通用语的运用研究，重要特征之一是语言运用的规范不再以目标语为规范标准。二者分别代表着语言学习和语言运用这两个过程，共同构成了从语言学习到语言运用的，既相互衔接、又有重合、甚至交织的连续体。ELF 既是英语学习的产物，也是英语非本族语者运用所学语言进行交际的载体。因此，二者有着十分紧密的联系。特别值得注意的是，随着 SLA 研究的不断深入，新兴的二语语用（second language pragmatics）研究关注学习者在目标语环境下的二语发展，重视学习者在真实情境中的语言运用，把交际中的可理解性与交际意图的成功传递作为衡量学习者语用能力（pragmatic competence）发展的重要指标，从而将 SLA 研究从课堂学习维度拓展至语言运用维度，二语习得研究进入了一个崭新阶段。

1.4　二语习得研究的认识方法论

经过四十多年的发展，二语习得理论建设取得了令人瞩目的成绩，产生了一批具有跨学科视野且颇具影响力的理论流派（参见 Atkinson, 2011; VanPatten & Williams, 2007）。Jordan（2004）明确指出二语习得理论研究所面临的主要问题——理论繁多，目标不一，自相矛盾；Long（2007）也认为二语习得理论在来源、范围、内容、类型和形式上都存在巨大差异。尽管如此，这些异彩纷呈的理论观点大致可以归为两大主要阵营：心理认知派和社会文化派（以下分别简称为"认知派"和"社会派"）(Larsen-Freeman, 2007a; Zuengler & Miller, 2006; 文秋芳, 2008）。因此，二语习得各种理论观点之间矛盾与分歧的核心问题是认知派和社会派之间的分歧与对立，其根本原因是两个流派理论构建的认识论基础存在差异。系统梳理与分析认知派和社会派的认识论基础是理性评价其分歧与差异的有效途径。

认知派和社会派之间的论战始于20世纪90年代。1985年，Frawley 和 Lantolf 基于 L. S. Vygotsky 的社会文化理论首先对认知派理论进行了批评。1994年，Lantolf 主编了《现代语言》(*The Modern Language Journal*)特刊"Sociocultural theory and second language learning";同时 Lantolf 和 Appel 主编出版了《维果茨基的二语习得途径》(*Vygotskian Approaches to Second Language Acquisition*)一书。与此同时，Breen (1985)、Block (1996) 等纷纷撰文严厉批评和指责认知派理论的局限性(转引自文秋芳，2008)。1996年，Alan Firth 和 Johannes Wagner 在国际应用语言学协会年会上组织专题研讨会，宣读论文批评了认知派理论观点长期主导二语习得研究的失衡局面，引起了与会者们的热烈讨论(Zuengler & Miller，2006)。1997年，《现代语言》刊发了 Alan Firth 和 Johannes Wagner 在专题研讨会上宣读的论文，并登载了持不同理论观点的学者们所撰写的回应文章，来组织社会派与认知派之间的首次公开辩论。1998年，该刊先后刊发了 Firth & Wagner (1998) 与 Gass (1998) 两篇论辩文章，将此次论战推向了高潮。2007年12月，《现代语言》再次组织了认知派和社会派之间的公开论战，不但再次刊发了 Alan Firth 和 Johannes Wagner 发表于1997年的那篇论文，而且登载了二人新写作的论文《作为一种社会技能的第二外语学习：对二语习得再概念化的阐述》("Second/Foreign Language Learning as a Social Accomplishment: Elaboration on a Reconceptualized SLA")。同时，该杂志邀请了一批著名学者讨论 Alan Firth 和 Johannes Wagner 发表于1997年那篇文章产生的重要影响。

认知派和社会派之间针锋相对的两次论战引发了二语习得研究界对理论建构与建设的大规模探讨。Long (2007) 指出认知派和社会派各具优点与缺点，二者在哲学层面上可以达成统一。文秋芳(2008)认为两派之争的根本原因是研究范式之间的差异，两派应该携手并进，共同促进二语习得研究的发展。

1.4.1 认识论与二语习得理论构建

认识论是理论构建的基础和起点，决定着理论构建的方向和内容。唯理论(理性主义)和经验论(经验主义)是西方哲学认识论的两大主要阵营，二者之间的分歧和争论影响着人类知识领域的各个方面。经验论认为，经验是一切知识最初的唯一来源，片面强调感性知觉的作用，贬低甚至否定理性认知（中国大百科全书，1987）。在经验论者看来，感性知觉即使不是人们关于外部世界真实信念的唯一来源，至少也应视为任何可接受的理论必须服从的最终标准（曾志，2005）。Roke & Ebenholtz（1959）认为，人类知识不像数学那样具有确定性，而是在感官经验基础上进行概括并逐渐积累起来的。理性论认为，必然知识起源于自明的天赋观念，通过理性推演就可形成普遍必然的知识体系（马志刚、李亮，2006）。因此，唯理论片面强调理性的作用，认为只有通过理性推理获得的知识才是可靠的（《中国大百科全书》，1987）。按照唯理论者的观点，人都具有一种理智直观的能力，真理就是由这种能力所证实的各种命题，以及由这些命题逻辑推导出来的一切（曾志，2005）。由此可见，唯理论和经验论在看待人类知识的本源方面存在本质性分歧，即唯理论认为知识是不依赖于任何经验而存在的，具有先天性，而经验论坚守知识源于经验的信念。在方法论方面，二者也存在分歧，唯理论强调演绎和综合，经验论则偏重归纳与分析。在人文社科领域，唯理论和经验论的互不兼容性表现得尤为突出。作为语言学的一个重要分支学科，二语习得研究的发展历程深受唯理论与经验论的影响和左右。认知派和社会派之间的分歧与对立实际上就是唯理论与经验论之间的分歧与对立在二语习得研究领域的直接表现与反映。

1.4.2 基于唯理论的认知派

唯理论视理性为知识之源，主张借助数理方法通过演绎推理获取知识。Chomsky 视语言学为自然科学，主张用数学方法研究语言，以探索语言的本质。1959 年，他在批判行为主义语言学习观的基础上提出了普遍语法理论。基于唯理论的认知派推崇该理论，积极地将其运用到二语习得研究中。20 世纪 60 年代，基于普遍语法理论的二语习得研究主要关注二语学习者的错误和语素习得，这奠定了二语习得认知理论的基础。认知派接受语言先天论，认为语言是一个受规则支配的符号系统，语言习得是一个将相关规则内化的过程。Gregg（1989）声称二语习得研究的范围应该局限于语言能力，而不是语言运用。因此，认知派认为二语习得研究的首要任务是考察储存在学习者大脑内的二语知识系统和二语知识的习得过程。前者属于静态研究，旨在研究学习者大脑中的二语知识的系统性特征；后者属于动态研究，主要考察学习者的二语习得过程。

到了20世纪90年代，认知派内部开始出现分歧，语言如何习得成为其争论焦点。特殊先天论者认为，人生来具有语言习得机制，语言习得就是激活这种语言习得机制的过程；一般先天论者相信，与其他认知技能学习一样，语言学习是由人生来具有的一般认知能力决定的（O'Grady，2003），但二者均认为学习者大脑里储存的是内化的抽象语言规则；而后天论者认为语言学习的基础是学习者后天接触到的语言范例，决定语言学习成功与否的主要因素是输入语言范例的频次与质量（Ellis，2003）。认知派承认社会因素对二语言得有一定影响，但坚持认为认知因素起主导作用，反对将二语习得研究范围扩大到真实语境中的二语运用。

1.4.3 基于经验论的社会派

经验论主张一切知识来源于实际经验，不相信先天论。因此，基于经验论的社会派认为二语运用是二语习得的研究对象，即考察学习者如何成功地将第二语言运用于社会交际活动，认为语言习得与运用是不可分割的连续体，主要理论基础包括社会文化理论、活动理论、话语分析理论、语言社会文化理论、对话理论等。

在这些理论中，对社会派影响最大的是 L. S. Vygotsky 的社会文化理论。该理论关注的核心问题是人类认知的发展过程，认为"意识（即所有心理过程）的社会维度在时间和事实上是首要的，而其个体维度则是衍生的和次要的"（Vygotsky，1979: 30）。Vygotsky 的社会文化理论的核心内容是中介说和内化说。前者主张语言是人生存与发展的重要符号工具，语言研究不能脱离与之相互关联的历史和文化语境；后者认为人的认知是人类社会行为社会化的最终产品。因此，社会派认为语言学习是一个内化过程，即"社区成员在日常交际活动中获得交际所需的符号工具，继而将之转化为心理活动工具，作为心理活动中介的认知过程"（Lantolf，2006: 90），在语言习得过程中人际活动先于人内活动。所以，社会派试图解释二语交际者如何在交际中成功表达意图，主张基于自然交际语料考察交际者身份更替的体验与互动，阐释交际过程。

1.4.4 认知派与社会派之间的主要分歧

认知派和社会派在诸多问题上存在一系列分歧。基于 Larsen-Freeman（2007b）和文秋芳（2008）的总结和归纳，我们从语言观、学习观、研究对象、研究方法和哲学倾向五个方面对这些分歧加以阐述。

认知派认为语言是一种心理现实，由储存于个体大脑中的抽象规则构成，具有自主性，因而语言与文化是可以分离的；语言规则具有有限性，但可以生成具有无限性的语句，这些句子的语法性不受非语言因素的制约。社会派主张语言是一种承载着丰富文化信息的社会现象，语言与文化浑然一体，无法分离，因为作为中介的语言与每个社会情景所具有的独特文化特征紧密关联；语言存在于具体的社会交际活动中，而不是由脱离相关语境的抽象句子构成。这是认知派和社会派在语言观上的主要分歧。

认知派和社会派的学习观也存在显著差异。认知派认为，学习行为发生在学习者个体内部，学习者将语言输入选择性地整合到已有语言知识系统中，并通过不断地进行语言输出活动，逐步将所获取的陈述性知识转化为程序性知识。在这个认知过程中，学习者先基于接触到的语言输入形成相关假设，再根据获得的外界反馈不断检验和修订先前形成的假设，以便逐渐完善自身语言系统。学习过程呈现普遍性特征，学习者大脑内部知识体系的变化是其学习进步的体现。社会派则主张，学习是一个语言文化知识逐步内化的过程，即学习者借助语言参与具体的社会交际活动，并获得相关语言文化知识，然后转化为个人脑内活动的材料。Lantolf（2006）进一步将内化过程划分为两个阶段：人际交流和人内交流。前者指学习者参加社会交际活动，通过群体互动获得文化符号工具；后者指学习者通过个体努力将文化符号工具转化为个体心理活动工具。人内交流总是以人际交流为中介，因为人际交流与人内交流交织在一起，形成一个连续体。在二语习得过程中，人际交流先于人内交流。语言产出行为是促进学习者思维进步、理解复杂概念的关键，因此语言产出是人际交流与人内交流的接口，联系着个体内部的心理活动与人际间的社会活动（Swain, 2006）。

认知派和社会派对二语习得研究对象的看法也存在分歧。认知派认为语言能力是二语习得的研究对象，而不是语言运用，研究焦点是学习者大脑中抽象的语言系统特征及其变化情况。Gass & Lee（2007）、Gregg（1989）、Long（1997）等均明确表示，二语习得研究的核心任务是系统考察二语学习的认知过程,研究哪些心理过程与学习者因素能够促进语言习得,语言运用是否影响以及如何影响语言学习,坚决反对将研究范围扩大到真实语境中的二语运用(转引自文秋芳,2008)。社会派则主张二语习得的研究对象是语言运用,即二语运用认为语言能力与语言运用是一个连续体,无法分割,所关注焦点是以语言为中介的真实的社会交际活动及其成功特征。Firth & Wagner(2007:806)指出"语言习得必须以运用为基础",要了解二语习得发生的情况,必须考察二语运用。

在研究方法方面,认知派和社会派也存在一些分歧。认知派主张采用量化法从客位角度客观公正地描述学习者大脑中的语言系统及其发展变化过程,反对掺杂研究者的个人观点,通常运用实验、访谈、有声思维等数据收集方法。社会派从主位角度理解和阐释二语交际者如何在社会交际活动中成功表达自己的意思,强调研究者与被研究者之间的互动,要求研究者从被研究者角度解释社会交际事件。社会派反对实验法,主张采用质化法,即基于自然交际语料考察交际者身份更替的体验与互动,阐释交际过程。

认知派和社会派之间存在显著分歧的根本原因是其本体论立场存在巨大差异。认知派的哲学基础是二元本体论,认为人与社会是两个相互独立的实体,语言和文化是两个可以分离且互不影响的自主系统。社会是语言学习的外部环境,可以激活学习者大脑中的先天语言习得机制。所以对认知派而言,二语习得研究关注的是学习者语言系统的发展过程及其主要特征,主要任务是排除情景因素、文化因素的干扰,从现实语言现象中概括出人脑中储存的抽象的语言系统。社会派的哲学基础则是一元本体论,认为人与社会融为一体,不可分离,语言和文化也是如此;语言是社会活动的重要载体,也是中介社会交际活动的重要符号工具,因此体现社会活动的话语应该是语言研究的基本单位,而不是由规则支配的抽象语句(文秋芳,2008)。

1.4.5 二语习得理论构建的融合观

唯理论和经验论之间的根本分歧是对知识本源的解释不同。同时,两者均具有明显片面性。经验论强调感觉经验的重要性,但忽视理性思维的作用,不能科学地说明知识体系何以能够建立起来的问题;而唯理论强调理性思维的重要性,忽视感觉经验在认识过程中的作用,不能科学地解释科学的知识体系的来源问题（徐志辉，1996）。这意味着我们不能将两者视为绝对对立，甚至是针锋相对、水火不容，而是既要接受两者之间的对立与分歧，又要看到两者之间的互补与融合，即两者既相互对立，又辩证统一。西方近代唯理论开创者 René Descartes 指出，人们的认知不能脱离经验，但是经验通常是非可靠性的；如果要获得真知灼见，人们还需要对经验材料进行合乎逻辑的理性审视（转引自邬焜，2015）。这说明，唯理论者认可经验的重要价值，而不是对经验视而不见。当然，从另一个角度看，经验论者也不是唯经验是从，绝对忽视理性的作用。只有通过互相借鉴与合作，两者才能在探索人类知识本源的问题上取得实质性进展，获得真实可靠的知识。

　　唯理论与经验论之间的相互借鉴与合作反映出一种将两者融合起来的认识论倾向，我们称之为认识论的融合观。这种融合观为我们重新审视二语习得研究的认知派与社会派之间的关系提供了一个全新的认识论基础。融合观要求我们既要接受认知派与社会派之间的对立与分歧的客观现实性，又要看到两者互补与融合的可能性和必要性。首先，基于唯理论与经验论的融合观是认知派和社会派相互借鉴与融合的认识论基础。认识论是我们进行理论构建的哲学理论基础，决定着理论构建的方向与内容，因此认识论的变化必然导致理论构建发生相应变化与调整。认识论融合观的出现必然会对唯理论与经验论产生深刻的影响，并最终导致两派之间的相互融合，形成二语习得研究的融合论。

　　其次，认知派和社会派的共同研究对象是二语习得，这是两者互补与融合的物质基础。二语习得研究主要探究人们是如何获得第二语言的，即二语习得的本质与过程。社会派和认知派分别从不同视角研究二语习得，理论构建各有侧重，研究方法各有偏好，研究结果导向各异。显然，两者关注和探究的是二语习得的不同方面，而不是全貌。二语习得是一个涉及语言、文化、心理、认知等多种因素的复杂过程，需要从不同角度进行跨学科研究，更需要不同理论流派的通力合作。因此，二语习得的复杂性要求认知派与社会派之间是和谐的合作关系，而不是激烈的对立关系。同时，两派之间的融合有利于二语习得研究系统性和全面性的发展，进一步深化我们对二语习得现象的认识。

　　再者，理论构建的动态性特征决定着认知派与社会派的发展趋势。从研究到理论和从理论到研究是理论构建的两个基本模式（Long, 1985a）。前者是一种自下而上的策略，理论的形成基于大量数据（Beretta, 1991），是社会派常用的方法；后者则是自上而下，允许理论假设的验证与调整,是认知派推崇的路径。Gregg(1993)认为采用前者构建的理论是浅层理论(shallow theories),仅涉及特定可观察到的现象,不具有普遍价值;而采用后者构建的理论是深层理论(deep theories),能够超越可观察之现象,认知无法观察到的重要方面。正如 Long(1985a)所言,两种理论构架方法各有优劣,无须争辩孰优孰劣。采用从研究到理论方法构建的理论基于实证数据,不易出现误差,而采用从理论到研究方法构建的理论则常需要改变范式,因为科学的理论假设需要根据研究结果进行调整。理论构建是一个动态的发展过程,即任何一个浅层理论都可能发展成为一个深层理论。这就要求研究者综合使用两种方法进行理论构建,充分发挥其优势。

最后,认知派与社会派之间的互补与融合已经逐渐成为二语习得研究者的期许与共识。近年来,越来越多的二语习得研究者认识到了认知派和社会派的互补与融合对于该学科的建设与发展具有的重要价值与意义(如 Johnson,2004;Jordan,2004;Nicholas & Geers,2007)。社会派领军学者 Lantolf(2006)预测社会文化理论的未来发展趋势是与认知科学结合,而认知派重要学者也在试图跨越理论上的鸿沟,例如加拿大学者 Swain 近年来进行了大量社会文化方面的探索(Larsen-Freeman,2007b),澳大利亚学者 Nicholas(2007)提出了二语习得研究的社会认知理论(Long,2007)。Ellis(2014)指出语言、语言学习与使用既是社会化的,也是认知的,因此与语言相关的研究必须同时从认知与社会两个维度进行。人类语言的产生与发展是人际交流和认知加工共同作用的结果(Slobin,1997),因此要真正准确把握语言习得的认知过程及其相关因素,必须将学习者的内在因素与社会文化因素有机结合起来进行全面考察(刘正光等,2013)。目前,已有学者尝试构建新的二语习得研究理论,以消融认知派与社会派之间长期存在的壁垒,构造一个博采众家之长的综合性研究框架,实现二语习得研究范式的转变(de Bot & van der Hoeven,2011)。Larsen-Freeman(1997)的动态系统理论(dynamic systems theory,DST)和 Atkinson(2002)的社会认知理论(sociocognitive theory)就是两个成功范例。前者将语言发展的认知观与社会观融为一体,认为语言学习者是社会生态系统中的一个子动态系统,该子系统由许多相互影响的次级子动态系统构成;每个学习者拥有自己的认知平衡系统(包括意向性、认知能力、智力、动机、学能、母语、第二语言等),而认知平衡系统则与语言接触程度、生理成熟度、教育程度等相互关联(de Bot et al.,2007)。后者基于哲学的扩展性认知理论和体验认知理论、物理学的复杂理论与社会语言学的变异理论构建了一个二语习得研究的整体范式，既承认语言的心理属性，又将语言视为社会惯例（Atkinson，2011a）。社会认知理论的核心内容是不可分离原则、顺应原则和协同原则（Atkinson，2010b）。

第 2 章
第二语言习得研究的发展现状

2.1 国内二语习得研究文献计量学分析 (1998—2020)

我国二语习得研究始于 20 世纪 80 年代,近四十年间国内相关研究主题涵盖广泛,学术成果丰硕。已有学者对国内外二语习得研究进行了综述性研究(戴运财、蔡金亭,2008;蔡金亭、王敏,2020;蔡金亭、朱立霞,2010;范烨,2009),回顾展望了该领域研究的主要分支。但研究大都聚焦于某一主题,时间范围相对较早,未能充分反映我国二语习得研究全貌。迄今为止,利用文献计量方法对国内核心期刊二语习得研究的发展趋势进行梳理分析的文献并不太多。为了准确把握二语习得研究的发展历程和研究动态,本研究以 CNKI 数据库收录的核心期刊和 CSSCI 期刊为数据来源,采用 CiteSpace 对 1998 年至 2020 年间二语习得研究的成果进行系统的梳理和分析。

2.1.1 研究工具与数据采集

我们采用可视化分析软件 CiteSpace 5.7.R4 来梳理分析国内核心期刊二语习得研究现状。CiteSpace 主要目的在于"探测学科知识领域发展及其研究热点、前沿和趋势"(陈悦等,2015)。本研究以 CNKI 数据库收录的核心期刊和 CSSCI 期刊为数据来源,通过高级主题词检索的方式收集数据。检索主题为"二语习得",时间范围为 1998 年至 2020 年,采集时间为 2021 年 2 月 16 日,共得到 1290 条记录。在检索结果中，剔除书评、通知、启事、简介、征文等不相关文献126篇，最终获得研究所需有效文献1164篇。

2.1.2 发文量年度分布

统计年度发文量能直观显示国内二语习得研究的时间分布特点及受关注程度。图2-1显示了1998年至2020年我国二语习得研究发文数量的年度分布。从整体上看，1998—2020年国内二语习得研究发文数量经历了两个阶段。第一个阶段，1998年至2009年是二语习得研究的急速增长期，相关研究数量随时间的推移而增长，文献数量由最初每年2篇至9篇，增长到后期每年60篇至90篇。2004年是二语习得研究数量快速增长的起点，2009年进入二语习得文献发表的高数量阶段，达到峰值91篇。在第一个阶段内，二语习得研究逐渐受到了国内学界的广泛关注。第二个阶段，2010年至2020年为二语习得研究的平稳慢热增长期。此阶段二语习得研究文献发表数量尽管有所下降，但不能代表整体二语习得研究热度的减退。实际上，2010年至2017年间发文量依旧保持在每年60篇至90篇；2017年后每年发文量保持在40篇以上。综上说明二语习得研究从2010年后慢慢地进入一个平稳增长的慢热期。

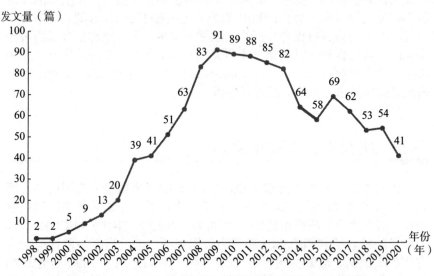

图2-1　1998—2020年二语习得研究发文数量的年度分布

2.1.3 二语习得研究热点议题：基于关键词分析

关键词是论文中心内容的提炼，反复出现的关键词在一定程度上可以反映出某领域的研究热点。对二语习得研究的关键词进行追踪梳理，可以揭示该领域中知识分布的内在联系，能够直观地呈现该领域研究热点的发展变化和演进脉络，为后续研究提供参考。利用 CiteSpace 程序中的关键词词频功能，绘制了二十多年间二语习得研究的高频关键词图谱，如图 2-2 所示。图中的节点和字体大小表示关键词出现的频率高低，节点之间的连线表示关键词之间的共现关系。数据采集时以"二语习得"为检索主题词，所以它是图谱中最大最重要的节点，且所有的节点都与它有共现关系。为了避免网络结构图谱中该节点过于突出，导致关键词共现图谱效果不佳，我们将"二语习得""第二语言习得"节点从图谱中抹去。

图 2-2　1998—2020 年二语习得文献关键词共现网络图谱

由图 2-2 可见，网络节点大小代表出现频率和受关注度的高低。"外语教学"节点最大，占据网络中心；"中介语""母语迁移""实证研究""二语习得理论""学习者"等节点较明显。接下来会进一步对关键词的频次进行具体分析。

1998 年至 2020 年国内二语习得研究排名前 20 位的高频关键词如表 2-1 所示，其中"外语教学""中介语""二语词汇习得""学习者""二语习得理论""普遍语法""母语迁移""输入""动态系统理论"等高频关键词基本勾勒出国内二语习得研究的主要研究主题、理论基础、研究方法和研究对象。

表 2-1　1998—2020 年国内二语习得文献前 20 位关键词的频次排序

排序	关键词	频次	出现年份	排序	关键词	频次	出现年份
1	外语教学	50	2002	11	互动	13	2004
2	中介语	35	2002	12	实证研究	12	2002
3	二语词汇习得	31	2004	13	认知语言学	11	2008
4	学习者	29	2003	14	研究方法	10	2002
5	二语习得理论	26	2004	15	母语	10	2002
6	普遍语法	21	2001	16	二语写作	10	1999
7	母语迁移	17	2000	17	个体差异	10	2005
8	输入	17	2004	18	输出	9	2009
9	动态系统理论	15	2012	19	三语习得	9	2010
10	语言迁移	14	2007	20	习得过程	9	2005

"外语教学"一词出现频次为 50，是国内二语习得研究领域的第一大研究热点。研读文献发现，二语习得研究中以"外语教学"为关键词的有效文献共 73 篇。二语习得研究与外语教学有着十分紧密、直接的关系。外语教学方法必须有学习理论为依据（Mitchell & Myles, 1998），因此二语习得研究为外语教学提供了理论依据。早期二语言习得研究大多依附于语言教学实践，以教学为动机，且语言教师为主要研究者。该阶段的主要研究方法为"对比研究"和"错误分析"。20 世纪 80 年代开始，二语习得研究迅速发展，逐渐成为一门独立的学科。Ellis（1997）指出二语习得研究发展的成就之一是许多研究不再直接关注教学问题。尽管如此，日益发展壮大的二语习得研究仍与外语教学有着紧密的联系。周平、张吉生（2003）探讨了二语习得研究与语言教学的关系，指出对二语习得过程的充分了解有助于语言教学，并强调了应将二语习得研究成果运用于我国外语教学中的重要性。

"中介语"是国内二语习得研究的第二大研究热点，该关键词出现频次为 35。二次文献检索发现，二语习得研究中以"中介语"为关键词的有效文献共 56 篇。该研究热点主要聚焦于中介语石化现象、中介语错误分析以及中介语变异研究三个方面。杨连瑞等（2011）开展了中介语发展的语言共性研究，不仅关注语言的标记性与语言迁移的关系，还在普遍语法的框架内解释了母语迁移在中介语初始状态中的作用。"二语词汇习得"是国内二语习得研究的第三大研究热点，该关键词出现频次为 31。二次文献检索发现二语习得研究中以"二语词汇习

第 2 章　第二语言习得研究的发展现状

得"为关键词的有效文献共 57 篇。此类研究热点集中在词语搭配研究、词汇习得影响因素分析、词汇教学研究等方面。"普遍语法""母语迁移"和"输入"是二语习得研究的重要理论基础,由表 2-1 可知,它们也是国内二语习得研究的主要热点。二次文献检索发现,二语习得研究中有关"普遍语法""母语迁移"和"输入"的研究文献分别为 42 篇、36 篇和 23 篇。普遍语法理论是由 Chomsky 针对儿童的母语习得现象提出来的。该理论认为人脑的语言系统在习得和使用任何语言时都遵循一定的普遍性原则,这些原则是与生俱来的,后天的语言经验对每个原则有简单的参数作用。Chomsky(1976)把普遍语法定义为由原则、条件和规则系统构成的所有人类语言共有的成分和属性。母语迁移是指学习者在二语习得过程中,其已掌握的母语知识对第二语言的习得产生的影响。按照 Gass & Selinker(2008)的分类,母语迁移研究可分为母语正迁移和母语负迁移。在二语习得过程中,当母语规则与目标语规则相同或非常相似时,正迁移才会产生,正迁移有助于二语习得;当母语规则与目标语规则不相符或表面相似实质上却根本不同时,则容易出现负迁移现象,负迁移不利于二语习得。语言输入研究集中在克拉申输入理论、输入方式研究、外语教学与输入以及习得过程研究等方面。

接下来深入分析关键词突现性(burstness),它是从时间上衡量节点重要性的指标,在某种程度上代表了某时间段受关注的研究热点。将"Burstness"下的"Minimum Duration"设置为 1,γ 设置为 1,"Burst items found"设置为 9,结果如表 2-2 所示。从突现时间来看,"学习者"是突现时间最早的关键词,从 2006 年开始突现;"构式语法"和"研究方法"是突现时间最晚的关键词,均从 2017 年开始突现。从突现强度来看,"学习者""动态系统理论"和"输入"是突现强度较大的关键词,强度均高于 4.00,表明它们是二语习得领域各自时间段内最受关注的研究热点。从突现时长来看,"动态系统理论""学习者""研究方法"和"输出"是突现时间较长的关键词,说明它们是二语习得领域受关注历时较长的突现主题。

表 2-2　1998—2020 年国内二语习得文献关键词突现性统计

排序	关键词	出现年份	强度	突现年份	突现结束
1	学习者	1998	6.07	2006	2009
2	动态系统理论	1998	5.77	2012	2017
3	输入	1998	4.05	2009	2010

（续表）

排序	关键词	出现年份	强度	突现年份	突现结束
4	构式语法	1998	3.65	2017	2018
5	研究方法	1998	3.60	2017	2020
6	认知语言学	1998	3.52	2008	2010
7	输出	1998	3.44	2009	2012
8	三语习得	1998	3.33	2012	2014

2.1.4 国内二语习得研究文献共被引分析

被引频次是引文分析中最具代表性的指标，通常被认为是学术影响力的标志。我们统计了1998—2020年被引频次居前20位的有重要影响力的国内二语习得研究文献，见表2-3。

表2-3 1998—2020年被引频次前20位的国内二语习得研究文献统计

排序	文献名称	刊名	作者及出版年份	被引频次
1	词块运用与英语口语和写作水平的相关性研究	《解放军外国语学院学报》	丁言仁、戚焱（2005）	1330
2	国外二语预制语块习得研究的方法进展与启示	《外语教学与研究》	王立非、张大凤（2006）	898
3	中国英语学生课堂环境下词汇能力的发展	《现代外语》	吴旭东、陈晓庆（2000）	710
4	母语思维与外语写作能力的关系：对高中生英语看图作文过程的研究	《现代外语》	文秋芳、郭纯洁（1998）	700
5	"输出假设"研究对我国英语教学的启示	《外语与外语教学》	卢仁顺（2002）	583
6	词汇组块教学——二语教学的一种新趋势	《外语教学》	刘晓玲、阳志清（2003）	578
7	反馈二语习得语言教学	《外语界》	张雪梅、戴炜栋（2001）	559
8	"产出导向法"的中国特色	《现代外语》	文秋芳（2017）	541

第2章 第二语言习得研究的发展现状

（续表）

排序	文献名称	刊名	作者及出版年份	被引频次
9	论二语词汇深度习得及发展特征——关于词义与词缀习得的实证调查	《外语教学与研究》	刘绍龙（2001）	487
10	国内二语语块教学研究述评	《中国外语》	段士平（2008）	462
11	二语习得研究方法35年：回顾与思考	《外国语》	文秋芳、王立非（2004）	460
12	外语教师课堂策略研究：状况与意义	《外语教学与研究》	杨雪燕（2003）	443
13	基于语料库的大学生英语议论文中的语块使用模式研究	《外语电化教学》	王立非、张岩（2006）	426
14	国外第二语言习得交际策略研究评述	《外语教学与研究》	王立非（2000）	380
15	第二语言语用习得的课堂教学模式	《外语界》	戴炜栋、杨仙菊（2005）	351
16	隐喻理论在二语习得中的应用	《外语与外语教学》	蔡龙权（2003）	343
17	试论母语对二语习得的正面影响	《外语界》	陆效用（2002）	337
18	任务难度与任务条件对EFL写作的影响	《现代外语》	陈慧媛、吴旭东（1998）	316
19	第二语言词汇附带习得研究	《外语教学》	李红、田秋香（2005）	298
20	二语词汇习得研究：十年回溯与展望	《外语与外语教学》	张萍（2006）	289

表2-3显示，二语习得研究排名前20位的高被引文献中，研究热点多关注外语教学、词汇习得、语块、外语写作、输出、隐喻、母语、交际策略等方面，尤其是外语教学和词汇习得。具体而言，外语教学相关文献共有4篇（第7、8、9、15篇），词汇习得相关文献共有4篇（第3、9、19、20篇），语块研究相关文献共有2篇（第2篇和第10篇），外语写作研究相关文献共有2篇（第4篇和第18篇），其他方面各有1篇。

从被引频次看，国内二语习得研究前三位高被引文献分别是丁言仁、戚焱的《词块运用与英语口语和写作水平的相关性研究》，被引1330次；王立非、张大凤的《国外二语预制语块习得研究的方法进展与启示》，被引898次；吴旭东、陈晓庆的《中国英语学生课堂环境下词汇能力的发展》，被引710次。这说明这些文献在二语习得研究领域的学术影响力极高。从发文时间看，文秋芳和郭纯洁的《母语思维与外语写作能力的关系：对高中生英语看图作文过程的研究》，以及陈慧媛、吴旭东的《任务难度与任务条件对EFL写作的影响》发文最早，发表于1998年；最晚发表的文献是文秋芳于2017年发表的《"产出导向法"的中国特色》，值得一提的是这篇是被引频次居前20位的文献中唯一一篇发表于2008年后的文献，但其被引排名位居第8位，可见其学术影响力。

高产作者是指在某一领域内公开发表文献较多的作者（丁学东，1993）。我们对1998年至2020年国内二语习得文献相关作者的发文量和最早发文年份进行人为的信息筛选与统计，结果如表2-4所示。

表2-4 1998—2020年发文量前15位的国内二语习得研究文献作者统计

排序	作者	发文量/篇	最早发文年份
1	文秋芳	97	1998
2	徐锦芬	70	2002
3	王立非	69	2000
4	戴炜栋	45	1998
5	刘正光	40	1998
6	刘永兵	39	2009
7	王同顺	36	2004
8	张萍	36	1999
9	倪传斌	34	1998
10	蔡金亭	30	1998
11	杨连瑞	29	2002
12	戴曼纯	29	1998
13	陈士法	21	1998
14	王初明	20	1998
15	戴运财	15	2002

由表2-4可知，前15位作者发文量均在15篇及以上，且最早发文年份均晚于1998年。其中有8位作者的最早发文年份是在1998年，

第2章 第二语言习得研究的发展现状

刘永兵的最早发文年份最晚，是在 2009 年。发文量位居前三位的高产作者分别是文秋芳、徐锦芬和王立非，这三位学者具有较强的研究能力，在二语习得领域拥有较大的学术影响力。接下来有必要对这三位作者进行进一步分析。

国内二语习得研究的第一位高产作者是文秋芳，共发表 97 篇文献，其中她于 2001 年发表的《英语学习者动机、观念、策略的变化规律与特点》一文被引频次最高。该文献运用定量研究的方法，三次跟踪调查了南京大学 1996 年入学的英语专业学生的可控因素（动机、观念和策略）及其关系的变化情况。文秋芳于 2015 年发表的《构建"产出导向法"理论体系》一文被引频次居第二位，该文献构建了产出导向法的理论体系。该体系包括三个部分：教学理念、教学假设和以教师为中介的教学流程。第二位高产作者是徐锦芬，共发表 70 篇文献，其中她与彭仁忠和吴卫平于 2004 年发表的《非英语专业大学生自主性英语学习能力调查与分析》一文被引频次最高，该研究侧重调查自主性外语学习能力。第三位高产作者是王立非，共发表 69 篇文献，其中他与张大凤于 2010 年合作发表的文献《国外二语预制语块习得研究的方法进展与启示》被引频次最高。该文献对国外二语预制语块习得研究的进展进行综述，涉及二语预制语块的本质与分类、三种主流研究方法、研究现状以及对外语教学的启示与应用。

合作研究是一种有效利用研究资源、促进知识共享的重要方式，它可以实现资源优势互补共享，促进领域内或领域间的合作交流。利用 CiteSpace 程序中的作者共现功能，绘制了 1998 年至 2020 年间我国二语习得研究者的合作关系网络图谱，共得到 468 个节点，117 条连线。如图 2-3 所示（图 2-3 仅显示发文量为 3 篇及以上的作者）。

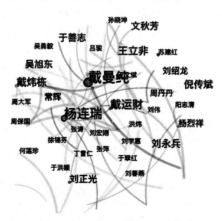

图 2-3　1998—2020 年国内二语习得研究作者合作网络图谱

由图 2-3 可知，整体研究者合作网络结构较密集，网络节点间的关系较分散，由 2~4 个节点组成的子网数量最多，说明研究人员主要依靠 2~4 人的小规模合作，大多为无合作关系的独立作者。其中，经过二次查阅发现 4 人合作发文 1 篇的有杨连瑞、张涛、吴光亭和陈士法，杨连瑞、刘静、李旭奎和陈颖等；3 人合作发文一篇的有杨连瑞、陈雨杉和陈士法，杨连瑞、吴光亭和张涛，杨连瑞、戴运财和王同顺，杨连瑞、戴月和李超鹏等；2 人合作发文 3 篇的有杨连瑞和尹洪山等；2 人合作发文 2 篇的有林立红和于善志、王立非和孙晓坤等；2 人合作发文 1 篇的有戴运财和杨连瑞、戴运财和蔡金亭、戴运财和戴炜栋、戴运财和崔文琦、王立非和文秋芳、蔡金亭和王敏、杨连瑞和崔鹏等。从图 2-3 可以看出，一些节点较大的高产作者间并无连线，如刘正光、刘永兵等。此外，大部分研究者来自外语学科领域，鲜有域跨学科作者间的合作。整体而言，二十多年间国内二语习得研究者合作关系呈现出小集中、大分散的特点，有的作者之间虽然存在合作联系，形成了一些二语习得学术团队，但作者合作的集中度较低，未来二语习得领域应加强作者之间的交流合作。

2.1.5 二语习得研究机构及发表期刊统计分析

研究机构是科学研究的重要载体。本研究对 1998 年至 2020 年国内二语习得研究的作者所属单位的发文量进行排序，前 20 位的发文机构如表 2-5 所示。二语习得主要研究机构集中在广东外语外贸大学、北京外国语大学、上海外国语大学、南京大学、上海交通大学、南京师范大学、北京语言大学、中国海洋大学、吉林大学等高校。这九所高校发文量均不小于 20 篇，是国内二语习得研究的主要科研机构。从发文时间来看，广东外语外贸大学和南京大学是最早介入二语习得研究的科研机构，于 1998 年开始。前 20 位机构的文献量总和为 459 篇，约占发文总量的 39.4%，表明二十多年间年国内二语习得高水平研究成果颇丰；还有不到三分之二的科研机构发表的文献不超过 7 篇，此类机构至少有 50 个以上。对国内二语习得研究机构的分析，表明了国内二语习得研究机构呈现出百花齐放的良好局面。

第 2 章 第二语言习得研究的发展现状

表 2-5 1998—2020 年发文量前 20 位的国内二语习得研究发文机构统计

排序	机构名称	发文量/篇	最早发文年份	排序	机构名称	发文量/篇	最早发文年份
1	广东外语外贸大学	52	1998	11	复旦大学	18	2009
2	北京外国语大学	52	2004	12	东北师范大学	17	2009
3	上海外国语大学	45	2001	13	对外经济贸易大学	15	2005
4	南京大学	39	1998	14	宁波大学	14	2001
5	上海交通大学	35	2004	15	湖南大学	14	2003
6	南京师范大学	26	2001	16	山东大学	12	2005
7	北京语言大学	24	2006	17	解放军外国语学院	10	2004
8	中国海洋大学	22	2005	18	北京大学	10	2006
9	吉林大学	20	2006	19	华中科技大学	8	2014
10	中山大学	19	2004	20	西南民族大学	7	2007

本研究对筛选出的 1164 篇二语习得文献的来源期刊频次进行排序，前 10 位期刊如表 2-6 所示。由表 2-6 可知 1998—2020 年载文篇数前 10 位的期刊均为 CSSCI 收录期刊，影响因子普遍较高，载文数均不小于 30 篇，表明二十多年间国内二语习得研究的高质量文献较多。发文量前三位的期刊分别是广东外语外贸大学主编的《现代外语》累计发文 73 篇、大连外国语大学主编的《外语与外语教学》累计发文 65 篇和上海外国语大学主编的《外语界》累计发文 57 篇，其中发文时间最早的期刊是《现代外语》，于 1998 年开始。前 10 名期刊的载文量总和为 480 篇，约占发文总量的 41.24%，说明这些期刊不仅是二语习得研究的核心期刊，也是国内二语习得研究的学术重镇。

表 2-6 1998—2020 年载文数前 10 位的国内二语习得研究期刊统计

排序	刊名	载文数/篇	最早发文年份	影响因子
1	《现代外语》	73	1998	4.39
2	《外语与外语教学》	65	2001	1.51
3	《外语界》	57	2001	3.26
4	《外语教学》	52	1999	2.40
5	《解放军外国语学院学报》	49	2002	1.28
6	《外语学刊》	49	2002	1.57
7	《外语电化教学》	36	2002	2.53

（续表）

排序	刊名	载文数/篇	最早发文年份	影响因子
8	《外语教学与研究》	35	2000	1.94
9	《中国外语》	34	2008	2.35
10	《外语教学理论与实践》	30	2008	1.98

2.2 国际二语习得研究文献计量学分析（2009—2020）

2.2.1 研究工具与数据来源

基于 Web of Science（WOS）核心数据库，输入主题词"second language acquisition"，文献类型选择"Article"，语种设为"English"，选取社会科学引文索引"Social Sciences Citation Index"（SSCI），筛选时间跨度设定为2009—检索日期（北京时间2020年12月18日），检索到4248篇文献，经过 CiteSpace 数据除重处理后，最后得到4217篇有效文献。

借助 CiteSpace 5.7，对2009—2020年有关二语习得的4217篇国际文献进行共被引分析和共现网络分析，通过对数据信息的可视化操作，逐步概括二语习得在国际上近十二年的研究状况、研究热点，并通过突发性检测探索其未来的研究趋势。

2.2.2 国际二语习得研究文献共被引分析

李杰、陈超美（2017）根据引用持续时间将高被引文献分为经典文献（持续性被高引用）和过渡文献（短暂性被高引用），他们指出这两种文献在科学发展中都有着重要的作用。因此，本节也将通过分析这两种高被引文献类型进行一个更加全面的梳理。对于经典文献，我们将"Look Back Years"设为 –1，此时，所有时间跨度的引用都将被考虑在内。过渡文献的"Look Back Years"则设为 5，此条件下将只提取近五年的被引文献，比如原文献的时间跨度下限是 2009 年，那么我们能提取到的最早的被引文献则是 2004 年，而 2004 年之前的被引文献会被筛除。被引频数和中介中心性是作为衡量文献价值的重要指标。因此，本节将根据这两个数据指标对两种被引文献类型（经典文献和过渡文献）进行内容分析。

1. 经典文献分析

1) 频次

首先看被引频次较高的文献，如表 2-7 所示，我们提取了频次在 100 以上的前 23 篇被引文献进行内容分析。主要可以分为八个方面：临界期、认知心理学和神经学、数据分析、语言教学、"注意"因素、频率效应、语音感知和词汇习得。

表 2-7 被引频次 100 以上的经典文献列表

排序	文献名称	作者及出版年份	被引频次
1	Critical period effects in second language learning: The influence of maturational state on the acquisition of English as a second language	Johnson & Newport (1989)	237
2	Statistical Power Analysis for the Behavioral Sciences	Cohen (1988)	177
3	The role of consciousness in second language learning	Schmidt (1990)	173
4	Second language speech learning: Theory, findings, and problems	Flege (1995)	168
5	Frequency effects in language processing: A review with implications for theories of implicit and explicit language acquisition	Ellis (2002)	152
6	Constructing a Language: A Usage-based Theory of Language Acquisition	Tomasello (2003)	152
7	Effectiveness of L2 instruction: A research synthesis and quantitative meta-analysis	Norris & Ortega (2000)	147

（续表）

排序	文献名称	作者及出版年份	被引频次
8	L2 cognitive states and the full transfer/full access model	Schwartz & Sprouse（1996）	142
9	*The Biological Foundations of Language*	Lenneberg（1967）	130
10	Fitting linear mixed-effects models using lme4	Bates et al.（2014）	127
11	Grammatical processing in language learners	Clahsen & Felser（2006）	126
12	Attention. Cognition and second language instruction	Schmidt（2001）	118
13	*Learning Vocabulary in Another Language*	Nation（2013）	117
14	Reading acquisition, developmental dyslexia, and skilled reading across languages: A psycholinguistic grain size theory	Ziegler & Goswami（2005）	115
15	Age constraints on second-language acquisition	Flege et al.（1999）	112
16	Age of onset and nativelikeness in a second language: Listener perception versus linguistic scrutiny	Abrahamsson & Hyltenstam（2009）	112
17	A direct realist view of cross-language speech perception	Best（1995）	111
18	Category interference in translation and picture naming: Evidence for asymmetric connections between bilingual memory representations	Kroll & Stewart（1994）	110
19	*The Psychology of the Language Learner: Individual Differences in Second Language Acquisition*	Dörnyei（2005）	109
20	The robustness of critical period effects in second language acquisition	DeKeyser（2000）	109
21	Dynamic grammar in adults: Incidental learning of natural syntactic structures extends over 48 h	Luka & Choi（2012）	107

第2章 第二语言习得研究的发展现状

（续表）

排序	文献名称	作者及出版年份	被引频次
22	Measuring implicit and explicit knowledge of a second language: A psychometric study	R. Ellis（2005）	106
23	Non-native and second-language speech perception	Best & Tyler（2007）	104

有关习得临界期的被引文献共五篇：Lenneberg（1967）、Johnson & Newport（1989）、Flege et al.（1999）、DeKeyster（2000）和 Abrahamsson & Hyltenstam（2009）。"临界期假说"（critical period hypothesis）起源于 Lenneberg（1967）撰写的书籍《语言生物学基础》（*The Biological Foundations of Language*），该书指出语言习得的临界期存在于人类出生后的两年直至青春期的结束，若错过临界期，语言习得将变得困难并且无法达到正常水平。Lenneberg（1967）提出的临界期假说是针对母语习得，对此，Johnson & Newport（1989）通过实验来检测临界期假说是否能够运用到二语习得中，实验结果发现二语学习者在词法和句法的测试成绩与他们开始学习英语的时间呈负相关，也就是说，越早接触英语，受试在实验中的成绩也就越高。而在 Flege et al.（1999）的实验中发现，虽然二语学习者的初学年龄与外语发音、语法判断任务成绩有相关性，但这种相关性并不是来自于学习者是否错过临界期，而是取决于他们的受教育程度和使用英语的情况。同时，结果显示初学年龄与形态句法学的习得并无显著关系。Abrahamsson & Hyltenstam（2009）在研究西班牙语—瑞典语双语学习者测试其第二语言瑞典语是否达到母语水平时发现，若依照本族语者的判断，达到母语水平的受试大部分是在12岁之前接触到第二语言，只有小部分来自12岁之后接触第二语言的受试。而从语言学家的角度进行分析时，结果显示没有任何一个受试的第二语言达到了母语者水平。Abranhamsoon & Hyltenstam（2009）认为成人和大多数儿童的第二语言永远无法达到母语水平。DeKeyser（2000）通过验证 Bley-Vroman（1989）提出的"根本性差异假说"（fundamental difference hypothesis），指出儿童和成人是运用不同的认知功能去学习语言的。儿童通过内隐机制学习语言，成人则更多地依赖于分析能力习得语言。另外，还指出语言学能与年龄存在交互作用，进而解释为什么临界期假设不能适用于所有的二语学习者。从被引文献发布时间来看，争论已经从"是否存在语言习得临界期"逐

渐转向"语言的临界期是如何形成的，会被什么条件所影响，这些条件又是如何影响临界期形成"等更加深入的问题。Kennedy & Norman（2006）提出了 125 个重要的科学前沿问题：语言学习为什么存在临界期？由于语言习得的复杂性，关于临界期的更深层的关系还需要研究者去挖掘。

被引次数 100 以上的与认知心理学和神经学相关的文献共 5 篇：Lenneberg（1967）、Schwartz & Sprouse（1996）、Schmidt（1990）、Schmidt（2001）和 Ziegler & Goswami（2005）。早在习得临界期研究中，Lenneberg（1967）结合基因学知识绘制语言障碍遗传树状图，将语言习得临界期中得到的启示应用于治疗学和教育学中，帮助患有失语症（aphasia）的有听力或言语障碍的儿童习得语言。Ziegler & Goswami（2005）基于心理语言学组块理论（psycholinguistic grain size theory）探究阅读能力、语音发展过程和发展性阅读障碍（developmental dyslexia）之间的关系，认为学习者会因为语音技能的受损而不能高效地将单词切分为不同组块，进而干扰心理语言学组块理论中的形音一致性，最终阻碍阅读能力的发展。Ziegler & Goswami（2005）建议未来有关探讨阅读能力与语音能力或是与其他语言因素关系的研究可以结合行为实验、脑电实验，以更加系统地揭示语言在线理解过程。Kroll & Stewart（1994）通过实验发现了双语者记忆表征层面所显示出的不对称性。当一语翻译成二语时，受试以"概念"为媒介来完成翻译过程，而当二语翻译成一语时，受试则是以"词汇"为切入点。Clahsen & Felser（2006）对比了母语儿童、母语成人和二语成人学习者的语法中的形态和句法加工机制，结果发现本族语者的语言处理机制（parsing mechanism）在儿童和成人的认知结构中都是一样的，而一语儿童和成人所表现出的语言能力差异可归结于其他影响因素，比如儿童有限的记忆容量和相对较弱的词汇提取能力。对于母语者和二语学习者所表现出的句子加工差异，Clahsen & Felser（2006）则提出了"浅层结构假设"（shallow structure hypothesis），认为二语学习者是通过非句法结构的信息，如词汇或语义信息来加工句子中的形态句法结构，从而导致二语学习者中的句法表征是浅层的，只能在简单的句法结构分析上与母语者水平相当，而无法支持他们对复杂的句法现象进行加工。

二语习得研究通常涉及大量的实证研究，其中，相比于定性研究，定量研究无论是在国内还是国外研究中均占领着主导地位（毛文伟，2011；王立非、江进林，2012）。而在定量研究中必定要涉及的步骤便是数据分析。在被引次数前 100 的 23 篇文献中共有两篇就是专门讲述

第 2 章 第二语言习得研究的发展现状

有关数据分析的知识。一篇是排名第二的由 Cohen（1988）撰写的《行为科学中的统计功效分析》（*Statistical Power Analysis for the Behavioral Sciences*），该书为二语习得研究提供统计学的基础知识，为进行数据分析、解读提供理论依据。另外一篇是 Bates et al.（2014）撰写的《利用 lme4 软件包拟合混合线形模型》（"Fitting Linear Mixed-effects Models Using lme4"）。在国际语言科学研究中，利用混合效应模型拟合数据已成一种趋势。区别于一般线性回归模型，混合效应模型可以包括多个可相互影响的因子，进而更好地分析因变量和自变量的关系，并对其他样本发挥预测作用。而 lme4 是 R 语言中用于拟合混合效应模型中最常见的软件包（吴诗玉，2019）。Bates et al.（2014）一文中系统地介绍了混合线性模型的基本原理和其包含的四个程序模块，为二语习得研究中的多变量之间的关系分析、验证研究假设和回答研究问题提供理论依据和实践方法。

关于二语教学的一篇文章，Norris & Ortega（2000）通过对 1980 年至 1998 年的二语教学研究的元分析发现，二语教学效果具有持续性，并且外显教学（explicit instruction）比内隐教学（implicit instruction）的效果更好，同时发现不同的评判标准会影响对教学效果的检验。因此，为了提高研究结果的普适性，Norris & Ortega（2000）指出未来需要开展更多相关的实证研究和复制研究。对于研究内容，Norris & Ortega（2000）认为应注重更加精确的分类，如形式聚焦（focus on form）和意义聚焦（focus on meaning）在外显教学和内隐教学中效果的异同比较。除了外显教学和内隐教学之外，附带学习（incidental learning）和有意学习（intentional learning）也是研究二语习得过程的常用概念（王改燕，2010），Luka & Choi（2012）测试了附带学习在句法结构习得上的延迟作用，主要关注成人二语学习者在完成自然阅读任务后的 48 小时内对所接触的句法结构的掌握情况，结果显示附带学习的句法效果不但能持续 48 小时，而且在 7 天后的后续测试中也发现其作用。另外，从受试在阅读后的语法判断任务中所展现的结构偏好来看，学习者语言内部的结构表征是不断变化的，以适应新范例的出现。在语言测试中，R. Ellis（2005）认为显性知识（explicit knowledge）和隐性知识（implicit knowledge）应该被区分开来，通过对比本族语者与二语学习者在显性知识和隐性知识的测试任务中的表现，发现在隐性知识的测试中，本族语者的成绩显著高于二语学习者，而在显性知识测试中本族语者和二语学习者的成绩没有显著差异。因此，显性知识和隐性知识对于语言测试有着重要的启示作用。同时，R. Ellis（2005）建议在之后的研究可以不局限于分数的对比,而是使用其他的评判标准去验证显性知识与隐性知识在语言测试中的异同。

Schmidt(1990)主要从心理学的角度回顾了"意识"(awareness)在二语习得中的作用的相关理论和研究。Schmidt(2001)阐述了"注意"(attention)在二语习得中的关键作用,强调只有被学习者注意到的语言输入才可以在中介语中被内化,为习得提供条件。

Ellis(2002)从显性知识和隐性知识的角度讨论频率效应在二语习得加工中的关键作用,回顾了关于基于使用的理论(usage-based theory)中的频率效应前40年的研究历史,总结了频率效应遍布在二语习得的各个方面,如音韵、拼写、程式化语言、形态句法的习得等。文秋芳(2003)认为这篇文献不仅揭示了频率效应对二语习得理论的启示,还改变了"先天论"在语言习得中的偏向性先导地位。

Schwartz & Sprouse(1996)提出"完全迁移假说"(full transfer)/"完全可及假说"(full access)来揭示语言迁移的问题。完全迁移/完全可及假说基于普遍语法,认为二语的初始状态均来自于母语语法。Schwartz & Sprouse(1996)同时还提到了两个相关的假说——"最简树假说"(minimal trees hypothesis)和"弱迁移假说"(weak transfer hypothesis)。前者认为只有实义语类可以发生从一语到二语的迁移,而功能语类并不迁移;后者则认为是功能语类的特征值无法发生迁移,并用此解释大量实证研究中的二语形态句法习得表现出的不确定性现象。Tomasello(2003)撰写的《语言构建:基于用法理论》(*Constructing a Language: Usage-based Theory*)一文中详细讲述了语言是如何通过对范例(exemplar)的积累,再将其分门别类地存储于学习者的认知结构中,最后构成一个联通网络,强调语言使用在语言构建中的重要地位。

关于语音知识中的语音感知(speech perception)研究,共有3篇文章。Flege(1995)综述了有关二语语音学习的相关理论、实证研究以及存在的问题,还提出了著名的语音学习模型(speech learning model)。在该模型中,二语学习者需要依靠语音感知学习二语语音相关知识,如语音发音。同时,结合临界期假说,Flege(1995)认为二语学习者在超过一定年龄后的语音学习效果会受到抑制。Best(1995)提出了二语语音感知研究中另一广泛使用的模型——感知同化模型(perception assimilation model),该模型强调二语学习者会将二语语音系统与之前的语音系统进行对比,如母语的语音系统,并将二语的语音感知结果同化至与母语语音相似的范畴中。Best & Tyler(2007)则是更深层次地探讨了这两个模型,认为感知同化模型关注的是二语初学者,而语音学习模型对应的是二语中的高水平学习者。另外,Best &

第 2 章 第二语言习得研究的发展现状

Tyler（2007）还讨论了单语者和多语者的语言经验对于语音感知的影响。

有关二语词汇习得的一本著作《另一种语言的词汇学习》（*Learning Vocabulary in Another Language*）由 Nation（2001）撰写。该书全面地介绍了有关词汇学习的基础知识，如词汇学习的原因，词汇教学，词汇学习策略，词汇与听力、口语、阅读之间的关系，词汇测试等。

2）中介中心性

一篇文献被引频数越高，代表其价值和认可度越高。当一篇文献的中介中心性越高，表示该文献被引用的可能性越高，当中介中心性取值大于 0.1 时，说明此篇文献所在节点在网络结构中发挥着重要的承接作用（肖明，2014；庄少霜，2016）。由于本部分的文献节选数量较多，而中介中心性取值大于 0.1 的在经典文献分析中只有 1 篇，在过渡文献分析中也仅有 3 篇，我们于是将选取取值大于等于 0.05 的文章进行阅读剖析。

中介中心性在 0.05 以上的经典被引文献共 17 篇（如表 2-8 所示），与高被引文献相似，大致可以分为四类：临界期、语言教学、认知心理学和神经学、二语习得基本假说和现象。

表 2-8 中介中心性在 0.05 以上的经典文献列表

排序	文献名称	作者及出版年份	中介中心性
1	On the evidence for maturational constraints in second language acquisition	Birdsong & Molis（2001）	0.10
2	Frequency effects in language processing: A review with implications for theories of implicit and explicit language acquisition	N. C. Ellis（2002）	0.08
3	The robustness of critical period effects in second language acquisition	DeKeyser（2000）	0.08
4	Measuring implicit and explicit knowledge of a second language: A psychometric study	R. Ellis（2005）	0.08
5	The neural basis of lexicon and grammar in first and second language: The declarative/procedural model	Ullman（2001）	0.08
6	Problems in SLA	Long（2007）	0.07

（续表）

排序	文献名称	作者及出版年份	中介中心性
7	The Input Hypothesis: Issues and Implications	Krashen（1985）	0.06
8	At the interface: Dynamic interactions of explicit and implicit language knowledge	N. C. Ellis（2005）	0.06
9	Second language acquisition of gender agreement in explicit and implicit training conditions: An event-related potential study	Morgan-Short et al.（2010）	0.06
10	Grammatical processing in language learners	Clahsen & Felser（2006）	0.05
11	The role of the linguistic environment in second language acquisition	Long（1996）	0.05
12	The Minimalist Program	Chomsky（1995）	0.05
13	Maturational constraints on functional specializations for language processing: ERP and behavioral evidence in bilingual speakers	Weber-Fox & Neville（1996）	0.05
14	Maturational constraints on language development	Long（1990）	0.05
15	Peabody Picture Vocabulary Test	Dunn, L. M. & Dunn, D. M.（2007）	0.05
16	Declarative and Procedural Determinants of Second Languages (Vol. 40)	Paradis（2009）	0.05
17	Learning second language suprasegmentals: Effect of L2 experience on prosody and fluency characteristics of L2 speech	Trofimovich & Baker（2006）	0.05

其中，关于临界期的文献在排名和数量上均领先于其他分类。Long（1990）认为临界期的形成不是只执行一次的事件，而是一个积累的过程。学习者的语言学习能力是从某个领域的退化开始，再逐渐转向另一领域中。针对该现象，Long（1990）认为是因为儿童时期的神经可塑性较高，而随着年龄的增长，髓鞘的形成，神经可塑性逐渐降低，最后导致语言习得能力退化。而Birdsong & Molis（2001）通过复制Johnson & Newport（1989）临界期中的成熟期限制（maturational constraints）的

第 2 章　第二语言习得研究的发展现状

实证研究，指出二语学习者的最终语言水平不只受学习起始年龄的影响，也受到母语与二语之间的差异和二语使用情况的影响。关于语言本身是如何影响临界期这一问题，WeberFox & Neville（1996）通过对汉语—英语双语学习者进行 ERPs（event-related potentials）研究和行为实验，ERPs 实验中发现所有被试都有 N400 效应，但是相比在 11 岁之前学习第二语言的被试，学习起始年龄在 11 岁之后的被试的 N400 波峰潜伏期会更晚出现，也就是说他们对句子语义信息的加工会更慢，这从神经学的层面证实了临界期的存在；行为实验中被试执行了与工作记忆有关的任务，结果发现语言经历年限比起始年龄更能影响实验结果，同时认为不同的语言分支系统（如音系学和形态学）所对应的学习临界期也可能不同。这一点在 Trofimovich & Baker（2006）对于二语语音的习得研究中得到了印证，该研究发现语言经历年限对于超音段特征的习得有显著影响，而年龄则更多地作用于其他语音特征，如语速、停顿频次、停顿时长等。

N. C. Ellis（2005）揭示了显性知识和隐性知识之间的动态关系，认为它们既是相互独立的，又是相互影响的。二语学习者在处理语言输入时会优先对显性知识进行加工，同时在神经系统中与"注意"相关的前额皮质中的海马结构中发现，显性知识的学习会影响到后续隐性知识的学习。Morgan-Short et al.（2010）通过对二语名词—冠词和名词—形容词的性别一致性（gender agreement）的 ERP 研究，探究外显教学和内隐教学的作用，结果发现对于低水平的二语学习者，只有内隐教学可以诱发 N400 效应，并且在名词—形容词的性别一致性中，外显教学诱发了晚期 N400；而对于高水平的二语学习者，内隐教学和外显教学都可以诱发 N400 效应。除此之外，Morgan-Short et al.（2010）认为语言结构（名词—冠词或名词—形容词）、学习者语言水平、教学类型在对二语屈折形态习得上产生了交互作用。

有关认知心理学中陈述性和程序性模型（declarative/procedural model）的文献一共有两篇，分别是 Ullman（2001）的一篇文章和 Paradis（2009）撰写的《第二语言中陈述性和程序性决定因素》（*Declarative and Procedural Determinants of Second Languages*）一书。陈述性和程序性模型假定语言的学习、储存、使用依赖于大脑中的两种记忆系统：用来加工显性知识的陈述性记忆和用来加工隐性知识的程序性记忆。Ullman（2001）从生物神经学的层面探讨了陈述性和程序性模型在一语和二语中的作用，结果表明相比于一语学习者，二语学习者会更多依赖于陈述性记忆而更少依赖于程序性记忆来习得目标语。同时，对于二语学习者来说，学习二语的起始年龄越晚，就越容易触发陈述性记忆，但这一关系并不是绝对的，因为其还会受语言经历的影响——目标语学习经验越多，程序性记忆也会随之增强。在有关失语症、电生理学（ERPs）和脑功能成像（PET & fMRI）的研究中，也都认可陈述性和程序性模型的存在。

最后四篇文献可以归类于二语习得基本假说和现象部分。其中两篇是经典的输入性假说（Krashen，1985）和语言学理论中的最简方案（Chomsky，1995）。Long（1996）则是回顾了二语习得中普遍存在的问题——中介语"僵化现象"（stabilization and fossilization）的相关理论研究，指出了有关僵化现象的纵向研究中存在的四个普遍问题：被试的选择、数据的数量、数据的分析方法和对于僵化现象的解释，同时建议之后的研究应该更多地关注于僵化现象产生的具体原因。Dunn, L. M. & Dunn, D. M.（2007）提出的皮博迪图片词汇测验，是针对儿童语言能力的测量手段，可广泛用于有关儿童语言发展的研究中，并且不受语种的限制。最后，《二语习得之问题》（*Problems in SLA*）（Long，2007）一书共分为三个部分：理论篇、研究篇和实践篇，分别阐述了二语习得的"元理论"、二语习得研究的比较和二语习得实践问题的剖析。

2. 过渡文献分析

1）频次

与经典文献相比，"过渡文献是整个科学领域中更为普遍的存在"（李杰、陈超美，2017），并且更能凸显研究前沿方向（李晓军等，2016）。我们将从被引频次分析过渡文献的基本内容，根据计算出的频次，选取频次在 30 以上的 14 篇文献进行分析，如表 2-9 所示。这 14 篇文献大致可以分为五类：数据分析、语言教学、临界期、认知心理学和神经学、二语习得基本假说。

表 2-9　被引频次 30 以上的过渡文献列表

排序	文献名称	作者及出版年份	被引频次
1	Fitting linear mixed-effects models using lme4	Bates et al.（2014）	127
2	How big is "big"? Interpreting effect sizes in L2 research	Plonsky & Oswald（2014）	66

第 2 章 第二语言习得研究的发展现状

（续表）

排序	文献名称	作者及出版年份	被引频次
3	Dynamic grammar in adults: Incidental learning of natural syntactic structures extends over 48 h	Luka & Choi（2012）	54
4	Pinning down the concept of "interface" in bilingualism	Sorace（2011）	43
5	Age of onset and nativelikeness in a second language: Listener perception versus linguistic scrutiny	Abrahamsson & Hyltenstam（2009）	39
6	R: A Language and Environment for Statistical Computing	Team（2016）	38
7	Interactions between type of instruction and type of language feature: A meta-analysis	Spada & Tomita（2010）	37
8	The effectiveness of corrective feedback in SLA: A meta-analysis	Li（2010）	33
9	Age of onset, length of residence, language aptitude, and ultimate L2 attainment in three linguistic domains	Granena & Long（2013）	33
10	Working memory and second language comprehension and production: A meta-analysis	Linck et al.（2014）	32
11	R: A Language and Environment for Statistical Computing	Team（2018）	30
12	Explicit and implicit second language training differentially affect the achievement of native-like brain activation patterns	Morgan-Short et al.（2012）	30
13	Linguistic and cognitive motivations for the Typological Primacy Model（TPM）of third language（L3）transfer: Timing of acquisition and proficiency considered	Rothman（2015）	30
14	Grammatical processing in language learners	Clahsen & Felser（2006）	30

与数据分析有关的文献共有 4 篇，其中 3 篇与 R 语言分析有关（Bates et al.，2014；Team，2016，2018）。另一篇中 Plonsky & Oswald（2014）则是介绍了效应量（effect size）在第二语言研究中的应用。涉及语言教学的文献也占 4 篇，其中两篇与外显教学和内隐教学的作用有关（Morgan-Short et al.，2012；Spada & Tomita，2010），另一篇从结构启动角度观察附带学习对句法习得的作用（Luka & Choi，2012），还有一篇是通过对 33 篇相关研究进行元分析，进而更加宏观地探讨纠正性反馈的有效性，比如纠正性反馈在外语环境下的效应量大于在二语环境下的效应量（Li，2010）。有关临界期的文献共两篇，一篇是经典文献中提及的 Abrahamsson & Hyltenstam（2009）一文，另一篇研究了学习起始年龄、国外居住时长和语言学能对二语学习者的语音、单词和搭配、形态句法习得产生的复合作用（Granena & Long，2013）。针对认知层面的文献共 3 篇，其中包括前文提及的 Clahsen & Felser（2006）中介绍的不同学习者（一语或二语，成人或儿童）在句法加工时所展示出的不同认知结构。Linck et al.（2014）选取 79 篇相关研究进行元分析，讨论工作记忆与二语理解、产出过程的相关联系。Rothman（2015）针对三语学习者中的语言迁移现象提出了语言类型优选模型（typological primacy model），该模型认为在三语习得的初始阶段，语言迁移将以语言类型的相似性为标准来选择是将一语还是二语的句法属性整体迁移至三语中。Rothman（2015）在文中揭示了该模型的认知动因，同时建议往后的研究可以使用 ERPs 或是 EEG 技术来更加科学地阐述该模型的效应。二语习得基本假说相关文献有一篇，Sorace（2011）主要回顾了"接口假说"（interface hypothesis）的相关研究，接口假说是将句法与其他认知领域结合起来，用于解释二语习得中的各种语言现象，Sorace（2011）对接口假说中常见的误区进行了解释，并列出了最新的有关接口假说的跨学科研究进展。

2）中介中心性

中介中心性在 0.05 以上的文献共 25 篇，如表 2-10 所示。其中，7 篇涉及了语言教学的六个方面：纠正性反馈（Li，2010；Saito & Lyster，2012），任务型教学法（Long，2014），外显教学和内隐教学（Morgan-Short et al.，2012；Spada & Tomita，2010），形式聚焦教学（Saito & Lyster，2012），发音教学（Lee et al，2015），二语复杂度的界定（Bulté & Housen，2012）。有关认知心理学和神经学的文献共 5 篇，主要从以下三个层面进行讨论：形态句法习得（Bowden et al.，2013；Tanner et al.，2014）；技能习得理论（DeKeyser & Prieto Botana，2015）；工作记

忆（Linck et al., 2014）与模块化加工（modular processing）（Smith & Truscott, 2014）。聚焦于语言习得内容的共4篇，其中包括形态句法学下的屈折变化习得（Hopp, 2010），性别一致性习得（Keating, 2009; Lee et al., 2015）和否定结构习得（Eskildsen, 2012）。涉及二语习得基本假说和现象的文献有基于普遍语法的根本性差异假说（Bley-Vroman, 2009），选择性注意和迁移现象（Ellis, 2006），语言损耗（attrition）（Schmid, 2011）。还有3篇是和临界期相关（Abrahamsson, 2012; DeKeyser et al., 2010; Granena & Long, 2013）。

表 2-10 中介中心性在 0.05 以上的过渡文献列表

排序	文献名称	作者及出版年份	中介中心性
1	How big is "big"? Interpreting effect sizes in L2 research	Plonsky & Oswald（2014）	0.13
2	The effectiveness of corrective feedback in SLA: A meta-analysis	Li（2010）	0.10
3	Native-like brain processing of syntax can be attained by university foreign language learners	Bowden et al.（2013）	0.10
4	Age of onset, length of residence, language aptitude, and ultimate L2 attainment in three linguistic domains	Granena & Long（2013）	0.07
5	Cross-linguistic evidence for the nature of age effects in second language acquisition	DeKeyser et al.（2010）	0.07
6	The effectiveness of processing instruction in L2 grammar acquisition: A narrative review	DeKeyser & Prieto Botana（2015）	0.07
7	Second Language Acquisition and Task-based Language Teaching	Long（2014）	0.07
8	Brain-based individual differences in online L2 grammatical comprehension	Tanner et al.（2014）	0.07
9	Defining and operationalising L2 complexity	Bulté & Housen（2012）	0.07

（续表）

排序	文献名称	作者及出版年份	中介中心性
10	L2 negation constructions at work	Eskildsen（2012）	0.07
11	Working memory and second language comprehension and production: A meta-analysis	Linck et al.（2014）	0.06
12	Ultimate attainment in L2 inflection: Performance similarities between non-native and native speakers	Hopp（2010）	0.06
13	The robustness of aptitude effects in near-native second language acquisition	Abrahamsson & Hyltenstam（2008）	0.06
14	A transdisciplinary framework for SLA in a multilingual world.	The Douglas Fir Group（2016）	0.06
15	*Language Attrition*	Schmid（2011）	0.06
16	Age of onset and nativelike L2 ultimate attainment of morphosyntactic and phonetic intuition	Abrahamsson（2012）	0.06
17	*The Multilingual Mind: A Modular Processing Perspective*	Smith & Truscott（2014）	0.06
18	Interactions between type of instruction and type of language feature: A meta-analysis	Spada & Tomita（2010）	0.05
19	Explicit and implicit second language training differentially affect the achievement of native-like brain activation patterns	Morgan-Short et al.（2012）	0.05
20	Can late L2 learners acquire new grammatical features? Evidence from ERPs and eye-tracking	Foucart & Frenck-Mestre（2012）	0.05
21	The effectiveness of second language pronunciation instruction: A meta-analysis	Lee et al.（2015）	0.05

第 2 章　第二语言习得研究的发展现状

（续表）

排序	文献名称	作者及出版年份	中介中心性
22	Sensitivity to violations of gender agreement in native and nonnative Spanish: An eye-movement investigation	Keating（2009）	0.05
23	Effects of form-focused instruction and corrective feedback on L2 pronunciation development of /ɹ/ by Japanese learners of English	Saito & Lyster（2012）	0.05
24	The evolving context of the fundamental difference hypothesis	Bley-Vroman（2009）	0.05
25	Selective attention and transfer phenomena in L2 acquisition: Contingency, cue competition, salience, interference, overshadowing, blocking, and perceptual learning	Ellis（2006）	0.05

从高被引经典文献和过渡文献的引用频次和中介中心性的数据来看，有关语言习得临界期的存在长期以来都被研究者在不断探索，其次是关于语言教学的研究，其他研究热点还包括对词汇、语音习得、显性知识和隐性知识的习得，并且发现所有研究均需要依靠基本理论知识作为其框架。

2.2.3　国际二语习得研究关键词分析

关键词是对文献主题和内容进行的高度概括，利用 CiteSpace 软件可以对文献中的关键词进行共现分析，对梳理当前研究热点和预测未来研究趋势有着重要的参考价值（庄少霜，2016）。我们将经过数据查重后得到的 4217 篇文献导入 CiteSpace 中，选择"Keyword"作为节点类型，得到图 2-4。其中，为了提高数据的有效性，此次分析将 second language acquisition、language acquisition、language 和 acquisition 四组词义宽泛的词排除在外。图 2-4 的左上角列出了此次关键词共现分析的基本信息，其中 Modularity Q = 0.3345, Mean Silhouette S = 0.6351,

根据李杰、陈超美（2017），Modularity Q 值大于 0.3 时，表示该网络下的聚类结构具有显著性；当 Mean Silhouette S 的值超过 0.5 时，表明该网络下的聚类成员相似性高，具有合理性。因此，该关键词共现分析图谱中所包含的信息是具有显著性和合理性的。以下将从频率、中介中心性和突发性三个指标进行关键词分析。

图 2-4　关键词共现知识图谱

1. 高频关键词

关键词分析中的频次可以用来说明过去或者当下的研究热点，频次越高，代表其出现的次数越多，也就等同于研究热点的体现（陈悦等，2015）。表 2-11 列出了频次在 110 以上的前 39 个高频关键词。排在第一位的是 English，频次为 741；第二位是 2nd language，频次为 456，第三位是 children，频次是 391。其余的高频关键词还包括：learner、bilingualism、Spanish、comprehension、vocabulary、perception、speech、knowledge、age、individual difference、proficiency、working memory、word、instruction 等[1]。

---

[1] 虽说已经将四个范畴词（second language acquisition、language acquisition、language 和 acquisition）排除在外，但是还是会出现其他范畴词，比如 2nd language acquisition 等，这里将不再对其进行讨论。

表 2-11　频次位居前 39 名的高频关键词

排序	关键词	频次	排序	关键词	频次	排序	关键词	频次
1	English	741	14	proficiency	219	27	grammar	134
2	2nd language	456	15	working memory	211	28	performance	134
3	children	391	16	L2	204	29	skill	131
4	learner	376	17	word	193	30	recognition	128
5	bilingualism	318	18	2nd language acquisition	192	31	context	125
6	Spanish	306	19	instruction	192	32	input	125
7	comprehension	294	20	student	173	33	phonological awareness	125
8	vocabulary	292	21	speaker	164	34	information	122
9	perception	279	22	model	163	35	speech perception	120
10	speech	251	23	representation	163	36	French	118
11	knowledge	239	24	memory	156	37	fluency	114
12	age	233	25	frequency	143	38	syntax	112
13	individual difference	232	26	foreign language	138	39	implicit	110

2. 高中介中心性关键词

因为关键词的出现频次和中介中心性不一定呈正相关，所以在通过关键词共现分析进行研究热点的探索时，中介中心性也需纳入考虑中（代凤菊、刘承宇，2020）。关键词节点的中介中心性值代表了其影响力，中介中心性值越高说明其在整个共词网络中出现的可能性越大（张继光，2016）。当中介中心性大于 0.1 时，该节点具有极其重大意义（李鸿春，2019）。由于检索结果显示关键词中心性最高只有 0.05，表 2-12 选取了中介中心性排名前 39 名的关键词，它们的中介中心性均在 0.02 及以上。中介中心性值位于首位的是 critical period，其值为 0.05；第二位是 Spanish，其值为 0.03；第三位是 infant[1]，其值为 0.03。中介中心

---

[1] 表 2-12 中的原第三位是 2nd language acquisition，因其属于语义宽泛的范畴词组，故跳过。

性排名靠前的关键词还有 vocabulary acquisition、phonology、reading、strategy、language development、agreement、communication、bilingualism、comprehension、speech、individual difference 等。

表 2-12　中介中心性位居前 39 名的高频关键词

排序	关键词	中介中心性	排序	关键词	中介中心性	排序	关键词	中介中心性
1	critical period	0.05	14	learner	0.02	27	phonological awareness	0.02
2	Spanish	0.03	15	bilingualism	0.02	28	speech perception	0.02
3	2nd language acquisition	0.03	16	comprehension	0.02	29	implicit	0.02
4	infant	0.03	17	vocabulary	0.02	30	form	0.02
5	vocabulary acquisition	0.03	18	speech	0.02	31	second language	0.02
6	phonology	0.03	19	individual difference	0.02	32	classroom	0.02
7	reading	0.03	20	L2	0.02	33	attention	0.02
8	strategy	0.03	21	instruction	0.02	34	experience	0.02
9	language development	0.03	22	student	0.02	35	brain	0.02
10	ability	0.03	23	speaker	0.02	36	literacy	0.02
11	agreement	0.03	24	frequency	0.02	37	morphology	0.02
12	communication	0.03	25	foreign language	0.02	38	SLA	0.02
13	2nd language	0.02	26	context	0.02	39	Japanese	0.02

结合表 2-11 和表 2-12，可以将热门关键词大致分为以下五个方面：语言语种、研究对象、个体差异、外部因素和语言学习内容。第一，从语言语种看，英语（English）依旧是二语习得研究的主要目标语（出现频次为 741），其次是西班牙语（Spanish）（306）和法语（French）（118）。但是在中介中心性方面，西班牙语（0.03）高于英语（0.01），因此我们推断，在二语习得研究中虽然英语依旧是主流目标语，但是有逐渐向其他语种发展的趋势；除此之外，对于第二语言的研究比对外语

习得的研究更加普遍。第二,在研究对象上,除词义宽泛的词,如学习者(learner)、学生(student)、演讲者(speaker)之外,幼儿(infant)、儿童(children)和双语(bilingualism)的出现频次较高值得注意。儿童的出现频次(391)比学习者的出现频次(376)还高,幼儿的中介中心性也是居于学习者之前。第三,除个体差异(individual difference)本身之外,与之有关的年龄(age)、工作记忆(working memory)、注意(attention)、经验(experience)也在两个列表中。第四,外部因素中的语言教学(instruction)、学习策略(strategy)、频率(frequency)、语境(context)、语言输入(input)等在频次和中介中心性中都位居前列。第五,在语言学习内容中,词汇(vocabulary)位于第一,除此之外还有语法(grammar)、句法(syntax)、形态(morphology)、语音(phonology),其中与语音相关的语音意识(phonological awareness)、言语感知(speech perception)也是研究热点。

3. 突变关键词

CiteSpace 的突发性检测可以探究某个研究领域的突然增长,并可对将来的研究热点进行预测(代凤菊、刘承宇,2020)。我们对关键词的突变词进行检测,得到了 25 个突变词,如图 2-5 所示。从图 2-5 可以看到音系学(phonology)的持续时间最长,从 2009 年一直到 2015 年,共六年。同期(2009 年)出现的激增主题词还包括 negotiation 和 translation;2010—2014 年出现的激增主题词则包括:transfer、tense、meta-analysis 和 competence 等;2015—2020 年出现的激增主题有:vocabulary development、reading acquisition、speaking children 等。

激增时间持续到 2020 年的共有四个:time course、speech production、emotion 和 organization。这四个研究话题最有可能会延续到之后的二语习得研究中,因此对其进行分析有助于对将来的研究前沿和研究热点做出预测。通过对这四个关键词的节点分析,发现 time course 主要涉及认知语言学(cognitive linguistics)中的大脑表征概念,与其高度相关的节点包括 brain、event-related potential、eye movement 等;speech production 和 organization 都和言语相关,与 organization 高度相关的节点包括 pragmatics、conversational analysis 等;emotion 则涉及学习者内部因素中的情感因素,与其高度相关的节点有 positive psychology、attitude、motivation 等。

Top 25 Keywords with the Strongest Citation Bursts

Keywords	Year	Strength	Begin	End	2009—2020
phonology	2009	7.14	2009	2015	
negotiation	2009	7.03	2009	2014	
translation	2009	6.33	2009	2012	
recast	2009	6.54	2010	2013	
transfer	2009	5.37	2010	2013	
interlanguage	2009	8.1	2011	2015	
language contact	2009	6.09	2011	2013	
English language learner	2009	5.66	2011	2014	
sensitivity	2009	5.43	2011	2014	
constraint	2009	5.59	2012	2014	
tense	2009	5.12	2013	2014	
meta-analysis	2009	6.1	2014	2016	
competence	2009	5.11	2014	2018	
ESL	2009	5.24	2015	2016	
vocabulary development	2009	6.41	2016	2017	
reading acquisition	2009	5.72	2016	2018	
speaking children	2009	5.46	2016	2018	
Hebrew	2009	5.42	2016	2018	
language learning	2009	8.03	2017	2018	
hypothesis	2009	6.01	2017	2018	
past tense	2009	4.88	2017	2018	
time course	2009	4.87	2017	2020	
speech production	2009	6.48	2018	2020	
emotion	2009	6.16	2018	2020	
organization	2009	5.42	2018	2020	

图 2-5 突变关键词检测

2.3 基于 WOS 中 h 指数的二语习得研究聚焦主题分析

2.3.1 术语介绍与研究方法

h 指数（h-index）是一个混合量化指标，可用于评估研究人员的学术产出数量与学术产出水平。h 指数是 2005 年由美国加利福尼亚大学圣地亚哥分校的物理学家 J. E. Hirsch 提出的。h 指数的计算基于其研究者的论文数量及其论文被引用的次数。它不仅反映了论文的数量，也反映了被引用的次数。

共现词频分析利用文献中词汇或名词短语之间的衔接,来确定文献中各主题之间的关系。一般认为词汇在同一篇文献中出现的次数越多,则代表着这两个主题之间的关系越紧密。共现词频分析法以词频分析法为研究基础,将词频分析的数据处理结果以共词矩阵的形式展现出来,共现词频分析比词频分析能更好地展示文本数据所要表达的主要内容及核心思想,对文本研究有更好的适用性。

我们拟以 2009—2020 年 Web of Science 数据库 h 指数的 81 篇文献为研究对象,使用 AntConc 语料分析软件进行词频分析,并对 81 篇文献进行文本研读,来探求最近十多年二语习得学科研究的聚焦问题,为相关研究提供一些相对客观的参阅资料,以丰富学者们观察与思考问题的视角,提高研究者的国际化视野。

1. 数据来源

基于 WOS 核心数据库,检索主题为" second language acquisition",文献类型选择" Article",语种设为" English",选取 SSCI 数据库,筛选时间跨度设定为 2009 年至检索日期(北京时间 2020 年 10 月 20 日),检索到 4192 篇文献,经过 WOS 自带数据分析,显示有 81 篇 h 指数文献,平均每项的被引频次是 12.73。对 81 篇文献按照被共引频次梳理,并找到每篇文献的全文本,处理成一个小型语料库,利用 AntConc 进行 wordlist 词频分析。

2. 研究步骤

第一步: 导出 81 篇文献的标题(标题一般是论文的核心)。把 Susan M. Gass 主编的《二语习得概论(第五版)》(2020)(*Second Language Acquisition: An Introductory Course*)作为对比语料[1],分析标题关键词相关性(keyness),得到 15 个关键词及相关性和效应值,如表 2–13 所示。使用 AntConc 软件计算出每一个关键词的出现频次、关键性及效应值。全部 81 篇文献提取出全文,处理成小型语料库,共词形 26 008,词数(word token)940 987。结合 81 篇文本语料,查找到每一个关键词在整体语料中出现的频次。

---

1 目前这本教材在二语习得等领域接受度较高,可以在一定程度上代表二语习得的主要研究内容。

表2-13 题目关键词比对分析：题目关键词及其在81篇整体文本中的频次

排序	关键词	题目中频次	关键性	效应值	出现频次
1	language	49	+58.52	0.0187	11034
2	second	28	+58.16	0.0239	1362
3	brain	6	+37.92	0.0123	648
4	meta	7	+27.05	0.0131	1145
5	cortical	2	+23.14	0.0043	100
6	proficiency	2	+23.14	0.0043	1278
7	attainment	4	+22.88	0.0083	258
8	writing	5	+21.42	0.0099	1241
9	native	8	+19.56	0.0127	1455
10	analysis	8	+19.04	0.0126	1528
11	bilingual	6	+18.66	0.0108	886
12	effectiveness	4	+18.53	0.0081	365
13	age	5	+17.40	0.0095	1640
14	corrective	4	+16.49	0.008	362
15	ultimate	3	+16.26	0.0062	197

第二步：筛选掉 language、second 等搜索词。结合文献文本的深度阅读，按照顺序把 brain 和 cortical 合并，整合主题为借助神经科学研究语言发展与大脑机制的关系；meta 和 analysis 合并为 meta-analysis，整合主题为元分析成为一个主要的研究手段；age、proficiency、native、ultimate 和 attainment 整合主题为年龄因素与二语最终成效；bilingual 整合主题为二语习得与双语研究；writing 理解为二语习得与二语写作以及纠正性反馈的作用。

第三步：结合上述关键词，利用81篇文献的语料库进行词频搜索，按照出现频次和所占比例进行分析，之后对比例超过5%的文本进行研读，概括研究的共性问题。

2.3.2 聚焦主题 1：借助神经科学研究语言发展与大脑机制的关系

在 h 指数的 81 篇文献中，涉及 brain 的共 41 篇；以 brain 为搜索词，在 81 篇整体语料样本中出现的频次是 648（见表 2-13），其中主要体现在以下 8 篇，见表 2-14。

表 2-14　brain 出现频次及比例表

排序	文献名称	作者及出版年份	篇次	出现频次	所占比例（%）
1	Brain mechanisms in early language acquisition	Kuhl（2010）	04	97	14.97
2	How does the bilingual experience sculpt the brain?	Costa & Sebastián-Gallés（2014）	24	77	11.88
3	The ontogeny of the cortical language network	Skeide & Friederici（2016）	80	60	9.26
4	Age of language learning shapes brain structure: A cortical thickness study of bilingual and monolingual individuals	Klein et al.（2014）	38	50	7.72
5	Explicit and implicit second language training differentially affect the achievement of native-like brain activation patterns	Morgan-Short et al.（2012）	31	43	6.64
6	Temporal dynamics of late second language acquisition: Evidence from event-related brain potentials	Steinhauer et al.（2009）	39	42	6.48
7	A critical review of ERP and fMRI evidence on L2 syntactic processing	Kotz（2009）	51	40	6.17
8	Adolescence as a sensitive period of brain development	Fuhrmann et al.（2015）	09	39	6.02

大脑和语言有着密不可分的关系。上述文献主要聚焦探讨不同阶段的人群语言习得与大脑发育的关系。正如 Skeide & Friederici（2016）指出的，语言加工功能遵循异质发展轨迹（heterogeneous developmental trajectories）。人类胚胎在子宫内已经可以分辨元音，但语法的复杂性通常要到 7 岁才能完全掌握。通过对现有文献的考察，Skeide & Friederici（2016）认为大脑皮层语言网络的个体发育可以大致分为两个主要的发展阶段。在婴儿出生后的前三年为第一阶段，婴儿迅速获得了自下而上的处理能力（bottom-up processing capacities），这些能力主要是在双侧颞叶皮质实现的。进入青春期为第二阶段，随着左右额叶皮层功能选择性和结构连通性的增强，自顶向下的过程（top-down processes）逐渐出现。

关于早期语言发展，Kuhl（2010）指出，在过去的十年里，由于神经科学研究迅速发展，对幼儿语言的早期加工能力的研究越来越多。经证明，无创、安全的脑功能测量对出生的儿童是可行的。语言的语音水平对于实验研究来说是相对可操作的，这些实验研究记录了语言的先天状态以及学习对大脑的影响。在发育的早期就可以记录语音水平学习的神经特征。从婴儿最早的大脑对语音刺激的反应开始，语言发展的连续性反映在他们出生后第二、第三和第五年的语言和阅读前能力上。早期语言学习的神经科学正开始揭示人类语言能力的复杂的大脑系统。Fuhrmann et al.（2015）从记忆、社交和药物使用三个方面，提出了青少年发展具有高度可塑性的特点。他们认为，高度可塑性在青春期有一定的数据支持，不过敏感期（sensitive period）的具体实证仍然不充分。

Klein et al.（2014）研究了学习第二语言对大脑结构的影响，对 22 名单语者和 66 名双语者的 MRI 数据集中测量了皮质厚度。其中两名受试者在幼年（7 岁）或两个年龄段同时学习了两种语言。第二语言习得后，左侧额叶下回皮质增厚，右侧额叶下回皮质变薄。这些影响在单语者，同时在早期和晚期双语者的组比较中得到了体现。在双语组中，同一区域的第二语言习得年龄与皮层厚度显著相关：左侧 IFG 皮层厚度与习得年龄呈正相关，右侧 IFG 与习得年龄呈负相关。研究结果表明，熟练掌握第一语言后学习第二语言会以年龄相关的方式改变大脑结构，而同时习得两种语言对大脑发育没有额外的影响。

就研究方法方面而言，将神经语言学方法借鉴到语言加工和处理也是一个很值得关注的地方。Kotz（2009）综述了近年来 ERPs 和功能磁共振成像（fMRI）在二语句法处理数据中的应用，包括临界期假设、熟练程度、跨语言句法相似性和差异性以及在第一语言和第二语言句法处理过程中可能共享或不共享的大脑基础。他们研究的数据表明：第一，临界期假说所起的作用不如最初讨论的那么重要；第二，二语水平是影响大脑相关物和神经生理机制中作为学习功能的激活峰值和程度的驱动因素；第三，语言迁移效应（即当 L1 和 L2 在结构上相似时正迁移，或者当 L1 和 L2 在结构上不同时负迁移）主要是从 L1 到 L2。

2.3.3 聚焦主题 2：元分析成为一个主要的研究手段

在 h 指数的 81 篇文献中，涉及 meta-analysis 的共 29 篇；以 meta-analysis 为搜索词，在 81 篇整体语料样本中出现的频次是 685，其中主要出现在以下 6 篇，见表 2-15。

表 2-15　meta-analysis 出现频次及比例表

排序	文献名称	作者及出版年份	篇次	出现频次	所占比例（%）
1	Meta-analysis in second language research: Choices and challenges	Oswald & Plonsky（2010）	76	159	23.21
2	The effectiveness of corrective feedback in SLA: A meta-analysis	Li（2010）	07	133	19.42
3	How big is "big"? Interpreting effect sizes in L2 research	Plonsky & Oswald（2014）	02	106	15.47
4	Working memory and second language comprehension and production: A meta-analysis	Linck et al.（2014）	18	48	7.01
5	Oral feedback in classroom SLA: A meta-analysis	Lyster & Saito（2010）	08	43	6.28
6	The relation between pointing and language development: A meta-analysis	Colonnesi et al.（2010）	34	42	6.13

元分析又称为 Meta 分析、荟萃分析等，是指对具有相同目的且互相独立的多个研究结果进行系统性综合评价和定量分析的方法。相对于传统的文献分析，元分析具有强大的理论意义，它可以剖析研究之间的差异特征，以多项独立研究的结果作为研究对象，利用适当的统计学方法对收集的研究数据进行客观、系统、定量的综合分析，有助于对所做研究进行客观、全面、综合性的评价。

最早开始介绍元分析技术的是美国教育学家 Gene V. Glass，他认为元分析就是对分析本身的分析，即为了综合研究结果，采用统计手段分析某个领域内各项研究的结果。1977 年，Glass 和 Smith 对心理疗法的效果进行了首次元分析。到了 21 世纪初，元分析已经发展成为一个独立的统计学领域，在医学、教育学、心理学及其他科学领域被广泛使用。就二语研究领域来说，国内学者（蔡金亭，2012）认为 Mohamad Sahari 在 1997 年关于学习策略的一项元分析研究是最早的一次尝试。不过 Oswald & Plonsky（2010）认为 1998 年 Ross 对二语测试中自我评价的系统综述是二语研究方面的首次元分析实验，国内学者申云化、张军（2020）认可上述观点，并指出 Sahari 的元分析方法存在缺陷，导致其研究结果不可复制。Norris & Ortega（2000）对二语习得中的教学因素进行了元分析，指出教学能够促进二语习得。之后随着其他一些相关研究的发表，元分析在二语研究领域的应用越来越广泛，相关论文也多达 27 项（Oswald & Plonsky，2010）。2010 年 1 月到 2019 年 12 月，对 ERIC、LLBA、PsycINFO 数据库以及中文 CNKI 数据库检索数据中，元分析与二语研究的相关英语论文达 40 篇，中文论文达 14 篇（申云化等，2019）。元分析用于二语研究的文献数量在不断增加，所研究的主题和使用的方法也日渐多元化。

下文将从元分析主题和方法两方面对表 2-15 中的相关研究进行梳理分析。首先是两篇 Plonsky 团队的综述类文献。"Meta-analysis in Second Language Research: Choices and Challenges"（Oswald & Plonsky，2010）这篇文章中肯定了元分析在二语研究中的作用和适用的优势，强大的统计能力、增加了分析和模型测试的能力。综述中还确定了元分析的步骤、编码方案、数据分析和解释等。"How Big Is 'Big'? Interpreting Effect Sizes in L2 Research" 一文中对于第二语言研究中的效应大小的计算和使用做了更多详细的介绍，如 d 代表平均差，r 代表相关性，都有了显著的增加。然而，对这些效应的解释并不多见，并很大程度上违背了 Cohen's levels 的小（$d=0.2$，$r=0.1$）、中（0.5，0.3）和大（0.8，0.5）水平。正如 Cohen 本人和其他许多人所争论的那样，在特定的学科或领域内解释时,效应大小是最好的理解。Plonsky 团队通过对 346 项主要研究和 91 项元分析(N>604000)的二语效应的描述,促进对 d 和 r 的更为知情和特定领域的解释。结果表明,Cohen 的基准普遍低估了二语研究的效果。基于分析,Plonsky 团队提出了一个解释效应大小的特定领域量表,依次为小($d=0.40$)、中($d=0.70$)和大($d=1.00$),这个标准能更准确地解读二语研究效果的现实意义。d 值通常更有影响力,因为它是由前后或组内对比产生的。考虑到这一点,他们提出了另一种比例,即再次基于第 25、第 50 和第 75 百分位的观察效果。这个"比例"将 d 值 0.60 视为一般较小值,1.00 视为中等值,1.40 视为较大值。他们的这个新标准比例的提出,对二语研究元分析有很大的指导作用,后来的很多分析都开始参考这个标准。

面对前人对纠正性反馈所做的大量研究,Li(2010)对 33 篇相关研究进行了一项元分析整合研究,他的研究有两大突破点:一是在筛选文献时采用了尚未发表的博士论文;二是考察了前人未考虑的调节变量。Li 的研究对元分析在二语研究中的应用做出了突出贡献,也推动着整个元分析领域向新纪元发展。

2.3.4 聚焦主题 3:二语习得与双语研究

在 81 篇文献中,涉及 bilingual 的共 50 篇;以 bilingual 为搜索词,在 81 篇整体语料样本中出现的频次是 886(见表 2-13),其中主要出现在以下 6 篇,见表 2-16。

表 2-16 bilingual 出现频次及比例表

排序	文献名称	作者及出版年份	篇次	出现频次	所占比例(%)
1	The benefits of being bilingual: Working memory in bilingual Turkish-Dutch children	Blom et al.(2014)	37	170	19.19
2	How does the bilingual experience sculpt the brain?	Costa & Sebastián-Gallés(2014)	24	153	17.26
3	Pinning down the concept of "interface" in bilingualism	Sorace(2011)	03	81	9.14

（续表）

排序	文献名称	作者及出版年份	篇次	出现频次	所占比例（%）
4	What you hear and what you say: Language performance in Spanish-English bilinguals	Bohmana et al. (2010)	27	65	7.34
5	Internal and external interfaces in bilingual language development: Beyond structural overlap	Sorace & Serratrice (2009)	15	55	6.21
6	The home language environment of monolingual and bilingual children and their language proficiency	Scheele et al. (2010)	16	53	5.98

　　二语习得和双语研究一直以来是分离的，当二语习得聚焦于如何向双语过渡的过程时，双语研究才具有真正的双语含义（Block, 2003; Ortega, 2010）。Cenoz & Gorter（2008）指出，二语习得往往是强调影响二语习得的不同因素的作用，如动机、年龄等，研究二语发展的不同层面，如语音、词汇、形态句法、语用和话语能力等，或者二语教学的指导性作用（参见 Doughty & Long, 2005）。双语者大脑拥有两种语码的心理语言方面的功能，即双语的早期习得和双语的认知产出。在社会和教育层面，双语研究主要是双语教育的提供和评估以及社会的双语政策（参见 Baker, 2006）。在教育语境下，二语习得和双语的研究角度不同，但是有一定的共同特征。二者的研究脱离不了语言，双语能力和二语能力的评定一般都需要以母语者水平来对照，语码混合（code mixing）和语码转换（code switching）也是双语研究从社会语言学角度出发的传统研究方法。在最近的研究中，Cook（1992）和 Grosjean（2008）提出二语习得和双语的研究方法是兼容的，可以相互借鉴。这些观点是要研究者不再局限于两种语言，而是要关注双语者或多语者与单语者的不同，注重双语者的语言之间相互影响的研究。

　　结合上表中的文献，在双语和二语习得这一问题上有以下几点值得关注。

　　第一，界面假说用于双语研究，Antonella Sorace 对双语中"界面"概念进行了界定。界面假说是由 Sorace（2011）及其同事提出的，"界面"一词指的是对各种性质的条件敏感的句法结构。这个词的含

第 2 章　第二语言习得研究的发展现状

义表示必须满足这些条件，才能使结构符合语法恰当。因此，结构与定义语法恰当性条件的域之间的接口对于其恰当使用至关重要。界面假说还扩展到双语母语习得和母语损耗的早期阶段，这两个阶段在完全相同的结构中表现出选择性：这为双语语言发展研究提供了一个统一的框架。界面假说在双语研究方面也有一些发现。例如，双语者在句法—语用界面处理结构的效率可能较低，原因之一是句法处理对他们来说自动化程度较低。对于这些问题的研究主要集中在成人二语习得上。

Sorace & Serratrice（2009）还探讨了双语者句法与语篇语用／语义的衔接。界面上的语言现象在儿童和成人双语者中都表现得尤为脆弱；他们根据界面的性质探讨了不同程度上导致这种脆弱性的四个变量：规范不足、跨语言影响（cross-linguistic influence）、输入的数量和质量以及处理局限性。他们结合相关研究探索了上述变量的作用。

第二，双语的概念和涉及的语种越来越多样化。Scheele et al.（2010）调查了母语为荷兰语（$n=58$）和双语移民（摩洛哥语—荷兰语〔$n=46$〕和土耳其语—荷兰语〔$n=55$〕）的 3 岁儿童的母语学习活动与词汇之间的关系。尽管领域一般认知能力相同，但荷兰儿童在母语词汇测试中的得分高于双语儿童，摩洛哥—荷兰儿童的第二语言词汇技能高于土耳其—荷兰儿童。多组分析显示，在读写和口语活动中，特定语言输入对母语和二语技能都有很大的影响。他们发现母语与二语之间存在正的跨语言迁移现象，以及母语和二语输入之间的竞争。

Bohmana et al.（2010）对 757 名西班牙裔学龄前儿童和幼儿园年龄儿童进行了西班牙语和英语的语义和形态句法发展的筛选测试，旨在探讨影响双语儿童西班牙语和英语语言发展的因素。采用零膨胀回归模型数据进行分析，以探索影响儿童启动母语和二语表现的因素以及有助于建立儿童知识的因素。结果发现，当孩子们开始使用一种语言时，语言输入的数量是很重要的，而语言输出的数量对于增加他们的语言知识而言非常重要。语义发展似乎更多地是由输入驱动的，而词形句法的发展则依赖于输入和输出。评估双语儿童的临床医生应该检查儿童的第二语言输出，以更好地了解他们的表现水平。

Blom et al.（2006）研究了双语儿童在视觉空间和言语工作记忆测试中是否优于单语儿童。此外，还探讨了双语水平、家庭语言使用和工作记忆之间的关系。研究发现，在控制 SES 和词汇的情况下，土耳其语—荷兰语儿童在视觉空间和语言工作记忆测试中表现出认知能力的提高，尤其是在需要处理而不仅仅是存储的测试中。这些发现与最近的研究一致,这些研究揭示了双语认知的优势,而不仅仅局限于抑制,而且他们支持这样一个假设,即双语管理的经验会影响中央执行控制系统,该系统调节着各种任务需求的处理。

2.3.5 聚焦主题4:年龄因素与二语最终成效

在81篇文献中,涉及age的共50篇;以age为搜索词,在81篇整体语料样本中出现的频次是1640(见表2-13),其中主要出现在以下5篇,见表2-17。

表2-17 age出现频次及比例表

排序	文献名称	作者及出版年份	篇次	出现频次	所占比例(%)
1	Cross-linguistic evidence for the nature of age effects in second language acquisition	DeKeyser et al. (2010)	44	246	15.00
2	A critical review of age-related research on L2 ultimate attainment	Munoz & Singleton (2011)	36	176	10.73
3	Oral feedback in classroom SLA: A Meta-Analysis	Lyster & Saito (2010)	74	147	8.96
4	Contact, the feature pool and the speech community: The emergence of Multicultural London English	Cheshire et al. (2011)	20	94	5.73
5	Age of onset, length of residence, language aptitude, and ultimate L2 attainment in three linguistic domains	Granena & Long (2013)	35	82	5.00

第二语言学习中的年龄效应已被广泛认可,但也一直受到争议。近二十年来,人们提出了许多反对临界期假说的论据:一些研究未能找到习得年龄与最终成效(ultimate attainment)之间的明确相关性;更多的研究者接受这种负相关性作为事实,但他们认为这可以归因于年龄因素与一个或多个其他变量的共同作用,如居住时间、测试年龄、第二语言

或第一语言受到教育的程度、与第二语言社会充分融合的动机等。一些人还把不同的第一语言学习者在学习同一第二语言时发现的不同结果作为证据,证明习得年龄本身并不是一个重要的预测因素。然而,在过去5到10年的文献中,支持和反对临界期假说的论点最主要是关于习得语言的年龄与最终成效的关系。

Granena & Long(2013)以65名母语为汉语的西班牙语学习者和12名以西班牙语为母语的对照者为研究对象,探讨同一个体中三个语言领域的成熟制约的范围和时间,以及不同年龄段的第二语言接触量和语言能力倾向在不同领域中的潜在作用。研究结果显示,三个学习者群体的年龄分别为3~6岁、7~15岁和16~29岁,这三个群体的研究结果证实了先前的研究结果,即机会之窗首先在第二语言音位学(L2 phonology)上关闭,接着在词汇和搭配上关闭,最后在青少年中期的形态句法上关闭。所有三个年龄函数都表现出下降率的不连续性,且与敏感期相关的学习起始年龄(age of onset, AO)增加。在AO16-29组中,使用LLAMA测试测量的语言能力倾向与发音分数之间,以及语言能力倾向与词汇和搭配分数之间存在显著相关性。

DeKeyser et al.(2010)介绍了两个以俄语为母语的平行研究:一个是关于英语作为第二语言在北美的习得($n=76$),另一个是关于希伯来语作为第二语言在以色列的习得($n=64$)。尽管所学语言的性质截然不同,但这两项研究显示出非常相似的结果。当测试年龄被划分出来后,数据显示两组学生在18岁之前的语法学习水平都急剧下降,并在40岁之前基本上呈水平下降趋势。这被解释为有利于关键时期的证据。

2.3.6 聚焦主题5:二语习得与二语写作以及纠正性反馈的作用

在81篇文献中,涉及writing的共49篇;以writing为搜索词,在81篇整体语料样本中出现的频次是1241(见表2-13),其中主要出现在以下6篇,见表2-18。

表 2-18 writing 出现频次及比例表

排序	文献名称	作者及出版年份	篇次	出现频次	所占比例（%）
1	The role of individual differences in L2 writing	Kormos（2012）	78	278	22.40
2	Second Language Writing Research And Writing Corrective Feedback in SLA Intersections and Practical Applications	Ferris（2010）	21	192	15.47
3	Evidence on the Effectiveness of Comprehensive Error Correction in Second Language Writing	van Beuningen et al.（2012）	32	155	12.49
4	The potential role(s) of writing in second language development	Jessica（2012）	43	149	12.01
5	Differential effects of focused and unfocused written correction on the accurate use of grammatical forms by adult ESL learners	Sheen et al.（2009）	57	102	8.22
6	The Contribution of Written Corrective Feedback to Language Development: A Ten Month Investigation	Bitchener & Knoch（2010）	30	66	5.32

writing 依然是一个比较常用的收集语料的方法。通过对文献的研读，研究者聚焦的主题是书面纠正性反馈（written corrective feedback, CF/WCF）。书面纠正性反馈又称纠错或语法纠错（Truscott, 1996, 2007），多年来一直是第二语言教学中一个有争议的话题。尤其是对在二语写作课堂上与第二语言学习者合作的实践者而言，他们关于写作能力的研究存在着理论上的分歧，同时在研究、理论和现实实践之间也存在着巨大的差距。从理论或研究的角度来看，对于方法论、术语和结果的解释一直存在着分歧。

十多年来，人们对二语习得和二语写作中的书面纠正性反馈进行了

第2章 第二语言习得研究的发展现状

大量的研究。尽管二语写作和二语习得研究者经常以相似的方式研究相似的现象，但他们不一定针对同样的问题。以二语习得为中心的研究者调查书面语篇是否有助于获得特定的语言特征。与此相反，二语写作研究者通常强调书面语篇是否有助于学生写作者提高他们文本的整体有效性。理解这些起点上的差异是很重要的，因为它可以解释二语写作和二语习得有差异或存在相互矛盾的方法和结论（如 Ferris，2003，2004；Truscott，1996，2007）。

自从 Truscott（1996）声称"书面纠正性反馈是无效的，应该被放弃"之后，关于书面纠正性反馈对 ESL 学习者有效性的研究观点就被不断论证。其中，根据表 2-18 的文献，主要有两个实证性研究。一是 Bitchener & Knoch（2010）讨论了一些理论问题，概述了最近的经验证据的现状，并对新西兰奥克兰 52 名英语中低水平学生进行了为期 10 个月的研究，探讨了 WCF 对英语冠词系统两种功能性用法的影响。学生被分为四组（直接纠正性反馈、书面和口头元语言解释；直接纠正性反馈和书面元语言解释；仅直接纠正性反馈；对照组），完成 5 篇写作（前测、后测和 3 篇延迟后测）。各考察组在所有后测中均优于对照组。结果证明，WCF 对 ESL 学习者具有一定的作用。二是 van Beuningen et al.（2012）研究考察了直接和间接综合纠正性反馈对第二语言学习者写作准确性的影响（$n=268$）。这项研究旨在探索纠正性反馈作为一种修正工具的价值。研究中他们对语法错误和非语法错误类型的单独分析表明，只有直接对比才能提高新写作的语法准确性，学生的非语法准确性从间接对比中受益最大；在测试学生新作文的结构复杂性和词汇多样性时，纠正性反馈并没有导致简化写作。研究结果表明，全面的纠正性反馈是一个有用的教育工具，教师可以使用它来帮助二语学习者提高写作的准确性。

第二部分
第二语言习得研究的成果

第 3 章
第二语言习得研究的理论及模式

在二语习得研究过程中，理论起了重要的指导作用（参见 Mitchell & Myles，2004；VanPatten & Williams，2015）。其中，有些理论来自理论语言学，如普遍语法、功能类型学、基于使用的语言学等；有些来自心理学，如社会文化理论、连通论；有的来自系统科学，如复杂系统理论；有的是专门针对二语习得提出的新理论，如可加工理论和如何加工理论。我们选取那些对近二十年二语习得研究影响较大的理论，简要介绍这些理论的内容及其指导下的二语习得研究。

3.1 普遍语法视角下的二语习得研究

普遍语法作为生成语法理论框架的重要组成部分，其核心思想是人类与生俱来拥有抽象且隐性的语言知识。这些语言知识体现了人类语言的共性，是语言习得的基石，也是儿童母语习得的开端。儿童在遵循普遍语法原则的基础上，根据后天语言环境调整参数值，由此形成具体语言的语法。虽然最初普遍语法的提出并不是为了解释和预测二语习得过程及规律，但随着其不断扩大的影响力，普遍语法从 20 世纪 80 年代起为阐释二语习得的逻辑问题提供了新兴的认知科学视角和切实可行的理论框架，有力推动了二语习得研究发展。普遍语法视阈下二语习得研究的兴起，最初围绕普遍语法的可及性和参数重设问题展开，到 90 年代以后开始关注二语习得初态及母语迁移的问题。2000 年前后，随着最简方案的提出和完善，学习者如何把握形态特征及其与功能语类关系成为了二语习得研究的热点问题（常辉、陈永捷，2006；戴曼纯，2007）。

近十多年来，得益于二语习得研究的深入和研究方法的进步，普遍语法视角下的二语习得研究不满足于对中介语表征初态与发展的探索，力图以二语形态特征习得及终态为切入点，探索一语与二语的区别。相关研究呈现出从讨论宏观逻辑到揭示微观机制、从关注二语习得单一层面到探究多层面交互作用的趋势。

3.1.1 从宏观逻辑到微观机制

在形态句法层面,大量研究发现二语习得者对形态特征及功能语类的习得具有可变性(variability),由此催生出大量解释和预测二语习得成败的相关研究(White,2018;袁博平,2015)。一种观点以普遍语法特征库(UG inventory of features)不可及或不完全可及为基础,认为成人学习者难以习得二语中的新特征或不可解读特征,因此造成了二语形态特征及功能语类表征的缺陷,例如"表征缺失假说"(the representational deficit hypothesis)(Hawkins & Hattori, 2006)、"可解释性假说"(the interpretability hypothesis)(Tsimpli & Dimitrakopoulou, 2007);与之相反的观点以普遍语法特征库可及为基础,认为二语习得者实际上具备形态特征和功能语类知识,由于表征以外的原因,导致了习得的可变性,例如"表层屈折词缀缺少假说"(missing surface inflection hypothesis)(Prévost & White, 2000)。

近年来提出的"特征重组假说"(feature reassembly hypothesis)(Lardiere, 2009)在肯定普遍语法特征库和一语特征可及的前提下,从特征提取与配置的角度对二语习得机制进行更细致的诠释。该假说认为二语习得既不是调整二元参数取值的过程,也不是添加或删除特征的过程。二语习得的核心在于有效识别并匹配一语和二语词项特征,二语习得者再结合普遍语法和输入对特征进行重组,最终驱动句法操作,完成特征核查。目前该假说已在汉语、英语、韩语、西班牙语、俄语、斯瓦希里语等语言中进行了验证。围绕该假说的实验设计大多以语法判断、图片选择等离线任务为主,也有部分研究采用自定步速阅读等在线任务,数据类型大多为产出型和理解型数据,主要考察时、数、性、代词、定指、非定指及句式特征等(参见 Gil & Marsden, 2013; Hwang & Lardiere, 2013; Lee & Lardiere, 2019)。早期对该假说的研究围绕其解释力展开,关注特征的识别与匹配,并且不少研究对该假说进行了修正与完善。例如,Yuan(2014)在此基础上提出"特征休眠假说"(feature dormant hypothesis),认为休眠特征来源于母语迁移,加之输入中缺乏相关证据,导致学习者无法确认该特征存在与否,此类特征既未被删除,也未被添加,而是从活跃状态进入到休眠状态,这些休眠特征是导致二语使用不稳定的因素之一。

近年来，围绕该假说展开的大量研究进一步对特征重组机制进行探索，着重考察特征重组过程及其影响因素，旨在提高其预测力。总的来说，影响特征重组的因素大致分为形态特征因素和外部因素。其中形态特征因素包括特征数量、性质、对应度等（Cho & Slabakova, 2014; Guo, 2020; 刘艾娟等, 2013），外部因素有语用能力、语用限制及输入频率等（Amenos-Pons et al., 2019; Cho, 2017; Su, 2018）。

为了解释二语习得的重点难点，Slabakova（2008）结合特征重组假说原理，提出"瓶颈假说"（bottleneck hypothesis），并指出二语中的功能语类及其特征是二语习得的瓶颈。该假说支持"句法先于形态"的观点，强调功能语类习得能够促进形态习得。另外，Slabakova（2014）认为纯句法操作（syntactic operation）和意义推算（meaning calculation）具有普遍性，而能够反映语言间句法和语义差异的功能语类则具有特殊性。因此，二语习得的关键在于功能语类习得。瓶颈假说目前已在德语、西班牙语、英语等二语中进行了验证，主要以语法判断任务以及调查问卷等形式为主。研究主要考察形态功能结构，包括主谓一致、时态、限定词短语等。目前，该假说获得了一定支持，并且对继承语习得也具有一定指导意义（Montrul, 2018）。与此同时，有的研究结果同瓶颈假说也不尽一致，例如，Judy（2018）考察德语、英语、意大利语母语者对西班牙语限定词短语的习得情况。研究发现某些形态特征对于不同母语背景的习得者来说习得难度也不相同。这也是目前该理论的局限，对于母语的影响有待进一步探索。基于该假说的研究普遍采用离线产出任务，今后可以通过在线任务、加入更多一语和二语组合对其进一步考察论证。

3.1.2 从单一界面到多界面

近年来，二语习得研究除了对形态句法层面习得进行微观解读之外，也围绕着二语习得终态进行多层面多维度地探讨。

1. 中介语系统各语言模块间的界面研究

界面假说（Sorace & Filiaci, 2006）作为聚焦二语习得终态的假说，自提出之后引发了热烈讨论。该假说打破了传统二语习得研究以形态句法规则为核心的壁垒，强调中介语不同语言模块间的相互作用，带动了二语习得研究从单一层面到多层面的发展。该假说认为纯句法知识能够被习得，而句法与其他认知范畴的界面由于信息整合的复杂性不能完全习得。Sorace & Serratrice（2009）又进一步把这些界面分为内部界面和外部界面，认为属于外部界面的语言知识（例如句法—语篇）比内部界面（例如句法—语义）更难以习得，这一观点与瓶颈假说相反。围绕该假说的研究主要关注空代词和显性代词、语序变化等语言现象，涉及意大利语、西班牙语、希腊语、英语、汉语、韩语等。

虽然该理论的提出拓宽了二语习得的研究思路，但也受到不少质疑，一些研究发现外部界面知识并非完全难以习得，而内部界面知识并非一定容易习得（Özçelik, 2018; Yuan & Dugarova, 2012）。另外，大量研究也在该假说的基础上针对一语和二语终态差异进行了探讨，有的研究将差异归咎于语言表征的问题（如 Yuan & Dugarova, 2012），有的研究发现信息整合难度、加工成本也会导致一语和二语的差异（Hopp, 2010; Sorace, 2011），还有的研究指出输入频率、语言类型也是造成差异的原因（Hopp et al., 2020; Kang, 2014; Slabakova, 2015a）。虽然界面假说还有很多亟待解决的问题，例如，二语界面习得的薄弱性来源于界面本身还是相交语言模块发展的不平衡？多重语言模块界面会对二语习得造成怎样的影响？但不可否认的是，界面假说为二语习得研究提供了更加系统全面的视角，拓宽了二语习得研究视阈。

2. 中介语表征与二语加工的界面研究

随着对二语习得终态研究的不断深入，近年来结合眼动、ERP 等在线方法，涌现出一大批探究中介语表征和加工界面的研究。这些研究以中介语表征提取与使用为切入点，进一步探究二语和一语的差异。

浅层结构假说（Clahsen & Felser, 2006）作为加工视角下比较有影响力和有争议的假说，通过考察二语定语从句的加工，发现二语学习者对复杂句法信息不敏感，更依赖词汇、语义及语用等信息来进行句法分析，因此他们构建或使用的句法表征与母语者相比较浅。目前基于该假说的研究以在线任务为主，如眼动、自定步速阅读等，主要通过考察长距离依存结构和歧义句来对比一语和二语的加工模式。

虽然浅层结构假说得到大量实证研究的支持（Rah & Adone, 2010; 常欣等, 2014），但目前也有不少研究表明，对于高水平二语学习者来说，二语加工并非无法达到母语加工水平（Pliatsikas & Marinis, 2013）。二语学习者无论是在离线任务中还是在线加工任务中都受到普遍语法制约，并且能够通过句法信息完成句子解读（Kim et al., 2016; Omaki & Schultz, 2011）。与浅层结构假说不同，部分研究认为一语和二语加工是量的区别。这些研究指出影响二语加工的因素有很多，包括认知资源损耗、工作记忆容量、信息提取干扰、词汇存取、信息预测能力等（Cunnings, 2017; Grüter et al., 2017; Hopp, 2014; McDonald, 2006）。

Juffs（2017）认为母语和二语加工不可能完全一致，但是大量研究证明，高水平二语学习者在使用语言时能够遵循且运用抽象的语言原则。Clahsen & Felser（2018）对该假说进行了进一步修正，认为句法语义约束力、约束顺序差异与年龄因素等都会造成一语与二语的梯度差异（gradient differences）。同时强调二语学习者在加工时并非绝对不能有效使用句法信息，他们依赖语义语用信息的可能性更大。至此，如何进一步量化二语加工的诸多影响因素，是未来需要思考解决的问题。

3. 二语语言知识与二语教学

普遍语法视角下的二语习得研究旨在了解二语学习者语言能力、习得及其对中介语表征的应用。从表面看，这些研究与教学实践的理论基础并不相同，但实际上近年来的研究成果与二语教学都存在直接或间接的联系。

与此前大部分研究关注母语与中介语的竞争不同，Rothman（2008）以 UG 可及为基础，提出"竞争系统假说"（competing systems hypothesis）。该假说认为二语高级学习者的两种语言系统存在潜在竞争关系：一个是由输入和普遍语法相互作用的产物——隐性语言知识系统，另一个是通过语法教学获得的显性语法知识系统。Rothman（2008）通过对比在课堂环境和自然环境中高级西班牙语学习者的产出语料，发现显性语法知识系统是造成二语变异的原因。该假说为二语习得理论研究和教学研究的对话提供了可能性与必要性。因此，今后的研究有待进一步厘清两种语法系统的相互作用机制，为语法教学提供理论支撑，保证二语习得的有效性和科学性。

除了竞争系统假说直接讨论教学语法与二语能力的关系以外，近年来，二语习得颇具影响力的理论研究成果对教学也具有一定借鉴意义。瓶颈假说和浅层结构假说肯定教学语境中语法练习的重要性，特征重组假说和界面假说能够帮助外语教师全面客观地了解二语习得的特点和难点，对设计教学内容和材料具有一定启发作用。由此可见，二语习得理论研究与二语教学并不是绝对独立的关系，理论研究可以为二语教学提供科学支撑、提高教学效率。

3.2　二语习得的可加工理论

可加工性理论（processability theory）由 Pienemann（1998）提出，经 Pienemann et al.（2005a）扩展，重点关注二语学习者的语法（包括形态和句法）发展。该理论的逻辑基础是：只有当学习者掌握了必需的加工程序（processing procedures）后，他们才能产出形式化的语言表达。该理论最初关注二语习得的发展问题，即确定学习者的程序技能[1]（procedural skills）的发展顺序（参见 Pienemann，1998）；后来也关注二语习得的逻辑问题（logical problem），即学习者如何习得输入缺乏的知识（参见 Pienemann et al.，2005a）。可加工性理论适用于各种语言的二语语法研究，能够预测二语语法的发展轨迹，又能展现学习者个体之间的变异（参见 Pienemann，2015；Pienemann & Lenzing，2015）。

可加工理论认为成功的二语发展要依次经过五个步骤：（1）词目可及（lemma access）；（2）范畴程序（category procedure）；（3）词组程序（phrasal procedure）；（4）句子程序（S-procedure）；（5）从句程序（subordinate clause procedure）(Pienemann，1998：7)。这些步骤顺序不能颠倒，前一步骤为后一步骤的前提，后一步骤包含着前一步骤，它们共同构成了语言加工程序层级（hierarchy of processing procedures）或可加工性层级（processability hierarchy）。如果这些加工程序运行正常，就会出现结构性结果（structural outcome），如表3–1所示。在此过程中，句子的词组之间和词组内部会发生语法信息的交流，如果交流顺畅，就会产生正确的表达。例如，在词组程序运行时，如果限定词 two 和名词 kids 包含的复数信息进行交换，结果彼此匹配，发生了特征联合（feature unification），生成了正确的名词词组 two kids。在句子程序运行时，为了生成正确的句子" Little Peter goes home."，语言加工器要检查并保证主语和谓语动词是否具有相同的语法信息（第三人称单数）(Pienemann & Lenzing，2015：161–164）。

1　程序技能指的就是语法。

第3章 第二语言习得研究的理论及模式

表3-1 语言加工程序及其结构性结果（Pienemann，1998：9）

加工程序	结构性结果
5. 从句程序	主句和从句
4. 句子程序	词组之间的信息交换
3. 词组程序	词组信息交流
2. 范畴程序	词素
1. 词目可及	单词

为了把以上普遍性语言加工程序层级运用到各种具体语言的习得之中，Pienemann（1998：9-11）使用词汇功能语法（lexical-functional grammar）来构建各种语言的形式化模型。词汇功能语法包括三个平行的表征层级：论元结构（argument structure）、功能结构（functional structure）、要素结构（constituent structure）（Pienemann & Lenzing，2015：166-170）。论元结构涉及句子"什么人对谁做了什么"，由动词和相关论元组成。论元的论旨角色（thematic roles）包括施动者（agent）、承受者（patient）等。功能结构指的是主语、谓语、宾语等句子成分。要素结构指的是组成句子的单词或词组的词性，如名词（词组）、动词（词组）等。这三个层级虽然彼此独立但互有联系。论元结构到功能结构的映射主要在词汇映射理论（lexical mapping theory）的指导下完成，遵循一一对应的映射原则。从功能结构到要素结构也存在类似的映射过程。这三个层级之间的映射过程具有语言特性，在不同语言中可能有明显变异。

二语发展过程受加工程序层级的制约，必须遵循表3-1中可加工性层级预测的习得顺序。但在加工层级的某一具体程序中（即某一习得阶段），允许二语语法有一定的自由空间，称为假设空间（hypothesis space）。也就是说，可加工理论预测二语句法在某一阶段会发生变异，但变异是有限且有规律的，不会超出假设空间的范围（Pienemann & Lenzing，2015：164）。

在论述可加工性理论的过程中，Pienemann（1998：80-82）也阐述了他对二语习得中母语迁移的观点，即"无主体迁移假说"（no bulk transfer hypothesis）。他认为，学习者不会把母语形成器（formulator）的主体迁移到二语中去，而是会重建新的二语形成器[1]。不过，学习者在二语习得过程中有时也会迁移母语的加工程序，前提条件是在过渡语总

---

[1] 形成器是 Levelt（1989）母语产出模型中的重要概念，后来 de Bot（1992）在提出双语产出模型时加以借鉴。

体系中,母语程序能够被加工。

  Pienemann et al.(2005b)专文讨论了母语迁移的加工限制条件,其基本观点与 Pienemann(1998)一脉相承,但更为透彻具体。他们认为(2005b:143),二语语法的发展和母语迁移都同样受到普遍加工程序层级的影响。母语形成器的主体之所以不能迁移到二语中去,是因为句法加工是词汇驱动的,加工器依赖语言特有的词汇特征。不过,学习者在二语重建形成器的发展过程中,还是会用到母语的加工程序。针对母语迁移发生的条件,Pienemann et al.(2005b:143)系统阐述了发展"调节迁移假说"(developmentally moderated transfer hypothesis):母语迁移是受发展阶段调节的,只有当迁移的结构在二语系统发展中能被加工时,迁移才会真正发生[1]。而且,母语迁移的加工制约条件不受语言类型亲疏关系的影响。为了证明该假说,作者列举研究实例,分别论证了以下具体观点。第一,语言类型相近没有优势。Håkansson et al.(2002)证明,当母语(瑞典语)和目标语(德语)的语言类型接近时,并非所有相似特征都会发生母语迁移。他们发现,只有德语学习者当前阶段能够加工的 SVO 语序能从母语迁移到二语德语之中,另外两个跨语言相似特征——副词前置(adverb fronting)和副词前置句中的主谓倒装(subject-verb inversion after adverb fronting)因处于加工程序层级的较高阶段,学习者当时的水平还不能对它们进行加工,因此没有发生母语迁移。第二,语言类型相近有优势。如果母语与目标语的语言类型相近,目标结构与母语的对应结构相似,而且处于加工程序层级的较低层次,学习者能够加工,那么就会发生母语迁移。例如,Haberzettl(2000)发现母语为土耳其语的德语儿童在习得德语分解动词位置(split-verb position)时,受到了土耳其语 SOV 语序的正迁移。第三,语言类型的距离没有劣势。即使母语与目标语的语言类型较远,语际差异较大,如果学习者在当前学习阶段能够加工目标语法特征,那么语言类型的距离和差异也不会成为学习障碍。例如,Kawaguchi(2002)发现母语为英语的日语学习者在初级学习阶段就掌握了日语的 SOV 语序,并没有把母语中的 SVO 语序迁移到日语中去,这是因为日语 SOV 语序处于加工程序层级的较低位置,不需要句子内部的语法信息交流,只依靠语义角色与表层结构的直接匹配。从以上实例可以看出,不管母语与目标语的语言类型是否相近,母语迁移都可能发生,也可能不发生,而

---

[1] 根据该论文中所举研究实例,Pienemann 等人强调的是正迁移的发生需要母语与目标语的相似结构(或特征)能够被学习者加工,而当目标结构(或特征)与母语具有较大差异时,如果学习者能够加工该目标结构(或特征),负迁移就不会发生。

制约母语迁移发生语法的关键因素是可加工性，也就是说可加工性的影响比语言距离大。一旦学习者能够加工母语—目标语之间的相似之处时，母语就会发生正迁移（Pienemann et al., 2005b：147）。

后来，发展调节假说也被推广到三语习得中。在三语习得中，母语迁移与二语迁移都有可能发生，但前提条件是母语或二语中的特征能够被学习者加工（Pienemann et al., 2013, 2016）。

根据可加工理论，任何二语习得过程（即中介语发展过程）都被视为语法发展的动态系统，研究者既可以纵向考察其发展规律与变异特点，也可以探索过渡语发展某一阶段的可变性规则（variable rule），来检验源自加工层级的假设是否正确（Pienemann, 2015）。目前，已经有针对包括英语、瑞典语、日语等在内的二语发展研究证明了可加工理论的科学性（参见 Bettoni & Di Biase, 2015; Dyson & Håkansson, 2017; KeBler, 2008; Pienemann, 1998）。

3.3　二语习得的输入加工理论

"输入加工理论"（input processing theory）是由 Bill VanPatten 1996年提出的局部二语习得理论，其只聚焦于二语习得的输入方面，但适用于各种环境的二语习得。该理论中的"加工"（processing）指形式与意义/功能的联系，认为从输入中建立形式与意义/功能的联系是二语习得的重要组成部分。自该理论提出后，VanPatten（2004a, 2008）又在一系列论著中做过相关阐述，并得到了一些实证研究的支持（参见 VanPatten et al., 2004）。本节对该理论的介绍主要依据 VanPatten（2012, 2015a, 2015b）。

输入加工理论不是针对二语习得的宏观理论，只聚焦于二语输入这一个方面，因此它只有与其他过程或因素（如普遍语法、频率等）相互配合才能全面理解二语习得过程。20世纪80年代的输入研究着重从输入调整（input modification）、磋商（negotiation）等方面整体考察输入在二语习得中的作用。但输入加工理论与此明显不同，它关注的学习者如何理解具体句子，他们注意到句子中的什么要素等较为微观的输入问题。该理论的逻辑基础是输入是习得的基础，从输入中建立形式与意义的联系是习得的重要内容。该理论力图回答的核心问题是：学习者在输入中加工什么语料，是什么制约/引导了这个加工过程？（VanPatten, 2012：268）。这可以分为三类问题：（1）学习者在什么心理语言条件下开始将语言的形式特征与意义联系起来？（2）为什么学习者在某一时间建立某些而不是其他联系？（3）学习者在理解句子的过程中，会使用哪些内在心理语言策略？对习得有什么影响？（VanPatten，2015b：114）

针对学习者如何对输入中的句子进行加工，该理论提出了一些重要观点（VanPatten，2015b：115）：

- 学习者在理解时要获得意义。
- 从认知加工和工作记忆来看，学习者刚开始理解句子时很费力。
- 学习者的加工能力有限，不能像本族语者那样加工和储存信息。
- 学习者可能会用到一些输入加工的普适性原则，但也可能会用到母语输入加工器（processor）[1]。

在此基础上，输入加工理论提出了一系列具体的普适性原则，简单介绍如下：

- 实词优先原则（the primacy of content words principle）：学习者首先加工输入中的实词。
- 词汇偏好原则（the lexical preference principle）：学习者在理解句子意义时，先对词汇进行解码，再对语法形式进行解码。
- 非冗余偏好原则（the preference for non-redundancy principle）：学习者很可能先加工非冗余的有意义语法标记，再加工冗余的有意义语法标记。
- 意义优先原则（the meaning before non-meaning principle）：学习者很可能先加工有意义的语法标记，再加工没有意义的语法标记。
- 第一名词原则（the first-noun principle）：学习者倾向于把句子中的第一个名词或代词当作主语。
- 母语迁移原则（the L1 transfer principle）：学习者先用母语的加工步骤来开始二语习得。
- 事件概率原则（the event probability principle）：在可能的情况下，学习者在理解句子时，会依赖事件概率而不是第一名词原则。这里的事件概率指的是某个事情在现实社会中发生的可能性。
- 词汇语义原则（the lexical semantics principle）：在可能的情况下，学习者在理解句子时会依赖词汇语义学，而不是第一名词原则（或母语分析步骤）。这里的词汇语义学指的是句中事件发生时动词意义对名词有什么要求。
- 语境制约原则（the contextual constraint principle）：如果前面的语境对句子理解有制约，学习者可能对第一名词原则（或母语迁

---

[1] 加工器即分析器（parser），负责分析句子组成要素的词性和句子成分。

移原则）的依赖较小。
- 句中位置原则（the sentence location principle）：学习者倾向于先加工句首词再加工句尾和句中的词。

以输入加工理论为基础发展起来的输入加工教学（input processing instruction），其背后的逻辑看起来非常简单：如果我们知道学习者在理解输入中的句子时会犯某种加工错误，那么就可以采取某种基于理解的干预手段，来克服此类加工错误。VanPatten & Cadierno（1993）首次通过教学实验，证实了输入加工教学的有效性。他们注意到西班牙语学习者经常会受第一名词原则的影响，把西班牙句子中的第一个名词当作主语。为了纠正学习者的这种活动错误，他们在该研究中包含了两个实验组和一个对照组，三者在西班牙语前测中没有显著差异。加工教学组受试在理解西班牙语句子后选择图片时，如果理解的句子主语有误，选错了图片，就会收到反馈，告知他应该是另一张图片。传统教学组接受一些产出代词的练习。对照组不接受任何西班牙语教学。所有受试接受理解任务和产出任务，前者对输入加工教学组有利，后者对传统教学组有利。结果发现，输入加工教学组在两项测试中都有显著进步，传统教学组只在产出任务中有显著进步，两组在产出任务中的表现没有显著差别。基于这些结果，VanPatten & Cadierno（1993）认为，输入加工教学改变了学习者的潜在语法，潜在语法的知识可用于理解和产出任务之中。

此后，围绕输入加工教学又出现很多实证研究，VanPatten（2012：273–276）对它们进行了简要总结，具体包括五个方面。（1）输入加工教学与其他教学干预（如传统教学法、基于意义的输出教学法、听写法等）。研究发现（如 Benati, 2005），输入加工教学至少与其他教学干预同样有效，有时还具有一定优势。（2）输入加工教学与交际测评任务。研究发现（如 Sanz & Morgan-Short, 2004），输入加工教学对句子层面和语篇层面的任务都有效。（3）显性信息在输入加工教学中不是必需的。研究发现，在输入加工教学过程中，让学习者完成某项任务会改变他们的知识或行为（Sanz & Morgan-Short, 2004）；显性信息虽然对学习者的在线加工有利，但对输入加工并非必不可少（Fernández, 2008）。（4）输入加工教学的持续效果。现有的少数研究发现（如 VanPatten & Fernández, 2004），输入加工教学具有一定的持续效果。（5）输入加工教学的次要效果。研究发现，对某一结构实施输入加工教学后，产生的效果会迁移其他结构上（参见 Benati & Lee, 2008）。

自提出后，输入加工理论也遇到了一些挑战，对此 VanPatten 都进行了回应。这主要反映在两次辩论之中。第一次辩论发生在 DeKeyser et al.（2002）和 VanPatten（2002）之间；第二次辩论发生在 Carroll（2004）、Harrington（2004）和 VanPatten（2004b）之间。但这些挑战都是针对输入加工理论的具体内容，并不涉及该理论的核心问题（VanPatten，2015b：130）。

3.4　基于使用取向的二语习得理论

　　基于使用取向（usage-based approaches）又称"基于使用的模型或视角"（usage-based model/perspective），它并不是一个理论，而是对认知语言学、构式语法、功能语言学和动态系统理论等具有相似观点的理论的统称（参见 Jach，2018：273；Tyler，2010：270）。这些理论虽然侧重点和具体主张有所差异，但都认为，语言知识和语言运用没有明确的界限（Langacker，1987：494）。在强调语法和使用不可分割的前提下，基于使用的模型提出有关语言本质的几点根本假设。首先，构式是构成语言和语言表征的基本单位，指任何形式与意义/功能的结合体（Goldberg，1995），存在于语言的各个层面，包括语素、词、复合词、熟语、句型，但它们的复杂程度和抽象程度不同（Goldberg，2006）。其次，语言知识是从语言使用的经验中抽象概括出来的，语言是在交际过程中习得的（Boyd & Goldberg，2009；Theakston et al.，2001；Tomasello，2003；王初明，2011），因此特定构式的使用频率对语言知识的表征和激活产生直接影响（Ellis，2002）。再次，语言能力/表征和运用/运用不可分割，个体的语言表征是从语言运用中涌现出来的，语言能力由语言理解和产出的单个加工行为塑造而成（Elman et al.，1996；Goldberg，1999）。最后，语言能力是普遍认知的组成部分，包含范畴化、抽象化和固化等心理过程（Langacker，2000）。

　　与其有关语言本质的理论主张相一致，基于使用取向的语言习得观强调学习和经验在语言习得中的作用，主张语言规则源于学习者对语言输入分布特征的分析，而非天赋的语法知识（Ellis，2003）。在其发展初期，基于使用的取向主要关注母语习得（参见 Tomasello，2003），而且学者们大多认为，基于使用取向的语言习得观同样适用于母语习得与二语习得。但是，二语习得受到了母语形式、意义、概念等多方面的影响（Ellis，2015：59-61），因此基于使用取向的二语习得与母语习得理论虽有共性，但也具有自身的特殊性。

　　根据 Ellis（2008a, 2008b）、Ellis & Wulff（2015）、Ellis et al.（2016）等，我们将基于使用取向的二语习得的理论观点概括为以下五点，并进

第 3 章　第二语言习得研究的理论及模式

行了相关讨论。

第一，二语习得的对象是构式，构式习得以学习者所接受的二语输入为基础，并受各类输入因素制约，主要包括频率、突显度（salience）、原型性（prototypicality）、或然性（contingency）等（Ellis，2008a：373-382；Ellis et al.，2016：45-68）。具体说明如下：（1）频率包括类型频率、实例频率和构式频率。类型频率指同类构式中不同范例出现的频率，有助于学习者形成抽象图式，产出新构式。实例频率则指某构式中同一范例反复出现的频率，有助于学习者加强固化，提高熟练度（Bybee，2007）。构式频率是指某个构式出现的频率，能影响学习、记忆和感知。（2）突显度指构式能引起注意的强度，低突显性的构式较难习得。（3）原型性指一个词在语义网络中与原型的距离，离原型越近，原型性越强，越容易习得。（4）或然性指形式与意义联系的紧密程度，构式的或然性越高，越容易习得。

第二，二语习得主要是以范例为基础的隐性学习，但显性学习也起一定作用。通常认为，二语习得与母语习得都以语言输入中的具体范例为基础，通过多次接触不同的范例，利用人类一般的概括能力，自然地抽象出带有规律性的语言形式（Ellis et al.，2016：56-57，64-67；Ellis & Wulff，2015：76；王初明，2011）。但在二语习得中，显性学习也起重要作用，特别是对一些突显度不高或者与母语差异明显的语法项目（R. Ellis，2005，2008b），例如中国学生习得英语中的冠词、动词以及名词的屈折变化等。若只靠二语输入频率等学习，它们则无法完全习得。通过显性学习，可以激发学习者对这些语法项目的形义映射与各种用法的关注，从而提高他们的语言意识，进而提高使用的准确性（Gass et al.，2013：383-384）。

第三，二语习得与母语习得一样，都遵循一些普遍的认知规律，主要有理性加工（rational processing）、概率性加工（probabilistic processing）和联想学习（associative learning）等（Ellis et al.，2016：35-38；Ellis & Wulff，2015：77-80）。分述如下：首先，理性加工是指人们语言经验中的频率、近期性（recency）、语境等促使大脑形成对词汇的最优化表征，从而保证人们在完成新的交际任务时，可以迅捷地从大脑中提取相关词汇。但是，因为受母语的干扰，二语输入有时不能转化为吸收，所以二语习得也有非理性的一面（Ellis，2006）。其次，概率性加工是指人们在语言交际中掌握了词汇的统计信息（相对频率），这些信息反过来帮助人们在完成新的理解或产出任务时，优先选择高频词汇。最后，联想学习与以上两种加工机制是相通的。语言习得是依靠输入以联想的方式进行的,人们通过接触语言输入,在大脑中形成对词汇的形式(包括语音和拼写)和意义等信息映射表征。人们每次从输入中接收到相关的形式或意义特征时,都会激活它们在大脑词库中的其他词汇信息。因此,构式的形义映射关系得以不断加强,从而激活特征的阈值,使高频词汇更容易被激活提取。联想学习也同时受到频率、突显度、或然性等因素的制约。

第四,二语习得是动态的涌现过程(Ellis & Wulff, 2015:81)。二语是复杂的自适应系统(a complex adaptive system),不但包括语言各子系统(词汇、语法、语篇),而且其发展还受学习者因素与环境的影响(Verspoor & Behrens, 2011)。在这个过程中,二语表达的形式逐渐涌现出来。这个特点反映了二语习得主要是基于范例的隐性学习过程,主要适用于自然环境下的二语习得。但在基于课堂的二语习得中,很多二语形式(如搭配和常用句型)是通过显性教学与反复练习的方式来掌握的。

第五,二语习得受母语的影响。母语迁移有至少两种可能。首先,学习者因母语中独特的突显度、或然性、提示竞争(cue competition)而形成的学得注意(learned attention)会通过遮蔽或阻挡的方式,干扰二语习得中构式的形义映射过程(Ellis, 2006:173–181; Ellis, 2008a: 383–389)。例如,因为汉语的动词缺少屈折变化,在表达过去时间时,常依赖时间状语(如"刚才""昨天""去年"等)。所以,中国学生在汉语习得过程中,形成了重视时间状语、忽视动词形态变化的注意力分配机制。他们在学习英语的过去时间表达时,母语学得注意系统中的时间状语与过去时间的联系遮蔽了形态标记 -ed 与过去时间的联系,因此他们在口头交际中经常"忘掉"一般过去时的形态标记。其次,母语习得中形成的感知习惯也会影响二语习得(Ellis, 2006:181–186; Ellis, 2008a: 390–394)。日语中不区分 [l] 和 [r] 这两个音素,因此日本人在母语习得过程中丧失了区分这两个音素的感知能力。他们在学习英语时,往往不能区分英语的这两个音素,常把 [rəuz] 读成 [ləuz]。以上观点虽然很有道理,但只强调了母语对二语习得的负迁移,没有考虑正迁移。事实上,根据母语与二语在形、义及其映射关系上都存在或多或少的相似性,这些相似之处如果被学习者感知到,很可能会变成促进二语习得的加速器(Ringbom, 2007)。如果学习者的母语与二语在语言类型上接近,他们更有可能受到母语学得注意倾向的帮助,例如当母语为西班牙语的人学习拉丁语(Jach, 2018:274)。

3.5 社会文化视角下的二语习得研究

James Lantolf 把 Vygotsky（1978，1987）的社会文化理论引进到二语习得研究之中（Frawley & Lantolf, 1985; Lantolf, 2000; Lantolf & Appel, 1994a, 1994b; Lantolf & Thorne, 2006a, 2006b, 2006c），使社会文化视角的二语习得研究蓬勃发展。本节主要梳理社会文化理论的三大核心概念，总结社会文化视角下的二语习得研究现状。

3.5.1 社会文化理论的主要概念

受马克思主义辩证法的启发，为解决二元论和简化论影响下心理学研究的本体论和认识论危机，Vygotsky（1978，1987）建立了社会文化理论，基于发展观和历史观来剖析人类心理机能发展机制的社会文化属性。Vygotsky 将人的心理机能分成作为生物进化结果的低级心理机能、由社会文化历史发展形成的高级心理机能，后者指个体在思维指导下有意识改造世界的能力。围绕个体高级心理机能发展，Vygotsky 提出了内化（internalization）、中介（mediation）和最近发展区（zone of proximal development）三个核心概念。

内化是个体高级心理机能的发生和发展机制，指个体在社会交际活动中将社会平台的行为和思维方式转化到个体心理平台上，从而调节自身行为和思维方式的发展过程（Vygotsky, 1978: 57）。社会环境和社会交际是个体高级心理机能发展的关键。

中介是个体高级心理机能发展的核心。人类低级和高级心理机能的区别反映在人与世界的关系上：前者是受生物学规律支配、由客体引起的直接关系；后者是以社会文化等因素（社会关系、物质、语言等工具）为中介建立的间接关系。因此，中介指构建主客体之间联系的社会关系、人造物等。从功能上看，中介可分为对外的物质工具和对内的心理工具。比如，"铁锹"既可以是挖掘工具，也可以是提醒某项相关活动的心理工具。无论是物品、他人还是个体自身，都可以促进或调节个体心理机能发展，而个体高级心理机能发展正是从物品调节、他人调节向自我调节发展的过程。

最近发展区是高级心理机能发展的动态过程。Vygotsky（1978）从历史发展角度提出最近发展区理论，既可区分个体正在发展中的能力和已发展成熟的能力，又可用于观察分析个体高级心理机能在中介（包括物质工具、教师及自我干预）作用下成熟化的动态发展过程。

语言作为高级心理机能发展的主要工具，通过个体在社会活动（日常交际和学校教学）中对语言意义的模仿和学习，最终发展成为个体对外与社会成员交流信息的中介、对内进行思维活动的心理中介。社会文化视角的二语习得研究关注二语作为工具的双重属性，并探索二语从社会平台向个体平台的内化发展及其中各因素之间的关系。

3.5.2 社会文化视角的二语习得研究

社会文化视角的二语习得研究致力于考察二语学习者的语言能力发展过程，探索二语作为心理工具对个体高级心理机能发展的意义。近年来的研究大致分为以下三个方向：私语（private speech）与手势语（gesture）、动态评估和概念型教学。

1. 私语与手势语研究

私语指说话人的低声言语或自言自语，而手势语指含有目的与意义的可视肢体动作。社会文化视角的二语习得研究通过对学习者私语和手势语的探究，分析二语作为思维工具的内化过程。已有研究发现，当二语由外部工具（I-You 对话）向内部工具（I-Me 对话）转化时，私语和手势语作为语言内化的过渡工具对学习者的语言能力和思维发展起到积极作用。Ohta（2001）对日语为二语的成年学习者开展了两学期的追踪研究，是最早对学生课堂私语分析和归类的实践研究。de Guerrero & Commander（2013）、Smith（2007）等发现随着语言任务难度的增加，私语现象更加凸显，进而分析了私语运用与学习者水平之间的关系。Gullberg & McCafferty（2008）、McCafferty（1998）、Stam（2015）等通过分析手势语与二语发展水平的关系，揭示了手势语对个体语言发展的作用，同时发现不同水平语言学习者在手势语理解和使用上存在差异。然而，私语与手势语的实践研究因时间跨度较大、数据庞杂、编码难度大，还未得到充分发展。

2. 动态评估

动态评估是从动态发展视角开展的教学和测试研究，主要以二语任务为手段考察学习者发展中的能力，进而引导其语言能力发展成熟。动态评估的实践研究采用微观发生法，在任务实施过程中通过外界（教师或计算机）的隐性干预到显性干预，观察学习者的任务完成情况以及对干预频率和质量的需求，以区分学习者发展中的和发展成熟的能力。从国内外研究现状来看，Aljaafreh & Lantolf（1994）最早将动态评估引入二语写作测试研究，为后续研究提供了从隐性干预到显性干预的中介原则和框架。Poehner（2005）在法语二语口语测试研究中，进一步细化和发展了干预框架。近几年，为解决动态评估的应用推广问题，计算机辅助动态评估（computerized dynamic assessment）已成为动态评估研究的新趋势（参见 Poehner & Lantolf, 2013; Poehner et al., 2015），而在计算机化过程中如何设计出更高质量的干预内容和方式依然是动态评估研究的重点。为更加准确地把握学生的能力发展现状，将动态评估与认知诊断相结合以细化测试的颗粒度，可能会成为动态评估研究的新前景。

3. 概念型教学

概念型教学是以教授系统、科学的语言概念为中介，促进学习者二语交际和思维能力发展的课堂实践方法，具体指在教学中以 Gal'perin（1992）的系统概念教学法（systematical theoretical instruction）为教学设计准则，采用引导、操作和控制三大步骤，将系统的科学概念物化以帮助学习者理解和使用概念，从而促进语言作为思维工具的内化。语言意义是语言作为工具的核心（Vygotsky, 1978），因此以语言使用意义为核心是语言概念的筛选原则。不同于以往对概念型教学的可行性研究，Negueruela（2003）通过观察美国大学生的西班牙语课堂教学发现，概念型教学法能够显著增强高水平学习者的语言意识和表达能力。近十年来，概念型教学研究数量持续增长（参见 van Compernolle & Henery, 2014; 卢婷, 2020），其应用范围从语种到教学内容都在不断扩展，并已涵盖具体专业的语言教学，比如 Kurtz（2017）开展了法律语言的概念型教学研究。现有研究虽涉及多种语言以及写作、阅读、听力、文学等不同教学内容，但语种主要集中于英语和西班牙语，教学内容也以语法和语用居多。再者，语言概念选取和梳理需要扎实的语言学理论基础，概念型教学研究对教师教学实践不断提出新的挑战。不同理论指导下的教学对比研究（Zhang & Lantolf, 2015）、与动态评估相结合形成的"以评促学"的系统性教学研究、借助计算机辅助技术的概念型教学研究（Ai, 2015）都是当前社会文化视角下二语习得研究促进教学发展的前沿性课题。

3.6 动态系统理论视角下的二语发展

动态系统理论虽然与复杂理论（complexity theory）、混沌理论（chaos theory）的侧重点有些差别，但在基本观点上有更多相似点（参见 de Bot，2008：167）。这些理论较早被广泛运用于数学、物理学、经济学、气象学等的普适理论之中，但直到 20 世纪末才开始被应用于应用语言学研究（Larsen-Freeman，1997）。因为这些理论针对语言和语言学习有一套不同于传统简化论（reductionism）的观点和方法（de Bot et al.，2007；Larsen-Freeman，1997；李兰霞，2011），我们将不对它们加以区别，将其统称为动态系统理论（参见李兰霞，2011；郑咏滟，2011）。

在过去二十多年里，动态系统理论视角的二语研究经历了理论创新、方法创新和实证研究发展阶段，已经逐渐被越来越多的研究者所接受。倡导该理论的学者倾向于使用"二语发展"，强调二语发展包括习得和损耗。下文首先简要介绍动态系统理论的语言观，再重点说明动态系统理论对二语发展的理论贡献，最后简要综述其方法，并讨论其面临的挑战。

复杂系统具有 10 个主要特点，可以分为三组（Larsen-Freeman，1997：142-147）：动态、复杂、非线性；混沌、不可预测、对初始条件敏感；开放、自组织、对反馈敏感、自适应。

语言可以被视为复杂系统，因此具有复杂系统的很多特点（de Bot，2008：168-170；de Bot et al.，2007：9-11；Larsen-Freeman，1997：147-150；The "Five Graces Group"，2009：14-18）。表现在以下方面：第一，语言是动态的。这包括三层含义：一是指语言使用永不停止，二是指语言像有机体一样会生长和变化，三是指语言使用改变语言。第二，语言的历时变化是非线性的。例如，语言中的形式并非一直在增加，常会发生新形式出现或旧形式消失的情况，但这些情况具体何时发生难以预测。第三，语言是复杂的。这是指语言包括音系、词汇、形态、句法、语义、语用等子系统，它们之间彼此依存。第四，语言对初始状态具有敏感性。第五，语言交际如同跳舞，需要双方相互配合，双方都具有一定的主动性。

同样，二语习得也被看作是一个动态、复杂和非线性的过程，同时具有开放和自组织的特点，学习者对于反馈很敏感（Larsen-Freeman，1997：151-152）。一些学者致力于把动态系统理论运用到二语习得研究之中，对一些重要问题提出了一系列重要理论观点（参见 de Bot，

2008；de Bot et al.，2007；Larsen-Freeman，1997，2015），简要总结如下。

（1）习得机制（Larsen-Freeman，1997：152–154）。动态系统理论认为形式形成和适应是基本的习得机制。具体而言，较复杂的语言结构是在较简单的语言输入基础上形成的，交际双方互相适应保证了交际顺畅进行。

（2）中介语的稳定性／不稳定性（Larsen-Freeman，1997：155–156）。中介语一直处于发展之中，因此不稳定性是常态，应该追踪中介语的发展变化规律。

（3）磨蚀与习得都是二语发展的组成部分（de Bot et al.，2007：18）。建议使用"二语发展"这个术语，它涵盖习得与磨蚀，两者都是二语的变化，都呈现非线性的特点。强调要加强对磨蚀的研究，探究磨蚀发生的复杂原因。

（4）变异是发展的一部分，要重视变异研究（参见 Lowie & Verspoor，2015；Verspoor et al.，2008）。在学习者的二语发展过程中，变异现象非常普遍。较多变异发生时，往往是学习者处于正要习得某一新结构的关键阶段。学习者在发展自己中介语的过程中，因输入和互动条件、个体差异、环境等都有差异，所以学习者个体的中介语发展轨迹存在共时和历时变异。事实上，社会语言学视角的二语习得研究和可加工理论视角的语法习得研究都给予变异相当高的重视（参见 Pienemann，2007）。

（5）石化是暂时的吸态（de Bot et al.，2007：15；Larsen-Freeman，2006a）。传统的石化研究将石化视为一种永久状态，很难在实证研究中加以界定（蔡金亭，2008）。但动态系统理论将石化视为吸态（attractor state）的一种反映，是一种暂时状态，当有足够的力量（如教学等）时，子系统会脱离吸态，石化也就相应消失了。这里的吸态是指某个动态子系统停留的状态。

（6）学习者与复杂语境动态互动（Larsen-Freeman & Cameron，2008b：205）。在语言学习和使用过程中，语境的内容非常广泛，包括学习者的认知语境（如工作记忆）、文化语境（如老师和学生在某一文化中承担什么角色）、社会语境（如学生之间和师生之间的关系）、客观环境、教学环境（教学任务、教学材料等）和社会政治环境等。学习者在语境中学习与使用语言，与语境密不可分，因此要重视学习者与语境的互动过程和互动效果。

动态系统理论为二语习得研究提供了新的视角，注入了新的活力。

为了将动态系统理论运用到二语习得实证研究中，学者们很重视相应的研究方法。例如，Larsen-Freeman & Cameron（2008b）提出了相关研究要遵循的八个方法原则：（1）要具有生态效度；（2）尽可能考虑影响系统的多因素；（3）考虑变量之间的动态过程和动态关系；（4）考虑双向因果关系；（5）克服二分法思维；（6）重新思考分析单位；（7）区分不同的嵌套层次和时间刻度，但同时要重视彼此之间的联系；（8）兼顾稳定性和可变性，尤其重视可变性的中心地位。在此基础上，他们还推荐了八种具体研究方法（Larsen-Freeman & Cameron，2008b：206–211）（参见李兰霞，2011：416）。Verspoor et al.（2011）结合案例，详细展示了从动态系统理论视角进行二语发展研究的各种方法和技术（参见徐丽华、蔡金亭，2014）。

在动态系统理论及其研究方法的指导下，近十年来该视角的二语发展研究取得了令人瞩目的成绩（如 Dörnyei et al.，2015；Han，2019；Lowie et al.，2020；Ortega & Han，2017）（参见郑咏滟，2020），证明该理论具有强大的生命力。但是，还有一些理论和方法问题没有得到很好的解决。（1）对于变异等关键术语没有提供操作定义。Pienemann（2007）指出，动态系统理论在应用于二语研究时没有很好地综述社会语言学视角的二语变异研究成果，没有提出变异的操作定义，在批评传统研究把二语发展视为线性关系时缺乏证据。（2）个体与组群的关系问题。虽然 Ellis（2007）早就提醒我们，在研究中应兼顾学习者个体的动态变化与组群型式的关系，但大量实证研究仅仅是对少数受试的跟踪调查，满足于勾画他们在词汇、语法等方面的发展轨迹和变异，对组群的总体规律重视不够。（3）如何考察多种变量。动态系统理论认为二语发展是多个子系统的系统作用，强调二语研究应同时考虑相关的多个因素。但在实际操作中不可能把所有因素都考虑进来，此时如何选择就成了问题。事实上，任何实证研究只能选择少数因素进行实验，此时应根据先前的研究选择那些最可能影响目标现象的重要因素。

3.7　二语学习策略模式

Bialystok（1978）的第二语言学习策略模式是一个原则性的理论框架，描述在一定条件下第二语言学习的一般方式和过程，解释为什么不同的学习者提高的水平不同。它吸收了二语习得研究文献中的若干因素，包括语境、知识、学习策略和语言行为，解释了它们的作用及相互间的关系,并从模式中诸条件的满足状况来预测语言学习的结果。

Bialystok 的第二语言学习模式是一个三级框架模式,由三个层次组成——输入层、知识层和输出层。这个模式体现的语言学习理论是,语言水平的提高取决于四个因素——语言输入、语言输出、知识和学习策略。前三个是必要条件,最后一个是任意条件。

输入层指的是学习者接触目的语的语境,也就是说,学习者在从事语言学习活动时所处的环境。学习者可以在课堂上接触语言,或者通过书本阅读、交际体验等接触语言,或者通过在目的语国家生活接触语言。不同的输入方式,可以产生不同的学习效果。语言接触具有提供三类知识的潜力。

知识层由三种知识组成——与第二语言相关知识,显性语言知识和隐性语言知识。相关知识指学习者的母语知识、各种语言常识等。显性语言知识指的是学习者意识到的所有目标的语言知识,学习者可以将这些知识清晰地表达出来。这些知识包括语音、语法和词汇等方面的知识。显性语言知识有三个作用:(1)寄存新信息,起一个过渡的作用。一些新的语言信息首先进入显性语言知识,暂时存储在那里。这些信息经过不断的操练和使用,最终进入隐性语言知识。(2)储存那些始终要明确的语言信息。这些信息起一个提示的作用,提醒学习者在一些容易混淆的地方注意使用正确的形式,如第二语言习得者需要有意识地注意区分 lie 和 lay 的差别,以防用错。(3)阐述隐性语言知识。必要的时候,学习者可以将隐性语言知识调入显性语言知识内,并清晰地表达出来。隐性语言知识是指那些内化了的语言知识。它们处于学习者的潜意识层中,往往不为学习者所察觉,但又支配着学习者的语言行为。当学习者不加思索地使用语言时,当学习者认为某个句子"听起来"或"觉得'正确时,他使用的便是他的隐性语言知识,即我们通常所说的语感。隐性语言知识同样可以包括语音、语法和词汇等方面的知识。

Bialystok(1978)认为,显性语言知识和隐性语言知识的区别在于功能而不在于内容。任何语言信息都可以进入显性语言知识或隐性语言知识之中。两种语言知识的性质和容量的不同可以造成学习者能力上的极大差异。大量的隐性语言知识意味着学习者能够相当流利并熟练地运用目的语;大量的显性语言知识表明学习者具有许多目的语的语言形式和规则的知识,但不一定意味着他能够有效并熟练地使用这些知识。相关知识指的是学习者从事第二语言学习时使用的,除目标语语言知识之外的全部知识。这些知识包括母语知识在内的非目标语语言知识、目标语国家的文化知识和世界知识等。相关知识常常是语言学习的背景知识。学习者们常常发现，即使他们拥有相当数量的目标语的语言知识，也会因为缺乏相关知识而无法理解原文所表达的内容，或者无法与本族语者沟通。从Bialystok的模式中可以看到，三类知识与语言接触通过实线连接在一起，表示语言接触产生至少三类知识中的一种。

输出层指的是目标语的理解与表达，是语言推理和使用的结果。一般认为理解包括听和读，表达包括说和写，模式中用"反应"表示。反应只与隐含的语言知识有直接的联系。隐含的语言知识是大多数语言行为中的底层系统。在Bialystok的模式中，反应有两种方式——直接的或自发性的和经过思考的。两者的差别在于时间性。前者的特点是无须思考、即时反应，如与人交谈和听广播等；后者是在经过思索之后才做出反应，如笔头练习和课文阅读等。两种方式分别对应不同熟练程度的语言行为。输入过程将输入层和知识层联系起来，把输入的信息分门别类，归入三种知识源内以备将来使用。这意味着输入过程是一个纯粹的知识学习过程。学习者的任务是获取和储备知识，提高语言能力。接触语言的方式决定信息的归类。传统的课堂教学很有可能扩展显性语言知识，因为这种教学的重点是语言的规则；沉浸法教学最有可能扩展隐性语言知识和相关知识，因为这种教学的重点在交际，在意义和所涉及的各个学科的知识，而不在语言形式本身。输出过程将知识层和输出层联系起来，描述学习者如何运用目的语进行理解和表达。Bialystok（1978）认为，语言运用主要是隐性语言知识的作用。只有需要监察时，才会调动显性语言知识用来检验、修改或纠正语言输出。

在Bialystok的策略模式中，有四种学习策略将三个层次联系起来，尽管学习者不一定会同时使用所有这些策略。她将学习策略定义为"利用信息提高第二语言熟练程度的可选性方法"（Bialystok, 1978: 76）。所谓可选性是指学习者根据自己的学习水平、学习方式、学习任务和学习阶段选择的学习方法。学习策略在该模式中的作用，是将那些与提高第二语言熟练程度有关的信息带入学习任务中。从Bialystok后续对学习策略的具体讨论中，我们可以看出，学习策略具体上是指学习者用来获取、贮存、提取或使用信息所从事的活动。Bialystok在她的模式中将学习策略分成四大类——形式练习、功能练习、推理和监察。

形式练习是指学习者为掌握目标语的语言形式而使用的方法和从事的活动。语言形式是指语言单位的外在形式，如语音形式、词汇形式和语法形式。学习者可能在两种情况下使用形式练习。第一种情况是学习者在接触到新的语言形式后，为使其进入显性语言知识而从事的活动，比如参考语法书或请教他人关于新语法规则、新词素和新语音等的问题。这种活动是对正规形式训练的一种补充。第二种情况是对显性语言知识中原有的信息进行处理，达到熟练运用的目的，使之转入隐性语言知识。大量的语言练习有助于实现这一目的。

功能练习是指从交际出发从事的语言活动。这包括看原文电影、同本族语者交谈、阅读书籍等任何具有针对意义的活动。这种操练重在意义和交际而不在语言的形式，因此对隐性语言知识的作用最大，对显性语言知识的作用最小。学习者在各种各样的交际环境中可以提取大量的语言信息。由功能练习建立的语境与隐性语言知识之间的联系类似Krashen（1976）提出的语言习得过程。学习者通过交际语境而不是通过对形式系统的正规学习来实现语言的内化。

在 Bialystok 的模式中，监察与推理被认为是互补的一对策略，因为监察从根本上说是一种表达策略，而推理是一种理解策略。此外，监察更适合作为形式策略，而推理更适合作为功能策略。这里的"监察"的概念类似于 Krashen（1977）"监察模式"中提出的概念。Krashen 指出，语言知识可以用来检验、修改或纠正语言输出。监察的作用就是将显性语言知识带入学习任务，用于检验或纠正输出。

推理是指学习者用于得出未知语言信息的策略，主要与语言理解有关。在 Bialystok 的模式中，推理策略分为三种：其他相关知识、隐性语言知识和反应。这三个信息源的终点都是显性语言知识，也就是说，推理过程是一个将三种信息带入显性语言知识的过程。第一种信息是基于其他知识的推理，如从对另一种语言的了解推出一条语法规则。第二种信息是基于"隐含语言知识"的推理。第三种信息是指一些基于语言反应本身的推理，如根据单词使用的上下文推出词义。

总之，策略模式对语言学习、语言能力评估以及语言学习的心理实验都有一定的帮助和启发。Bialystok（1978）认为，不同的语言学习任务涉及不同的心理过程和学习策略。例如，语法考试是重点测量语言接触向显性语言知识转移的过程，它不仅测量语言知识，而且还测量监察策略。因为时间是决定答案正确与否的因素，所以语法测试导致第二类反应。Bialystok 策略模式为研究学习策略和认识外语学习的心理过程提供了一个较好的理论框架。

3.8 监察模式

在 20 世纪 70 年代末，美国语言学家 Krashen 提出了一种二语习得模式，即监察模式（monitor model），这一理论是二语习得研究中最全面的理论,在许多国家产生了巨大反响。80年代初,该理论被引进我国,给我国的外语教学带来了许多启示。Krashen(1976)认为,人的大脑有两个独立的语言系统,一个是有意识的监察系统,另一个是潜意识的系统。在使用语言时,两个系统都可以被激活。监察系统被视为一种意识到的语法,它具有编辑和控制的功能。Krashen的监察模式共有五个假说,即"习得—学习假说"(acquisition-learning hypothesis)、"自然顺序假说"(natural order hypothesis)、"监察假说"(monitor hypothesis)、"语言输入假说"(input hypothesis)和"情感过滤假说"(affective filter hypothesis),现将各部分分述如下。

3.8.1 习得—学习假说

这一假说是S. D. Krashen在1983年提出的。他认为该假说在五个假说中是最基本的。根据这一假说,成人在掌握第二语言能力的过程中,有两种相互区别、相互独立的方式,即习得和学习。成人习得第二语言的过程与儿童习得母语的过程相似,这一过程是在二语学习者没有意识到习得的情况下完成的,并且通过这种过程而习得的能力也不为习得者所察觉。学习指二语学习者有意识地通过学习语言规则和形式去习得语言知识。自然习得是集中在意义层次上的自然交际中产生的,它是一种下意识的过程;而正式学习是在课堂上有规律的学习,它是一种有意识的过程。从神经语言学的角度看,习得的知识储存在大脑的左半球,随时可以接受自动处理;而学习的知识则众说不一,有的认为在右脑,有的认为在左脑语言中枢以外的地方。总之,这两种知识似乎储存在大脑的不同部位。从语言应用角度看,习得的知识是语言理解与语言表达的主要来源,而学习到的知识只有在监察系统下才能使用。如图3-1所示:

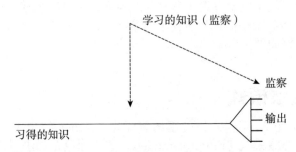

图3-1 习得—学习假说模型(Krashen,1979:156)

这一假说还声称在青春期获取第二语言的能力并未消失；改正错误尽管对有意识的学习有用，对习得却几乎毫无影响。

3.8.2　自然顺序假说

这一假说是从二语习得的研究文献中得出的。它强调习得者在绝大多数情况下遵循一个不变的习得先后顺序。这一假说还坚持语法结构是依照一定顺序而习得到的。因此，当学习者在自然交际场合下习得语言时，其结构习得顺序没有很大的个体差异。但当有意识地应用语言意识去学习语言时，其他顺序也会出现。这一顺序虽然与母语的习得顺序不尽相同，但也存在极大的相似性。Krashen（1982）列出了英语作为第二语言的学习者在学习英语语法时的平均顺序（如图3-2所示），该顺序既适用于成人，也适用于儿童。

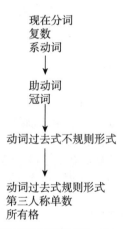

图3-2　自然顺序假说模型（Krashen，1982：16）

从这一假说中我们可以看出，如果仅从习得的角度考虑，语法的顺序是没有必要的，而如果是学习的话，这一顺序却是必须和不可避免的。

3.8.3　监察假说

这一假说认为人人都有一个语言监察系统，学习者可以利用这一系统来调整自己的语言行为。监察系统是利用习得知识产出句子，再利用学习的知识进行调整以便产生交际话语。这一系统可以在说出话之前或之后应用。Krashen（1976）认为，流利的第二语言是运用习得的语言系统的结果，而有意识学习的语言知识只能用于监察。Krashen这一系统只有一些有限的语言应用功能，若使用不恰当则会影响语言习得。例如，人们在实际口语交际中往往会更注意自己或对方的说话内容，而不大注意言语的形式。如果一方过多地使用监察手段，不时地纠正自己言语中的错误，势必会将自己置于窘境，说起话来结结巴巴，影响正常的交际。Krashen（1978）认为将监察作为习得的辅助手段来运用是最理想的，即在不妨碍交际的情况下使用监察，以提高语言的准确度。

3.8.4 语言输入假说

语言输入假说是二语习得的核心部分，它明确告诉我们语言是如何习得的。Krashen（1985）认为，语言习得是通过理解信息产生的。学习者首先接触大量易懂的实际语言，通过上下文和情景去理解其意思，这样寓于交际语言中的句子结构和语法规则就自然学会了。根据这一假说，学习者只要听懂话语的意思，语言就可自然而然地习得，这是学会语言的唯一途径。包括说和写在内的语言产生性运用无助于语言习得，只有听才有帮助。Krashen把它称之为"可理解的输入"（comprehensible input）。只有通过可理解的输入，语言习得才会发生。那么什么是可理解的输入呢？Krashen（1985）认为，可理解的输入是指学习者听到或读到可以理解的语言材料，这些语言材料难度应该稍高于学习者目前已经掌握的语言知识——这就是Krashen提出的"i+1"理论。

在Krashen看来，理想的输入应该有四个特征：可理解性（comprehensible）、既有趣又关联性（interesting and relevant）、非语法顺序（not grammatically sequenced）和足够的输入量（enough input）。可理解性即如上段所说。"既有趣又关联性"是指输入的语言应当能吸引学习者，而且与学习者相关。这样，学习者就可以不知不觉中很轻松地习得语言。"非语法程序安排"是指按语法程序安排的教学行为是不足的，也是不必要的，对于语言习得而言，重要的是足够的可理解的输入。"足够的输入量"即给学习者提供足够多的语言材料。

Krashen（1985）还提出，学习者自身创造性构建程序的操作也可能提供新的语言形式。创造性构建程序是学习者依据已习得的规则构建新的语言形式的程序。这种二语习得的中间过程模式如图3-3所示：

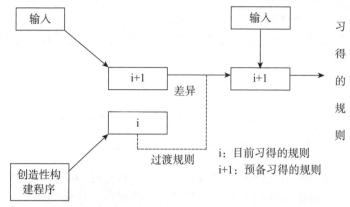

图3-3　语言输入假说模型（Krashen，1985：21）

这一模式说明，如果i与i+1之间存在着一定的差异，那么i+1就可以成为预备习得的规则。但i+1是否会真正成为下一步要习得的正确规则，取决于它是否会在后来的输入中出现。如果出现并达到一定的频率，就可以被学习者习得；如果i+1在输入中不出现，则会出现中介语形式，i+1仍为下一步要习得的规则。例如，学习者在习得一般过去时的动词规则时，理解了"动词原形+ed"的语言形式，如worked、walked等，这样"动词原形+ed"的形式便可能成为下一步要习得的规则。如果学习者在输入中继续听到"动词原形+ed"的形式，便可最终习得这种形式。此外，学习者还可以利用创造性构建程序，根据"动词原形+ed"的形式创造出knowed、maked、weeped等语言形式。由于此种语言形式不会被后来的输入证实为正确的，因此它是过渡形式。这样，学习者后来会放弃它，不把它作为下一步要习得的规则。直至学习者在后来的输入中听到了knew、made、swept等形式，并注意到knew、made、swept与knowed、maked、sweeped的差异，这些不规则动词的形式才会被确定为下一步要习得的i+1规则。

3.8.5　情感过滤假说

Krashen把情感过滤定义为"a mental block, caused by affective factors…that prevents input from reaching the language acquisition device"（1985：100）。由此看来，情感过滤假说是指不同的心理状态对二语习得的影响。一般认为，情感过滤包括焦虑度、自信心和动机三个方面，情感的变化会促进或阻碍输入和二语习得机制之间的传递，从而影响二语习得的结果。Krashen用图3-4来阐释其情感过滤假说。

图3-4　情感过滤假说模型（Krashen，1982：31）

图3-4说明语言输入是二语习得中主要且直接的因素，情感因素只起阻碍或促进输入到达大脑语言习得器官的作用。这表明，情感过滤假说的意义在于我们的教学目的不仅要提供可理解的输入，而且要创造一种情感过滤很低的环境。

监察模式是一个较复杂的系统，其多种变量因素大致有五种：（1）智力。Krashen（1982）认为智力只与"学习"有联系。也就是说，学习者的智力只能决定他在语言考试中成绩好坏与否，因为只有在考试条件下才是运用语言监察系统的最好机会。（2）第一语言的作用。Krashen（1982）认为第一语言并不影响第二语言习得。相反，他认为学习者利用第一语言仅仅是一种语言应用策略，即学习者只有在没学会第二语言规则时才会返回去依赖第一语言。Krashen（1982）强调学习者在缺乏第二语言规则的情况下，直接使用第一语言形成句子，再用第二语言的词汇替换第一语言的词汇，同时通过监察系统进行一些小型调整。（3）语言定式。Krashen（1982）否认语言定式（即背诵下来的固定短语与句子）在习得中起作用。他认为定式只在语言应用中起作用。定式本身是不可分割的，因此不可能存在于学习者的规则系统中。相反，Krashen（1982）认为语言定式常常是下意识获得习得的结果，所以语言定式中的语法结构与其他语法结构是分别习得的。（4）个体差异。Krashen强调自然习得遵循自然顺序。因此，在自然习得过程中是没有个体差异的，但是在习得速度、接受语言输入以及感情因素上确实有个体差异。在语言应用上，根据学习者依赖课堂语言知识的多少，也可以产生个体差异。（5）年龄。年龄对第二语言的影响有如下几方面：年龄影响学习者习得语言输入的多少，年纪小的学习者较年龄大些的容易习得更多的语言输入；年龄也可以影响课堂学习，年龄大些的学习者在学习语言形式上较强，在使用监察系统中的知识也较有效；年龄也会

第3章 第二语言习得研究的理论及模式

影响学习者的心理状态,学习者在青春期后的感情因素系统很可能变得更强。

Krashen(1982)把他的二语习得理论主要归纳为两条内容:一是习得比学习更重要;二是为了习得第二语言,两个条件是必须的——可理解的输入(i+1)和较低的情感过滤。Krashen用以下九条证据来证明其假说:

- 人们用"母亲语"(motherese)或"保姆语"(caretaker talk)与儿童谈话。这两种谈话都以"此时此地"(here and now)原则而不以远指抽象的原则来进行,其目的是向孩子提供足够的可理解的输入。
- 人们用特殊的话语与二语学习者谈话。这种谈话包括"教师语言"(teacher talk)和"外国人话语"(foreigner talk)两种方式。这两种谈话方式都以语句简短、语法简单、句意明了为特点,其目的当然都是向二语学习者提供i+1的输入方式。
- 二语学习者经常经历"沉默期"(silent period)。Krashen发现,很多刚进入第二语言环境的学习者都要经历一定的沉默期。Dulay & Crashen(1982)和Hakuta(1976)的一些实验也证实了这一点。对此,Krashen的解释是:"The child is building up competence in the second language via listening, by understanding the language around him."(1982: 27),证明了输入中"听"的重要性。
- 儿童与成人学习第二语言的不同成功期与可理解性输入相关。Krashen在研究中发现,成人在短期内的二语学习要比儿童好得多;而从长期来看,儿童的二语学习要优于成人。他的解释是:因为在短期内成人拥有更多的外部世界的经历,其可理解性输入要比儿童习得的更多;长远来看,儿童的情感过滤低,心理障碍小,因而外语学习的效果要优于成人。
- 可理解性输入越多,对第二语言的运用越好。Krashen认为,阅读理解能力的提高是由于大量阅读的缘故,纯粹的二语环境如果不被学习者所理解,则对二语学习者语言能力的提高毫无用处。
- 可理解性输入的缺乏会延迟语言的习得。父母亲是盲人或聋哑人的儿童通常在习得语言时要晚于其他儿童,这是因为缺少适当的可理解性输入。
- 教学法的成功与否与可理解性输入密切相关。Krashen在一些研究中发现,以听、读为主的教学方法在语言教学中要明显好于传统的以说为主的教学法，这是因为前者不仅提供可理解的听的输入，也提供可理解的书面文字的输入。
- 沉浸式教学法（immersion teaching）的成功在于其提供了可理解性输入。沉浸式教学法即在二语学习课堂上只用第二语言的教学方法，Krashen 认为其成功的缘由在于大量的可理解性输入。
- 双语教学的成功也证明了可理解性输入的重要性。

Krashen 的监察理论涉及不同领域的研究成果，在二语习得界受到极大的重视与反复的研讨，是比较成功的二语习得理论，同时受到了很多批评。归纳起来，批评集中在三个问题上。

第一，"习得"与"学习"概念的区分。McLaughlin（1987）曾指出监察理论是不可靠的，因为它建立在"习得"与"学习"这两个概念区别的基础上。这两个概念的根本区别只是"下意识"与"有意识"的区别，而这两者均不能在实验中得到检验。因此，这两个概念不能为人接受。监察理论认为"习得"与"学习"这两个概念可以截然分开，而且"习得"的知识不可以转换为"学习"的知识。而有很多研究者（Gregg, 1984; McLaughlin, 1987; Stevick, 1980）都对此提出质疑，并用事实证明有些课堂学习的知识经过多次反复练习后变成一种下意识的行为，即"习得"的行为，因而否定了 Krashen 的分离论。Gregg（1984）认为：学习和习得不是外语学习的两条路径，而只是同一过程中的两个阶段。学习的知识通过实践会逐渐内化，从而在自然会话中变为习得。实际上，学习的知识也会渗透到习得的知识中，两种方式所习得的能力和知识之间会相互影响，非正式的习得和课堂上的正式学习可以相互补充。还有的批评指出，Krashen 无法清楚地说明无论是"习得"还是"学习"的认知心理过程。Larsen-Freeman（1983）指出 Krashen 并没有解释学习者如何处理语言输入。如果这两个概念在习得中有相当的解释力，那么它们理应说明语言输入经过处理过程后变成"习得"或"学习"知识的具体过程。很明显，Krashen 的理论没有做到这一点。

第二，输入假说认为"输入"只能导致习得而无法引发学习。这一观点过于片面。习得是调动人脑中的语言学习能力，使学习者在交往过程中理解话语，并无意识地学会语言；学习指有意识地通过学习语言规则和形式去获取语言知识。习得和学习是两种截然不同的学习方式，习得的知识和学习的知识不能相互沟通和转化。Krashen 认为"输入"与习得紧密联系，而与学习几乎无关。这也许是因为 Krashen 的主要研究对象是生活在目的语国家的二语学习者。所以，输入量大且自然真实。反观在我国，第二语言的学习主要在课堂进行。如果过分强调自然

第3章　第二语言习得研究的理论及模式

输入以及由自然输入引发的习得，势必会挫伤中国学习者通过刻苦自觉的学习学好外语的积极性。这一假说也不能准确地解释为何同一组学生在接受同样的可理解输入的情况下，他们的语言习得却不一样。Cook（1993）认为不同年龄阶段的学习者之间的差异不能归因于可理解输入，而是因为他们在认知、社会或身体发展方面的差异性。教学情况设计与教师、学生和相关环境等多方面因素有关，很难说习得的成功是因为可理解的输入。在可理解输入这一点上，Krashen 明显表现出行为主义的倾向。行为主义强调语言环境的重要性，从学习者外部解释习得过程。Krashen 一直拒绝接受输出在习得中的重要作用，认为口语能力的发展会在大量的、各种各样的输入中自然形成。

第三，对监察过程的解释。Krashen 所谓的"监察过程"有很多难以解释的问题。例如，这一监察过程中存在的唯一证据是学习者本人是否说他们曾试图应用语法规则，其他实验均测不到这一过程。此外，McLaughlin（1987）还指出对任何一个学习者来说，要想在说完话以后区别自己是有意识地运用了学习规则，还是下意识地运用了习得规则，是异常困难的。

第四，变量因素。Krashen 的二语习得理论是一个"双重"理论。该理论提出第二语言学习者的语言知识在应用时出现时隐时现、时好时坏的多变情形，这是因为学习者的语言能力是分别建立在"习得"或"学习"上的。Ellis（1984）用另一种理论来解释这一现象，即学习者的多变现象是语言应用能力变化过程中的反映。到底哪一种理论更能概况这种现象，至今仍不能定论。

第 4 章
第二语言习得研究的代表性成果、人物和团体

第 3 章综述了二语习得研究在新世纪取得的主要理论成就,勾勒了概貌。为了使读者在了解概貌的基础上,能对二语习得研究的具体成果、人物和团体有一定了解,特撰写本章。在选择代表性成果时,我们阅读了 2010—2020 年国际和国内主要二语习得研究学术刊物的论文摘要,并结合论文内容,挑选出 20 篇理论贡献较大的论文。在选择专著时,我们稍微放宽了时间范围,既包括近 10 年内发表的重要理论性专著,又包括发表时间略早、但至今影响力仍较大的专著。在介绍这些代表性成果时,本章遵循两个原则:一是阐明其成果的重要意义;二是简介其主要内容。除此之外,本章还介绍了近年来做出较大贡献或保持较大影响力的多位学者,简述了他们的主要成就,同时对世界主要国家和地区的二语习得研究相关团体进行了简要介绍。

4.1 二语习得研究的代表性成果

本节介绍的代表性成果包括 20 篇论文和 10 部专著,为了便于读者把握这些成果的具体情况,下文按照先论文、后专著的顺序逐一进行了介绍。

4.1.1 期刊论文

本节共介绍了 20 篇代表性论文,其中国际论文 18 篇,国内论文 2 篇,分别按照发表时间的先后顺序进行排列,时间相同的再按照作者姓名的音序排列。

Atkinson（2010a）用很大篇幅介绍了延展认知观（extended view of cognition）和具身认知观（embodied view of cognition），并详细说明了两者可以合二为一的理由。前者强调认知与环境密不可分，后者认为认知活动是以身体的状态和行动为基础的。论文认为身体连接了思维与世界，因此这两种认知观是密切相关的，应该统一起来，可称为"延展认知"。延展认知指导下的二语习得（即二语习得的社会认知取向）有三条主要原则：一是不可分离原则——心、身、世界在学习中共同作用；二是学习即适应原则——学习的主要目的是提高适应能力；三是协同原则——协同是实现互动的方式，也是二语习得的一要发展动力。论文最后通过自然发生的师生互动实例，进一步证明社会认知取向二语习得的必要性和重要性。这个例子证明，社会认知取向能揭示师生互动中的丰富内容，对二语习得研究有重要启示。

Larsen-Freeman（2012）是由作者在美国应用语言学研究会 2010 年研讨会上的主旨发言修改而成。当时动态系统理论视角的二语习得研究已经得到相当认可，已呈上升态势。论文的发表旨在进一步推介动态系统理论，使其成为应用语言学研究的超学科框架。论文首先比较了多学科取向、交叉学科取向、跨学科取向和超学科取向的含义，认为只有超学科取向最适合应用语言学研究的特点。其次列举了动态系统理论的十二条原则，并详细讨论了有关动态性、复杂性和语境作用的三条原则。具体如下：原则四——动态性是我们关心的中心问题；原则六——动态系统的复杂性是涌现的，来源于各组成部分之间的互动；原则九——环境是动态系统的一部分，至关重要。最后有选择地综述了一部分运用动态系统理论研究二语发展的研究，涉及动词论元构式、学习者个体差异、英语写作、词汇发展、多语水平等。

Filivić & Hawkins（2013）受动态系统理论的启发，在吸收前人实证研究发现的基础上，提出了二语习得的 CASP（complex adaptive system principles）模型，力图解决二语习得的一些传统难题，如母语迁移何时发生等。该模型提出了互有联系的四个总体原则和六个具体原则，来定义二语习得中的可能及不可能发展阶段，对学习者语言中的相对习得顺序进行预测。四个总体原则为：原则 A 学习努力最小化——二语学习者喜欢用最小的努力去学习二语语法和词汇特性；原则 B 加工努力最小化——二语学习者在使用二语词汇和语法特性时，喜欢用最小的加工努力；原则 C 表达能力最大化——二语学习者喜欢将其表达能力最大化；原则 D 交际有效性最大化——二语学习者喜欢根据听话者及其思维模型将自己的交际有效性最大化。六个具体原则分别做出了具体预

第4章 第二语言习得研究的代表性成果、人物和团体

测:第一,正迁移最大化原则预测了何种二语特性容易习得容易迁移;第二,常出现的特性最大化原则预测了频数与习得难度的关系;第三,结构与语义简单的特征最大化原则预测结构与语义简单的特性容易习得;第四,允许负迁移预测了母语负迁移发生的一种情况,并将该具体原则与四条总体原则建立起联系;第五,交际阻断负迁移原则指出,母语中的特征如果迁移到二语中会影响交际,该类负迁移会被阻断;第六,二语习得顺序原则强调中介语发展阶段是由多种总体原则和具体原则共同决定的。当然,这些原则是否正确还需要实证研究来检验。

Ortega(2013)的发表时间和内容有其特殊意义。一方面是回应Klein(1998):他站在当时历史条件下,对二语习得的贡献持否定态度。Ortega想通过综述评论1998—2013年这15年间二语习得的研究,从学科上肯定所取得的成绩;另一方面是从1972年到2013年,二语习得已经有四十余年历史,需要回顾过去以展望未来。作者对二语习得学科发展持积极乐观态度,总结过去15年的成绩,强调二语习得的超学科发展趋势,并为未来发展提出建议与指导意见。论文主要包括以下三方面内容。第一,综述此前15年中二语习得的四个发展趋势:二语习得研究的认识论呈现明显的多样性;基于使用的二语学习观得到重视,反映在涌现论、连通论、构式语法、认知语言学、动态系统理论等的兴起;二语习得研究方法得到高度重视;研究多种语境下的学习者。第二,指出二语习得的超学科关联性逐渐凸显,但要进一步支持和强化这种超学科关联性需要重视两点:一是了解本学科在众多有相同目标的学科中的地位;二是培养对学科架构的批判性意识,学科架构涉及研究内容、目标以及他人的接受情况。第三,指出二语习得需将关注点转向后期双语/多语能力研究,并据此进行学科框架的重构,从而为人类语言认知和语言教育提供更科学的理论指导。

Young & Astarita(2013)将实践理论和语言学习结合起来,把实践理论视为理解社会语境和语言学习互动关系的哲学和方法框架。根据实践理论,历史与现实密切相关,只有结合历史才能更好地理解现实;人们在现实生活中的行为既受历史影响,又有一定主观能动性。通过分析10名来自于第一代工薪阶层的外语学习者的学习内省材料,两位作者揭示了他们的课堂表现受过去经历的影响,同时有意识地从过去经历中选择适当内容呈现在课堂活动中,这表明学习者过去经历与现在的语言学习之间存在辩证关系。两位作者在总结中高度评价了实践理论对语言学习的重要意义,认为它极大地丰富了语言学习的研究内容,不再把社会与个人、语言学习与语言使用、狭义与广义的语篇、人们语言经历与

现实语言表现等看作是对立关系，而是强调它们的辩证关系，认为它们应该有机地结合起来。

　　Bylund & Athanasopoulos（2014）从理论角度讨论了二语习得中语言相对论（linguistic relativity）的研究问题，赞成在二语习得中研究语言相对论，认为将该领域发展为一个完整的研究项目需要一些理论前提和方法前提。这主要包括三部分：第一，在二语习得中研究语言相对论需要言语证据（verbal evidence）和非言语证据（non-verbal evidence），尤其要重视后者，因为只依赖言语证据来证实语言对思维的影响容易犯循环论证的错误。要获得非言语证据可以通过高阶认知任务和低阶认知任务。前者主要针对感知后的后期加工过程，如范畴判断、估计、排序等；后者主要针对自动的无意识的加工过程，如异常检测和视觉搜寻。第二，借鉴联想学习理论框架，初步说明了二语者认知重构背后的认知机制，证实了二语者认知重构的程度和本质深受学习者个体差异的影响。第三，深入讨论了可能影响二语者认知重构的主要因素，包括语言水平、语言接触、习得语境、双语语言模式（bilingual language mode）、二语习得年龄、沉浸在二语语境中时长等。

　　Hulstijn et al.（2014）讨论了二语习得与教学研究中认知路径和社会路径的关系，主要目的是促使人们意识到两大路径都有一定局限性，并采取各种方法尽力消除两者的隔阂。论文是在美国应用语言学2013年研讨会上的专题论坛发言的基础上组织写成的。其结构新颖，引言和结语是由前三位作者写成，主体由三部分组成，每部分先是代表认知路径和社会路径的著名学者的发言，再是这三位作者中的一位对此进行的评论。第一部分是哲学和理论建构：代表认知路径的Robert DeKeyser认为科学探索最终要向可推广性努力，为此要鼓励描述—相关—实验循环研究思路；代表社会路径的James Lantolf认为认知路径和社会路径之间没有隔阂，自然就不需要架设连接彼此的桥梁；Jan Hulstijn在评论部分讨论了区别与评价一些对立理论的准则和标准。第二部分是数据和研究方法：代表认知路径的Alison Mackey讲述了她以前在研究互动时考虑语境因素的经历，强调两种路径的研究方法应该有机统一，不能厚此薄彼；代表社会路径的Steven Talmy认为当前研究需要"阐释转向"（interpretative turn），即研究者认识到研究是具有某学科及理论倾向的人们阐释行为的结果；Richard Young在评论部分追溯了"阐释转向"的理论渊源，并提供了几个研究实例，说明反映不同思想风格的研究方法是可以有机结合的。第三部分是没有解决的困难和未提出的问题：代表认知路径的Nick Ellis认为语言学习和使用体现了人们的

第 4 章　第二语言习得研究的代表性成果、人物和团体

社会和认知能力,都是动态复杂系统的组成部分,受人类通用学习规律的制约,研究语言学习和使用需要多种数据和各种研究方法,它们各有长处,应该在研究中结合使用;代表社会路径的 Martha Bigelow 也赞成在语言学习与教学中应该综合使用两种取向的研究方法,从培养年轻学者的角度来看,两大路径的区分不利于年轻学者的成长,因此前辈学者应该在研究中有意识地将两大路径的研究方法加以融合,做出表率;Lourdes Ortega 在评论时指出,虽然有多种方法可以沟通两大路径,但最重要的是用积极态度去看待它们之间的差异,并设法克服差异,不应该分离地看待两大取向,而应该积极地探求它们之间的公度性（commensurability）。

Austin et al.（2015）在 Trenkic（2009）和 Trenkic & Pongpairoj（2013）提出母语—二语结构竞争模型（L1-L2 structural competition model）的研究背景下,通过分析泰国英语学习者省略冠词和名词复数的情况,发现语境对学习者省略冠词和名词复数标记有一定影响,证明了母语—二语结构竞争模型具有较强的解释力。但论文的贡献不止如此。作者指出,学习者能从二语输入中发现二语结构的规律性,而且对规律性的敏感性不断增强,这可能影响二语句法使用的可变性。不过,这种观点必须与母语—二语结构竞争模型有机结合起来,形成满足制约条件理论,才能解释二语功能形态的可变性。根据该理论,多种概率性线索同时激活来自语法、意义、语篇、世界知识等方面的信息,各线索互相作用,共同决定了二语加工的结果。各线索彼此竞争,来制约加工结果;它们彼此互动,促进或抑制二语结构的不同表达,表现出对某个用法的偏好。这个理论是作者思考的结晶,在此基础上衍生出一些具体预测可以通过实证研究进行检验,作者在文中指出了今后研究的一些具体思路。

Pienemann（2015）的目的是概括可加工理论（processability theory）,并讨论它与其他二语习得新理论的关系,对我们从根本上把握该理论的实质、深刻领会其独到之处有重要作用。作者从四个方面高屋建瓴地总结了可加工理论的基本理念和主要内容:一是关注学习者整个二语语法体系中各特征的发展轨迹及其变异;二是将语言看作动态发展系统;三是认为习得语言只需要极其有限的先天语言结构（不同于普遍语法）;四是提出"发展调节迁移假说"（developmentally moderated transfer hypothesis）,预测母语迁移何时发生。可加工理论与动态系统理论虽然表面上都强调动态性,但两者存在很多差异,作者对此从五个方面进行了论述。可加工理论与涌现论虽然都用到了"涌现"这个术

语，但两者的内在逻辑有明显差别，作者也对此进行了简要讨论。除此之外，作者还总结了可教性假说的内容，澄清了该假说与可加工理论的关系，并对 Zhang & Lantolf（2015）提及的相关问题进行了一一回应。

Prevoo et al.（2015）聚焦于相对语言使用和社会经济状况这两个语境因素，通过实证研究考察它们是否对"语言相互依存假说"（linguistic independence hypothesis）具有调节作用。作者选择的受试是 104 位 5~6 岁的土耳其语—荷兰语双语儿童，通过问卷调查来了解受试使用语言的相对情况，通过家庭年收入和父母受教育程度来了解其社会经济状况，通过两项图片任务分别三次测量其土耳其语和荷兰语的词汇量。通过对数据的描述统计、相关分析和回归分析，研究得出以下结果：一是相对语言使用情况调节母语和二语词汇增长的关系，母语对二语的正迁移只出现在使用母语较多的儿童中；二是家庭社会经济地位虽然能预测孩子二语词汇量增长，但对两种语言的依存关系没有调节作用。这些结果说明语言相互依存假说依赖语境，但只在母语使用较多的语境中有效。该研究通过把语境因素纳入语言相互依存假说中，提出并证实了该假说依赖语境的观点。今后研究可以考虑更多的语境因素，并同时考察它们与其他因素对该假说的交互影响，以全面研究该假说的工作机制和制约条件。

Truscott（2015）认为很有必要从模块论的视角对意识在二语习得中的作用进行解释，这是作者写这篇论文的初衷。论文对于从模块论角度理解并研究二语习得中的意识具有重要的理论意义。为了解释意识的作用，作者首先介绍了 MOGUL 框架（The MOGUL framework），该框架采用模块式结构，包括四对功能各异的加工器—储存器：情感加工器—情感结构、概念加工器—概念结构、句法加工器—句法结构、音系加工器—音系结构，这些储存器之间有接口。在该框架中，激活在语言加工中具有中心地位，语言习得是加工的持续影响。在此基础上，作者在该框架内对意识进行了理论解释。这些理论解释能够应用到若干方面，具体包括：语言表征在感知中的初始建立；这些表征进一步巩固的方式；表征系统的重组方式；概念语言知识的发展。

VanPatten（2015）澄清了围绕加工教学存在的一些误解。论文观点明确、结构清晰，可以帮助我们从宏观和本质把握加工教学，在实证研究和教学实践中更好地加以运用。论文讨论了与加工教学密切联系的六个问题，并分别总结了对每个问题的基本观点。（1）加工与注意的区别：加工教学不是基于注意的，其理论依据是输入加工，即真实理解中的形义连接。（2）输入加工的本质：输入加工理论提出了一系列制约形

第 4 章 第二语言习得研究的代表性成果、人物和团体

义连接的原则,但学习者在理解输入时有时会违反某些原则。加工教学设法对这些违反原则的行为进行纠正。(3)习得的内容:加工教学并不是教授规则,而是聚焦于对形态音系单位及句子的正确加工。(4)潜在知识和技能的区别:加工教学并不关注技能发展,而是关注潜在语言表征的发展。(5)"显性/隐性"之争:加工教学不涉及"显性/隐性"之争,但通过逻辑推理可知,其中的词汇加工是显性的,对形式特征的加工是隐性的。(6)方法与干预的区别。加工教学是一种干预,不是方法,不能作为课程的基础。

Jarvis(2016)反映了作者对概念迁移(conceptual transfer)理论与方法的最新思考。论文的贡献主要表现在两个方面:一是重新提炼了概念迁移的定义,二是提出了理解与研究概念迁移的框架,其中前者是后者的基础。概念迁移被重新定义为"在表达和理解概念意义中出现的跨语言影响",概念意义涉及人们在头脑中对真实或想象经历的表征。理解与研究概念迁移的框架首先指出概念迁移研究范围中的三个焦点及其与数据类型的关系。概念迁移在这两个层面有三个研究焦点:焦点一是用言语数据探究计划过程;焦点二是用言语数据考察概念化,包括感知、范畴化、记忆等;焦点三是用非言语数据来研究概念化模式。以上三个焦点都有相应的研究问题,针对这些问题要采取对应的研究路径和任务,收集相应恰当证据,具体如下。问题一:不同母语背景的学习者在完成相同任务时是否表达了不同的概念意义?需要反映语言特有概念计划过程(包括切分、选择、构架、排序)的言语证据。问题二:不同母语背景的学习者在完成相同任务时是否有不同的概念意义?需要语言特有概念化过程的言语证据,具体可采用以下任务:命名与指示、感知任务(言语反应)、注意任务(言语反应)、记忆任务(言语反应)。问题三:不同母语背景的学习者在完成相同任务时是否表现出不同的非言语行为?需要支持言语证据的非言语证据,具体可通过以下任务获取:非言语范畴化任务、非言语感知任务、非言语注意任务、非言语记忆任务和脑成像技术。

The Douglas Fir Group(2016)认为在我们这样一个多语世界中,应该打通各学科的藩篱,建立超学科的二语习得框架。论文提出的框架包括彼此紧密联系的三个层面:第一,微观层面是社会活动。个人在多语环境中,利用自身的神经机制和认知能力,通过与他人互动,进行各种社会活动,促进新语言的发展。在此过程中,个人会利用包括各种符号资源。第二,中观层面是社会文化机构和团体。个体身处的环境是由家庭、学校、单位等单位和团体组成,形成了自身的社会身份特征。第

三，宏观层面是意识结构。这包括信念系统、文化价值、政治价值、经济价值等，意识结构与中观层面和微观层面相互影响。作者从这个框架中衍生出了10个基本主题，并对它们进行了详细论述：（1）语言能力是复杂的、动态的、整体性的；（2）语言学习就是符号学习；（3）语言学习是在社会语境中与他人交流的过程中进行的；（4）语言学习是多模态的，以身体的体验为基础，以社会文化为中介；（5）可变性和变化是语言学习的核心；（6）语言学习以读写能力和教学为中介；（7）语言学习与社会身份相互影响；（8）能动性和改变的力量是语言学习的手段和目标；（9）思想意识渗透到语言学习各个层面；（10）情感语言学习的所有层面。论文最后指出，我们不必也不可能在同一个研究中考察影响二语习得的所有内容，但要对二语习得的各层面有超学科的宏观把握，在研究某层面时不应忘记其他层面的作用。

Rothman & Slabakova（2018）从宏观上把握生成语法取向的主要研究内容，恰当地处理该取向与其他取向二语习得的关系。两位作者作为生成语法取向的二语习得研究（GenSLA）的领军人物，主要从两方面进行观点阐述：一是简要总结 GenSLA 的内容，特别是最近20年的新发展；二是讨论 GenSLA 在国际二语习得界的地位。近20年来，GenSLA 更关注于比较 L1 和 L2 语言知识和语言表现之间的差异，以及二语学习者在二语能力和运用上表现出的变异。其间涌现出了一些有影响的假说，如特征重组假说、韵律迁移假说、竞争系统假说、界面假说等。从整个二语习得界来看，GenSLA 有五个特点：一是 GenSLA 与其他二语习得取向的最大区别在于是否承认刺激贫乏论；二是 GenSLA 提出了一些明确的预测，可以通过实证研究来检验；三是 GenSLA 与基于使用的语言习得研究都重视输入；四是近年心理语言学为 GenSLA 带来新的技术与方法，如眼动技术、脑电技术等；五是除成人二语习得者以外，对继承语双语者（heritage bilinguals）、儿童二语学习者、三语或多语者更为关注。总的来说，两位作者认为 GenSLA 与基于使用的二语习得取向等应该互相包容，了解彼此之间的共性，承认它们各有优势，并针对擅长的研究内容做出各自的贡献。只有这样，二语习得才能健康发展，最终解开二语习得中的诸多谜团。

MacIntyre et al.（2019）率先将积极心理学引入二语习得，讨论了相关问题，激发了大量的理论、习得和教学研究，从而开阔了二语习得研究的视野。积极心理学不是单一的心理学理论，而是一种视角，强调要重视兼顾正负两方面，特别要重视积极因素的作用。积极心理学与二

第 4 章　第二语言习得研究的代表性成果、人物和团体

语习得的结合有其历史渊源，并促进了理论、研究和教学的发展。基于积极心理学的二语教学干预也取得了令人鼓舞的效果。在此基础上，人们已经尝试将积极心理学扩大到学校的整体教育之中，强调提高语言水平与保证身心健康并重。作者对这种做法大为赞许，对其推广前景颇具信心。他们认为二语习得中的积极心理学具有六大价值：积极心理与消极心理一样值得研究；观点须有证据支持；已有很多科学的测量方法可用；强调长处而不是短处；全人发展有利于学习；积极心理学使个人和社区更有信心。该论文最后从理论、研究和实践三方面勾勒了把积极心理学应用于二语习得的前景。

　　Hicks & Dominguez（2020）考虑到语言运用背后潜在语法的磨蚀问题，特别是缺少从普遍语法角度研究学习者母语语法损耗的理论模型，提出了一个融习得与损耗于一体的模型（unified model of acquisition and attrition），并将其运用于说明不同语境中母语代词的损耗发生情况。作者在提出该模型之前，先确定了适用于任何模型的三个标准，并借鉴了 Lidz & Gagliardi（2015）的母语习得模型——它主要包括三方面：输入与吸收；推理引擎；语法部分和特征重组。在此基础上，作者提出了这一模型，并详细说明了其组成部分和内在关系。该模型的优点是将损耗融入语言习得机制之中，不需要求助于专门的损耗机制。其创新之处在于将语法部分、加工部分与习得部分结合起来，适用于所有语言习得环境，同时提供母语损耗的路线。关于母语语法损耗，该模型有三点基本预测：一是语法损耗取决于另一种语言变体的大量输入；二是学习者必须能加工输入，形成感知表征（perceptual representation）；三是语法损耗是由母语中具体语素/词汇项目的特征发生变化而引起的。为了证明这些预测的正确性，论文以代词实现为例，结合先前实证研究，详细讨论了顺序性双方言语境下和高水平晚期顺序性双语者的母语损耗发生路线。

　　Tachihara & Goldberg（2020）主要包括五个相互联系的实验，都涉及两个构式的六种非常规表达。每个实验的受试均包括英语学习者和本族语者。实验一（判断任务）验证了前人的发现，即学习者比本族语者更容易接受包含新表达的句子。为了探究学习者是否意识到竞争项的存在，作者进行了实验二（释义任务），结果发现学习者在提供竞争项方面显著落后于本族语者。为了进一步比较学习者和本族语者对非常规表达与常规表达的判断情况，作者进行了第三个实验（强制选择与判断任务），发现学习者在接受常规表达方面显著弱于本族语者，在接受非常规表达方面显著强于本族语者。在实验四（接触竞争项后的判断任务）

中，学习者先接触包含或不包含竞争项的句子，再判断实验一和三中的非常规句子，但没有得到预计结果，学习者的表现仍然显著落后于本族语者。为了了解实验四中的学习者是否能记住所接触句子中的竞争项，作者又进行了实验五（接触、判断与识别任务），与实验四相比增加了识别记忆任务，结果是一方面验证了实验四中判断任务的结果，另一方面发现学习者在识别任务中的表现显著落后于本族语者。这些实验结果说明，对于学习者而言，常规表达与非常规表达竞争较弱。究其背后的原因，是因为学习者的语言机制尚不完善，其中包含的常规表达尚未完全固化。这种不完善的语言机制与学习者输入的数量不足、质量没有完全保证有关。

文秋芳（2015）全面展现了产出导向法的理论体系，使读者快速抓住该教学法的精神，为下一步在实践中运用打下良好的理论基础。产出导向法的理论体系由三部分组成：第一部分是教学理念，包括学习中心说、学用一体说、全人教育说等核心观点；第二部分是教学假设，包括输出驱动假设、输入促成假设、选择性学习假设；第三部分是以教师为中介的教学流程，包括驱动、促成和评价三个阶段。教学理念是其他两个部分的指导思想，教学假设是教学流程的理论支撑，教学流程是教学理念和教学假设的实现方式。产出导向法是一种全新的教学方法，已经在国内很多院校进行了教学实验，并收到了良好的教学反馈。

王初明（2016）在读后续写理论与实践的基础上，首次正式提出了续论，这是我国学者提出的重要原创性外语学习理论。论文旨在说明续论的理据，提供其促学的证据，同时为深入研究和教学应用提出建议。论文认为，续论强调高效的语言学习利用了对话过程中存在的不完整语段，一边理解段落，一边进行创造性的补全，从而将理解与产出有机结合起来。因此，续论具有七个方面的促学特征：唤起表达思想的内生动力；伴随语境；缓解语言产出压力；抑制母语干扰；提供连贯衔接的模板；提升注意；在语篇使用中完善语言。在续论的基础上，可以设计九种续作，包括四种续说（听后续说、视听续说、读后续说、对比续说）、四种续写（读后续写、听读续写、图文续写、对比续写）和续译。作者结合实例，深入浅出地逐一分析了各种具体续作的运用方法、促学优势和不足，对于广大教师在外语教学中加以运用具有重要的指导意义，并在论文最后呼吁今后可以进一步对续论进行检验和发展，将其发展成系统的语言习得理论。

第 4 章 第二语言习得研究的代表性成果、人物和团体

4.1.2 学术专著

本节共介绍了 10 本代表性专著,按照发表时间的先后顺序进行排列,时间相同的再按照作者姓名的音序排列。

Herdina & Jessner(2002)的专著出版时,动态系统理论虽然已经引入二语习得研究中(Larsen-Freeman, 1997),但并未引起重视;多语研究才刚开始发展(Cenoz & Jessner, 2000; Cenoz et al., 2001)。在这种情况下,Herdina & Jessner 能把动态系统理论运用到多语研究中,提出多语动态模型(dynamic model of multilingualism),其前瞻性和创新性令人敬佩。该书对当前蓬勃发展的多语研究仍有重要指导意义。全书共九章,可分为四部分。第一部分是引言,即第 1 章,简要介绍了该书的目标、计划和各章内容。第 2 章至第 5 章构成第二部分,是对相关问题的综述讨论。作者在该部分采用了归纳法,通过对前人相关理论、观点和研究的批判性讨论,指出存在的不足,并尝试论证动态观点的合理性,为下一步提出动因动态模型奠定理论基础。第三部分是全书重点,包含第 6 章到第 8 章,提出并详细论证了多语动态模型。两位作者采用演绎法,从设想和假设中逐步建立并完善了多语动态模型。第 9 章是全书的最后一部分,两位作者指出了多语动态模型的理论不足,讨论了相关概念,提出了一些问题,并对今后如何运用该模型提出了一些建议。

Adamson(2009)比较了母语和二语变异的理论、方法和研究,并讨论了两者对教学的启发。早在 1988 年,Adamson 就出版了专著《变异理论与二语习得》,把社会语言学的变异理论引入二语习得研究中,开辟了二语习得研究的社会语言学视角。此后,中介语变异研究进一步得到发展,取得了丰硕成果。全书共包括四部分,前两部分分别聚焦于本族语者和非本族语者话语中的变异,后两部分分别从理论和教学视角来研究变异。第一部分包含第 1 章至第 3 章,实际上是典型的社会语言学研究,目的是为后面讨论中介语变异研究奠定理论和方法基础。第二部分把变异研究扩展到中介语中,包括第 4 章和第 5 章。第三部分是理论视角的变异,包括第 6 章和第 7 章。第四部分讨论前三部分中研究发现和理论视角的教学意义,包括第 8 章和第 9 章。该书的特点可以概括为四个结合:中介语变异与本族语变异的结合;语言变异理论与心理语言学模型的结合;社会语言学变异理论与认知语言学理论的结合;理论讨论与教学应用的结合。

Ellis et al.(2009)是在新西兰皇家学会 Marsden 基金的项目结项报告的基础上写成的。该项目有三个研究目标:一是开发二语隐性和

显性知识的测量工具；二是研究这两类知识对通用语言水平的影响；三是研究聚焦形式教学对习得二语显性和隐性语法知识的影响。与此相对应，该书除引言和结语之外，主体由三部分组成，各包括四章，分别涉及隐性和显性知识的测量、对测量工具的应用、聚焦形式教学的效果的介绍。第一部分是引言，即第1章，主要讨论了隐性与显性学习、隐性与显性知识、隐性与显性教学的区别与联系以及各自的特点，为下面各章的论述奠定了理论基础。第二部分聚焦于隐性和显性知识的测量，其中第2章是对五种测试的总体研究，其他三章则只关注其中一两种测试。第三部分通过引用以上测量工具，研究隐性与显性知识对语言水平的影响。第四部分考察了教学对隐性和显性知识发展的影响。第五部分是结语，只有一章。作者回顾全书，对照三个研究目标，认为第一个、第三个目标完全实现，第二个目标部分实现。不过，作者承认该书在隐性/显性知识的理论、测量方法和相关教学方法等方面仍存在一些问题，需要在今后研究中予以克服。该书的出版进一步推动了隐性与显性知识、隐性与显性学习、隐性与显性教学方面的研究。

Littlemore（2009）目的明确、结构完整，深入浅出地论述了如何把认知语言学的概念运用到二语学习与教学中。全书共包括10章，首尾两章分别是引言和结语，第2章至第6章分别关注识解、百科知识、隐喻（metaphor）和转喻（metonymy），其思路都是先说清某个概念，再讨论如何把它运用到二语学习与教学中，第7章至第9章分别讨论了如何将具身认知及动作运用到二语学习中、语言动因对二语学习的作用以及构式语法和二语学习的关系。作者提倡在二语学习中重视构式，具体可以通过显性学习和隐性学习两种途径掌握构式。该书对如何把认知语言学的重要概念运用到二语学习与教学中提出了一些建议，这些建议虽然有一定的实证研究基础，但具体效果如何，还需要在实践中加以检验。

Lantolf & Poehner（2014）共有9章。第1章是全书导论，先概述了应用语言学中理论/研究与实践脱节的问题，回顾了为解决这一问题提出的各种解决方案，最后简要回顾了社会文化理论及其主要相关概念和原则。第2章至第4章重点讨论了Vygotsky的心理学理论和发展教育理论，论述了社会环境在人类心理发展中的作用。第5章和第6章介绍了在二语教育环境下实施系统理论教学的实证研究，两章内容都侧重于如何在教育活动中通过概念知识讲解来促进语言发展。第7章和第8章探讨了最近发展区和动态评估理论，讨论了三项促进二语发展的DA实证研究，展示了如何通过师生互动将DA与课堂教学辩证地融合在一

第 4 章　第二语言习得研究的代表性成果、人物和团体

起，从而最大限度地促进学习者的二语发展。第 9 章为结论，论述了理论/研究与实践的辩证法对二语教师教育的启示。该书主要有以下特色和贡献：第一，内容安排合理，先解读理论，后介绍理论指导下的实践，内容广泛而又联系紧密，真正实现了理论与实践的辩证统一；第二，提出的理论和观点改变了教育与发展之间关系的传统观念，推动了语言教学理论的发展；第三，注重对实证研究的分析，指导性强。

Ellis et al.（2016）集中研究了英语动词—论元构式（verb-argument construction，VAC）的使用、习得和加工，具体包括三类构式：VL 构式（如"He ran into the room."）、VOL 构式（如"She put the box under the bed."）、VOO 构式（如"He gave me an apple."）。该书结构完整，注重理论与实证相结合，共包括 10 章，前两章是理论基础，第 3 章至第 9 章是实证研究，最后一章是总结。该书有两个鲜明特色：（1）一条主线，两个基本点，三个方面。一条主线是指基于使用的语言观和习得观，全书的理论和实证研究都围绕这条主线展开；两个基本点指母语者和二语者，研究发现他们对 VAC 的使用都受输入中若干因素的制约；三个方面是指使用、习得、加工，各章对此各有侧重，但三方面又是相通的，都是基于使用的。（2）贯彻了三角互证法。各章分别使用了语料库、离线和在线实验、计算机模拟等多种方法，第 4 章和第 6 章设计了多个实验，使得出的发现有较强的说服力。

Slabakova（2016）是第一部从普遍语法视角全面论述二语习得问题的教材。该书共 13 章，分为三部分：语言、语言习得和二语习得，前两部分各有 3 章，第三部分是重点，包括 7 章。第一部分提供了相关理论背景，为后面两部分奠定基础。第二部分的目的是通过不同的语言习得情况，将二语习得置于语言习得的背景下。该部分的焦点是习得年龄和输入各自对语言习得的影响。第三部分作为全书的中心，有两个目的：一是全面改善二语习得的内容；二是在理论研究和语言教学之间建立联系。该书虽然主要从普遍语法视角来讨论二语习得问题，但有意识地把研究结果与二语教学联系起来，这在最后一章尤为明显，这增强了该书的应用价值。

Dyson & Håkansson（2017）全面梳理了可加工性理论的概念内涵和实证研究中的一些问题，共 8 章。该书主要有三个特色：（1）注重问题导向。该书以可加工性理论在验证和应用过程中存在的三个主要问题作为论证过程的主线，起到了纲举目张的作用。这三个问题分别涉及语言习得路径的普遍性、语言发展阶段的变异性以及第二语言的可教性，作者在论证过程中遵循了从一般到特殊、从理论到实践的技术路线，体

现了学术研究范式的精髓。(2)凸显应用价值。在以前的著作中，可加工性理论的应用研究大多局限于语言教学，该书将该理论的应用价值推广到了语言康复领域，有助于人们了解语言加工制约机制与语言障碍机制之间的关系，从而扩大了可加工性理论的应用范围，提升了该理论的应用价值。(3)彰显读到见解。该书在评述相关文献的过程中始终保持着独立的学术精神，在一些有争议的问题上提出了自己的独到见解。

Taguchi & Roever（2017）作为涵盖二语语用学全域的专著，能帮助读者更好地理解二语语用学的理论和方法，进一步推动相关研究的进展。全书共 8 章，第 1 章为引论，第 2 章至第 7 章围绕二语语用学的三个核心问题展开探究，第 8 章对全书的内容进行了概括和总结。该书围绕二语语用的产出、理解和互动三大核心问题展开论述，具有三个特色：(1)研究取向的时代性。该书基于国际化对二语语用能力的时代要求，把语用能力的发展看作是语言内外部因素综合作用的结果。采用了兼收并蓄的学术观点，认为二语语用学体现的恰恰是学习者在语境中的认知和文化建构过程，二语语用学的研究进展和趋势反映了这一新变化。(2)研究范式的批判性。作者在阐释语用学理论研究的同时，关注二语学习者语用能力发展过程中出现的问题，批判性地运用语用学理论知识来解决二语语用能力发展中的问题，促进语用学理论的发展。(3)研究方法的多样性。该书基于传统方法与现代技术的有机融合，介绍了国际上许多先进的二语语用学研究方法。

Roehr-Brackin（2018）作为元语言意识的第二本专著，全面深入地讨论了元语言意识在二语习得研究中的最新动态。该书共 7 章。第 1 章是引言，首先介绍了元语言意识等术语的含义和全书的提纲。第 2 章从认知—发展视角出发，在儿童母语元语言意识发展的基础上，解释了元语言知识发展和读写能力的关系，介绍了 Bialystok 的分析和控制框架，综述了双语者元语言意识和双语者优势的相关研究。第 3 章讨论了语言教育中的多语制的概念和优势。第 4 章和第 5 章分别从理论前提和实证证据出发，论证了元语言意识作为显性知识和显性学习的观点。第 6 章聚焦于元语言意识的测量。第 7 章是结语，比较了认知—发展视角和显性/隐性视角在理论观点上的差异，指出了今后的研究方向。

4.2　二语习得研究的代表性人物

在二语习得研究的发展过程中，从 20 世纪 70 年代开始陆续出现了一大批杰出学者，他们提出了异彩纷呈的理论，发表了大量论文，出

第 4 章　第二语言习得研究的代表性成果、人物和团体

版了诸多专著和文集，引领并推动了二语习得一步步走向成熟。为了体现二语习得的新发展，我们从众多学者中选取了近十几年仍然非常活跃的部分学者，并简述其个人情况，梳理其学术贡献。在入选的 20 位学者中，有 14 位是欧美学者，3 位是在国外工作的华人学者，3 位是在国内工作的本土学者。下面按照先国外后国内，再按姓氏音序进行逐一介绍。

Kathleen Bardovi-Harlig 是印第安纳大学二语研究系教授，曾任美国应用语言学协会的主席和国际权威语言学期刊 *Language Learning* 的主编。她的主要研究兴趣是二语时体系统和二语语用能力的发展，近年来以规约化表达为切入点考察语法与语用的密切关系。她的主要贡献总结如下：

（1）引领了二语时体研究。从 20 世纪 90 年代开始，短短十几年内，Bardovi-Harlig 发表了大量实证论文，并在此基础上出版了专著《二语习得中的时体》(2000)。这些研究包括形式导向（form-oriented）和意义导向（meaning-oriented）两类。在前一类研究中，她发现二语时体使用及发展基本支持"情状体假设"（the aspect hypothesis）和"语篇假设"（the discourse hypothesis）（Bardovi-Harlig & Reynolds，1995；Bardovi-Harlig，1998）。在后一类研究中，她发现学习者使用各种手段表达时间的先后顺序为：语用手段→词汇手段→语法手段（Bardovi-Harlig，1999，2000）。

（2）推动了二语语用的纵深研究。Bardovi-Harlig（2013）以二语习得为背景，讨论了二语语用研究的五个重要方面：语用任务的设计与评估、研究隐性/显性知识的任务设计、语用发展的测量、语法词汇发展与语用的接口和环境对语用发展的影响，她认为这些方面均有助于整个二语习得研究的进步。Bardovi-Harlig（2014，2018）又分别讨论了在二语语用的教学效果研究中如何操作对话，认为在研究二语语言事件时，应遵守模态匹配原则，即研究口语事件就收集口语语料，研究书面语事件就用书面语料。

（3）以规约表达为窗口透视语法与语用的关系。Bardovi-Harlig 对规约表达的研究非常广泛，最初将其视为一种语用语言资源（pragmalinguistic resource），考察规约表达的识别与产出之间的关系（Bardovi-Harlig，2009）。后来她更多地考察多种因素对规约表达使用的影响。例如，Bardovi-Harlig & Bastos（2011）研究了学习者语言水平、国外停留时间和与英语母语者互动强度对其规约表达使用情况的影响。他们发现，语言水平和互动强度对使用规约表达均具有重要影响，但是国外停留时

间的长短对规约表达的使用没有明显作用。Bardovi-Harlig（2014）发现学习者对规约表达意义的意识在他们使用规约表达时发挥一定的作用，而且规约表达意义的掌握需要一个过程。Bardovi-Harlig & Su（2018）调查了语言水平在习得汉语规约表达中的作用。研究发现，随着能力的提高，学习者越来越有能力产生这些表达方式。在掌握常规表达方式的过程中，学习者拓展了社交语用能力。此外，Bardovi-Harlig 还非常重视常规表达的教学研究，在两项实证研究中均证实了教学能促进常规表达的掌握，但学习效果同时会受到目标表达的透明度和学习者语言水平等因素的制约（Bardovi-Harlig & Vellenga, 2012；Bardovi-Harlig et al., 2015）。

Robert DeKeyser 是马里兰大学语言、文学和文化学院的教授。他的研究兴趣是二语习得的认知问题，包括隐性和显性的学习机制、自动化的过程、学习者的年龄差异、语言学能与开发、纠错以及出国留学对语言习得的影响等。他的主要贡献总结如下：

（1）发展了技能习得理论（skill acquisition theory）。DeKeyser（1997, 2015）把学习定义为通过练习（自动化）将陈述性（显性）知识逐渐转化为程序性（隐性）知识的过程，认为语言学习就是一种技能学习。他认为，各种各样技能的学习过程都具有极大的相似性，都是从最初的知识表征，到初始的行为变化，再到最后的流利的、自发的、不费力的、技能高度娴熟的行为。学习者需要经历三个阶段：陈述性知识（declarative knowledge）、程序性知识（procedural knowledge）和自动化（automatization）。显性知识和隐性知识分别储存在陈述性记忆和程序性记忆中。意识是显性知识对隐性知识系统发生作用的途径。练习在这个过程中发挥非常重要的作用：通过反复的练习，陈述性知识可以变成程序性知识，从而把显性知识转换为隐性知识。

（2）深入研究了起始年龄对二语习得的影响。DeKeyser（2000, 2013）用儿童和成人学习第二语言的机制差异来解释年龄效应，即儿童从语言输入和交际互动中学习第二语言的能力会优于成人。如果成人要成功地学习第二语言表达，就要具备较强的语言分析能力。因为儿童的隐性学习能力会随着年龄的增长而不断下降，所以与年龄相适应的显性学习和系统性训练就变得非常重要。他认为，成功的外语教学和学习取决于与学习者年龄、学能以及学习环境相匹配的显性信息、语言输入和练习的正确组合。如果学习者是儿童，就不应该给他们讲授过多的显性信息，加重他们的学习负担，而应该为他们提供高质量的语言输入。如果学习者是青少年或成年人，则应该为他们提供显性的信息，并为他们

第 4 章 第二语言习得研究的代表性成果、人物和团体

设计大量的交际性、系统性的练习,以此来促进陈述性知识的程序化和自动化。

(3)发现了个体差异与教学的交互影响研究。DeKeyser(2012)指出,研究个体差异与语言和语境变量的交互作用有助于了解二语习得的过程,其中学能与处理(treatment)、学能与结构、年龄与处理、年龄与结构等的交互反映了不同的学习过程。DeKeyser(2016)特别强调了学能、教学语境、语言结构习得难度等之间交互研究的必要性。他与合作者通过实证研究发现学能与练习安排之间有交互作用(Suzuki & DeKeyser,2017),发现纠正性反馈和学能对英语动词时态习得有交互影响(Benson & DeKeyser,2019)。

Zoltán Dörnyei 是英国诺丁汉大学应用语言学研究中心的教授。他在二语习得的动机研究方面做出了突出贡献:他提出了若干个有影响的动机理论和模型,使动机研究的深度达到了一个新的水平。他在二语动机研究方面的成就可以总结为以下四点:

(1)提出三层框架动机理论。Dörnyei(1994)提出的三层框架动机理论,包括语言层面(language level)、学习者层面(learner level)和学习情景层面(learning situation level)。该理论对二语学习动机进行了清晰的分类,各层动机因素相互独立、相互联系。该理论充分展示了学习动机因素的多样性和复杂性,同时基本体现了各动机理论的要义,向研究者与教师说明了如何在特定学习环境下激发二语学习者的学习动机,更为后来动机理论的继续发展奠定了基础。

(2)提出二语动机过程模型(process model of L2 motivation)。Dörnyei & Ottó(1998)重视动机的动态属性,提出了二语动机过程模型,为二语习得动机的动态研究与过程研究带来了新视角。该模型以学习者行动为核心,涵盖了两个维度(行动序列维度和动机影响维度)、三个阶段(动机的选择、执行与反思),主张不同动机因素在不同阶段中会产生不同的作用。该模型摈弃了以往对与二语动机影响因素的简单划分,采取了更加综合全面的影响因素界定与划分方式,同时充分体现了二语动机的动态性质和时间维度,认为需要结合具体二语学习环境进行动机研究。

(3)提出二语动机自我系统(L2 motivational self system)。Dörnyei(2005)从社会心理学角度提出二语动机自我系统理论,它由三部分组成:理想二语自我(ideal L2 self)、应该二语自我(ought-to L2 self)以及二语学习体验(L2 learning experience)。这三部分关系紧密,共同形成对二语习得动机进行解释的理论框架。其基本假设是,如果熟练使

用目标语是学习者理想自我或应该自我组成部分,学习者会具有学习目标语的强烈动机,因为学习者具有消除现实自我和可能自我差距的心理愿望。二语动机自我系统具有动态性,清晰地描述了二语动机的产生机制,能够较好地解释二语习得的动机发展变化,为解释二语习得动机策略的作用机制提供了理论支持。

(4) 提出并发展了定向动机流理论 (directed motivational currents theory)。Dörnyei 近年发表了一系列论文 (Dörnyei et al., 2015, 2016; Muir & Dörnyei, 2013), 提出并发展了二语学习的定向动机流理论。该理论包含五个方面:目标或愿景定向性、启动、促成性结构、积极的情感负载及最终阶段。该理论的核心与关键概念是愿景 (vision), 即有关二语学习者对想象成功的所观、所想和所感,为动机行为提供了方向和关注点。定向动机流汲取了以往二语动机理论的精华,使外语学习动机成为多维度、跨学科、多层次的完整系统,在一定程度上代表了二语动机领域发展的最新动向,为二语动机研究提供了全新的视角,具有重要的理论意义和应用价值。

Nick Ellis 是美国密歇根大学的心理学及语言学教授,是国际基于使用语言及语言习得研究的领军人物,在国际知名期刊发表相关论文共 400 余篇,并长期担任国际权威语言学期刊 *Language Learning* 的总主编及多个期刊的编委。Nick Ellis 于 1978 年获得认知心理学博士学位,在随后的 15 年主要从事母语阅读及阅读障碍研究。自 20 世纪 90 年代初期,他将研究重心转向二语习得领域,将非笛卡尔 (non-Cartesian) 认知科学的理论,如基于使用理论、涌现论、复杂系统理论、隐性的统计学习等引入二语习得研究。他的研究从基于使用的理论出发,聚焦频率在二语习得中的作用、二语隐性学习机制、语言作为复杂适应系统等。他的研究交叉融合了认知心理学、计算机科学、认知语言学、语料库语言学等多个学科的理论及方法,对二语习得及应用语言学研究产生了重大而深远的影响。2019 年,美国应用语言学会授予他杰出成就奖;他还入选过去 30 年中全球最具影响力的 10 位应用语言学领军学者 (de Bot, 2015)。Nick Ellis 对二语习得及应用语言学研究的贡献主要体现在以下三个方面:

(1) 引领基于使用理论在二语习得领域的发展,推动二语习得研究的范式转换。20 世纪 90 年代中后期,基于使用的语言及语言习得理论逐渐兴起。Nick Ellis 率先将这一理论范式引入二语习得领域,并不断深化该理论框架下的二语习得机制研究。Ellis (2002) 首次深入阐释输入频率在语言加工及二语习得中的关键作用。该文的发表引发了二语习得

第 4 章　第二语言习得研究的代表性成果、人物和团体

领域对基于使用理论的广泛关注，成为基于使用二语习得理论的奠基之作。此后，融合并借鉴语料库语言学、认知语言学（构式语法）、学习心理学及心理语言学等四个领域的研究发现，他提出了一套完整的基于使用的构式学习理论：主张语言学习发生在语言使用体验中；借助的是普遍的认知机制；构式是语言表征和习得的基本单位；频率（构式频率、型符频率、齐普夫分布）、形式意义结合的或然性、语义的典型性是影响构式学习的关键因素。Nick Ellis 与合作者开展了大量有关动词论元构式习得的研究，为上述观点提供了实证证据。Ellis（2019）从非笛卡尔认知科学对认知属性的认识出发，阐释语言和语言认知的本质，并在此基础上解析基于使用的语言学习和认知的内涵。该文不仅凝练了基于使用的语言习得理论的核心观点，而且极大地提升了理论的深度和广度。

（2）从全新的理论视角审视二语隐性学习的机制和作用。Ellis（1994，1996，1998）转向二语习得研究之后，开始关注语言的隐性和显性学习。他充分借鉴认知科学、认知心理学、神经科学、认知语言学等学科的研究发现，对隐性学习在二语习得中的作用及机制提出了新的解释。他认为，语言习得主要是发生在使用体验中的隐性学习，语言输入中的统计性分布特征是学习的关键影响因素，隐性学习的机制是认知科学中的统计性（statistical）、联结式（associative）学习，而二语隐性学习的不成功主要缘于母语迁移造成的"学得性注意"（learned attention），即母语使用经验（如语言形式的频率、线索竞争、或然性、凸显性）阻碍（block）或遮蔽（overshadow）了学习者对二语语言形式的注意力。此外，Nick Ellis 认为，显性和隐性知识在加工和表征形成过程中的作用和功能不同，两者之间存在动态的互动接口关系。

（3）综合应用多学科的方法及多来源数据研究语言使用和发展。方法严谨、多样是 Nick Ellis 的研究最鲜明的特色之一。同行对他的评价为"很有洞察力，很严谨，能够集合来自不同领域的数据，并巧妙地串联起来"（de Bot，2015）。他提出，基于使用理论探讨人们如何从语言使用经验中学习语言，相关研究涉及对自然语言以及学习者语言使用的分析，包括大量的数据记录、转写和分析，需采用学习心理学、母语及二语习得、心理语言学、语料库语言学、计算语言学等领域的方法，分析自然语言和学习者语言经验中代表性构式及其语义的分布特征（频率、齐普夫分布、形式意义结合的或然性），或对语言复杂性的不同维度进行自然语言处理分析。Ellis et al.（2016）集中展示了如何采用跨学科的方法来考察英语动词—论元构式的加工与习得机制。例如，该

研究运用自然语言处理技术从大型语料库中抽取典型的动词—论元构式，通过绘制幂律曲线，揭示动词在构式中的概率分布符合齐普夫定律（Zipfian law），再运用语料库语言学、心理测量学和社会网络分析中的多项指标，测量出构式与动词以及同一构式中不同动词之间的语义距离，从而将隐性的语义关系可视化，证实构式中的语义关系同样具备小世界（small-world）、无尺度（scale-free）的复杂网络特征，反映出语言作为复杂适应系统的属性。同时，研究还将构式在自然语言中的分布特征与行为实验和计算机模拟学习的结果相关联，进一步证实语言经验在语言表征形成与涌现中的重要作用。

Rod Ellis 为澳大利亚科廷大学与新西兰奥克兰大学的教授，主要研究领域为第二语言习得与第二语言教学，并在国际应用语言学和二语习得领域具有卓著的学术声誉。他在二语习得和外语教学领域出版了多部专著，发表了大量论文，影响广泛。他曾受聘为我国教育部"长江学者奖励计划讲座教授"，上海外国语大学特聘教授。由于其卓越贡献，2013 年 11 月他当选为新西兰皇家学会院士（Fellow of the Royal Society of New Zealand）。他对二语习得的主要贡献总结如下：

（1）出版了多部二语习得概论性专著，为学科发展做出了重要贡献。主要包括 Ellis（1985a，1990，1994，2008）等，其中大部分被上海外语教育出版社引进，并享有盛誉，使他成为我国二语习得研究人员最为熟悉的学者之一。

（2）较早考察了中介语的可变性，解释了自由变异出现的原因。早在 20 世纪 80 年代，Ellis（1985b，1987）就分别研究了中介语可变性的根源和记叙文中一般过去时的变异表现。Ellis（1999）在总结前人证据的基础上证明自由变异存在后，指出了自由变异的重要理论意义，并从整体学习（item learning）和系统学习（system learning）的角度解释了自由变异。

（3）系统、深入地研究了隐性/显性知识的定义、测量和习得。隐性/显性知识的区分对二语习得有重要意义，因此 Ellis 及其合作者提出了这两类知识的理论定义与操作定义（Ellis，2004；Ellis & Loewen，2007），开发了相应的心理测量工具，并使用这些工具研究了学习者关于 17 种英语语法结构的隐性/显性知识（Ellis，2005）。这些相关成果最后整理成了专著出版（Ellis et al.，2009），详见 4.2 节对该书的介绍。

（4）研究了互动及各具体环节在二语习得中的作用。互动常常包含磋商（negotiation），之所以出现磋商是因为交际一方不明白另一方所表

第 4 章 第二语言习得研究的代表性成果、人物和团体

达的意义，这个过程有时会涉及纠正性反馈，包括显性和隐性两类，重述（recast）是隐性纠正性反馈的具体形式。对纠正性反馈的反应就是摄取（uptake），表现为修补（repair）或需求修补（needs repair）（Ellis，2008a：223-233）。Ellis（1995）就开始重视摄取这一现象，将其视为构成显性知识的重要内容；Ellis et al.（2002）发现学习者在聚焦于形式的教学中能得到较好的摄取效果。他还确定了纠正性反馈的分类体系（Ellis，2008a），比较了显性和隐性纠正性反馈的效果（Ellis et al.，2006），指出了重述研究中存在的问题，强调要重视研究重述的具体特性及其发生的社会条件和教学条件（Ellis & Sheen，2006）。

　　Rod Ellis 大力倡导并推广了基于任务的教学法。早在 21 世纪初，他就开始推行基于任务的教学法（Ellis，2000），设计了相应的教学大纲（Ellis，2003），澄清了相关误解（Ellis，2009），开发了模块化的课程体系（Ellis，2018）。在多年研究和实践的基础上，还与其他学者合作出版了专著（Ellis et al.，2019）

　　Susan Gass 是密歇根州立大学语言学、日耳曼语、斯拉夫语系的教授，二语研究项目部主任，*Studies in Second Language Acquisition* 主编，曾任美国应用语言学协会主席和国际应用语言学协会的主席等职务。她长期从事二语习得研究，研究领域包括语言共性与语言迁移、输入和互动、二语习得研究方法等。她对二语习得研究的主要贡献总结如下：

　　（1）较早提出了二语研究框架。Gass（1988）提出了二语研究框架，认为学习者把周围的言语转化为产出需要经过五个层次：被感知的输入（apperceived input）、被理解的输入（comprehended input）、吸收（intake）、融合（integration）与产出（output），并详细论述了每个层次及调节层次之间的因素。

　　（2）开拓了语言共性与语言迁移研究。早在 20 世纪 70 年代末和 80 年代，Gass 就从功能类型学角度研究二语是否遵循类型普遍性（typological universals）、母语语法结构是否影响二语习得等问题。例如，Gass（1979）从关系从句习得入手，提出了语言迁移模型，来预测语言迁移在哪种条件下最容易发生。Gass（1984）聚焦于中介语句法，综述语言迁移和语言共性研究；Gass（1989）全面讨论普遍语法、类型普遍性、加工普遍性这三大理论取向在二语共性研究的开展情况。

　　（3）有力推进了输入和互动研究。从 20 世纪 90 年代开始，Gass 就非常重视输入和互动在二语习得中的作用，出版了专著《输入，互动，第二语言学习者》（Gass，1997），发表了一些实证研究（Gass & Varonis，1994；Gass & Torres，2005；Gass et al.，2011），证实输入

和互动对二语习得的不同影响,并且指出两者结合的效果更好。

(4)推动研究方法的科学化。Gass 一直高度重视研究方法,倡导在二语中科学使用新方法,包括刺激回述(Gass & Mackey,2000)、眼动(Gass,2001)等。同时,她非常重视研究方法的运用与研究效果之间的关系,例如 Plonsky & Gass(2011)以 174 项定量互动研究为对象,系统考察了它们的研究质量与结果优缺点及其关系。她与他人合著的《二语研究:方法与设计》(Gass & Mackey,2000),系统介绍了各类二语研究中的数据收集、分析方法,为设计与完成二语实证研究提供了有效指导。

(5)撰写了二语习得相关教材。她与他人合著的《第二语言习得:入门课程》已经出至第五版(Gass et al.,2020),是广受好评的研究生教材,也可以作为初学者了解二语习得领域自学之用。

Scott Jarvis 现为美国犹他大学的语言学系教授,曾在俄亥俄大学任教多年。他长期从事二语习得研究,发表论文多篇,出版专著多部,兼任 Language Learning 的执行主任。在语言迁移领域,Jarvis 是继 Terrence Odlin 之后的领军人物,他在语言迁移研究中的主要成就概括如下:

(1)提出并发展了概念迁移理论及其研究方法。Jarvis 和 Pavlenko 从做博士论文开始,最早观察到二语学习者或双语者的一些语言表现受语言特有概念表征的影响,使用"概念迁移"这一术语来指建立在概念表征基础上的跨语言影响,并研究在语言使用中如何获取并加工这些概念表征(Jarvis,1998;Pavlenko,1998)。Jarvis(2007)系统深入地阐述了概念迁移的相关理论和方法问题,提出了概念迁移假说,并把概念迁移再分为纯概念迁移(concept transfer)和概念化迁移(conceptualization transfer)。Jarvis(2011)在为期刊《双语制:语言与认知》主编概念研究专号时,进一步拓宽了概念迁移的内涵,认为可以从观察(observation)、取向(approach)和假说(hypothesis)三个层面来理解概念迁移。Jarvis(2016)进一步发展了概念迁移理论和研究路径,主要包括三方面内容:一是通过重新定义概念迁移,丰富了其内涵;二是提出了理解并研究概念迁移的框架,确定了概念迁移研究范围的三个方面;三是对应概念迁移研究的三个焦点,明确提出了研究概念迁移的路径。

(2)提出并发展了语言迁移研究的严谨方法。Jarvis(2000a)提出了母语迁移研究的统一框架(united framework),包括三部分:母语迁移的操作定义、判断母语迁移的三类证据、需要控制的外部因素,其中

第 4 章　第二语言习得研究的代表性成果、人物和团体

三类语言证据是确定母语迁移的必要充分条件，也是该框架的核心。在统一框架的基础上，Jarvis（2010）增加了判断母语迁移的第四类语言证据：语内对比（intralingual contrasts），考察学习者过渡语内部，对比其在母语—目的语一致和不一致两类特征上的表现是否具有显著差异。

（3）对语言迁移研究进行总结和展望，推动该领域发展。Jarvis & Pavlenko（2008）出版专著《语言和认知中的跨语言影响》，综述其他学者和他们自己对语言迁移的理论、研究、方法，涉及语言层迁移（linguistic transfer）、概念迁移及概念变化、影响迁移的各因素等。

Nan Jiang（蒋楠）是美国马里兰大学语言文学和文化学院的教授。他从事二语习得研究多年，擅长运用心理语言学实验手段来探讨二语加工的相关问题。他的研究主要涉及二语习得过程中的双语表征、存储以及加工过程，包括语音、词汇及句法加工。他对二语习得研究的主要贡献总结如下：

（1）提出了二语词汇发展的心理语言模型。Jiang（2000b）提出了词汇发展的三阶段模型，重点讨论了母语单词语义迁移的发生机制。后来，他通过一系列实验证明了该模型及其解释的正确性（Jiang，2002，2004a，2004b）。

（2）通过实验手段进一步证实了母语在二语习得中的作用。这些研究通常以不同母语背景的二语学习者和本族语者为实验对象，通过各种实验方法，比较他们加工具体现象时的反应时和准确率，涉及的主要现象有搭配（Yamashita & Jiang，2010）、屈折语素（Jiang et al.，2011，2017）等。有时也会关注母语在二语产出中的作用，例如 Chrabaszcz & Jiang（2014）对非类指语境（non-generic contexts）中定冠词的研究。

（3）为证明二语多词单位的整体储存和加工提供了在线证据。Jiang & Nekrasova（2007）和 Jeong & Jiang（2019）分别考察了二语学习者及本族语者对程式语（formulaic sequences）和词串（lexical bundles）的加工速度和准确率，发现两组受试对两种多词单位的加工都比一般的多词组合更具有优势。

（4）对普及二语加工研究做出了重要贡献。Jiang（2012，2018）先后出版了《二语习得研究中的反应时研究》《第二语言加工导论》两部专著，详细介绍了二语加工的方法和研究概况。

James P. Lantolf 为美国宾夕法尼亚州立大学教授、宾州国家高级语言能力教育与研究中心主任，曾任美国应用语言学协会主席、国际权威语言学期刊 *Applied Linguistics* 主编，也是 *Language and Sociocultural Theory* 的创刊主编委。Lantolf 是当今社会文化理论发展的主要领军人

物之一，主要研究领域为社会文化理论和课堂二语发展，提出概念教学法，首创了动态评估的理念，并致力于用社会文化理论理论来解决其中的核心问题，促使二语习得研究产生"社会转向"。因其在应用语言学领域的杰出成就，2016 年他荣获"AAAL 最杰出学者和服务奖"。

Lantolf 带领的美国宾夕法尼亚州立大学"社会文化理论与第二语言学习研究团队"，自 1993 年成立以来，通过 30 多年的努力，向二语习得界详细介绍了社会文化理论，并将该理论运用于二语习得实证研究中，取得了丰硕的成果。目前 Lantolf 已经出版 9 本著作和论文集（合著或合编），发表了 100 多篇论文，其中影响最大的包括 Lantolf & Appel（1994b）、Lantolf & Thorne（2006a）和 Lantolf & Poehner（2014）（参见 4.1 节的相关介绍）。此外，Lantolf et al.（2018）全面解读了社会文化理论研究的内涵、核心概念、研究方法与范式。

Diane Larsen-Freeman 是美国密歇根大学英语语言学院的研究科学家，教育学和语言学专业的教授，曾任 *Language Learning* 的董事会主席。她的研究涉及二语习得的各方面，主要学术贡献体现在以下三方面：

（1）推动了二语习得研究的普及。Larsen-Freeman & Long（1991）的专著《二语习得研究概况》，对二语习得的理论、方法、研究等做了系统综述，是一本不可多得的入门教程。该书于 2000 年被外语教学与研究出版社引进至国内，成为许多读者了解二语习得的必读图书。

（2）把复杂理论运用到二语习得研究中。Larsen-Freeman（1997）率先将复杂理论引入二语习得研究中，为之提供了新范式。她认为，复杂理论视角下的二语习得是一个包含多要素的、异质的、动态变化的、非线性的、自适应的、开放的复杂系统。系统中各要素的变化和各要素之间的交互作用及变化会引起二语习得的发展和变化。她从复杂理论角度出发，重新考虑二语习得中的一些基本问题，包括：习得机制、学习的定义、中介语的稳定性/不稳定性、个体差异、教学效果。后来，她发表了多篇推广复杂理论的论文（Larsen-Freeman，2007a，2010，2012）。在进行理论推广的同时，她积极将复杂理论运用到实践中，例如，Larsen-Freeman（2006b，2009a）将复杂理论运用到二语口语和书面语产出中复杂度、准确度、流利度的研究中，初步证实了该理论的应用价值；Larsen-Freeman（2016a）建议从复杂系统角度进行课堂研究，并介绍了具体的研究方法；Larsen-Freeman（2019）倡导从复杂动态系统理论角度来研究学习者能动性（learner agency）。除此之外，她还具体论述了复杂理论指导下二语发展的方法论问题（Larsen-Freeman &

第 4 章　第二语言习得研究的代表性成果、人物和团体

Cameron，2008a，2008b）。

（3）为语法及语法教学提供新的理念。Larsen-Freeman 将复杂理论运用到语法及其教学中，认为语法是动态的，语法学习和语法教学应该是一个整体而并非分离的过程，不能仅仅关注形式上是否正确，还要关注意义表达得是否合理，用法是否符合语境。Larsen-Freeman（2003）在其专著《语言教学：从语法到语法技能》中创造了 grammaring 一词，用来指"准确、有意义而且得体地使用语法结构的能力"，也就是"语法技能"。她认为教师应当为学生提供更多的学习机会，向学生传授语言规则背后的"原因"，让学生达到"知其然"，同时"知其所以然"。语法要通过显性学习和隐性学习的结合才能掌握。显性学习是指通过语法分析等方法学习语法知识，而隐性学习是指让学习者通过潜意识来熟悉语法知识。在学习过程中，教师需要注意与学生的互动，可以为学生提供正面反馈和负面反馈。正面反馈是对学习者的一种鼓励，而负面反馈则可以帮助学习者及时纠正错误。后来，她又在多篇论文中进一步阐发了关于语法教学的观点（Larsen-Freeman，2009b，2014，2015b）。

Michael Long 曾任美国马里兰大学语言、文学与文化学院教授。他的研究涉及二语习得的多个方面，包括二语习得的认识论问题与理论发展、二语习得研究方法、年龄与学能等学习者因素、二语习得过程特别是石化现象、学习者需求分析等。他的主要学术成就总结如下：

（1）提出并发展了"互动假说"（interaction hypothesis）。Long（1981）初步提出了互动假说，他从"外国人谈话"（foreigner talk）着手，区分了输入与互动，并且通过实证研究验证了他的看法，即非本族语者与本族语者借助互动调整进行对话交流，能够促进二语习得。Long（1983）对互动假说进行了补充完善，强调在双向交际中，交际双方可以通过意义协商（negotiate for meaning）和互动调整来提高语言输入的可理解性。概括来看，早期版本的落脚点是可理解输入，虽然也承认简化输入和语境在提供可理解输入中的作用，但相比之下更强调意义磋商中的互动调整，即认为互动输入比无互动输入更为重要。Long（1996：451-452）进一步指出：意义协商，特别是能触发本族语者或者语言水平较高者做出互动调整的协商，通过有效连接输入、学习者的内在能力（尤其是选择性注意）和输出来促进二语习得。

（2）提出并推广任务型语言教学（task-based language teaching）。在早期教学和研究中，Long 认识到应该发挥学习者在教学中的作用，应该发展一种配合式的、面向解决问题的教学方法，于是他在 1980—

1981 年提出了任务型教学的早期版本，即使用基于任务的分析性、聚焦于形式的大纲（a task-based analytic syllabus with a focus on form）。后来，他又对任务型教学的具体设计、实施和评估进行了进一步论述（Long，2005，2009，2013）。Long（2016）针对别人提出的任务型语言教学批评，分别做了有理有据的回应，认为大部分不是真正的问题。不过，他同时认为任务型语言教学面临三个真正的问题：任务复杂性的标准；基于任务的评价和基于任务能力的可迁移性；面向基于任务型语言教学的在职教师教育。特别值得强调的是，他的专著《二语习得与任务型语言教学》（2015）凝聚了他 30 多年来对任务型语言教学研究的思考，全面阐述了该教学方法的理论基础、实施方法和操作步骤（参见马拯，2017）。

（3）推动二语习得的学科进步。Doughty & Long 合作主编的《二语习得手册》（2003）邀请国际二语习得专家，撰写 24 篇高质量论文，对二语习得的能力与表征、环境、过程、生物和心理制约条件、研究方法等进行了全面系统的评述，成为当时人们了解二语习得现状、开展进一步研究的必读图书。Long（2007）的专著《二语习得中的问题》针对二语习得面临的理论构建与评价、学科内部问题、外界批评等问题，尝试提出解决建议。它的贡献主要表现在三个方面：梳理了二语习得的诸多理论；确立了二语习得理论的构建和评价机制；巩固了二语习得作为独立学科的地位（唐安华，2008）。

Lourdes Ortega 是美国乔治城大学语言学系的教授，多语研究中心的主任，兼任美国应用语言学协会副主席，也是 *Language Learning* 董事会主编。她的主要研究领域是二语习得，主要学术成就总结如下：

（1）推动二语写作句法复杂度的深度研究。Ortega（2003）提出衡量不同水平之间的句法复杂度的 4 个关键指数：句子平均长度（MLS）、T 单位平均长度（MLTU）、子句平均长度（MLC）和 T 单位中子句数量（C/TU）。在此基础上，对二语水平与句法复杂度之间的关系展开了详细的调查。结果发现，大学二语写作句法复杂度与二语水平之间的关系会因为研究设计的不同而发生系统的变化。影响变化的因素包括开展研究的环境（二语或外语）和二语水平的界定方式（学习者的课程成绩或作文的整体评分）。Norris & Ortega（2009）以句法复杂度为例，分析了当前教学方法中证据逻辑所面临的挑战，指出了多维 CAF（complexity, accuracy and fluency）构念的操作性较差，以及缺乏对 CAF 作为一组动态的、相互关联的不断变化的子系统的关注。他们呼吁研究者在理论和测量之间建立更紧密的联系，在未来的 CAF 研究中进行整体的、动态

第 4 章　第二语言习得研究的代表性成果、人物和团体

的考量。

（2）非常关注二语研究的学科意义和对社会进步的推动作用。Ortega（2012）指出，认识论的多样性是二语习得学科的一个不容忽视的现实。二语习得研究者有权保留认识论的多样性，但是也需要思考研究的道德目的，在选择研究内容时需要考虑研究发现的社会价值和教育的相关性。Ortega（2013）评估了过去15年中二语习得的学科进展，并反思跨学科的相关性。Ortega（2019）指出 The Douglas Fir Group 在 2016 年发表的一文，试图阐明 SLA 的跨学科议程但没有提到多语制，因此她提议将多种语言作为调查的主要对象，并将社会公正作为一个明确的学科目标，这样才能为跨学科的 SLA 提供可持续发展动力。

（3）推动基于使用取向与多语研究研究的结合。Ortega 与其合作者共同完成《基于使用的语言学习和多语言研究》（Ortega et al.，2016）和《使用驱动的二语教学：实证依据》（Tyler et al.，2018）。这两本文集说明了为什么基于用法的语言观点会迅速成为研究第二语言学习的主要理论框架，以及为什么成为有效、创新、引人入胜的教学法的基础。

Peter Robinson 是日本青山学院大学英语系的教授。他的研究兴趣主要包括二语习得、心理语言学、认知心理学、学习者个体差异和第二语言教学大纲设计等，他的研究紧紧围绕认知与二语习得与教学的关系展开，主要贡献可以总结为以下三方面：

（1）任务复杂度对二语使用和发展的影响。Robinson（1995a）开始关注并发现了任务复杂度对学习者使用记叙文各维度的影响。Robinson（2001a）提出了包含任务复杂度、任务难度和任务条件的部件框架（componental framework），并进一步考察了任务复杂度对学习者语言产出和任务感知难度的影响。在此基础上，他提出了"认知假说"（the cognition hypothesis）（Robinson，2001b，2005b），认为任务复杂度包含两个维度：资源指引维度（resource-directing dimensions）和资源消耗维度（resource-depleting dimensions）；在这两个维度上增加任务的认知要求：一是会增加二语产出的准确度和复杂度，二是促进学习者对输入中凸显度较高的形式的注意，有助于学习者之间的互动，三是工作记忆、焦虑等个体差异因素会进一步影响学习者的产出表现（Robinson，2005b：3）。后来，Robinson 及其合作者又做了一些研究，进一步证实了认知假说的正确性（Robinson，2007；Robinson & Gilabert，2007；Robinson et al.，2009）。

（2）个体差异与二语学习条件、学习任务之间的关系。Robinson 从

20世纪末就开始关注个体差异对二语习得的影响,其中对学能研究的贡献最大。他发表了一系列论著,报告了对学能、学习条件、学习任务等相关因素之间关系的研究(Robinson 1995b,1996,1997a,1997b,2002,2005a)。Robinson(2001b)结合 Snow(1992)的"学能综合体假说"(aptitude complex hypothesis)、Deary et al.(1996)的"能力区分假说"(ability differentiation hypothesis)、Bley-Vroman(1986)的"根本差异假说"(fundamental differences hypothesis)以及他自己的"根本相似假说"(fundamental similarity hypothesis)(Robinson,1997a,1997b),提出了学能综合体/能力区分框架(aptitude complex/ability differentiation framework),旨在探讨外语学能不同的构成要素与不同条件下的外语学习之间的关系。在此基础上,Robinson(2005a)全面系统地阐述了他对外语学能研究理论的建构。该文总结了传统学能测试中需要进一步研究与发展的四个问题,并在此基础上,结合传统学能测试中的因素和其他的个体差异因素,提出了一个崭新的语言学能研究模型。它显示了语言学能、二语发展与学习环境三者之间的动态交互关系,将学能理论研究与二语习得研究发展多年的成果有效地结合起来。

(3)主编了多部二语习得文集。Robinson 在撰写论著的同时,还主编了多部影响广泛的论文集,包括《认知和二语教学》(Robinson,2001c)、《个体差异与教学型语言学习》(Robinson,2002)和《认知语言学和二语习得手册》(Robinson & Ellis,2008)。其中,第二本文集被世界图书出版公司原版引进,第三本被卢植和陈卓雯翻译成汉语由羊城晚报出版社出版。

Peter Skehan 曾在包括香港中文大学、英国圣玛丽大学、英国伦敦大学伯贝克学院在内的多所大学任教。他在二语习得及教学、任务型语言教学和二语习得个体差异方面,尤其是语言学能的理论和实践研究方面做出了重要贡献。

从1982年到1991年,Skehan 在伦敦大学教育学院执教硕士课程,在语言学能方面做了开创性的研究,并与 Gordon Wells 进行著名的布里斯托尔语言项目(Bristol Language Project)研究合作,在语言测试方面做了大量的研究,于1989年出版了有关第二语言个体差异的经典专著(Skehan,1989),至今广受好评及引用。1991年,他开始在泰晤士河谷大学(前身为伊林学院)担任职务,跟同事 Pauline Foster 一起合作研究任务在语言学习和外语课堂教学中的应用,特别是任务执行计划的作用以及二语习得中的认知心理过程。1998年,他在牛津大学出版社发表了至今在应用语言学界及心理语言学界都极具影响力的专著《语

第 4 章　第二语言习得研究的代表性成果、人物和团体

言学习认知法》，该著作同年获得由美国现代语言协会颁发的 Kenneth Mildenberger 荣誉奖项。

　　Skehan 一直清楚地认识到实证研究在应用语言学研究中的重要性，强调语言教学方式的改革应该与二语习得的理论及实践研究相一致。他指出，传统的教学方法（如 PPP 教学方式）主要是由教师主导的，但是二语习得数十年的研究却发现，任务型教学是将语言习得视为学习者驱动的，因此认为外语教学研究应以学习者的学习过程为主导。他对语言任务的概念和定义，对任务复杂性的操作和评估框架，以及他关于任务表现（task performance）的层面划分及任务教学课堂设计等多方面的研究和独到的见解，都对整个任务型教学领域做出了杰出的贡献。他的有限注意能力模型（limited attentional capacity model）不仅是评估任务复杂性的主要框架，而且是研究和理解语言加工及其认知需求的主要理论模型（Long，2019）。基于 Skehan 多年来在任务型语言教学，尤其在任务结构、任务复杂度和任务构思方面对二语表现及教学设计所做的重大贡献，国际任务型语言教学协会于 2017 年在西班牙巴塞罗那举办的双年会上，向其颁发最高荣誉的任务型语言教学协会杰出成就奖（Distinguished Achievement Award），表彰其卓越的贡献。

　　国际著名出版社 John Benjamins 于 2019 年出版了由澳门理工学院温植胜（Peter Skehan 在香港中文大学任教时所培养的博士）和英国利兹大学 Mohammad Ahmadian 合编的 *Researching L2 Task Performance and Pedagogy: In Honour of Peter Skehan* 一书，充分总结和展现了 Peter Skehan 对整个应用语言学界及任务型教学的杰出学术贡献。

　　Roumyana Slabakova 现任英国南安普顿大学现代语言及语言学系的讲席教授，语言学、语言教育及习得研究中心的主任。她是期刊 *Linguistic Approaches to Bilingualism* 的创始主编，也是期刊 *Second Language Research* 的联合主编。Slabakova 在生成语言学理论框架下，积极探索二语及三语习得过程与机制，其学术成果及贡献主要体现在以下三方面：

　　（1）对二语习得的界面问题展开了多层面、立体化研究。她主要通过理解性测试、翻译测试、可接受度判断测试等任务，以终结性情状体、话题结构、焦点前置结构、词素左脱位结构、时体意义、等级含义、常规及新奇转喻等为切入点，考察二语学习者对句法—语义界面、句法—语篇界面和语义—语篇界面的习得规律和特点，揭示语义和语用规则的普遍性，对界面假说提出质疑，完善并推进了二语习得的界面理论研究（Slabakova，2001，2005，2010，2013，2015；Slabakova et al.，2012，2016）。

（2）围绕二语屈折形态及其特征进行细致、深刻的讨论。她结合实证数据对特征重组假说、语境复杂性假说（contextual complexity hypothesis）、形态不完全设定假说（morphological underspecification hypothesis）和组合变异假说（combinatorial variability hypothesis）进行验证和修正（Slabakova，2009）。基于二语屈折形态及其特征的复杂性与特殊性，Slabakova 进一步提出瓶颈假说，指出功能形态及其特征是二语习得的瓶颈，该假说对二语习得重点难点进行了理论诠释（Slabakova，2006，2013，2014）。

（3）关注三语和多语习得、语言加工复杂性对习得的影响。她提出的手术刀模型（the scalpel model）不仅阐释了三语和多语习得过程中语言迁移的特点，还讨论了影响习得的认知、输入及语言类型等诸多因素，具有较强的解释性和科学性（Slabakova，2017）。另外，她还将约束理论第二原则及其延迟现象（delay of principle B effect）与成人二语习得结合，考察成人二语习得中语言计算复杂性对人称代词解读的影响，为探讨儿童母语习得与成人二语习得过程的异同提供了独特视角（Slabakova et al.，2017）。

总的来说，Slabakova 的研究以理论语言学为基础，融合了心理语言学视角，对语言习得的本质和规律进行了广泛、深入的探索，加深了学界对中介语语法属性的认识，拓宽了学者的理论研究思路，并为教学实践提供了科学的理论基础。

Boping Yuan（袁博平）是国际知名语言学及应用语言学家，现任上海交通大学外国语学院特聘教授，曾长期担任剑桥大学亚洲与中东研究系 Reader。他对语言学及应用语言学，尤其是双语和多语习得研究的发展做出了重要贡献，具体概括如下：

（1）通过对汉语诸多语言现象和习得情况进行全面、深入的考察，发现二语习得的发展性及共时性特征。他的研究关注语言学视角下的句法和语义在学习者二语语法中的表现。他将约束理论（binding theory）对反身代词的限制、空主语和空宾语现象（null subject and null object）、动词提升（verb raising）、省略现象（ellipsis）等语言学理论，以及一语迁移、界面假说、特征重组假说等二语习得理论运用到汉语习得的研究中，对汉语反身代词、否定词、非作格和非宾格动词、不定疑问代词和句末助词、空主语和空宾语、话题句、省略句，以及特殊结构，如"到底"句"把字句""被字句""是……的"等语言现象，做了深入研究，并进行了理论性解释（Yuan，1995，1997，1998，1999，2001，2007a，2007b，2010，2014，2015；Yuan & Dugarova，2012；

第 4 章 第二语言习得研究的代表性成果、人物和团体

Yuan & Mai, 2016; Yuan & Zhao, 2010; Yuan & Zhang, 2020; 袁博平, 1995, 2002, 2003, 2012, 2015, 2017 等），使我们对汉语学习者的语法特征有了全面的认识。

（2）注重理论与实践相结合，从实证数据中寻找语言习得的本质特点。袁博平的研究将语言学和语言习得理论置于精微的语言现实中进行考量，通过多种方法和手段获取语言学习者在习得中的原始数据，再对数据进行细致的探讨，发现语言习得的真实状况，并进一步对理论进行验证、修正和证伪。在这些方法中，有经典的语言习得研究方法，如可接受性判断测试、篇章完成任务等（Yuan, 2010, 2014; Yuan & Dugarova, 2012; Yuan & Mai, 2016）；也有对经典理论的创新，如经他研制的完形填空测试实现了对汉语学习者的汉语水平的有效分级（Yuan, 1995, 1999, 2007, 2010），解决了语言习得研究中如何比较科学地划分学习者水平的难题。此外，袁博平在汉语二语习得研究领域引进和尝试了心理学和认知语言学的研究方法，将语言学的视角与认知和心理加工视角相结合。他采用的自定速阅读（self-paced reading）方法对汉语学习者习得话题句、学习者习得汉语宾语省略现象时产生启动效应（priming effect），他对此进行了一定的探讨（Yuan, 2017; Yuan & Zhang, 2020），增加了我们对学习者在线语言加工的认识。

（3）尊重汉语的实际特点，从汉语的本质出发发现新问题、生成新理论。他提出的"一语迁移的效应是相对的"（Yuan, 2001, 2015），"界面习得的困难和问题不是全领域的"（Yuan, 2010），以及对二语中由一语迁移而来但目标语不再需要的特征的开创性理论探讨——"特征冬眠假说"（dormant feature hypothesis）（Yuan, 2014）等，将汉语的本质特征纳入国际视野。这些研究和发现通过对汉语语言特点和习得的探讨，发现国际语言学及语言习得理论存在的问题，从而推动国际学术界对汉语和汉语习得本质的认识，也从整体上推动了语言学及语言习得研究的发展。

Lawrence Jun Zhang（张军）现为新西兰奥克兰大学教育学部教授。他的主要研究兴趣包括元认知、英语二语读写发展、学术英语写作等，发表论文、书评等 100 余篇，其中在 SSCI 期刊独著及合著 71 篇。他早年重点研究外语学习者的元认知意识，旨在通过认知科学的方法发现成功外语学习者的元认知体系的特点及构成，以促进外语学习的成效。依据斯坦福大学知名心理学家 Flavell 的认知心理学理论，他认为外语学习者的元认知系统也应该由三大块组成，即学习者主体、元认知策略（metacognitive strategies）和任务知识。这一过程是一个互动互容的体

系，并且与学习者的元认知体验休戚相关。Zhang（2001）通过访谈方法，分析了 10 名中国英语学习者阅读策略的元认知知识，发现其与外语水平有密切关系。Zhang（2010）提出"元认知动态系统论"，将元认知理论放置于一个有机的动态机制中，认为学习者是一个自成一体的动态复杂系统，并在学习过程中仍然凸显其主体作用，但会因为外在因素随时发生变化。该研究因其理论创新在 2011 年被世界英语教师协会授予"英语教学杰出科研奖"。Zhang & Zhang（2013）对相关内容做了充分阐述，强调外语教与学之间密不可分的动态辩证关系。为了验证元认知在外语学习中的重要性，Zhang（2008）通过实证研究探讨了元认知策略教学对提高中国外语学生阅读能力的影响。因为读写技能之间的交融关系，他还非常重视学术英语研究，尤其是在学术英语背景下的外语学习者习得书面语时所面临的种种挑战，包括学术语篇的元话语特征以及英汉语对比修辞特征。其中，Ong & Zhang（2010）将传统的以口头语料为素材的二语习得研究向前推进了一步，以便研究中国外语学习者在书面语习得发展过程中因个体差异而造成的语言准确度、流利度、复杂度的发展规律。

戴炜栋现为上海外国语大学英语学院教授、博士生导师。他长期从事英语教学与英语语言研究，主要研究方向是二语习得、应用语言学和外语教育。他是中国二语习得研究的奠基人和开拓者，是外语教学改革的领航者和实践者，是外语教育与学科发展的规划者与推动者。

他的学术研究主要体现在以下三方面：（1）二语习得研究。其中既有对二语习得重要理论与概念的解析，也有对研究趋势的预判，具体包括语言迁移（戴炜栋、王栋，2002）、中介语（戴炜栋、蔡龙权，2001）、二语语用能力发展（戴炜栋、杨仙菊，2005）、二语语法教学（戴炜栋、陈莉萍，2005）、双语心理词汇（戴炜栋、王宇红，2008）、二语学习动机（王欣、戴炜栋，2015）等。（2）外语教学改革研究。具体包括中国特色外语教学体系（戴炜栋、王雪梅，2006）、专业英语四/八级教学测试大纲与研究（戴炜栋、张雪梅，2011）、教师发展（戴炜栋、王雪梅，2011）、高考改革（戴炜栋、王雪梅，2014）等。他尤其强调大、中、小学不同阶段的英语教学应合理分工、衔接有序以避免重复与浪费（戴炜栋，2001）。（3）外语教育与学科发展。担任上海外国语大学校长期间，他与全校师生在国内率先探索复合型、国际化人才培养等改革。担任外指委主任委员期间，他协同其他专家共同调研全国外语教育现状，主持或参与制定、修订了《高等学校英语专业英语教学大纲》、面向 21 世纪外语类人才培养标准等一批重要文件。作为

第4章 第二语言习得研究的代表性成果、人物和团体

外语教育家,他对我国外语教育进行深入研究,厘清了中国特色外语教育体系的定位、布局和发展思路,梳理了我国外语教育的发展历程,结合新文科战略探索了新时代我国外语学科的发展路径,具有重要的指导价值。

文秋芳是北京外国语大学中国外语与教育研究中心教授,博士生导师,兼任学术期刊《外语教育研究前沿》(原《中国外语教育》)、*Chinese Journal of Applied Linguistics* 的主编。她注重二语习得和外语教学的紧密结合,具有强烈的前沿意识,是多个二语习得专题的领军人物。近年来她提出了卓有影响力的产出导向法。下面分五个方面简要概括其二语习得成就:

(1) 深化学习策略研究,并将其运用到外语教学中。文秋芳在香港大学攻读博士学位期间,就确定了学习策略作为其主攻方向。在她博士论文基础上发表的论文 (Wen & Johnson, 1997) 考察了包括多种学习策略在内的学习者变量与英语成绩的关系。她在学习策略方面的贡献主要体现在两方面:一是发现了中国学生在英语学习中使用学习策略的规律 (文秋芳, 1995, 1996, 2001; 文秋芳、王海啸, 1996);二是举办了两届针对教师的"学习策略培训与研究"研修班,提高了广大教师关于学习策略的知识水平,从而使其可能将学习策略教授给学生。

(2) 探索中国大学生英语口笔语的使用特征及其变化规律。她聚焦英语专业大学生,建立语料库来系统研究他们在英语词汇和语体特征方面的变化特征 (文秋芳, 2006a, 2006b, 2006c, 2009; 文秋芳、丁言仁, 2004);同时建成"中国学生英语口笔语语料库"(王立非、文秋芳, 2007),为后来的研究提供很好的语料保障。

(3) 开辟外语学习者思辨能力研究。文秋芳首先认识到思辨能力在外语专业大学生培养中的重要性,运用科学方法,开发并验证了外语类大学生思辨能力量具 (文秋芳等, 2010a, 2010b, 2011),研究了他们的思辨能力情况 (文秋芳等, 2009, 2010c, 2014, 2018; 文秋芳、张伶俐, 2016),并讨论外语教学中思辨能力培养等问题 (文秋芳、孙旻, 2015)。

(4) 提出、验证并推广了外语教学的产出导向法。为克服外语教学中"学用分离"的问题,文秋芳提出了产出导向法,构建了具有中国特色的外语教学理论,并带领团队进行大量的教学实验,证明其科学性和实用性 (参考 3.7 节)。

(5) 提出具有中国特色的辩证研究法和辩证研究范式。文秋芳 (2017a, 2017c, 2017d) 在践行产出导向法的过程中,提炼出了辩证研究法。在此基础上,她进一步发展提出了辩证研究范式 (文秋芳,

2018a，2019），以理论与实践之间的辩证关系为基础，主张通过多轮循环来解决现实生活中复杂而关键的系统问题，达到求"真"（即追求真理）、求"善"（即优化实践）和求"意"（即理解研究对象的意义和原因）的三重目标。

王初明是广东外语外贸大学外国语言学及应用语言学研究中心的教授，博士生导师，曾任《现代外语》主编。他的二语习得研究主要紧紧围绕如何促进外语学习这根主线，扎根中国环境下的外语实际，融会贯通国际二语习得和心理学等理论，提出了一系列原创性的外语学习创见和理论，简要总结如下：

（1）较早提出了中国学生的外语学习模式。在借鉴国外相关二语习得模式的基础上，根据我国外语学生的学习特点和学习环境，设计并提出了概括性和科学性较强的外语学习模式（王初明，1989）。该模式包括两部分：第一部分是可以观察到的，包括输入、社会环境和语言运用三个单元；第二部分是不能被直接观察到的，包括影响外语学习的情感和认知因素、语言和交际能力、操练以及自我形象。该模式的核心部分是能力。模式中所有其他因素均与能力有直接或间接的联系。

（2）提出并践行外语写长法（the length approach）。写长法是以写作促进外语学习的方法（王初明，2005，2006）。它针对具有一定水平的学生，以设计激发写作冲动的任务为教学重点，通过提高作文长度要求，逐步加大写作量，使学生在表达真情实感的过程中，最大限度地调动外语知识，提高外语能力，同时还能增强学习成就感和自信心。写长法在全国外语教学中产生了重要影响，很多学校进行教学实验，收到了良好效果（如方玲玲，2004；吴斐，2005；宗世海等，2012）。

（3）提出一系列关于外语学习的真知灼见。王初明（2003）从语境的角度提出了补缺假说，认为在外语理解、习得和使用的过程中，大脑中的母语语境知识介入补缺，进而激活与母语语境知识配套的母语表达式，母语迁移因此发生，并影响外语学习。王初明（2009）提出的学伴用随原则是补缺假说的延伸，从正面角度进一步强调了外语学习中语境的重要性。他的外语语音学习假设（王初明，2004）从学习者情感角度出发，认为外语发音虽易被忽略，却是影响外语学习的关键因素，能够产生蝴蝶效应。

（4）提出并推广续论。他在读后续写的基础上，提出了续论和具体的操作方法（王初明，2016，2019），成立了"续论研究室"，定期组织专题研讨会，极大地推动了续论在外语教学中的应用，提高了我国外语老师的教学效率。

第 4 章 第二语言习得研究的代表性成果、人物和团体

4.3 二语习得研究的代表性团体

本节主要介绍美国、欧洲、澳大利亚、新西兰、日本和我国有关二语习得研究的代表性团体。

美国应用语言学协会（American Association for Applied Linguistics，AAAL）成立于 1977 年，是国际应用语言学协会（Association Internationale de Linguistique Appliquée，AILA）在美国的分支机构。现任协会主席为明尼苏达大学的 Kendall King，常务副会长为英国哥伦比亚大学的 Patricia Duff。AAAL 研究与语言应用有关的问题，包括语言教育、习得和磨蚀、双语、话语分析、读写能力、修辞和文体学、特殊目的语言、心理语言学、二语和外语教学法、语言评估以及语言政策和规划。AAAL 奉行的愿景是促进和传播有关语言问题的知识和理解，以改善个人生活和社会状况。AAAL 的主要活动是为期四天的年度会议，时间通常在 3 月或 4 月，在美国或加拿大举行。会议欢迎来自全球各地的学者，以全面和激励性的专业活动著称，年度会议为广大学者提供大会发言、参与专题论坛和论文展示等机会。AAAL 设立了多项奖项以鼓励学者积极参与研究，例如杰出奖学金和服务奖、图书奖、杰出公共服务奖、研究生奖、第一图书奖、学位论文奖、研究论文奖等。

欧洲二语习得协会（European Second Language Association，EuroSLA）于 1989 年成立于英国科尔切斯特（Colchester），现任协会主席为约克大学的 Danijela Trenkic。EuroSLA 每年举办一次年会，会议在欧洲举行，但其网络遍及全世界。协会成员可以在《欧洲二语习得协会杂志》（*Journal of the EuroSLA*，*JESLA*）上发表论文。EuroSLA 欢迎世界各地有志于二语习得的学者成为新会员。每次 EuroSLA 会议开始的前一天有两个常规活动：第一个是博士生研讨会，博士生有机会展示他们正在进行的研究工作，特别是表达他们的疑问，并从讨论者和听众那里得到反馈；第二个是由《语言学习》主办的圆桌会议。此外，还要召开 EuroSLA 成员年度大会，选举执行委员会，决定 EuroSLA 章程的修改，并听取 EuroSLA 主席、财务主管等人的报告。每届年会的一个重要特点是提供有关即将召开的 EuroSLA 会议的信息。为激发更多学者以及在读学生的二语研究热情，EuroSLA 每年都会赞助一些由协会成员组织的研讨会。EuroSLA 为学生提供 300 欧元的学生津贴用于参加会议，还在 2013 年设立了最佳论文奖，为 *JESLA* 的最佳论文颁发年度奖，依据是论文作者的原创性和对该领域的贡献。获奖者在两年内可免费参加 EuroSLA 会议中的任何一次会议并获得免费晚餐。此外，2014 年设立了杰出学者奖，给为 *JESLA* 做出最佳贡献的学者颁发年度奖。

欧洲二语习得协会有两个出版物系列：*EuroSLA Yearbook /JESLA* 和"欧洲二语习得协会研究"丛书（原"欧洲二语习得协会专论"丛书）。在 2016 年之前，都是 *EuroSLA Yearbook* 系列的形式，从 2017 年开始由 *JESLA* 取代。从 2019 年刊起，*JESLA* 将刊登 EuroSLA 成员的最佳作品，提交的论文可以借鉴会议上发表的作品，也可以是以前没有在 EuroSLA 展示过的新作品。此外，EuroSLA 还与语言科学出版社合作，出版了一系列开放存取的书籍，并将继续出版欧洲语言学习协会的专著。

澳大利亚应用语言学协会（Applied Linguistics Association of Australia, ALAA）于 1976 年 8 月在全国应用语言学家大会上成立，现任协会主席为南澳大利亚大学的 Jonathan Crichton，候选主席为南澳大利亚大学的 Michelle Kohler。作为澳大利亚应用语言学的国家专业组织，ALAA 以母语教学和移民英语教学的应用语言学为目标，在促进语言相关政策、实践、教育、研究和学术研究方面具有国内和国际的领导力。ALAA 包括国内和国际成员，并隶属于国际应用语言学协会。ALAA 还与其伙伴协会新西兰应用语言学协会、澳大利亚和新西兰语言测试和评估协会（Association for Language Testing and Assessment of Australia and New Zealand, ALTAANZ）有着密切合作。《澳大利亚应用语言学评论》（*Australian Review of Applied Linguistics*, *ARAL*）是 ALAA 编纂的期刊。这是一份同行评审期刊，旨在促进学术讨论和对语言相关问题的当代理解，以期对现实世界的问题和辩论产生影响。该期刊发表关于教育、专业、机构和社区环境中语言的经验和理论研究。*ARAL* 欢迎国内外学者投稿，关注介绍与应用语言学任何主要分支学科有关的研究以及跨学科研究。ALAA 提供了一系列计划来支持应用语言学的教学、学习和研究的发展，包括奖学金、奖金和会议出席支持，如 M. A. K. Halliday 奖学金、Michael Clyne 奖、研究生旅行奖学金、Penny McKay 纪念奖、杰出奖学金和服务奖等。

新西兰应用语言学协会（Applied Linguistic Association of New Zealand, ALANZ）成立于 1993 年，于 1994 年 5 月 13 日星期五举行了第一次年度大会。它是国际应用语言学协会的新西兰分会。ALANZ 的研究领域包括外语和二语教育、毛利语、跨文化语言学、言语和语言障碍、语言规划和社区语言等。《新西兰应用语言学研究》（*New Zealand Studies in Applied Linguistics*）是 ALANZ 编纂的期刊。它是一份同行评审期刊，每年出两期。ALANZ 每年举行一次会议或专题讨论会，以交流研究结果，并不定期举行研究研讨会。在每个偶数年份，在新西兰举行一次 ALANZ 专题讨论会，时间一般为一天。在奇数年份，ALANZ

第 4 章　第二语言习得研究的代表性成果、人物和团体

与澳大利亚的对应机构 ALAA、ALTAANZ（新西兰奥特亚罗亚语言测试和评估协会）联合举办一次规模较大的国际会议，会议的组织者和地点在新西兰和澳大利亚之间轮流。在 2019 的年度大会上，前任主席 Cynthia White 因被任命为梅西大学人文和社会科学学院副校长而离职，梅西大学应用语言学高级讲师 Karen Ashton 当选为主席。为了奖励优秀的研究人员、提高新研究人员的知名度，ALANZ 每年为前一年在新西兰审查和颁发的最佳应用语言学硕士和博士论文颁奖。每所大学可为每个类别提名一名候选人。每年年初征集提名，由新西兰各大学指定的评委团选出成功的候选人。奖励包括：奖金为硕士论文 200 美元，博士论文 500 美元；ALANZ 一年的会员资格；邀请在《新西兰应用语言学研究》上发表论文。

日本二语习得学会（Japanese Second Language Association，J-SLA）成立于 2001 年，二十余年来一直积极开展各类活动，比如举办年度大会、召开秋季研修会、发行学会期刊等。例如，2016 年主办国际学会 PacSLRF（环太平洋二语研究论坛），汇集了日本国内外学者 300 余人。J-SLA 办有会刊 *Second Language*，刊登研究论文、书评（或论文评论）等，9 月 30 日之前被采用的稿件将刊载于下期会刊；9 月 30 日之后被采用的稿件则将延后一期刊载。作为成立于日本的学会，J-SLA 涉及的研究不可避免地以英语的二语习得研究居多，其次是日语，但并非拘泥于与这两种语言相关的二语习得研究。J-SLA 认为二语习得研究的目的是基于实证数据，对二语的发展过程进行理论性研究，以揭示二语的习得过程；认为全面阐释二语习得机制需要众多的二语数据，因此欢迎基于各类语种的二语习得研究；认为二语习得机制的阐释需要理论，但绝不拘泥于某一种理论框架，因此欢迎基于各种理论（如 UG、基于使用的模型、认知主义理论（cognitivism）、功能主义理论、社会文化理论）的二语习得研究；虽聚焦于二语习得的研究机制，但不涵盖二语教育，却认为二语习得研究能够为二语教育提供重要的启发。大部分学会会员不仅是二语习得研究者，还是二语教师或学习者，对二语的教授法和学习法均抱有极大兴趣。

中国英汉语比较研究会二语习得专业委员会（China Association for Second Language Acquisition，CASLA），简称"中国二语习得研究会"，成立于 2004 年 1 月，是我国外语界学术性强、与国际学术研究接轨、学术影响力大的全国性学术团体。第一届会长为广东外语外贸大学的王初明，现任会长为中国海洋大学的杨连瑞。研究会的领导机构为常务理事会，由 30 名常务理事组成，秘书处设在中国海洋大学外国

语学院。研究会是由全国高校和科研机构从事第二语言习得、语言学（外语、汉语、对外汉语）、心理学、教育学、认知科学等，具有副教授或相应职称以上的教育工作者与科研人员自愿组成的非营利性学术组织，是国家二级学会。其宗旨是：以现代科学理论为指导，遵循学术民主和求索精神，开展二语习得研究（主要为中国人学外语、外国人学汉语、少数民族学汉语或外语等），促进本领域国内外学术交流，提升我国二语习得研究学术水平，推动我国的外语教育改革和国家对外汉语教育事业的发展，服务于国家发展战略。

经过十多年的发展，中国二语习得研究会崇尚学术，作风严谨，定期开展一系列学术研究活动，取得不俗成绩。自成立之日起，研究会分别在广东外语外贸大学（2004年）、南京大学（2006年）、北京外国语大学（2008年）、苏州大学（2010年）、华中科技大学（2012年）、浙江大学（2014年）、重庆大学（2016年）、中国海洋大学（2018年）和上海外国语大学（2021年）等成功举办了九届中国第二语言习得研究国际学术研讨会。从2011年起，研究会每两年举行一次中国二语习得研究高层论坛，已分别在中国海洋大学（2011年）、宁波大学（2013年）、曲阜师范大学（2015年）、上海财经大学（2017年）和北京大学（2019年）成功举行了五届。2015年，中国二语习得研究会创建了学会会刊《第二语言学习研究》，该刊为半年刊。

第三部分
第二语言习得研究的方法

第 5 章
第二语言习得研究设计

古人云:"工欲善其事,必先利其器。""方法"一词起源于希腊文 μέθοδος,其中 μέθ 是"沿着"或"顺着"的意思,οδος 意为"道路",因此,"方法"在希腊文中的意思是"沿着(正确的)道路行进"。从现代科学意义上说,方法是指人们在一切活动范围内的行为方式和为达到某种目的而采用的途径、手段和工具的总和(孙慕天等,1990)。在科学研究中,研究方法对研究者开展研究起指导作用,影响他们的研究视野,决定他们的研究范围和关注重点,指导他们科研思维的形成和科研步骤的实施,从而最终影响甚至决定着主体对客体把握的广度、深度和正确性。由此可见,研究方法在学科发展中扮演着越来越重要的角色,一门学科的发展水平往往体现在其研究方法运用当中。概括地说,科学的研究过程包括观察现象确定研究问题、提出假设和利用标准化程序收集分析数据三个关键阶段。一旦假设被成功证实,并通过重复性研究得到进一步验证,就会被接受为科学理论或规律。因此可以说,科学方法提供了一种通过客观方式探索问题的工具,将研究者偏见影响降到最低,从而得出对世界的准确可靠的描述。

二语习得研究方法不仅直接反映了二语习得研究的发展程度,而且其本身就是二语习得研究的重要组成部分和重要对象(Gass,Behney,& Plonsky,2020)。对研究方法进行探索不仅是二语习得研究本身的发展需求,也是二语习得研究实践的迫切需要。纵观二语习得研究文献,学者们从不同视角对研究方法进行分类(Ellis & Barkhuizen,2005;Mackey & Gass,2012;文秋芳、王立非;2004)。有学者将二语习得研究方法分为实证研究和非实证研究(Dan,2017;Khany & Tazik,2019;文秋芳、王立非,2004)。实证研究是通过对研究对象进行观察、实验或调查,对收集的数据或信息进行分析和解释,以事实为证据探讨事物本质属性或发展规律的研究方法,主要包括定量研究、定性研究以及混合研究等方法。近年来，在二语习得领域，研究方法呈现多元化发展：定量研究发展趋于稳定并进入成熟期；定性研究受到更多研究者的关注而得以迅速发展；定量和定性研究逐渐得到平衡发展；有第三种研究方法之称的混合方法研究迅速兴起，显示出良好的发展势头（Gass，Loewen，& Plonsky，2020）。鉴于上述三种方法的重要性，以下小节将从定义、类别和信度效度三个方面分别介绍定量研究、定性研究和混合研究这三种实证性方法。

5.1 定量研究

自 20 世纪初 Francis Galton 在心理测试中引入问卷调查，并提出回归和相关的统计概念（Eaves，2007）后，基于统计手段的定量研究迅速扩展到心理学、社会学、教育学、语言学和二语习得等人文社会科学领域。早期二语习得研究的目的是为了改进教学方式、工具和方法。这一点体现在专门研究语言学习的期刊 *Language Learning* 上，其早期刊登的文章主要以教学为导向。根据 Gass & Polio（2014）的研究，从 1967 年到 1972 年，大部分论文涉及语言教学法（40 篇），仅有小部分（10 篇）涉及语言学习的实验数据分析。Selinker 在 1972 年发表了著名的《中介语》一文。在该文影响下，二语习得研究更加关注学习者而不是教学，论文研究方法发生明显转变，定量研究论文（约 46%）远远超过了教学法导向的论文（约 15%）。随着 *Studies in Second Language Acquisition*、*Second Language Research* 等二语习得期刊陆续创刊，二语习得逐渐发展成一个专门探究语言学习的领域：寻求理解第二语言是如何被习得的，而不强调它们是如何被教授的。这一转变对研究方法和分析的严谨性提出了更高要求，对定量、定性和混合研究方法和设计的严格要求也得到了更多学者的认同（Gass，Loewen，& Plonsky，2020；Mackey & Gass，2016；Plonsky & Gass，2011）。

5.1.1 定量研究的定义

定量研究强调研究者对事物可观测部分及其相互关系进行测量、计算和分析，以达到对事物本质的把握。它既是一种认识工具，对研究过程和结果进行量化分析，反映社会现象的特征，又是一种表达手段，对复杂的现象或问题做出精确描述。定量研究的理论渊源可追溯

第5章　第二语言习得研究设计

到孔德的实证主义哲学，孔德认为科学是人类认识客观世界的唯一手段，只有科学能够获取知识，进而发现人类世界的客观规律，坚决反对神学、形而上学的观念，并拒绝本体论的研究。后来，逻辑实证主义兴起，改变了以"唯我主义"为中心的现象主义，并逐渐过渡发展到物理主义，这是一个有意义的转变。受美国实用实证主义的影响，学者们致力于把逻辑实证主义和实证主义运用于实践，至此"定量研究"应运而生。

定量研究通过收集和分析数据，以描述、解释、预测或控制感兴趣的变量和现象（Gay et al., 2012）。定量研究基于如下哲学信念：人们生活的世界是相对稳定和统一的，因此可以测量和理解它，可以对它进行广泛的概括。与之形成鲜明对比的，定性研究认为世界在不断变化，研究者的作用是适应和观察这些变化。Gay et al.（2012）指出，从定量的角度来看，有关世界及其现象所得出的结论，除非能够通过直接观察和测量来验证，否则就不能认为是有意义的。此外，定量研究者通常将他们的调查建立在这样的信念上，即事实和感觉可以分开，世界是一个可以通过观察或其他测量来发现事实存在的单一现实（Fraenkel et al., 2012）。这种信念同定性研究者所持有的假设形成鲜明对比，定性研究者认为个人在本质上可以对同一情境形成独立而独特的现实个人观点。

定量调查研究的目标与定性目标有很大的不同，后者是为了更好地了解某种情况或某一事件。在进行定量研究时，研究者试图描述当前的情况，建立变量之间的关系，有时还试图解释变量之间的因果关系。这种类型的研究真正专注于描述和解释所调查的现象（Creswell, 2015）。由于这种独特的视角，定量研究按照普遍认同的研究步骤指导研究过程（Fraenkel et al., 2012）。定量研究过程及其各种研究设计目前已经相当成熟和规范，研究测量和方法几乎没有灵活性。定量研究者认为，任何事情都不应该留有余地。因此，其研究设计的任何方面都不允许像定性研究那样在研究过程中出现，需要提前设计好。

定量研究者承担的角色与定性研究者有很大不同。定性研究的目标之一是让研究者关注研究环境和被试，而定量研究的一个主要目标是让研究者尽可能地保持客观。定量研究过程中预先设计的线性化步骤有助于提高研究者的客观性。这种对客观性的关注使定量研究者能够将研究发现从该研究涉及的某一样本特征推广到更大范围。Creswell（2015）总结了定量研究区别于定性研究的六大典型特征：

（1）文献综述作用不同。无论何种研究类型，文献综述都是服务于研究问题的，但它对定量研究设计的重要性远大于对定性研究的设计，因为它不仅为研究提供了背景资料，而且还为研究设计中的研究方法、研究工具和数据分析提供了依据。

（2）定量研究的目的通常很具体、细化，关注少数可测量的变量，与定性研究的整体性观点截然不同。

（3）数据收集是定量研究中最成熟、规范的一个方面。虽然定性研究也可能会采取这些手段，但在定量研究中数据收集方式必须在研究开始之前预先设计好。研究一旦开始，数据收集工具、步骤和抽样方法通常不会发生改变，因为研究者认为这样可以增强研究的客观性。

（4）定量与定性研究的抽样方法存在很大差异。首先，由于定量研究关注研究结果的普遍性，抽样方法往往侧重于随机选择参与者。其次，同样出于注重研究结果的普遍性原因，定量研究者通常会使用大样本，从足够多的个体中收集数据，使这些数据能够更好地代表比所抽取样本更大的总体。

（5）数据分析采取统计指标（如计算平均分）、统计公式（如计算标准差的公式）和统计检验（如独立样本 t 检验）等不同形式的统计手段，使用已有统计指标，不考虑特定的主题或所研究的变量。换句话说，如果两个研究者在分析同一定量数据集，并且都在计算平均值，他们计算出的结果将是相同的，对统计分析结果的解释也是如此。例如，当解释两组接受不同教学方法的学生的平均测试分数时，研究者会很自然地将较高的平均分数解释为该组的成绩优于平均分数较低的组。当然，在分析定性数据时，情况就不一样了，在定性数据中，这取决于进行数据分析和解释的个人，解释可能会涉及大量的主观性。这是定量研究方法中非常重要的一个特征：将客观性引入整个研究过程中。

（6）定量研究的结果几乎都是按照同一种标准的、固定的格式进行极其客观、公正的报告，不受研究者固有偏见的影响。

5.1.2 定量研究的种类

Dimitrov（2008）、Mertler（2015）、Hoy & Adams（2016）按照对变量控制程度把定量研究方法分为非实验研究设计和实验研究设计两类。很多人认为所有的定量研究都是实验性的，但事实上并非如此，教育、二语习得领域以及行为科学和社会科学领域的大多数研究都是非实验性研究。

第 5 章　第二语言习得研究设计

1. 非实验性研究

非实验性研究设计不对任何变量进行任何操控，不受研究者干扰和控制，在自然条件中测量变量。非实验性研究设计可分为描述性研究、相关性研究和因果比较研究三种类型（Mertens，2015）。

1）描述性研究

描述性研究旨在描述与解释个人、环境、条件或事件的现状（Mertler，2015）。因为它是自然存在的，研究者只是简单地研究感兴趣的现象，不试图操纵个体、条件或事件。描述性研究设计常用观察性研究和调查研究两种方法。观察性研究听起来更像是定性研究设计，而不是定量研究设计。在定性研究领域，观察固然重要，但也可以设计出依靠收集定量数据的观察性研究，是否量化是二者的关键区别。定量观察研究通常关注行为的某一方面，可以通过某种测量方法进行量化（Leedy & Ormrod，2016）。观察性研究的一个优势是，它可以产生描述人类行为复杂性的数据。就某些情况和研究问题而言，它可以为定性方法（如人种学和基础理论研究）提供一个定量选择。然而，观察性研究并非没有局限性。观察性研究往往需要相当先进的规划、对细节的关注，而且往往比其他进行定量研究的描述性方法需要更多的时间（Leedy & Ormrod，2016）。

第二种方法是调查研究，其核心目的是描述一个群体或某些人口的特征（Fraenkel et al.，2012）。它主要是一种定量研究技术，研究者对一个样本，或在某些情况下对整个人口，进行某种调查或问卷调查，以描述他们的态度、观点、行为、经验或人口的其他特征（Creswell，2009）。调查研究又分为描述性调查、横向调查和纵向调查三种基本类型。与任何研究方法一样，调查研究有其优势和局限性。其中，优势体现在可以从大量人群中收集数据，将研究结果推广到更广人群中，并且在调查的内容和方式方面具有多样性。多种多样的设计选项使研究者能够"定制"调查研究，以满足特定研究及其相关问题的需求和目标。其局限性主要在调查回收率低、数据收集时间长、收集成本高和过分依靠调查者自我报告数据（Leedy & Ormrod，2016）等。

2）相关性研究

相关性研究的目的是发现和测量两个或多个变量之间的关系。了解两个或更多变量之间关系的性质和强度可以帮助研究者理解和描述某些相关的事件、条件和行为，这类相关性研究通常被称为解释性相关研

究。根据目前对另一个变量的了解来预测一个变量的未来条件或行为，这些研究一般被称为预测性相关研究。相关性研究通常通过计算相关系数考察两个或多个变量之间是否存在统计相关性，相关系数可以反映变量之间的相关强度和相关方向（正相关、负相关和零相关）。需要注意的是，相关关系不等于因果关系，变量之间存在相关并不意味着一个变量引起另外一个变量的变化，因为这两个变量的变化有可能是由未纳入研究的其他变量引起的。虽然不能利用相关性研究的结果来解释变量之间的因果关系，但可以利用它们来进行预测。如果我们知道一个变量上的值，就能预测另一个变量上的值，其基础是我们利用了两者之间存在的关系的定量测量。然而，在二语习得研究中，获得两个变量之间完全相关的机会是微乎其微的。预测的准确度是由相关系数的大小决定的；系数的绝对值越大（即 $|r|$ 越接近 1.00），一个变量的值就能从另一个变量中更准确地预测出来。

相关性研究的优势之一是其设计的简单性，只需要两个变量的数据就可以开展相关研究。由于它的设计比较简单，相关研究通常适合新手研究者，但是需要注意相关研究和因果研究的区别。虽然此种设计相对简单，但研究者必须确保他们收集的数据具有良好信度和效度，这样才能得出可靠的概括性结论，否则就会导致调查研究结论的错误和误导。

3）因果比较研究

因果比较研究探究两个或多个群体之间现有差异背后的原因。这种研究有时被称为事后研究（ex post facto study），因为研究者首先观察到一个群体内部存在差异，再通过回溯确定可能导致这种差异的条件。研究者在事后寻找可能的原因是先验条件和由此产生的差异都已经发生了（Gay et al.，2012）。需要注意的是，因果比较研究不能像实验研究那样建立真正的因果关系，因为没有变量被操纵。因果比较研究设计最常见的情况是假定的原因或独立变量已经发生。

例如，某一研究者可能会非正式地观察到学期末进行的阅读标准化测试的分数范围相当大，并试图找出造成这些分数差异的可能原因，也许是性别、单亲或双亲家庭、所学专业等不同因素的影响。此时可以使用因果比较研究设计来探索属于不同群体的学生之间的测试分数差异，主要是因为这些独立变量都不能被操纵。换句话说，研究者不能把学生分配到不同的性别类别，也不能把他们分配到单亲或双亲家庭中生活。同样，也不能仅仅为了调查研究的目的而将学生分配到不同的专业，这些行动是不道德、不实际和不可行的。尽管真正的因果关系只能通过应用实验研究来确定，但在许多教育环境中，实验研究往往是不合适、不道德或不可能进行的。因果比较研究是实验设计的有效替代方法，尤其是在不能或不应该操纵独立变量的情况下（Gay et al., 2012）。其主要局限性或弱点是，由于被调查的原因已经发生，研究者无法控制它。

2. 实验研究

实验研究是最理想的一种研究设计，其通过设计不同的处理方法或条件研究对参与者的影响，对可能混淆研究结果的因素有更多控制。正是由于对处理条件的操纵和对许多外在因素的控制能力，实验研究是所有研究设计中最具有结论性的，可以最令人信服地证明因果关系。鉴于实验研究的严格要求以及二语习得研究中许多研究问题、环境、情境都不适合这些要求，一般采取如下广义的实验研究设计要求：一是随机性。随机选择受试者并将其随机分配到实验组和控制组，实验组和控制组也是随机选择的。二是自变量操纵和控制。自变量在实验研究中也称为独立变量、处理变量、因果变量或实验变量，可以有选择地应用于实验组，对实验组进行干预或处理。三是因变量，在实验研究中也称为标准变量、效应变量或后测变量，可以用相同的方式对研究中的所有分组进行测量。

实验研究按照对影响效度的额外变量控制程度一般分为预实验研究设计（pre-experimental design）、准实验研究设计（quasi-experimental design）、纯实验研究设计（true experimental design）和单一受试研究设计（single-subject design）四类（Mertler, 2015）。

1）预实验研究设计

预实验设计指只使用一些基本的实验特征的研究。在预实验设计中，通常对单组参与者或多组参与者进行某种干预或处理，然后对他们进行观察。尽管预实验设计确实遵循了实验中使用的一些基本步骤，但这种设计缺少控制组，而且没有使用随机化手段控制无关变量，因此被认为是真正实验设计的预备或前提，不能算是真正的实验。这种类型的设计通常用于探索性研究，衡量是否有任何证据值得进行全面的实验研究。作为最简单的研究设计形式，预实验设计与准实验设计、纯实验设计一起构成了有干预的三类基本设计。预实验设计包括单次案例设计（one-shot case study）、单组前后测设计和静态组对比设计三种形式。

单次案例研究涉及一个小组，该小组先接受处理条件，后进行测试。具体设计步骤如图5-1所示：

组别	时间	
实验组	T	O

注：O表示观察；T表示处理。

图5-1　单次案例设计流程图

从上图可以看出，此项预实验设计的有效性在实施过程中因控制不足而受到质疑，很难或不可能排除对立的假说或解释。因此，研究者在解释和归纳预实验研究的结果时须特别谨慎。例如，某位教师想知道翻转课堂教学模式是否可以提高学生的英语成绩，于是这位教师采取翻转课堂模式授课，之后进行一次考试，结果发现考试成绩比正常情况下要高，所以这位教师得出结论：翻转课堂能有效地帮助学生学习更多的英语知识。这种设计的基本问题是，尽管学生在考试中获得高分，但是不应该将他们的表现归因完全采取翻转课堂教学模式，因为无法确定在实施翻转课堂教学模式之前这些学生的情况，他们可能在接受任何教学方法后都会表现得更好，或者是因为他们天生聪明，还有其他各种可能的原因。鉴于此种情况，一般尽量避免采取此种设计进行研究（Gay et al., 2012）。

单组前后测设计是单次案例设计的改进，在小组接受处理前增加了一个前测，让研究者可以知道是否发生了某种变化（Leedy & Ormrod, 2016）。但是，这种设计仅有一个组，缺乏对比组进行比较，未考虑到其他变量，因此无法全面地解释发生变化的原因。具体步骤如图5-2所示：

组别	时间		
实验组	O	T	O

注：O表示观察；T表示处理。

图5-2　单组前后测设计流程图

静态组比较设计与前面两种设计的最大区别是引入了比较组，但缺少前测设计。此外，两个组的成员都是以非随机的方式选择的。在这种设计中，实验组接受某种处理或条件，比较组主要是为了证明实验组成员在没有接受实验处理条件下的表现状况。然而，这只能发生在设计确保对比组与实验组相当的程度上（Gay et al., 2012）。这种设计仍然存在不足，因为在研究开始时没有保证各组的同质性，也没有进行前测以确定各组在研究之前可能接触过什么，所以无法确定观察到的差异是否由实验处理引起。具体设计步骤如图 5-3 所示：

组别	时间	
实验组	T	O
控制组	A	O

注：O 表示观察；A 表示未接受任何处理或另外一种形式的处理；T 表示处理。

图 5-3　静态组比较设计流程图

2）准实验研究设计

准实验研究设计最接近纯实验研究，二者的主要区别在于是否同时采取随机选择和随机分配。简而言之，随机选择 + 随机分配 = 纯实验设计，随机选择 = 准实验设计。准实验研究未能将参与者随机分配到各组，这就削弱了控制外在影响的能力。参与者随机分配到实验组和控制组是为了确保纯实验研究设计中被比较的组别具有相似性。准实验设计通常有仅后测控制组匹配设计（matching posttest-only control group design）、前后测控制组匹配设计（matching pretest-posttest control group design）、平衡设计（counterbalanced design）和时间序列设计（time-series design）四种。

仅后测控制组匹配设计使用两组来自同一总体的参与者，例如同一学校中的两个自然班。在这种情况下无法随机分配处理变量，所以在某些变量上对学生进行匹配，尽量使他们具有同质性（Fraenkel et al., 2012）。此种设计先对各组成员进行匹配，让其中一组接受实验性处理条件，再对两组进行后测，然后对分数进行比较，看各组在因变量上是否存在差异。具体设计步骤如图 5-4 所示：

组别	时间		
实验组	M	T	O
控制组	M	A	O

注：O 表示观察；A 表示未接受任何处理或另外一种形式的处理；T 表示处理；M 表示在一个或多个变量上的匹配。

图 5-4　仅后测控制组匹配设计流程图

前后测控制组匹配设计对上述设计做了改进，不仅增加了前测，而且前测结果可作为匹配各组成员的基础。换句话说，对所有参与者进行前测，根据前测结果，将每个成员与前测结果相似的成员进行匹配，其中一个放入实验组，另外一个放入控制组。具体设计步骤如图 5-5 所示：

组别	时间			
实验组	O	M	T	O
控制组	O	M	A	O

注：O 表示观察；A 表示未接受任何处理或另外一种形式的处理；T 表示处理；M 表示在一个或多个变量上的匹配。

图 5-5　前后测控制组匹配设计流程图

平衡设计通过对不同组别进行不同处理以消除实验中的混淆变量，每组都会接受一种实验处理，每组接受处理的顺序与其他组不同（Fraenkel et al., 2012）。这是另一种用于平衡实验组和匹配控制组的方法。该设计要求参与组数必须与处理数相等，随机确定各组接受每种处理的先后顺序（Gay et al., 2012）。图 5-6 展示了 3×3 的平衡设计（三个小组，三种实验处理）：

组别	时间					
组 1	T_1	O	T_1	O	T_1	O
组 2	T_2	O	T_2	O	T_2	O
组 3	T_3	O	T_3	O	T_3	O

注：O 表示观察；T 表示处理。

图 5-6　3×3 平衡设计实验

最后一种准实验设计是时间序列设计，如图 5-7 所示。这种设计考虑到时间因素，实质上是对单组前后测设计的进一步丰富（Gay et al., 2012）。在单组前后测设计中，前后测观察是在接受处理前后立即进行的。但在时间序列设计中，首先对参与者进行多次前测，直到测试结果稳定下来，再让实验者接受实验处理，随后再反复进行后测。如果该组成员在多次重复测量的前测中表现基本一致，但在后测中却有显著改善，与只进行一次预测和一次后测的情况相比，研究者可以更加有信心确定实验处理有效果（Gay et al., 2012）。

组别	时间								
实验组	O_1	O_2	O_3	O_4	T	O_5	O_6	O_7	O_8

注：O 表示观察；T 表示处理。

图 5-7　时间序列设计流程图

准实验研究设计适合在无法进行随机分配的情况下使用，比预实验研究设计有很大改进。它们虽然能够在某种程度上提供可靠的研究结论，但仍都不能控制所有无关变量，因此无法完全排除对准实验研究结果的其他解释，解决这一问题的唯一办法就是使用纯实验研究设计。

3）纯实验研究设计

纯实验研究设计涉及将参与者随机分配到实验处理条件中（Gay et al., 2012），随机分配是控制影响效度的最好手段之一（Fraenkel et al., 2012）。这种设计的另外一个特点是至少有一个比较组。其最常见的设计形式有仅后测控制组设计（posttest-only control group design）、前后测控制组设计（pretest-posttest control group design）和所罗门四组设计（Solomon four-group design）三种。

仅后测控制组设计与静态组比较设计非常相似，二者的区别在于前者把实验者随机分配到实验组和控制组，而后者没有做到随机分配。同时采用随机分配和比较组两种形式几乎可以控制对效度的不利影响。这种设计的不足在于缺少使用前测作为提供额外控制的手段。具体设计步骤如图 5-8 所示：

组别	时间		
实验组	R	T	O
控制组	R	A	O

注：O 表示观察；A 表示未接受任何处理或另外一种形式的处理；T 表示处理；R 表示随机分配。

图 5-8　仅后测控制组设计流程图

前后测控制组设计增加了前测，弥补了仅后测控制组设计的不足。这种设计要求至少有两组，随机分配实验者到各组，每组都要进行前测和后测。这种设计把随机分配、前后测和控制组三者有机结合，使其成为最有效的实验研究设计。具体设计步骤如图 5-9 所示：

组别	时间			
实验组	R	O	T	O
控制组	R	O	A	O

注：O 表示观察；A 表示未接受任何处理或另外一种形式的处理；T 表示处理；R 表示随机分配。

图 5-9　前后控制组设计流程图

所罗门四组设计实际上是前面两种设计的结合。因此，这种设计将两者的优势集于一身，如图 5-10 所示。所罗门四组设计首先将参与者随机分配到四组中的任意一组，两组接受前测，另外两组不接受前测；接受前测组中的一组和未接受前测组中的一组分别接受实验处理，另外两组不接受任何处理或另一种处理；最后，所有四组都使用相同的测量方法进行后测。这种设计的好处是可以进行多组比较，确定前测和实验处理的效果。这种设计实际上优于前后测控制组设计，但是由于组数增加，需要更多样本。

组别	时间			
实验组 1	R	O	T	O
控制组 1	R	O	A	O
实验组 2	R		T	O
控制组 2	R		A	O

注：O 表示观察；A 表示未接受任何处理或另外一种形式的处理；T 表示处理；R 表示随机分配。

图 5-10　所罗门四组设计流程图

纯实验研究设计的明显优势在于其能够从研究中得出非常具有说服力的因果关系结论，是唯一能够建立因果关系的研究类型。然而，纯实验研究的要求极其严格，研究人员必须确保研究设计严谨、完整。

第 5 章　第二语言习得研究设计

4）单一受试研究设计

实验设计不仅可以通过对参与者进行分组研究来完成，还可以针对单个受试进行，这种类型的设计称为单一受试研究设计。单一受试研究设计通常用于研究某一个体的行为变化。一般来说，在这种设计中，受试者分别会经历一个未接受实验处理的阶段和一个接受实验处理的阶段，并在每个阶段对其表现进行测量（Gay et al., 2012）。未接受实验处理的阶段用字母 A 表示，实验处理阶段用 B 表示。单一受试研究设计包括 A–B 设计、A–B–A 设计、交替处理设计（alternating-treatment design）和多基线设计（multiple-baseline design）四种。

A–B 设计是单一受试研究中最简单的形式，如图 5–11 所示。在这种设计中，在一段时间内获得基线测量（A），再接受实验处理（B），并在此期间多次测量。如果观察到行为发生了变化，那么就可以说实验处理产生效果。这种设计的不足之处在于无法保证内部效度，对其结果可能存在多种不同的解释，处理效果可能是由受试在自然成熟或是处理期发生的其他事件引起的。

时间											
A：基线阶段				B：处理阶段							
O	O	O	O	X	O	X	O	X	O	X	O

注：O 表示观察；X 表示消除干预。

图 5–11　A–B 设计流程图

为解决 A–B 设计中内部效度的问题，A–B–A 设计增加了一个基线期，让受试者再回到无实验处理的基线期。A–B–A 设计基本流程如图 5–12 所示：第一个阶段先建立基线（A），第二个阶段引入处理（B），第三阶段移除处理（A）。如果移除处理后，消极行为又回来了，这往往说明实验处理有效果。但是这种设计会产生伦理问题，因为让个案回到基线期的不理想状态，是对参与者的一种心理伤害。

时间													
基线阶段（A）				处理阶段（B）						基线阶段（A）			
O	O	O	O	X	O	X	O	X	O	X	O	O	O	O	O

注：O 表示观察；X 表示消除干预。

图 5–12　A–B–A 设计流程图

交替处理设计用于研究和解释两种实验处理的比较效果。这种设计将两种实验处理交替进行，记录下受试者的行为变化过程，并将其绘制成图表以便进行比较。

多基线设计是针对两种或多种行为或个体进行评估。首先确定某一种行为或个体初始稳定基线，再对其中一种行为或个体进行干预或处理，而其他行为或个体不受影响。一段时间过后，将干预用于下一个行为或个体，而其余行为或个体不受影响，以此类推，直到实验处理已依次应用于设计中的所有行为或个体。通过对初始行为记录后的不同行为或个体连续施加干预后，多基线设计有助于推断干预的效果。

多基线设计通常有两种形式，一种是对多个受试者引入同一个处理，另外一种是针对单一受试者多种行为引入同一个处理。前者为多个受试者分别建立各自的基线，然后为每一个人引入实验处理。实质上，每个受试都在进行 A-B 设计测试。这种设计的关键是，每个受试接受实验处理的时间不同。如果当一个受试接受处理后，行为发生变化，这可能是一种巧合。但是，如果多个受试接受处理后，行为都发生变化，尤其是不同受试在不同时间接受处理后，这可能就不是巧合。多基线设计的另一种设计与第一种很类似，区别在于它是针对同一参与者多个行为建立多个基线，并且在不同时间对不同行为引入处理。具体设计步骤如图 5-13 所示：

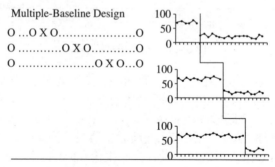

注：O 表示观察；X 表示消除干预。

图 5-13 多基线设计流程图

单一受试研究设计的优势在于能够聚焦单一受试者，聚焦实验处理是否对该受试者产生效果。通过关注单一个体、行为和某一种处理，有助于纠正消极或不良行为。这种研究设计的局限性在于它对行为纠正的解释不足。

总之，实验研究是系统性的实证探究，是研究者要引入处理变化、记录效果并完全控制研究的设计。然而在非实验性研究中，由于独立变量的变化已经发生，研究者不能对情况进行操纵。

5.1.3 定量研究的信度效度

科学研究价值部分取决于研究人员能否证明其研究结果的可信度的能力。不管是对学科而言，还是对数据收集和分析所涉及的研究方法而言，所有科学的认识方式都在努力探求科学真理。这要求研究者周密考虑研究设计的严谨性，因为它会直接关系到研究质量。在定量研究中，这是通过测量有效性和可靠性来实现的。举个简单例子来说明效度和信度的关系。例如，你把闹钟时间设置为每天早上 7 点钟，但它却是每天 7 点 30 分才响起，从中可以认为这个闹钟很可靠（有信度，即每天都在相同的时间响起），但不是有效的（无效度，即没有在期望的时间响起）。

1. 定量研究的信度

信度是指测量工具的准确性或一致性。换句话说，如果在相同的情况下重复使用某一研究工具时，其结果应该保持一致。例如，使用同一份动机问卷在两个不同时间段调查同一个人的学习动机，该调查者完成前后两次问卷的结果应该保持相同。当检验一个工具或一项调查的信度时，要确保某一时间内得到的结果与另外一个时间内得到的结果相似。虽然不可能准确地计算出可靠性，但可以通过同质性、稳定性和等值性（equivalence）三种测量方法来衡量信度高低。

同质性，也称内部一致性，指用来测量同一个概念的多个计量指标的一致性程度，常用 Cronbach's α 系数、分半（split-halves）信度和 Kuder-Richardson 系数评估。Cronbach's α 是最常用的信度测试方法，指计算出所有分组组合之间的相关系数的平均值，可以用于带有两个以上选项的问题。Cronbach's α 系数值介于 0～1，一般认为系数值大于等于 0.7 为比较可靠。分半信度是指把一个测试或工具的结果分成两部分，再计算和比较这两部分结果的相关性。其中，相关性强表示可靠性高，相关性弱则表示该工具不可靠。Kuder-Richardson 信度检验是分半信度检验的一个更复杂的版本，指计算出所有可能分组的平均值，系数值位于 0~1。这个测试比分半测试更准确，但只能用于只有两个选项的问题（例如，是或否，0 或 1）。

稳定性一般需要借助前后测和平行测。前后测是指在类似的情况下对相同的参与者进行多次测试，然后对参与者每次完成测试的分数进行统计比较，这样就可以测量工具的前后测信度。平行测信度（或称交替形式信度）与前后测信度相似，只是在后续测试中给参与者提供了原始工具的其他形式。在这两个版本中，测试的领域或概念是相同的，但题项的措辞不同。稳定性体现在被调查者每次完成测试的分数之间存在较高相关性，一般来说，相关系数小于 0.3 表示弱相关，0.3~0.5 表示中度相关，大于 0.5 表示强相关。

等值性是指不同观察者使用相同工具同时测量同一对象，或两个大致相同的研究工具同时测量同一对象时所得结果的一致程度。最常用的指标是评分者间信度，它是指不同评分者使用相同工具同时测量同一对象时，所得结果的一致程度。一致程度越高，则该工具的等值性越好，信度越高。例如，使用观察法收集资料时，不同观察者使用同一评定工具进行观察时会产生观察者偏倚，这种情况下研究工具应包括所使用的评定工具及观察者。因此，当研究过程中存在不同资料收集者使用评定工具进行收集资料时，有必要评估资料收集者间评定结果的一致性，即评分者间信度。当评分者为两人时，根据评定结果的资料类型的不同，评分者间信度可通过 Pearson 积差相关系数（连续变量）、Spearman 秩相关系数（连续等级变量）或 Kendall 等级相关系数（两个分类变量均为有序分类）表示。如果评分者在两人以上，需要采用等级记分（其他形式的资料需要转化为等级资料），再采用 Kendall 相关系数来评价评分者间信度。评分者间信度的数值介于 0~1，数值若越趋近于 1，说明研究工具的评分者间信度越高。一般认为评分者间信度至少应达到 0.6，当大于等于 0.75 时认为该工具的评分者间信度非常好。

2. 定量研究的效度

在定量研究中，效度是指测量工具在多大程度上测量了它应该测量的对象，即某一概念被准确测量的程度。例如，一项旨在测量语言能力的调查问卷，若实际上测量的是学习成绩，这将被认为是无效的。效度比可靠性更难测量，因为无法用公式或分数来测量它。这是一个永无止境的过程，因为在某一领域有效的调查可能在另一个情况下无效。效度分为内容效度、效标效度和构念效度三种类型。

第 5 章　第二语言习得研究设计

内容效度是指研究工具准确测量构念各个方面的程度,用于测量特定领域的概念知识。它关注研究工具是否充分涵盖与变量有关的所有应该包括的内容。换言之,研究工具是否涵盖了与变量相关的整个领域,或是否涵盖所测量的构念。例如,在"大学英语"课程中,具有内容效度的期末考试应覆盖该课程的所有内容,并更加关注那些已经讲授过的内容。在内容效度中比较重要的一个部分是表面效度,即基于专家判断——询问专家对研究工具是否能够测量预期概念的看法或意见。

效标效度是指某一研究工具与测量同一变量的其他研究工具之间的相关程度,通常采取统计相关性来确定不同工具测量同一变量的相关程度。例如,使用数字温度计和水银温度计测量同一个人的体温,然后比较这两种温度计的相关性。效标效度包括聚合效度、分歧效度和预测效度三种测量方法。聚合效度是指一个工具与测量类似变量的其他工具之间的相关度高,而分歧效度是指一个工具与测量不同变量的其他工具之间的相关性差。例如,测量动机的工具和测量自我效能的工具之间应该是低相关。预测效度是指测验对预测某种行为的有效性程度,例如智力测验结果对学习成绩的预测度。

构念效度是指研究者收集到的数据与所研究的潜在构念之间的相关程度。例如,如果一个人在测试语言能力的问卷调查中得了高分,那么这个人是否真得具有很高的语言能力?通常使用因子分析统计方法确定变量之间的关系,根据计算出来的相关系数来衡量构念效度。在进行因子分析之前,必须先进行因子分析适合性的评估,以确保所获得的资料适合进行因子分析。一般采用 KMO(Kaiser-Meyer-Olkin)检验或 Bartlett 球形检验来进行适合性分析,KMO 值(介于 0~1)越大,所获资料就越适合于做因子分析,或者当 Bartlett 球形检验的 P 值 < 0.05 时,才适合做因子分析。Kaiser & Rice(1974)指出,当 KMO 值 > 0.9 时,非常适合进行因子分析;当 KMO 值 < 0.6 时,不适合进行因子分析。

关于研究工具是否具备构念效度,通常采用同质性、趋同性和理论证据三种方法进行验证。同质性是指该工具测量的是一个而不是多个建构体。趋同性是指某个工具测量的概念与其他工具测量此概念的结果之间具有相似度。但是,如果没有类似的工具,这一点是不可能做到的。理论证据是指行为与工具所测量的构念理论命题之间具有相似度。例如,当用调查问卷测量焦虑时,人们会期望看到,在调查问卷中取得焦虑高分的被调查者在日常生活中应该表现出焦虑的症状。

5.2 定性研究

定性研究，有时也称为质性研究或质的研究，是为了确定研究对象是否具有某种性质或确定引起某一现象变化的原因、过程的研究。定性研究通常采用逻辑分析、性质分析、因果分析、矛盾分析等方法，目的是发现包括书籍、其他形式的写作和视频在内的文本中的模式和意义。这些文本中的信息不太容易转化为数字，不方便进行统计分析。定性研究要回答的不是数量上多少的问题，而是性质上"是什么""属于什么"等的问题。

定性研究在人类学科中有着悠久、卓越的历史。在社会学方面，"芝加哥学派"在20世纪20年代和30年代的工作确立了定性研究对研究人类群体生活的重要性。在人类学方面，同一时期，Franz Boas、Margaret Mead、Ruth Benedict、Gregory Bateson、E.E. Evans-Pritchard、Alfred Radcliffe-Brown 和 Bronislaw Malinowski 等人的开创性研究勾勒出了田野工作方法的轮廓。这种方法要求观察者到异国他乡去研究另一个社会和文化的风俗和习惯（Rosaldo，1989）。很快，定性研究就被运用到传播学、教育学、应用语言学等其他人文和社会科学中。

5.2.1 定性研究的定义

定性研究方法的探讨经常与定性研究的定义密切相关。因为定性研究本身涵盖很多方法，并且涉及多种数据的收集和分析，所以很难给定性研究下一个十分明确的定义。此外，定性研究和定量研究的界限也并不是完全泾渭分明，二者的区别主要来自对研究本身的性质及其所要理解的世界所持有的信念，这些信念反映在人们普遍达成共识的实证主义、建构主义和批评理论三种主流范式（Richards，2009）中。实证主义认为，人们可以通过精心设计的实验或测量过程来检验有关世界本质的假设。但是这一观点受到建构主义的挑战，建构主义反对知识客观化，认为通过情境调查来理解参与者对现实的社会建构。第三种范式与批判理论密切相关，认为参与者视角反映了社会和历史力量产生的权力不对称，主张在此基础上具体分析参与者的视角。新范式的出现及其对后实证主义"霸权地位"的挑战，导致了20世纪70、80年代的"范式战争"。在这场战争中，各种对立的观点纷纷登场（Bryman，2006），研究者对定性研究拥有越来越浓的兴趣和越来越高的接受程度表明新范式的出现,从一定程度上来说,范式转变涉及用另一种不可通约的观点取代原先对知识和研究(也包括研究者所研究的世界)的思考方式。因此,定性方法的接受表明该领域正在经历 Thomas Kuhn 在其对物理科学概念变化的历史描述中所谈到的范式革命(Kuhn,1962)。

鉴于定性研究的多样性特点,不同学科视角可能会对定性研究产生不同理解和诠释。定性研究是一个跨学科、跨领域的研究方法,跨越了人文科学、社会科学和物理科学。马克·康斯特斯通过动态演进方式概括了对定性研究概念的理解,将定性研究方法定义为由哲学立场、方法论导向、收集数据的方法、技术程序、分析视角和报告方式六个要素构成的一个动态过程(马克·康斯特斯、张莉莉,1997),各个要素的互动步骤和过程如图 5-14 所示。

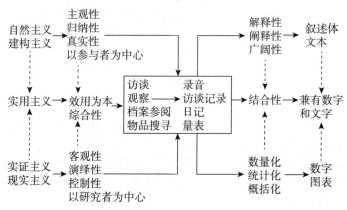

图 5-14　定性研究各个要素的互动步骤和过程

人们对定性研究的认识比较模糊并缺少共识,这是因为未能把方法和探究分开考察。方法通常聚焦于收集数据的系统性,而探究则反映了认识和方法论上的立场(Sherman & Webb,1988)。Denzin & Lincoln(1998)认为定性研究具有多样性,其实践者强调自然主义的观点和对人类经验的解释性理解;同时,该领域具有内在的政治性,并受到多种伦理和政治立场的影响,任何定性研究的定义都必须在这个复杂的历史领域内进行。Denzin & Lincoln(2018)根据定性研究的发展状况,从最初的社会建构到后来的解释主义,再到目前的世界社会公平,不断更新定性研究的内涵,认为定性研究是一种将观察者置于世界中的情景活动,包括一系列使世界可见的解释性的物质实践,这些实践改变了世界并将世界转化为一系列的表征,包括现场笔记、访谈、对话、照片、录音和自我备忘录。在这个层面,定性研究涉及对世界的解释性、自然主义的方法,这意味着定性研究者在自然环境中研究事物,试图从人们为其带来的意义来理解或解释现象。定性研究包括研究使用和收集各种经验材料——案例研究、个人经验、自省、生活故事、访谈、人工制品、文化文本和产品,以及观察、历史、互动和视觉文本——来描述个人生活中的常规情况和问题。相应地,定性研究者运用了广泛的相互关联的解释实践,总是希望能更好地理解手头上的主题。在任何研究中,人们往往倾向于使用多种方式来解释实践(Denzin & Lincoln, 2018)。通过使用归纳法,研究者可以尝试理解一种情况,而不将预先存在的期望强加给所研究的现象。因此,研究者从具体的观察开始,随着研究的进展,强调分析范畴从数据中展现。

国内学者从不同角度对定性研究进行了探讨,比较具有代表性的是陈向明的定义。陈向明从研究方法本身和文化主位的角度出发,认为定性研究"是以研究者本人作为研究工具,在自然情境下采用多种资料收集方法对社会现象进行整体性探究,使用归纳法分析资料和形成理论,通过与研究对象互动对其行为和意义建构获得解释性理解的一种活动"(陈向明,2000:12)。国内其他研究者也对此进行了探讨,例如姚计海(2017)认为定性研究强调研究者通过与研究对象之间的互动对事物进行深入、细致、长期的体验,对事物的现象进行整体性探究分析,得到比较全面的解释性理解或形成理论。

总而言之,在二语习得研究领域,定性方法是一种在自然情境中,以收集定性资料为主,通过诠释和移情的途径来揭示和理解教育、教与学现象及其内部意义的研究方法,具有 Richards(2009)所提及的如下四个特征:

- 本地化:在自然环境和条件下研究人类参与者,避免人为构建的情境。
- 以参与者为导向:对参与者关于世界的观点很敏感,并寻求理解。
- 整体性:对情境敏感,不脱离情境而研究孤立的方面。
- 归纳性:依赖于数据并利用不同的观点来解释过程。

5.2.2 定性研究的种类

鉴于定性研究的多样性,研究者从不同视角对定性研究进行分类。例如,Tesch(1990)根据研究者关注焦点将 28 种定性研究方法划分为流程图的四个分支;Wolcott(1992)依据数据收集方式将各种定性研究方法以树形图的方式呈现;Crabtree & Miller(1992)按照研究者主要关注的个体、社会世界或文化等人类生活领域,将研究方法归纳为 18 种类型;Jacob(1987)将教育领域中的定性研究按照生态心理学、符号互动主义、整体民族志(holistic ethnography)等研究传统归类;Lancy(1993)从人类学、社会学、生物学、认知心理学等不同学科角度探究定性研究方法的分类。表 5-1 提供了不同学者对定性研究的分类框架。

表 5-1　不同学者对定性研究的分类框架(Creswell & Poth,2018)

研究者及提出年份	定性研究方法			学科
Jacob(1987)	生态心理学 传播民族志	整体民族志 符号互动主义	认知人类学	教育
Munhall & Oiler(1986)	现象学 历史研究	扎根理论	民族志	护理
Lancy(1993)	人类学视角 案例研究	社会学视角 个人叙事	生态学视角 认知研究 历史探究	教育
Strauss & Corbin(1990)	扎根理论 生活史	民族志 会话分析	现象学	社会学,护理
Morse(1994)	现象学 扎根理论	民族志	民族科学	护理
Moustakas(1994)	民族志 实证现象学研究	扎根理论 启发式研究	诠释学 超验研究 现象学	心理学
Denzin & Lincoln(1994)	案例研究 常人方法论 自传式	民族志 阐释 历史	现象学 扎根理论 临床研究	社会科学
Miles & Huberman(1994)	诠释主义	社会人类学	协作社会研究	社会科学

（续表）

研究者及提出年份	定性研究方法			学科
Slife & Williams（1995）	民族志	现象学	制品研究	心理学
Denzin & Lincoln（2005）	表现研究 批判性民族志 公共民族志 扎根理论	诠释性 生活史 临床研究	案例研究 叙事 参与式行动研究	社会科学
Marshall & Rossman（2015）	民族志方法	现象学方法	社会语言方法	教育
Saldana（2011）	民族志 案例研究 叙事研究 评估研究 批判探究	扎根理论 内容分析 艺术本位研究 行动研究 自我民族志	现象学 混合方法研究 新闻调查	艺术
Denzin & Lincoln（2011）	研究设计 民族志 常人方法论 历时方法 临床研究	案例研究 现象学 扎根理论 行动与应用研究	民族志 参与观察 表现研究 生活史	
Mertens（2015）	民族志研究 扎根理论	案例研究 参与式行动研究	现象学研究	教育，心理学

仔细观察表 5-1 可以发现，民族志、扎根理论、现象学和案例研究等方法始终出现在各个不同的分类框架体系中。此外，一些与叙事有关的方法，如生活史、自我民族志和传记也是普遍使用的研究方法。这五种方法分别来自不同的学科，叙事方法源于人文和社会科学，民族志源于人类学和社会学，扎根理论源于社会学，现象学方法源于心理学和哲学，案例研究源于人文和社会科学以及评价研究等应用领域。

自 2000 年以来，多个学者对二语习得领域中的定性研究方法进行了梳理和探讨（Brown & Rodgers，2002；Dörnyei，2007；Holliday，2004，2007；Perry，2011；Richards，2003；Rose & McKinley，2016），这些文献均提及了案例研究方法。除此之外，民族志、对话分析、行动研究、扎根理论、内省方法和现象学也在多个文献中出现。现象学和扎根理论虽然在定性研究中普遍占有一席之地,但在语言教学研究中却并不显眼;此外只有 Richards(2003)提到了生活史。

5.2.3 定性研究的信度效度

社会科学的其中一个目的是描述社会世界,这里的描述是指用某种可控制的方式对社会世界进行描述。所有的描述都受到某一理论视角的影响,因此是对现实的表征而不是对现实的重现,尽管如此,还是有可能通过实证检验的方式来描述社会互动。信度和效度就是用于描述研究的客观性和可信度。在研究实践中,保证和提高客观性涉及确保研究数据的准确性和包容性(信度)、检验记录分析主张的可靠性(效度)。

1. 定性研究信度

科学研究关注"真理价值""适用性""一致性"和"中立性",只有这样才能被认为具有价值(Guba & Lincoln,1981)。但是,理性主义范式(定量研究)中的知识性质不同于自然主义范式(定性研究)中的知识。因此,每种范式都需要各种标准来解决"严谨性"(理性主义范式中最常用的术语)或"可信性"(自然主义范式中常用的术语)问题。在理性主义范式中,达到严谨性目标的标准是内部有效性、外部有效性、可靠性和客观性;在自然主义范式中,达到可信性的标准是可信性、适合性、可审计性和可确认性(Guba & Lincoln,1981)。

无论是定性研究还是定量研究,均关注研究过程和结果的可复制性,要求研究人员使用同样的方法能够获得与先前研究相同的结果(LeCompte & Goetz,1982),尤其是定量研究强调数据收集标准化、持有中立和无偏见的假设等诸多方面。虽然 Hammersley(1992)对此提出质疑,但是定性方法的非标准化特性给定性研究信度带来了很大挑战。为解决这种挑战,可以从数据收集工具和研究者两个维度来提高定性研究信度。就数据收集工具而言,信度是指数据收集工具的一致性或恒定性,或者所收集数据的一致性或可靠性程度。例如,在一次访谈或问卷中,核查被调查者对某一主题的回答是否存在差异,还可以通过在一次访谈中使用意义相同的问题或其他形式。从研究者角度来说,信度是指不同的观察者或同一观察者在不同场合将观察对象归入同一类别的一致性程度（Hammersley，1992）。例如，根据研究的具体情况，在不同时间向同一研究对象提出相同问题，再核查回答是否一致，或者由两个研究者同时观察。通过把可复制性和评分一致方法应用于定性访谈或观察研究中，从而将高度可变的数据收集方法标准化。

就定性研究过程而言，只要方法论和认识论中的步骤一致，并且产生从本体论上来说相似的数据，尽管这些数据可能在丰富性和环境上存在细微不同，但是此时可以容忍研究结果具有一定变异性。为提高信度，可以通过证伪分析、数据持续比较、综合使用数据、包含变异案例和使用表格等方法来提高研究过程和结果的信度（Silverman，2017）。由于数据是从原始资料中提取出来的，研究者必须通过持续比较来验证其在形式和情境方面的准确性。定性数据范围和分析具有全面性和包容性，应尽可能参照定量数据研究（Patton，1999）。

2. 定性研究效度

任何研究，无论是定量研究还是定性研究，都应保持严谨性和控制性。定性研究效度是指工具、过程和数据的适当性，涉及如何解释观察结果。虽然在定性研究中很难保持效度，但有一些其他方法可以提高定性研究的质量。例如，研究问题对预期结果是否有效，方法的选择对回答研究问题是否合适，设计对方法是否有效，抽样和数据分析是否合适，最后结果和结论对样本和背景是否有效等。在评估质性研究的效度时，可以从所研究问题的本体论和认识论出发，例如，由于哲学立场不同，人本主义心理学家和积极心理学家对个体的概念看法也不同。人本主义心理学家认为个体是存在意识和社会交往的产物，而积极心理学家则认为个体与人类形成并存。从不同的路径出发，有关个体幸福感的定性研究因研究路径不同而导致效度的不同。要提高定性研究的效度，研究方法的选择应适当考虑文化和背景的可变性，这样才能够在适当的环境下发现相应的研究结果或现象。例如，抽样、抽样步骤和抽样方法必须适合对应的研究范式；系统性抽样、目的性抽样或理论性（适应性）抽样要区分开，其中系统性抽样没有先验的理论，目的性抽样往往有一定的目的或框架，理论性抽样则是在数据收集和理论的不断演进过程中形成的（Gentles & Vilches，2017；Koro-Ljungberg et al.，2008）。对于数据的提取和分析，可采用多种方法来提高效度，例如通过第一层级中的研究者三角验证和第二层级中的研究资源和理论的三角验证（Lincoln & Guba，1985），有据可查的材料和过程审计跟踪（Kleijn &

van Leeuwen，2018），以概念或案例为导向的多维分析以及受访者验证（Jansen，2010）等。

此外，定性研究效度还与定性数据类型密切相关，需要根据不同的数据类型采取不同的形式。例如，在访谈研究中，效度是指受访者所表达的观点是否如实反映了他们当时的经历和观点，或者是指它们是否是访谈情境本身所产生的结果。再比如，在观察性研究中，效度涉及研究者的现场笔记和基于这些笔记的描述的重构性。也就是说，这些描述在一定程度上反映了研究者的文化视角和认知视角，而不是参与者的文化视角和认知视角（Hammersley & Atkinson，2007）。又比如，在对话分析中，有效性问题的表述方式则完全不同。对话分析研究的核心目的是研究谈话中的互动，不是将其作为其他社会现象的代表，而是将其本身作为一种现象。

5.3 混合研究

在定性与定量研究范式新一轮的对抗与融合中，定性研究的重要性逐渐受到重视，而且目前学者更倾向于采用定量与定性相结合的混合研究。混合研究在教育、应用语言学等人文社会学领域里逐步兴盛起来。Abbas Tashakkori 和 John Creswell 两位学者于 2007 年创立《混合方法研究》（*Journal of Mixed Methods Research*）期刊，开启了混合研究方法的新时代，以及二语习得定量研究和定性研究融合的新路径。很多学者都在讨论融合定量和定性研究的混合方法的概念、方法和质量标准（Greene & Caracelli，1997；Tashakkori & Teddlie，2003）。二语习得领域的实证研究在传统上倾向于关注量化研究，但是混合研究的论文数量近年来在持续上升（Magnan，2006）。

定量研究者认为社会科学的探究是客观的，主张把社会观察作为实体来对待，应当把观察者与被观察的实体分离，社会科学结果的真实原因可以可靠和有效地确定，就像物理科学家对待物理现象一样。根据这一学派的观点，二语习得研究者应该消除自己的偏见，对研究对象保持情感上的疏离和不介入，并对自己提出的假设进行检验或实证。然而，定性研究者反对这种所谓的实证主义，主张建构主义、理想主义、相对主义、人文主义、解释学，认为多重构建的现实比比皆是，研究是有价值约束的，不可能完全区分原因和结果，无法完全分开研究者和研究对象，因为主观的知者是现实的唯一来源（Guba，1992）。这两个派别最初都坚持认为自己的范式最适合研究，认为定量研究和定性研究两者无法相容（Howe，1988）。社会科学研究发展经常因理论视角或研究方法不同而产生争论。在某种意义上，这些争论是一种健康发展的迹象。质疑是科学探究的一个重要组成部分，不同类型的方法代表了重要的批判性观点，同时为彼此的问题提供了可能的解决方案。混合研究作为继定量研究和定性研究之后的第三种研究范式，借鉴实用主义哲学，为实践研究者带来了很多希望，有助于弥合定量研究和定性研究之间的分裂（Onwuegbuzie & Leech，2005）。

5.3.1 混合研究的定义

混合研究的定义并没有一个统一的划分标准，无论是从狭义或纯粹的意义上来说，还是从更广泛或高度包容的意义上来说，始终存在多个重要的标准，因为随着研究方法或研究范式的不断发展，定义通常会随之而改变。研究者们长期以来用各种名称来指称混合研究，例如 blended research（Thomas，2003）、integrative research（Johnson & Onwuegbuzie，2004）、multimethod research（Hunter & Brewer，2003；Moret，2003）、multiple methods（Smith，2006）、triangulated studies（Sandelowski，2003）、ethnographic residual analysis（Fry et al.，1981）、mixed research（Johnson & Christensen，2017）等。

Johnson et al.（2007）认为混合研究的方法中"方法"一词的解释和使用应围绕数据收集方法（如问卷、访谈、观察）、研究方法（如实验、人种学）和相关哲学问题（如本体论、认识论、公理论）三个方面而展开。他们以此为分析框架，对31位著名学术专家给出的19种混合方法定义进行编码分析，得出五大主题。主题一涉及混合内容，绝大多数定义均表明混合研究既包括定量研究又包括定性研究（QUAL + QUAN），有一个定义建议扩大混合研究的范围，将研究内混合设计包含在内（QUAN + QUAN）。主题二涉及混合阶段，有三个定义表明混合发生在数据收集阶段，有两个定义表明混合发生在数据收集和数据分析阶段，至少有四个定义表明混合方法可能发生在研究的所有阶段，有一个定义要求混合方法必须在对同一研究问题的研究中包含定量和定性方法。主题三与混合研究广度相关，这一主题可被视为处于一个连续体，一端将混合研究定义为定性数据和定性数据的混合（QUAL + QUAL），中间部分将混合定义为所有阶段的混合，另外一段将方法论世界观和语言的混合纳入其定义，这一部分的标准非常广泛，包括质化（种类、类别）和量化（数量）语言或话语的混合（如研究者的方法论世界观、解释的形成以及研究结果的撰写和交流）。主题四是关于混合研究开展的理由，多数定义包括一个或多个目的，广度或佐证是提及最多的一个关键目的，其中反映深度或广度的理由是提供更好的理解、反映更全面的情况和加深理解、增强描述和理解。与佐证密切相关的理由是提供调查结果的三角验证。一些方法学家将这两个目的（广度和佐证）都包含在他们的定义中，验证和阐释另一种方法的调查结果并得出更加全面、内部一致和有效的调查结果，提供更详细的理解和对结论的更大信心，增加效度并获得更全面和更深刻的理解，对研究问题提供更丰富、更有意义、更有用的答案。然而，对于少数研究者来说，主题并不限于提供广度和/或佐证，还包括实现研究项目的目标、实现社会正义。最后一个主题涉及混合方法研究的倾向，一些定义倾向采取自下而上的方法，即由研究问题驱动的混合研究方法，至少有一个定义采取自上而下的方法，即混合方法不受研究问题驱动，而是受研究者开展的解放性、反歧视性、参与性等研究探索驱动。这类研究直接关注边缘化的个人或群体的生活和经验，每一项混合方法研究都位于这个自下而上/自上而下的概念化连续体的某个位置，而不是代表一种二分法。在此基础上，他们将混合研究定义为"研究者或研究小组将定性和定量研究方法中的各要素（如定性和定量观点、数据收集、分析、推理方法等）结合起来，旨在广泛达到理解与佐证的广度和深度的一种研究类型"（Johnson et al., 2007：123）。

总而言之，混合研究并非简单地把质化和量化研究方法、质化和量化研究材料进行混杂和相加，而是兼顾量化与质性研究的特点，有机结合定性和定量范式所代表的认识论、思维模式和视野，强调量化研究与质性研究都具有重要价值且具有互补性，可以在一个研究中共同使用并发挥两者的优势。

5.3.2 混合研究的种类

根据 Creswell 及其合作者的观点，混合研究分类经历了四个阶段（如表 5–2 所示），从 2003 年早期提出的六种分类，至 2007 年《混合方法研究设计与实施》第一版中的四个分类、2011 年第二版中的六个分类，最后到 2018 年第三版中的三大分类。Creswell & Plano-Clark 在

2018 年提出的解释性顺序设计（explanatory sequential design）、探索性顺序设计（exploratory sequential design）和交汇性设计（convergent design）三大混合方法研究分类，简洁明了，便于操作和实施。混合方法研究的核心是三种分类中的一种或多种，不同研究者可能会使用一个或多个设计研究。

表 5-2　Creswell 及其合作者的混合方法研究分类

2003 年分类 （Creswell et al.，2003）	2007 年分类 （Creswell & Plano-Clark，2007）	2011 年分类 （Creswell & Plano-Clark，2011）	2018 年分类 （Creswell & Plano-Clark，2018）
顺序性解释	解释性设计	解释性顺序设计	解释性顺序设计
顺序性探索	探索性设计	探索性顺序设计	探索性顺序设计
顺序性转换		转换性设计	
共时性三角验证	三角验证设计	交汇性平行设计	交汇性设计
共时性嵌套	内嵌设计	内嵌设计	
共时性转换			
		多阶段设计	

从表 5-2 中可以看出，分类名称的变化反映了他们对整合定量和定性研究的总体意图和认识深化，最初侧重于混合方法研究中定量和定性部分的混合时机（例如"顺序性解释"或"共时性三角验证"），但在实践中时机是一个难以应用的标准，因为两种数据可能在大致相同的时间收集。现在不再关注数据来源的相互验证，而是强调研究者依据研究目的用数据源做什么，通过混合两种数据达到何种结果，因此选取"解释""探索"还是"交汇"这三个词当作三大混合研究设计名称中的第一个词。再有，考虑到定量数据和定性数据的先后顺序，"顺序"一词成为三大混合研究设计名称中的第二个词。Creswell & Plano-Clark（2018）的混合研究设计概念从最初强调时间或顺序问题转变为关注设计的目的或意图，同时淡化了其中定性和定量优先问题，为研究者提供更加实用的研究方案。此外，内嵌设计不再被看作将混合方法核心设计与其他方法组合的多种形式之一，同时认为转换性设计不再是一种独特设计，而是一种为混合方法的使用提供基础的世界观或哲学的设计。多阶段设计这一术语过于笼统，因为大多数混合方法研究都有多个阶段。

1. 交汇设计

交汇设计是混合方法中一种常见的方法,当研究者听到混合方法时,通常首先想到的就是这种设计。早在 20 世纪 70 年代,学者们就开始讨论这种设计(Jick,1979)。交汇设计最初是指一种三角验证设计,即使用两种不同的方法来获得关于单一主题的三角验证(定量和定性)结果,但它常与定性研究中三角验证的使用相混淆。自 20 世纪 70 年代以来,这种设计有很多称法,如同步三角验证(simultaneous triangulation)(Morse,1991)、平行研究(parallel study)(Tashakkori & Teddlie,1998)、交汇模型(convergence model)(Creswell,1999),以及并发三角验证(concurrent triangulation)(Creswell et al.,2003)。交汇设计的目的是获得关于同一主题的不同但互补的数据(Morse,1991),以便最好地理解研究问题。这种设计融合了定量和定性两种研究方法的优点,将定量研究的大样本量、客观测量、趋势和泛化等特征与和定性方法的小样本、主观解释、细节和深度等特征进行有机结合(Patton,2015)。当研究者希望把定量的统计结果与定性的研究结果进行比较,以全面了解研究问题时,就会采用这种设计。这种设计的其他目的还包括证实和验证,用定性结果说明定量结果,或通过在转化的定性数据中加入新的变量来研究变量之间的关系。例如,某一学期内,二语习得研究者通过问卷调查大学生对外语学习动机的态度,同时对学生进行同一主题的焦点小组访谈;接着对调查数据进行定量分析,对焦点小组进行定性分析;最后比较两组结果来评估大学生对学习动机态度的异同。图 5-15 展示了交汇设计的具体过程:

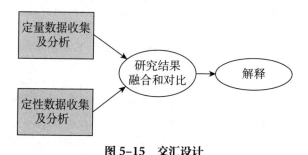

图 5-15　交汇设计

2. 解释性顺序设计

数年来,混合方法设计的著作一直在强调顺序方法,使用的名称有顺序模型（sequential model）（Tashakkori & Teddlie，1998）、顺序三角测量（sequential triangulation）（Morse，1991）、定性跟踪方法（qualitative follow-up approach）（Morgan，1998）和迭代设计（iteration design）（Greene，2007）。解释性顺序设计旨在使用定性方法来解释最初的定量结果。例如，当研究者需要定性数据来解释定量的显著（或不显著）结果、异常值结果、令人惊讶或困惑的结果时，解释性顺序设计就非常适合（Bradley，1993；Morse，1991）。当研究者希望根据定量结果进行分组，并通过后续的定性研究对各个小组进行跟踪时，或者利用关于参与者特征的定量结果来指导定性阶段的有目的抽样时，也可以使用这种设计（Morgan，1998；Tashakkori & Teddlie，1998）。

解释性顺序设计作为一种混合方法设计，分两个不同的阶段进行：首先进行定量数据的收集及分析，然后是定性数据的收集和分析，以解释或扩展第一阶段的定量结果。在定量阶段结果的基础上进行的定性阶段，其目的是为了更深入地解释最初定量数据的结果，此设计反映了定性数据是如何帮助解释定量结果的。例如，当研究者收集并分析定量调查数据以确定大学生外语学习动机的重要预测因素时，发现高年级学生的学习动机之间存在令人惊讶的负相关，于是就与他们进行定性焦点小组访谈，试图解释这一意外结果。

3. 探索性顺序设计

与二阶段性的解释性顺序设计不同，探索性顺序设计是一个包含三个阶段的混合方法设计：研究者首先收集和分析定性数据，接着将定性结果转化为定量检验方法或工具，这意味着定量检验方法或工具将以参与者的观点为基础，最后对收集到的定量数据进行分析。探索性设计的主要意图是基于参与者的文化或环境，调查基于定性数据的定量测量、调查、干预、数字工具或新变量。因为这种设计是从定性开始的，所以它最适合探索某一种现象。这种探索是出于以下四个原因：无法测量、缺乏工具或缺少实验活动；变量是未知的；没有指导性框架或理论；需要使现有的定量测量或工具尽可能地针对参与者或文化。当研究者因为没有工具而需要开发和测试工具时，这种设计特别有用。当研究者想评估定性结果是否适用于不同群体，或测试一个新兴理论或分类的各个方面，或深入探讨一个现象时，这种设计提供了很好的解决方案。

探索性顺序设计从第一阶段的定性数据的收集和分析开始，并通常将其放在优先位置。在探索性定性结果的基础上，研究者转向第二阶段——量化开发阶段。在此阶段，研究者会根据前一阶段的定性结果设计出新的变量、工具、干预活动,或者设计出某个应用程序/网站等数字产品。最后,在第三阶段,研究者对第二阶段设计出的新功能进行定量检验,解释定量结果如何建立在最初的定性结果的基础上,或者定量结果如何提供清晰的理解,因为它们是基于初始阶段中参与者最初的定性观点的。例如,研究者首先收集了有关青少年戒烟尝试的定性故事,并对故事进行分析,以确定青少年戒烟尝试的条件、背景、策略和后果;接着将所得类别视为变量,开发出一个定量调查工具;最后用这个工具来评估这些变量在大量青少年吸烟者中的总体流行程度。

5.3.3 混合研究的信度效度

定量研究通常需要详细的设计,采用高度结构化、封闭式的数据收集程序,而定性研究往往使用扎根于理论和其他方法来捕捉研究现象的本质。但是,这两种研究都采取各种措施来确保数据质量,例如通过重复观察或测量、使用多种数据收集模式等,尽可能多地获取所调查现象的信息。高质量数据是回答研究问题的必要条件,著名的 GIGO 原则(garbage in, garbage out)就是对产生高质量数据必要性的简单表达。混合研究中的数据质量是由定量研究和定性研究这两种研究质量标准决定的,只有定量数据和定性数据满足信度和效度的要求,混合研究的总体数据质量才能得到保证。同时,这给混合研究带来了一定挑战,因为定量研究和定性研究使用两套不同的标准来评估各自的数据质量。定量研究从两个方面来评估数据质量,一方面考虑数据或测量的效度,即数据是否代表了他们要表达的构念,另外一方面关注数据或测量信度,即数据是否一致地、准确地代表了所考察的构念。植根于现象学的定性研究旨在理解参与者在研究中所经历的社会现实(Ary et al.,2007),因此效度更加强调研究者所写内容"对原始多重现实的建构者来说是否可信"(Lincoln & Guba,1985:296),也就是说,定性研究报告对研究者所研究的参与者而言是否可信。定性研究信度关注的是在不同的情境下,研究者本人作为研究工具是否可以一致地跟踪或解释某一现象的变化程度(Lincoln & Guba,1985)。

无论采取何种数据收集方法,研究者必须回答两个与数据质量有关的基本问题。第一个问题涉及测量效度,即是否真正测量、记录或捕捉了想要的内容,而不是其他内容。第二个问题涉及数据的测量信度,即测量或记录的内容前后是否一致和准确。研究结果的大部分争议都源于研究者是否有能力高效、明确地回答这两个问题，尤其是测量效度，因为在社会行为研究中大多数属性无法直接观察。因此，不可能直接观察到定量构念和获得的数据之间的对应程度。以语言能力为例，从定量角度来看，如果不能直接观察到一个人的语言能力，那怎么能够知道他是否在测试语言能力？从定性角度来看，如何才能知道是否真正记录或捕捉到了参与者对语言能力的感知，而不是研究者本人对这一现象的理解？

为了对定量数据的测量效度做出判断，必须用一种可观察和可记录的方式来定义构念。有时候，数据收集看起来像在测量所研究的内容（表面效度），但其实并没有真正测量到所研究的内容（建构效性），据此可知表面效度并不是衡量一个测量工具效度的真实指标。由于表面效度不是测量效度的良好指标，需要其他方法来确定数据质量。一种是请"专家"帮助研究者判断某个数据收集程序在多大程度上测量了它应该测量的东西。由于专家之间经常会有不同意见，这种类型的验证只对明确定义的属性或现象有用。在定量研究中，这被称为判断性验证（judgmental validation），在定性研究中称为同行核验（peer debriefing）。另一种确定数据有效性的方法是进行实证性审核或研究，这种方法在定量研究中被称为经验验证（empirical validation），在定性研究中被称为审计线索（audit trail）和反思性（reflexivity）。

在混合研究中，数据三角验证被广泛认为是评估数据总体质量的一种方法，但是这种三角测量可能比单一方法研究要困难得多。如前所述，混合研究中的数据质量是由定量和定性两种数据的质量标准决定的，因此如果这两种数据质量均具有很高的信度和效度，那么混合研究的信度和效度就会很高。此外，在大型复杂混合研究中，研究团队构成也会影响混合研究的信度和效度，因为混合研究设计往往需要一个具有方法、经验和认识论背景的研究团队来完成（Shulha & Wilson, 2003），这就需要借助专业知识来综合考虑定量（如与效度有关的同时性、构念、聚合性、预测性）和定性数据质量（如长期参与、三角验证方法的使用、成员核查、厚重描述〔thick description〕、反思性日记）的各种方法及其各种特性，从而提高数据收集和分析的质量。

第 6 章
第二语言习得研究的跨学科性

二语习得研究从诞生之初,就表现出了跨学科性的特点。不同学科背景的研究者从各自视角展开对二语习得的研究,力图多角度、多维度揭示二语习得的全貌。二语习得研究的基础源自语言教学、语言学、儿童语言习得和心理学等领域的学科知识,该学科采用的理论和方法也多受这些学科的影响(Ortega, 2009)。除此之外,研究者也积极借鉴其他学科成果,不断将来自哲学、社会学、社会心理学、认知心理学等社会科学以及神经系统科学、神经生物学、神经语言学等自然科学的理论、方法和研究手段等运用到二语习得研究中(Bialystok, 1998; Larsen-Freeman, 2000)。

6.1 二语习得理论的跨学科性

二语习得研究始于 20 世纪 60 年代末、70 年代初。二语习得历经 50 余年的发展,已经发展为一门独立学科,具有明确的研究对象和独立的知识体系,是应用语言学研究领域的前沿阵地。在其发展历程中,不同学科背景的研究者广泛吸收、借鉴其他学科知识,使二语习得研究呈现出较为鲜明的跨学科性。

Sharwood(1994)对二语习得在 20 世纪 60 年代至 80 年代的研究进行过总结,将其大致分为三个阶段:第一阶段主要借用行为主义心理学、结构主义语言学的研究成果,尝试为外语教学提供理论和方法指导,主要以 Lado(1957)*Linguistics Across Cultures* 一书以及 Corder(1967)关于学习者的错误研究为代表;第二阶段主要以"中介语"以及"创造性建构"为标志,认为学习者具有语言学习能力,研究重点转向学习者在语言学习过程中所犯的错误;第三阶段关注二语习得研究与语言学理论间的联系等。

80年代以后，二语习得研究领域不断拓展，相应的理论也不断发展和完善。首先，二语习得由早期关注学习者语言的语言学特征（Cook, 1993; Eckman, 1996; Odlin, 1989）转移到关注学习者的个体差异特征（Gardner, 1985; Skehan, 2014）；90年代中期之后，研究者从认知和心理学视角不断深入开展研究（Ellis, 1999; Robinson & Ellis, 2008; Skehan, 1998）。随着Firth & Wagner（1997）的发表，基于社会文化或者社会语言学视角的二语习得研究逐步跻身认知派长期占据主导地位的研究阵地。该时期的二语习得研究不断借鉴语言学理论和认知理论等，其中包括普遍语法理论、语言类型学理论、功能语法理论、联结主义、涌现主义、动态理论、复杂系统理论等。

21世纪以来，二语习得研究不断发展，跨学科研究趋势愈发明显。二语习得研究领域不断拓展，内容更加广泛，多种研究范式和研究手段更广泛使用，为全面揭示二语习得本质提供了有力支持。有的侧重语言学视角（Ellis, 2008a; Gass & Selinker, 2008; Ritchie & Bhatia, 2009）；有的强调二语习得的认知属性（Doughty & Long, 2003; Ortega, 2009）；有的强调语言习得的教育属性，关注对外语教学的启示（Lightbown & Spada, 2006）等。总体而言，研究者已经不再孤立地从某个角度看待二语习得，而是更加注重从认知、社会等不同理论视角开展二语习得研究。

6.2 二语习得实证研究的跨学科性

半个多世纪前，二语习得尚在萌芽阶段时就以跨学科的形式出现（Corder, 1967; Selinker, 1972）。二语习得研究的主要目的是：了解学龄儿童、青少年和成年人在人生不同阶段学习和使用一门额外语言的过程，包括第二语言、外语、土著语言、少数群体语言或遗产语言；解释这种学习的语言过程和结果；描述创造和塑造该学习过程和结果的语言和非语言力量。这些问题的解决，离不开跨学科理论的指导，也离不开跨学科实证研究的探索。

二语习得的早期研究借鉴了语言学和心理学领域的学术成果，并积极回应了第二次世界大战后对语言教学法的实际需求（Huebner, 1998）。20世纪70年代初，Hymes（1972b）积极开展社会语言学方面的研究，提出了著名的"交际能力"概念，为重新认识第二语言熟练程度提供了指导（Canale & Swain, 1980），也拓展了二语习得的构念。然而，二语习得实证研究深受语言学和心理学领域的影响，大多数理

第6章 第二语言习得研究的跨学科性

论和见解仍然具有很强的认知取向。20世纪80年代末,二语习得实证研究的认识论才开始发生改变,到90年代末取得迅猛发展(Block, 2003; Firth & Wagner, 1997; Lantolf, 1996),促使该领域经历了巨大的跨学科发展(Atkinson, 2011b; Swain & Deters, 2007)。

二语习得实证研究在50多年的发展历程中,一直体现着鲜明的跨学科特性。随着语言学、教育学、认知科学、神经科学等学科的发展,其相应的理论和方法也不断在二语习得研究中得以采用和发展。通过不断吸收和借鉴其他学科有价值的内容,二语习得实证研究更加体现了跨学科性。

根据Ellis(2021)的观点,20世纪60年代至70年代属于"起步阶段",这一阶段的主要特点是对自然状态下的二语学习者的研究,关注语言习得装置、刺激匮乏和普适性(Chomsky, 1959);有关语言规则的直觉知识,以及大脑中的"内置大纲"(Corder, 1967);中介语(Selinker, 1972)以及普适性的"习得顺序"(Brown, 1973; Dulay & Burt, 1974a, 1974b)。但是,研究者发现语素的"习得"顺序与环境中语言出现的频率有关(Larsen-Freeman, 1976)。这一发现使研究者不再需要假定存在先天大纲(built-in or innate syllabus),而是积极关注学习者所接收的输入,因为研究者认识到学习者在其生活环境中接触的语言影响了他们的输出。该阶段的大多数研究采用横断面研究,也出现了一些有影响力的纵向研究(Schumann, 1978; Wode, 1976)。这时期的主要发现是学习者在获得语法语素(如复数-s和第三人称-s)和句法结构(如否定和疑问)时遵循了一条基本相同的普遍路径。一些研究人员(Dulay & Burt, 1975; Krashen, 1977)根据自身的研究发现,提出没有必要教授语法,这对当时语言教学的主流观点提出了挑战。

20世纪80年代是二语习得发展的"拓展阶段"。这一时期的研究主要关注四大领域:语言迁移(Kellerman, 1983; Ringbom, 1987)、普适语法(Eckman et al., 1988; Gass, 1984; White, 1989)、二语语用学(Blum-Kulka et al., 1989)以及输入和互动(Krashen, 1985; Long, 1983; Swain, 1985)。语言迁移被重新定义为一种认知现象,而不是行为主义现象;主要关注正迁移和负迁移以及回避的条件,对行为主义观点(Lado, 1957)和极简主义观点(Krashen, 1983)做出了回应。针对普适语法,研究者测试了从语言学中得出的假设——特别是二语学习者是否可以使用普适语法。语言习得的顺序和语言迁移的先后顺序都由标记和普遍原则决定。这一时期该领域的实证研究主要受文本类型共性（Comrie，1984）、生成语法（Chomsky，1965）等的影响。二语语用学重点关注言语行为的理解和产生，如请求和道歉，确定母语和非母语者之间的语用差异等，该领域的实证研究主要受言语行为理论（Searle，1969）、礼貌理论（Brown & Levinson，1987）等的影响。输入与互动话题则主要围绕语言环境如何影响二语的习得而展开。输入假设、互动假设和可理解输出假设等成为影响二语习得研究的三大主要假设。这一时期，二语习得实证研究领域不断得到拓展，并积极借鉴语言学、社会语言学和语篇分析等理论的研究成果开展有关学习者语言和学习的研究。二语习得研究的教学启示仍然是研究者关注的重要方面，二语习得研究领域有关投入和互动的研究与语言教学息息相关。这一时期，该领域诞生了影响深远的任务型教学法（Long，1985a）。

20世纪80年代末和90年代初期，二语习得实证研究逐渐迈向成熟（Sharwood-Smith，1994）。该阶段延续了前一阶段的研究传统，反映了认知心理学构念对二语习得实证研究的影响。这一时期，二语习得实证研究多采用认知心理学视角，借鉴了该领域的诸多概念，如注意、技能学习等。此外，研究者吸收信息加工理论的成果，从信息输入和输出等角度阐述二语习得的学习过程。研究者还围绕意识在语言学习中的作用展开大量研究，主要关注显性学习/隐性学习、学习/习得等（Schmidt，1990；Tomlin & Villa，1994），以及语言学习（尤其是成人）是否涉及技能学习或者学习完全是隐性的（陈述性知识与程序性知识的接口问题）（DeKeyser，1998；N. C. Ellis，1994；Krashen，1981）。关于意识在语言学习中的作用，学者们展开了争论。一些学者认为一定程度的意识是必要的（Schmidt，1990），而另一些研究者（Tomlin & Villa，1994）认为学习可能是完全隐性的。另一个争议涉及语言学习（特别是成人的语言学习）是否涉及技能学习（起点是陈述性知识）或者语言学习本质上是隐性过程的问题。这些争论的结果直接影响着语言教学，关键问题是显性/陈述性知识和隐性/程序性知识之间的接口性质。学者们提出的三种接口假说，包括无接口说（Krashen，1981）、强接口说（DeKeyser，1998）和弱接口说（N. C. Ellis，1994），这三种观点针对显性语法教学的作用和性质表达了截然不同的立场。

同时，研究者意识到二语习得不能纯粹从认知视角来解释，学习者是复杂的社会个体，学习者与社会情境的相互作用对二语习得而言更为关键。这一时期，也有学者注意到二语习得中的社会因素影响。例如，Schumann（1978）的文化适应模型试图解释与目标语言社区的社会距离（social distance）和心理距离（psychological distance）是如何影

第 6 章　第二语言习得研究的跨学科性

响学习者接触和习得目标语言的。然而，由于该文化适应模型反映了社会语境与二语习得之间是一种决定论观点，最终没有得到强有力的实证支持。

20 世纪 80 年代后，二语习得研究方法日趋科学严谨，实证研究得到进一步重视，其他学科的研究方法也不断应用于二语习得研究。二语习得研究从早期的描述性研究逐步向定量研究发展，并开始重视定性研究和定量研究相结合的混合研究。此外，随着现代科技的发展，科技手段不断运用到二语习得研究中，例如结合计算机技术的语料库研究以及研究语言习得神经和生物学基础的功能性磁共振技术（fMRI）、事件相关脑电位技术（ERPs）等。

随着二语习得不断汲取其他学科的知识，二语习得的研究工具得到了不断的充实和发展（Mackey & Gass，2016）。基于主位和客位视角的研究一直伴随着二语习得的发展，但是在不同时期，两者的流行程度是有变化的。客位视角要求研究人员作为学习者行为的观察者。在二语习得的整个发展历史进程中，重点是对学习者语言的研究，而且分析的方法基本都是客位视角。主位视角需要调查学习者对自己行为的主观理解，这种方法有助于确定影响个体学习者使用和获得二语的因素。

20 世纪 90 年代末，二语习得研究人员转向后结构主义观点，强调学习者在创造学习机会方面的作用以及社会身份的重要性。这标志着二语习得研究中的"社会转向"（Block，2003），并且提出了一系列主张：二语习得不能用纯粹的认知术语来解释；学习者是复杂的社会存在；影响学习者在具体社会情境中语言表现的社会因素应该予以考虑。但是，也有学者对社会转向的主张提出反对，认为应该从认知视角认识二语习得（Long，1998；Long & Doughty，2003）。DeKeyser（2010）也对此提出了反对，认为这会威胁二语习得的学科地位。他指出如果二语习得的社会转向趋势一直持续，那么二语习得学科最终要么被纳入心理语言学或者认知心理学，要么被纳入人类学或社会学。

尽管二语习得实证研究的社会转向引起了认知派的担忧，但这表明已经有研究者认识到社会因素对二语习得的影响和作用。20 世纪 90 年代末以来，研究者发现：学习者能够利用能动性积极构建自己的学习环境；社会身份是至关重要的；学习者与学习者的互动是常见的。这一时期，实践共同体理论（Lave & Wenger，1991）、后结构主义理论（Bourdieu，1986）等成为影响二语习得研究的主要观点。这类理论把二语习得主要视为一种社会现象，并提供了重新认识的构念和工具。同时，社会文化派提出学习始于个体外部，始于互动，并提出了一些关键构念，例如中介、私语、最近发展区、内化、协作对话和动态评估等。社会文化理论强调中介在新知识学习和内化中的作用。与其他社会理论不同，社会文化理论肯定"思维"在学习中的核心作用；与认知互动理论一样，它强调互动在二语习得中的重要性，但是两者对互动的理解不同。前者视互动为经过内部认知机制加工的输入和输出的来源，而后者认为语言发展源于学习者与他人间的互动，或者在私语的情形下，与自身的互动。社会文化理论既关注"参与"，又关注"习得"（Sfard, 1998）。

20世纪80年代至90年代，二语习得经历了成熟期和认知发展期，主要采用了客位视角的研究方法，但该时期也有不少颇具影响力的采用主位视角的研究（Peirce, 1995; Schmidt & Frota, 1986）。社会转向后的研究更偏重主位视角的研究，例如使用叙事探究来调查不同社会背景下的学习（Barkhuizen, 2014）。会话分析作为社会学派的研究工具，基本采用客位视角。要求研究人员确定二语表现中语言、社会和心理变量范围的复杂动态系统理论，则同时采用了这两种方法。多语转向更为明显地采用了主位视角的研究。例如，虽然关于语符转换的研究本质上是客位的，但是对于跨语言表达的描述仍然涉及主位视角。随着该领域的不断发展，越来越多的研究人员开始采用混合方法，综合利用主位和客位方法来开展研究。例如，认知互动主义研究继续依赖观察，但也采用策略调查学习者在参与二语活动时的主观反应（Révész et al., 2016）。

进入21世纪后，有学者开始将数学以及相关自然科学领域的理论运用到二语习得实证研究之中，如混沌理论、涌现理论、复杂系统和动态系统等，并提出了复杂动态系统理论（de Bot et al., 2007; Larsen-Freeman & Cameron, 2008a, 2008b）。该理论认为语言系统是非线性的、高度变化的、个性化的、不可预测的，强调语言学习需要综合考虑社会、认知和心理因素的相互联系，提供了一个研究二语习得和使用以及学习者个体差异的统括性框架。Larsen-Freeman（2018）指出，在全球化的今天，更需要像复杂动态系统理论这样整体性的、生态的、关系性的系统解释。复杂动态系统理论综合了二语习得领域社会派和认知派的观点；将学习视为个体的和非线性的；关注多个变量的相互联系；认为不可能预测学习如何发生。它具有强大的解释力，为揭示二语习得的相关特性提供了有力指导。但是，如Ellis（2021）所言，复杂动态系统理论在凸显其庞大的理论解释力的同时，忽视了对教育教学的实践指导，缺乏指导教学实践的可实施、可推广的结论性观点。

第 6 章　第二语言习得研究的跨学科性

为了应对二语习得研究领域中现实问题的挑战，该领域的 15 位学者从各自的理论根基出发，采用特定学科或者跨学科方法，提出了跨学科框架（The Douglas Fir Group, 2016）。跨学科框架下的二语习得研究视角包括：生物文化视角（biocultural perspective）、复杂性与动态系统理论（complexity and dynamic systems theory）、会话分析（conversation analysis）、语言社会化（language socialization）、社会认同理论（social identity theory）、社会认知方法（sociocognitive approach）、社会文化理论（sociocultural theory）、系统功能语言学（systemic functional linguistics）、基于使用的方法，以及变异社会语言学（variationist sociolinguistics）。该框架虽然承认不同学科和跨学科观点的价值，但认为理解二语习得多方面、多维度的复杂性需要更广泛、更合理的二语习得视角。该框架特别注重实用性和问题导向性，摆脱了学科和特定理论思想的束缚，承认学科视角的有效性和独特性，但强调不同学科视角之间的对话，从而为全面解决现实问题提供新视角。该框架的提出，实现了双重目标。第一，该框架为从生态有效性角度更加全面地理解二语学习者所处的社会情境提供了可能（Cicourel, 2007）。如果对"二语学习者在其社会世界中的各种活动水平和时间跨度上所面临的各种可能性和制约因素"（The Douglas Fir Group, 2016: 39）的表述是公正和可信的，那么其理解具有生态有效性。第二，该框架能够促进学习者对二语学习更深入、更细致的理解，指导二语教师提出实用、创新和可持续的解决方案，扩充二语学习者在不同社会语境中的多语资源。

6.3　二语习得的多维性特征

二语习得是一个复杂、持续的多维现象，涉及个体内部认知能力与二语学习者在其多语世界中不同经历之间动态且不断变化的相互作用（The Douglas Fir Group, 2016）。二语学习者结合自身经验，形成一组多语符号资源，这种多语符号资源包含了具有开放性和发展性的多语言和多模态手段。人们通过这些符号资源在各类社会活动语境中产生意义。除各种各样的语言结构之外，这些符号资源还包括非语言、视觉、图形和听觉的意义生成模式。

社会活动具体涉及微观、中观、宏观三个不同的层面，三个层面相互依赖，共同塑造和影响二语学习。

6.3.1 微观层面

微观层面的跨学科框架将二语学习和使用当作一项社会活动进行分析。在这一活动中,学习者个体在多元社会语境中与他人互动时,会从自己的语言资源库中灵活选择并使用语言、语音、图像等各类表意资源,来达到与他人进行交际的目的。这一层次注重探讨个体内部语言资源库的运行及发展机制,即认知层面的信息加工模式,并同时注重将其放在具体的交际情境下进行分析。这些交际情境范围极为广泛,可以包括日常的非正式互动语境。例如,面对面或者通过手机和互联网等与家人和朋友进行的对话,还可以包括与邻居和同事的社交对话。互动还包括更正式的情境,例如在教育或工作场所中为了教学或专业目的而进行的互动等。个体在交际过程中将反复经历注意、认知及选择各类语言资源的过程,并同时反复假设、验证、修正自己的语言资源使用情况,最终形成一种随情境不同而变化的语言交际能力。

在教学中,该框架主张教师引导学习者形成对自我语言资源库的意识,并通过反复的显性及隐性引导(例如重复、语调变化、手势等),强化学习者对某一语言资源在特定情境下的规律化使用。只有让学习者在交际活动中不断反复、稳定且常态化地使用这类资源,才能发展其对"形式—意义"匹配更显性的意识,从而将语言经历深化为认知成长,最终将这类资源内化于学习者语言资源库中。学习者在与他人互动过程中,特定资源的出现频率越高、越稳定,学习者对形式—意义匹配的关注程度越高,该资源成为他们经验的认知表征就越牢固。二语学习者的经验差异促进了多语符号资源的发展,每一种资源都与不同的社会情境相联系,并不断适应(Bybee & Hopper,2001)。在其他条件相同的情况下,互动情境越丰富、越复杂,二语学习者在这些情境中的参与越持久,他们的多语储备就越复杂、越持久。因为文化情境、经济状况等原因产生的个体经历层面的差异,又会让二语学习者的语言资源库更加多样化(Bybee & Hopper,2001),从而形成一个复杂、多变的个体语言认知能力发展轨迹。

近年来,越来越多研究探讨外语学习者语言资源系统的发展(Jessner et al.,2016;Kotilainen & Kurhila,2020;Malt et al.,2015),也有学者关注促进外语学习者特定的语言资源使用,例如超语(Fallas Escobar,2019;Lee & García,2020;Probyn,2019)、多模态(Ávilia & Zacher,2012;Jakobsen & Tønnessen,2018)等。这些研究丰富了二语习得研究者对外语学习者特定语言资源库的认知。

6.3.2 中观层面

中观层面的跨学科框架探讨语言社会活动的社会文化情境,包括该语言社会活动发生的机构(家庭、邻居、学校、工作场所等),以及各种社会和社区组织(俱乐部、体育联盟、政治党派、线上论坛等)。特定社会文化情境中的各种特征将会显著影响个体的能动性、语言学习投入以及权力关系,并最终作用于其在该情境下的交际活动。例如,某一地区的社会意识形态将会显著影响其语言教学政策,从而影响当地学校的语言教学,而不同学校会采用不同的手段达到政策规定的教学目标,学校之间对不同教学法的重视又会导致其对不同语言使用行为的价值认知差异。因此,有时候某所学校更注重由学生主导的语言学习课堂,鼓励和肯定学生的主动性和积极参与;另一所学校则更主张由教师主导,学生的主动性和积极参与会被视为违背了社会规范,是对教师权威的挑战。这就导致了个体在不同社会文化情境下语言交际活动的差异。

特定的社会文化因素还会影响学习者的社会身份认知。社会身份往往根据二语学习者出生所处的社会群体来界定,例如种族、社会阶层、国籍和宗教等。学习者的第二层社会身份由他们所在社会机构的互动环境中创建或分配的角色决定。例如,在家庭中,个体可能扮演父母、孩子、兄弟姐妹等不同角色与其他人互动。在工作场所,二语学习者可能以主管、经理、下属或同事等不同角色与其他人互动。学习者的社会身份认知将会深刻影响其语言学习动机和其对目标语以及目标语文化的态度,而该身份认知会不可避免地受到学习者所处的机构和社群的影响。因此,不同社会文化环境下的学习者呈现的社会身份认知是多样且多变的。学习者的社会身份及其所属的群体对其多语系统的发展具有重要意义,因为它们在一定程度上决定了互动语境以及可获取的特定符号资源。例如,二语学习者由于种族或社会阶层的不同,可能会发现他们能够获得二语学习的机会非常有限或受到很大的限制,而其他人可能会发现他们有大量的二语学习机会。该跨学科框架主张,在其他因素保持不变的情况下,二语学习者在社会机构内部和跨社会机构之间所接触和积极参与的互动语境数量越多,多样性越大,语境的符号资源越丰富、语言越多样,从意义生成资源获得形式—意义结构的机会就越大。相比语言体验机会少、经验单一的二语学习者,他们从经验中获得的多语资源储备就越扎实。

大量研究探讨了二语学习过程中的语言社会化过程，尤其是交际情境中不同中介对该社会化过程的调节作用。例如，不少课堂教学情境下的研究证实了利用重复、语调变化、手势等手段促进学生对特定语言资源的意识与反复使用，有利于调节该知识被学生内化的学习进程（Eskildsen & Wagner, 2015; Matsumoto & Dobs, 2017）。同时，有学者调查了二语学习者之间的学习调节活动（van Compernolle & Williams, 2011）。这些研究认为外语学习课堂是重要的社会化场景，教师是促进学生外语社会化过程的重要主体，而课堂中各种资源则是重要的调节中介（Hall, 2019）。此外，也有大量研究调查了外语学习者的社会身份认知（Kanno, 2008; Norton & Toohey, 2011）、动机（Henry & Davydenko, 2020; Ibrahim & Al-Hoorie, 2019）、学习投入（Darvin & Norton, 2015）以及能动性（Norton, 2013; van Compernolle & McGregor, 2016）在外语学习中的动态发展与作用。这些研究都呈现出跨学科特性。例如，针对教学情境下的二语社会化研究主要立足于社会语言学的母语社会化理论；针对外语学习者的社会身份认知研究主要基于社会学领域的社会身份理论；针对学习动机的研究近几年呈现出与积极情感相融合的研究趋势（Henry et al., 2015; Ibrahim, 2016）；学习投入概念则来自社会经济学领域的文化资本概念（Bourdieu & Passeron, 1977）；最后调查教师的教学调节手段、交际支架等方面的研究则立足于社会文化理论（Lantolf, 1996）。

6.3.3 宏观层面

在宏观层面，跨学科框架将意识形态结构作为语言社会活动的最高维度。意识形态是个体和群体共有的信念和价值观，涉及文化、政治、宗教和经济在社会活动各个层面的形式和影响（Kroskrity, 2010）。信仰和价值观往往看不见、摸不着，以一种隐性的方式存在于特定的社会情境中，但却深深影响着个人和群体看待自己所处世界、自身行为以及解读他人行为的方式。语言使用和语言学习的意识对二语习得而言极为重要，影响了社会活动各个层面的语言政策和语言规划。例如，它们决定了哪种或哪些语言是官方语言、在不同场合如何使用这些语言，以及二语学习者作为所在社会群体的成员，学习、使用和保留这些语言的机会（Farr & Song, 2011）。

宏观层面的许多研究聚焦于教学情境下社会语言意识形态以及语

言政策对外语使用及教学的潜在影响与发展动态(Martínez-Prieto & Lindahl, 2020; Solano-Campos, 2017)。具体主要探讨三类语言意识形态,分别是标准化语言意识形态、单语偏向的语言意识形态以及以英语母语者语言水平为标准的(native-speakerism)语言习得意识形态。例如,Martínez-Prieto & Lindahl(2020)的研究调查了墨西哥的语言政策和 native-speakerism 对墨西哥裔英语教师自我身份认知以及教学的影响。这种以英语母语者语言水平为标准的语言习得意识形态不仅默许了英语母语者教师的特权和非英语母语教师的边缘地位,还固化了一种错误认知,即认为非英语母语教师的能力永远无法达到母语者的理想水平(Rudolph et al., 2015)。非英语母语教师更可能因为这种意识形态而贬低自我真实的教育价值,从而忽视自己多元语言资源库的优势(Higgins, 2017)。同样,Xiong & Qian(2012)运用批判会话分析的方法对中国高中英语教材中的语言意识形态问题进行了探究,结果发现教材偏向西方标准化语言与西方文化中心主义的意识形态。他们提出要对教材与课程规划进行改革,主张采用一种更加跨文化、更加世界性的视角来进行语言教学。针对单语偏向的意识形态问题,Hopewell & Escamilla(2014)则分别采用单语视角与整体多语视角分析了美国科罗拉多州一所学校有关该校学生把英语作为二语的阅读能力评估数据,结果发现采用单语视角的分析框架无法全面评估二语学习者的语言系统发展,他们主张应当重视正在不断发展壮大的"西班牙语—英语"二语者群体,英语读写能力教学评估模式应当基于这些二语者的多语能力独特性进行合理变革。总之,宏观层面的研究因其深刻的社会性,不可避免地与社会语言学的理论及研究方法相关联,更凸显了其跨学科趋势与属性。

综上所述,宏观层面的信仰和价值观与社会活动的其他层面不断进行的互动,在个人、群体、互动环境和社会机构内部以及相互之间可能会有所不同,甚至相互矛盾。社会活动的三个层次虽然具有各自特征,但并不是孤立存在的,而是相互联系的。每个层次与其他层次保持着持续、动态的互动,并且在塑造与被塑造中不断发展。因此,全面认识二语学习,需要深刻理解每个层次上影响二语学习的认知和社会条件。

6.4　跨学科性对二语习得研究的机遇与挑战

6.4.1　跨学科性对二语习得研究的机遇

二语习得学科的建立与发展，得益于其对相关学科知识的借鉴和吸收，其跨学科研究的基本属性一直未曾改变。多年来，二语习得研究方法呈现出多样化和复杂性的特点。一方面是由于二语习得研究领域的扩大；另一方面反映了研究人员研究水平的提升，以及他们愿意采用更加科学严谨的方法来收集和分析数据。

跨学科框架提出了二语习得研究的系统方法，以二语习得领域的问题为导向，超越了学科及其内部的理论流派和差异（The Douglas Fir Group，2016）。跨学科框架承认各个学科观点的有效性和独特性，但为了解决现实世界问题，各派观点需要开展对话，追求更全面地认识复杂的二语习得领域。跨学科框架涉及的主要理论有社会文化理论、语言社会化理论、社会认同理论、复杂性和动态系统理论、基于使用的方法、生物文化视角、生态和社会认知方法、变异主义社会语言学、系统功能语言学和会话分析，这些视角无疑为全面深入了解二语习得提供了保障。跨学科框架的提出，为达成以下四个目标创造了机遇：一是促进对语言学习和教学的基本理解，包括对二语语言发展的理解，同时考虑个体学习者之外的影响因素；二是促进在21世纪制定创新的二语习得研究议程；三是为开发具有实用性、创新性和可持续性的解决方案搭建了平台，提供了应对日益网络化、日益技术化和移动世界中的语言教学挑战的机会；四是改善与更广泛的受众的交流，特别是与二语习得领域所研究或希望帮助的所有利益相关者，从而帮助他们利用二语习得工作改善自身的物质和社会条件。

为了理解当代条件下的二语习得过程和结果，相关的研究人员积极借鉴其他学科的成果和方法。除占主导地位的认知和语言学方法以外，一些新兴研究开始进入该领域。这些新的二语习得方法对研究第二语言、外语、土著语言和遗产语言学习的广度和复杂性产生了显著影响。然而，这些方法"除少数例外，大多是一种独立甚至孤立的存在"（Atkinson，2011a：xi）。一些学者认为这种孤立不利于推动知识的发展，主张从不同角度进行接触，并在可能的情况下搭建沟通的桥梁或更广泛的参照系，更加彰显不同方法的互补性（和差异）(Hulstijn et al.，2014)。但也有学者持有悲观的看法，认为搭建桥梁的作用是有限

第6章　第二语言习得研究的跨学科性

的，因为无论桥梁发挥多大作用，深渊（有待弥合）仍然存在（Lantolf，2014）。

从认识论角度来看，跨学科方法渴望超越学科的界限，产生的知识不仅仅是特定学科的研究结果的总和（Halliday，1990/2001）。Halliday（1990/2001：176）主张创造"主题性而非学科性的新活动形式"，而不是将这些学科作为知识活动的中心，同时在它们之间架起桥梁，或将它们组合成一个集合体。

跨学科框架的提出，发出了在二语习得研究领域创建兼容并蓄的氛围的呼吁。The Douglas Fir Group 在其2016年的立场文件中声称，如果应用语言学领域要在当代全球化和多语世界中应对语言教学和学习的问题和挑战，和平共处不仅是可能的，而且是必要的。研究人员可以采用跨学科的思维方式，"不一定要放弃甚至不用拓宽他们的特定方法"（The Douglas Fir Group，2016：38）。即使某一特定研究确实从实证角度关注了潜在相关维度的全部范围，当研究以多维意识进行时，个体研究人员和整个领域都会受益。使用跨学科框架可以指导研究人员确定他们的研究在更广义的研究中处于何种位置（Larsen-Freeman，2018），这可能使研究人员能够定位他们的研究，并为分析或影响提供指导。

跨学科框架确定了语言学习和教学中涉及的多个意识形态、社会、制度、文化、人际和认知维度等之间相互关联的可能方式，为解释二语习得的多层次复杂性提供了有机统一的描述。二语学习开始于社会互动的微观层面，二语学习者的符号资源储备产生于互动，而且是基于个体内部生物学和认知能力与特定互动环境中的经验之间的持续互动。反过来，他们的经验又受到更大的社会机构语境的影响。这些机构不仅影响二语学习者社会经验的范围和规模以及其符号资源的意义潜力，还塑造了学习者的社会身份，这可能为获得经验提供不同机会。在宏观层面，这些力量和意识形态使各级社会活动成为可能，同时受到各级社会活动的影响。

跨学科框架的提出与发展，使我们对二语习得有了更深刻、更全面的认识。第一，语言知识被视为复杂的、动态的、开放的符号资源的集合（Bybee & Hopper，2001；Halliday，1993；Hymes，1972a，1972b）。这改变了我们理解二语学习对象的方式，语言知识不再简单视为不变的、固定的抽象结构系统，教师不是要传递给学生一套脱离使用情境、固定的语法规则。相反，从本质上讲，二语学习对象是各种各样具有文化意义的符号资源（Hall，2019）。教学不是为了限制学习者意义生成的选择，而是扩大学习者的机会，让他们可以采用新资源，并利用这些资源认识到社会世界的存在，从而为他们自己的目的改变它们。

第二，二语学习具有情境性，二语学习受注意力和社会影响，进一步凸显了教学与学习之间的相互依存关系。课堂上创造的行动情境对学习者学习方式和内容有显著影响。课堂创造的环境不仅是唤醒学习者已经有的东西，促进某种固定的、稳定的发展过程。相反，它们从根本上影响学习者学习的发生路径以及学习者知识库的构成。简单地说，教师选择教什么和如何教对学习者学习什么和如何学习有很大的影响。二语学习是基于二语学习者在经常发生的互动环境中的重复体验。学习者在互动过程中利用认知能力把握输入的属性，形成自己的语言资源库。不同符号资源的出现频率越高、吸引学习者的注意力越多，它们作为二语知识的认知表征就越根深蒂固（Ibbotson，2013）。

第三，明确了动机、投资和能动性在二语学习中的中介作用。虽然学习者的二语知识储备在很大程度上是由社会机构对其群体成员的期望决定的，但个体的能动性不可忽视。例如，在某一互动环境下，个体可能难以胜任某一身份的角色，但是他们可以创造或者承担不同的身份或社会角色。这类能动性措施可以改变他们使用特定资源或参与特定互动环境的机会（Higgins，2015；Morita，2004；Norton & Toohey，2011；Rampton，2013）。学习环境需要允许学生在课堂内外审视他们作为二语学习者和使用者的经验，并确定实现他们愿景的机会和可能的障碍。因此，二语教学实践应尽量为学习者创造具有支持性、安全性、激励性和意义的环境。

第四，二语学习与学习者的社会身份有关。二语学习者进入互动语境时，通常具有多重相互交织甚至相互冲突的身份。二语学习者所在社群的社会制度不仅影响对二语学习者社会身份形成方式的社会期望和他们所获的符号资源，也会影响学习者的求知动机以及与他人互动的动机。除实际社会身份之外，二语学习者想象的社会身份和群体成员身份也会影响他们对特定社会机构和内部互动环境的获取（Norton，2000；Norton & Toohey，2011；Pavlenko & Norton，2007）。例如，二语学习者在进入课堂时，往往会被贴上一定的标签，如"好学生""水平差的学生""勤奋的学生"或"学习不投入的学生"。如果教师只考虑这些身份，就会无视学习者其实具有多种复杂身份这一基本事实。教师的教学实践不能忽视这些身份，而是必须将它们视为主要资源，为学习者提供一系列不同的机会让他们参与到学习中。教师的教学实践不仅应该帮助学习者认识到他们的不同身份是如何调节他们的学习的，还必须为学习者提供策略和方法，从而积极利用和改变自身身份，促进自身的学

第 6 章　第二语言习得研究的跨学科性

习。数字技术和社交网站将继续扩大学习者身份建构的可能性。教师虽然不必成为这些技术和虚拟社交世界的专家，但必须意识到它们所能提供的资源，并能够设计学习情境促进学习者在合适的社交网站中的参与。

第五，二语课堂是重要的社会化环境，二语教师是社会化的重要推动者，教学资源是重要的中介手段（Hall，2019）。除语言手段之外，还有教科书和视频等书面材料和数字材料，各种类型的教学活动，甚至教室的空间安排。教师教什么和如何教，什么是学生参与和学习演示，这些决定对发展二语学习者的知识库都有重要影响。

第六，关于语言和学习的信念影响着二语教师在课程内容、教学资源和活动以及评估措施等方面的每一个决定（Hall，2019）。语言意识形态（有关语言的信念、情感和观念）对二语学习极为重要。它们不仅影响二语学习者所能接触的互动语境和符号资源，也影响学习者对自己和他人社会身份的投入以及在互动语境中与他人互动的动机（Ricento，2000；Tollefson，2002）。这些意识形态影响社会活动各个层面的语言政策。它们决定了哪种或哪些语言是官方语言，哪些语言受到重视，以及个人学习和使用这些语言所能获得的教育机会等（de Costa，2010；Farr & Song，2011）。二语教师对职业环境中的语言政策的创建或重建发挥着积极作用。"非母语使用者""不熟练的学习者"等标签和术语意味着将二语学习者视为不完整的、有欠缺的学习者。克服这些意识形态的一种方法就是创建一项"个人"语言政策，例如对学习者的描述中用"多语使用者"替代"非母语使用者"等。

跨学科框架的提出，系统性地集成了二语习得研究的主流理论与观点，进一步凝聚了该学科发展的基础和共识，为后续的发展和研究提供了基础。

6.4.2　跨学科性对二语习得研究的挑战

二语习得的跨学科性必然要求研究者以包容、开放的心态积极拥抱陌生学科的理论、方法和手段，这无疑会增加研究的难度。研究者需要不断学习和了解相关领域的理论发展，学习最先进的研究技术和手段，熟悉相关领域的研究思维和范式，并不断融入二语习得的研究中。跨学科方法的多维理解和阐释需要研究者具备更加综合、全面的知识和能力体系，这无疑对所有二语习得研究者提出了挑战。

第一，如何建立具有解释力的统一理论。一般而言，成熟学科应该具有一种能对研究对象提供充分且令人信服解释的理论。在这方面，二语习得尚存不足。二语习得领域不缺少理论，但是缺乏被广泛接受、能够对二语习得提供统一解释的理论。总体而言，多数理论能够解释二语学习的某一具体方面。例如，可加工性理论（Pienemann，1998）为语言习得的次序提供了解释；互动假设（Long，1996）描述了互动如何激发语言习得中的心理过程；基于使用的理论（N. C. Ellis，2005）论述了输入与互动是如何促进语言发展的过程的。

多种学科理论共存并不是问题所在，相反，它能够帮助研究者从更广阔的视野看待研究对象，有利于了解全貌，并获得新认识。当一门学科处在形成阶段时，该领域的引领者往往重在界定该学科的内容，并提供明确的研究议程。在后续阶段，研究人员开始逐步巩固该领域，该学科开始关注一致性和正统性。有学者认为，在早期形成阶段，多重视角是不可避免的，但是可取的，不过学科最终需要稳定的身份才能生存。但是，也有学者提出了对二语习得学科正在解体的担忧（DeKeyser，2010），期待能够建立统一理论将二语习得推向成熟阶段。虽然复杂动态系统理论拥有强大的解释力，具有作为宏观解释性理论的特点，但Ellis（2021）对复杂动态系统理论能够成为统一二语习得研究的理论提出了质疑。他认为该理论无法对二语习得做出预测，也不能提出结论性的观点，无法对教学提出有意义的指导。在Ellis看来，如果二语习得是一门纯理论研究学科，不强调对社会的价值，那么复杂动态系统理论不强调结论性观点尚有一席之地。但是，二语习得作为一门应用学科，就必然需要能够指导实践的可推广性观点。复杂动态系统理论告诉教师语言学习是复杂的、独特的和不可预测的，这可能有助于培养他们对二语学习性质的认识，但它没有提供任何关于如何设计和实施语言教学的实际建议。这需要一种理论或者一系列理论来具体概括教学内容和教学方法。从这个角度来说，Ellis（2021）认为二语习得作为一门学科，尚未发展到成熟阶段。

跨学科框架将多种理论观点纳入一个整体，有利于多角度、全方位对二语习得展开研究。但是，该框架目前还只是多种理论观点的并置，尚未形成有机融合的统一理论，有待进一步的发展和研究。

第二，如何建立跨学科框架与教学实践的紧密联系。作为一个跨学科的研究领域，二语习得会继续积累应用领域的知识。二语习得领域需要替代性或更广泛的研究议程和创新教学方法，以应对当代的二语学习挑战（The Douglas Fir Group，2016）。他们认为如果解决问题时受限

第6章　第二语言习得研究的跨学科性

于特定学科范围，最终会限制所提出的研究问题、解决问题的方法等。因此，研究者需要跨越学科界限，融入其他学科观点，扩大研究的参考框架。但是，他们同时指出这种努力的作用可能依然有限，因为不同学科间的鸿沟依然存在，没有因为建立联系而消失。

跨学科方法直面问题，寻求超越学科的界限，通过融合二语学习多个层次的知识，综合不同领域、不同时间段和不同细节层次上的研究发现来概括共性的模式和结构，从而夯实理解基础。同时，它力求以有益于社会和参与者的方式解决问题。例如，如果希望语言教师能够积极关注二语习得的跨学科框架，就必须立足语言教师的教学实践活动。此外，教师需要重新评估其教学技能及其对教学的理解，从而确保教学内容对学生而言具有相关性、实用性和可及性。跨学科框架虽然较为充分地描述了全球化和多语世界中的二语习得，但没有解决与语言教师、语言教学或语言教师教育相关的问题。跨学科的二语习得框架有可能从根本上改变语言教师对语言和二语习得的思考方式。但是，如何将这种认识的改变与语言教师的具体教学实践相结合，提供具有操作性的指导，还需要进一步研究。只有当跨学科框架充分认识到语言教师的认知发展过程和规律，把握语言教师的教学实践，才能真正从根本上改变实施语言教学的条件。

第三，如何革新语言教师的语言观和语言学习观。鉴于二语习得理论和研究的发展历史以及语言教学方法的发展趋势，大多数教师进入语言教师教育项目时，他们大多数坚持个人主义语言观（Firth & Wagner, 1997）。然而，从跨学科框架来看，意义并不存在于语言的语法、词汇或个人的头脑中，而是存在于个人从事的日常活动或社会行动中。同样，意义不是稳定的、通用的或无价值的，而是依赖于使用的上下文。意义不是解决语法或词汇问题，而是了解话语中的相关推论。根据 Gee（1999）的说法，相关性取决于语境、观点和文化问题。语言教师通过接触二语习得的跨学科框架，需要注意到语言使用是如何表达意义的，重新认识和重新塑造他们的生活经验；认识到意义存在于特定的社会和文化实践中；认识到语言能力具有复杂性、动态性、整体性、可变性和不稳定性；认识到语言使用是重新认识多语世界并做出选择的过程。

从跨学科框架来看，教师的作用是协助语言学习者提升做出适当选择的能力：学习者的语言使用，要能够促进其确定自己与他人的位置关系、促进他们获得实现目标所需的语言和符号资源等。为了实现此目的，教师需要为学习者创造机会，使他们能够关注和利用可以获取的各类符号资源（形式—意义结构、搭配、话轮、视觉、图形和听觉模式的意义生成等)。他们需要将教学重点放在这些符号资源的意义潜力上,并创造多种不同的互动环境,使语言学习者能够在各种使用环境中关注和使用形式—意义结构。

在语言教学过程中,实现相同的社会行为(如在咖啡店点咖啡)也不会采用单一的方式。教师需要与学生一起讨论文化对此类社会行为根深蒂固的影响,关注特定文化中的典型模式(在哪里、何时、与谁、为什么、如何等)。他们要关注可用的符号资源范围(形式—意义结构、搭配、话轮、非语言等)。他们需要分析参与者的地位、权力和能动性,以及一系列使用情境下支配这一特定社会行动的信念和价值观。

依据二语习得的跨学科框架,语言能力具有复杂性、动态性和整体性;语言学习是一种符号学习、情境学习、中介学习,而且语言学习涉及身份、能动性、权力、意识形态等因素。但是,这些概念对语言学习者而言往往具有一定的模糊性。语言教师和语言学习者都需要接受新的事实:具体情境下的语言使用并没有确定的、唯一正确的答案。他们要把握如何在特定使用环境下从符号资源库中做出适当的选择。师生双方需要把握不同符号资源的意义潜势,接受不确定性和模糊性。教师可能会发现需要寻找教学材料资源,以把握最适合其特定语言学习者的社会行动和使用情境的范围。

因此,语言教师需要摆脱传统认知倾向的语言观点,积极了解跨学科框架的理论原则,充分把握二语习得的多维度性和全方位性,充分认识个体认知水平、机构政策、主导意识形态等对二语习得的影响,从而在语言教学实践中积极践行跨学科框架下的语言观和语言学习观。

6.5 未来研究发展方向

二语习得学科的发展历程见证了其跨学科的特点,学科内容由学科交叉而成,多视角、多方法的交叉验证更具有说服力。依赖单一理论或方法,必然无法全面认识二语习得研究的全貌。当前,基于语言学、认知心理学、心理语言学、社会文化、神经语言学、语料库语言学、积极心理学等视角的研究,为全面认识二语习得提供了多维的理论与方法。

当前,除传统上占据主导地位的语言学、认知学派的研究之外,研究者们也开始积极拓展新的研究理论和方法。有研究者对国内外利用ERP技术进行的二语语义、句法、语音和双语转换等方面的研究进展做了梳理,更加全面地揭示了二语习得过程(靳洪刚等,2019;魏大为、武和平，2012；张辉，2014）。也有研究者通过 ERP 实验积极开展了二语词汇学习、句法加工、二语语音特征等方面的实证研究，探究了二语习得与加工的神经认知机制（张辉、卞京，2016；Lee et al., 2020；Lemhöfer et al., 2020；Marecka et al., 2020；Schwab et al., 2020）。不少研究者对社会文化理论进行了较为系统的推介，并将其与外语课堂教学等领域结合，进行了积极尝试（高瑛、张绍杰，2010；孟亚茹、秦丽莉，2019；郜侥，2020；Lantolf et al., 2018；Zhang & Lantolf, 2015）。随着积极心理学确立了其作为心理学一个重要分支的地位（Seligman & Csikszentmihalyi, 2000），国内外学者开始逐步将其应用于二语习得研究（Dewaele & MacIntyre, 2016；Lake, 2013；MacIntyre & Mercer, 2014；江桂英、李成陈，2017；徐锦芬，2020）。积极心理学视角下的二语习得研究关注正性情绪、情绪智力的积极作用，并提出了 PERMA 模型（Seligman, 2012）和 EMPATHICS 模型（Oxford, 2016）。

二语习得传统上采用行为实验和问卷调查方法，许多理论的影响因素对二语习得学习者最终状态的预测和证据上往往存在分歧。学界逐步开始将 ERP、fMRI、眼动仪等心理学和神经认知科学的工具和手段应用于二语习得研究，致力于开展更科学、更精细的研究。但是，好的研究设计和思路才是研究的灵魂，切不可走入唯技术论的极端；语言学功底是对数据进行深入分析的基础和关键，不可停留在对复杂的量化数据的简单描述之上。

总体而言，研究者们从不同的理论视角采用不同的方法对二语习得研究的相关问题进行了积极探索，为揭示二语习得的全貌提供了有益参考。但是，不同理论取向下的关注领域仍然相对独立，各自为营，缺乏交流融合。尽管从学科的全貌来看，多维的理论与方法提供了多视角的探索，但研究者依然没有摆脱在各自领地苦心经营的局面。因此，未来的发展可以从以下三方面展开努力。

1. 综合利用不同研究方法

在二语习得的发展历程中，不管是早期的量化研究，还是之后的质性研究，抑或是混合研究，针对不同时期的研究问题，不同的研究方法都发挥了自身长处，满足了研究需要。随着技术的发展和研究方法严谨性的增强，跨学科方法的采用增进了研究者对研究问题的深入理解，实现了研究问题在广度和深度的发展。目前研究方法的发展体现在二语习得元分析研究（Norris & Ortega, 2000）以及对统计方法的日益关注上（Plonsky，2015）。Loewen & Gass（2009：181）指出，二语习得可能不是创新者，但它是"一个越来越了解统计程序的借用者和适应者"。相比20世纪70年代，如今的二语习得研究更加严谨和规范。

量化研究常采用问卷调查或实验研究方法。问卷调查一般是以理论框架为依据，涵盖事先预设的抽象范畴。测量结果一般揭示群体带有倾向性的特征，但无法揭示个体差异。问卷调查的数据多以数字形式呈现，主要是向被选取的调查对象了解情况或征询意见。问卷调查只是对调查对象的特征进行客观描述。问卷调查对研究对象的行为以及环境不进行任何干预，也不期待通过调查改变研究对象的看法与行为。问卷调查对象一般是随机抽样选取。抽取的样本数量大、涉及范围广，更能反映一个群体的整体特征和总体趋势，具有广泛的代表性。总体而言，问卷调查具有描述性、客观性、不干预性和代表性四个典型特点。问卷调查的灵活性低，它涉及的环节多、整体性强，环环相扣。一旦设计方案确定，后期调整的余地小。这需要研究者在问卷设计阶段进行充分、全面、系统的考虑，把握从宏观到微观的各个环节，缜密思考，仔细安排，保证设计的严谨性和严肃性。

研究方法的选择是以解决研究问题为根本出发点。确定问题在前，选择研究方法在后。在质性研究中，行动研究主要是为教学实践中出现的难题提供解决方案；个案研究是为了描述个体特征，并解释其中的原因。在量化研究中，问卷调查是为了描述群体某个方面的倾向性，或者群体中呈现的某些特征之间的关系；实验研究是为了检验两个因素之间是否存在因果关系。在混合研究中，先量化后质性的研究一般是从描述总趋势到解决具体难题，从验证因素之间的关系到解决具体难题；先质性后量化的研究则是从解决具体难题到验证两种因素之间的关系，从描述个体特征到描述群体特征的趋势。质性研究一般以文字形式呈现原始数据；研究设计比较宏观，有较大灵活性，在数据收集过程中，需要根据情况不停调整；研究环境真实自然，研究者不加干预。量化研究一般以数据呈现原始数据；研究设计比较周翔、缜密，数据收集过程中不能轻易改变原始设计。

随着社会科学研究的发展以及对社会现象复杂性的认识逐步加深，单一的量化研究或是质性研究越来越暴露其自身固有的缺点。例如，量化研究忽视了研究对象的个体差异，对其行为和观念等进行简单化处理，无法揭示现象之间复杂的关系和深层次原因。质性研究耗时费力，很难进行大样本研究，难以得出可靠的、具有概括性的结论。实验研究通常是探究两个因素之间的因果关系,需要对研究环境进行一定调控和干预,需要让研究对象接受每种条件下的实验处理。由此,综合了两者优点的混合研究应运而生。混合研究一般有两种常见形式:先量化再质性或者先质性再量化。具体研究方法的决策主要由研究目的而定。

Steckler et al.(1992)将混合方法设计分为四种模式:用质化方法所得结果制定量化工具;用质化方法解释量化结果;用量化方法充实质化结果;质化和量化方法平行平等使用。Johnson & Onwuegbuzie(2004)以地位和时间为主导因素,提出了九种混合方法基本设计类型。该分类主要基于研究者的两项决策:量化和质化部分孰重孰轻,以及量化和质化阶段是同时进行还是先后进行。除基于类型之外,混合方法设计中还出现了动态设计方式(Creswell & Plano-Clark,2011)。这种方式强调研究设计中多种成分间相互关联和作用的过程,而不是从已有类型中选择一种合适的设计。Maxwell & Loomis(2003)提出互动式混合方法设计,认为研究者在设计混合方法时应考虑五个关联要素:研究目的、概念框架、研究问题、研究方法和有效性。Hall & Howard(2008)提出了协和式设计这一动态设计方式。这种方式将混合方法研究过程视为质化、量化成分的互动组合,核心思想是质、量之和大于其中任何单独一个。协和式设计强调混合方法研究中质化和量化部分具有同等价值,享有同等份额。这种设计淡化了质化与量化研究的差异,强调两者间的平衡。

在具体的研究设计中,研究者应该摒弃量化研究与质性研究的二元对立观点,需要更加深入了解两类研究方法各自的利弊,根据不同研究阶段的具体研究问题,选择最为合适的研究方法,发挥不同研究方法的长处,实现不同研究方法在解决研究问题中的互补作用。

2. 提升研究者跨学科反思能力

研究者的反思,主要指研究者在研究活动中,批判性地思考自身作为主体参与的研究行为、采用的研究方法以及得出的研究结果,把握自身研究的优缺点,主动计划、检查、评价、反馈、控制和调节等,以求在今后的研究中发挥长处,弥补不足。

提升研究者的跨学科反思能力,有助于研究者在充满未知、不确定性和复杂性的二语习得研究中获得成功。跨学科反思能力的提升,有助于培养质疑态度和看问题的新视角、确定需要改变和改进的领域、有效应对新挑战以及提升不同情境中的知识迁移能力。二语习得的传统研究往往聚焦某一特定视角，试图从某一个角度来解释研究对象，忽视了二语习得问题的复杂性、动态性及其非线性的特点。在具体研究中，现实的研究对象往往受多个因素的系统性影响，不是控制某个变量就能揭示真实的简单线性关系。

随着跨学科方法的发展，研究者需要从跨学科视角看待研究问题，以便更好地解释研究对象的全貌，追求解释的全面性。作为研究者，跨学科反思能力是提升自我研究能力、完善研究的必要条件。提升研究者的反思能力，可以从计划、执行、观察、反思、再计划、再执行、再观察、再反思等这样的学习循环中尝试。计划要基于更广泛的背景、理论、知识、实践模型以及经验等。首先，仔细考虑其他人是如何开展相关研究的，并积极基于该理解去开发、修改、更改、适应，制订适合自己的研究计划。其次，具体执行研究计划，研究者在过程中保持自我意识、牢记研究计划的同时，根据需要创造性地适应和改变目标。再次，回顾自己的研究过程以及观察的现象，评估效果，并做出客观描述。然后，反思和评估研究过程和研究结果，分析研究执行过程中的经验、教训，反思研究的优缺点，找出问题并调查原因。例如，研究的实施过程是不是按照预期进行的？发生改变的原因是什么？产生了什么影响？如何处理的？处理的效果如何？最后，在反思总结的基础上在下一轮中实现调整和优化，确保不断改进和发展。研究能力的提高，仅有经验还不够，还需要积极反思。如果不反思这一经历，它可能很快就会被遗忘，或者失去学习潜力。跨学科反思能够带给反思者不一样的感受和想法，还能促进结论和概念的诞生，从而为有效应对新问题提供借鉴之处。

3. 充分发挥技术对二语习得研究的作用

随着脑科学、计算机科学、神经科学等领域的发展，二语习得领域的研究搭上了技术发展的快车，能以更加科学、严谨、透明的方式来开展相关研究。Ortega（1997）提出了二语计算机辅助课堂讨论（CACD）的研究。她建议，除分析语言结果之外，还应使用多种数据源来记录学习者在执行 CACD 任务时实际参与的过程。她建议关注基于过程和任务驱动的研究，试图确定 CACD 与二语习得相关的要素和特征。她注意到至少有两个方面的产出需要单独研究：第一，随着时间推移而出现在网络讨论中的中介语（使用句法复杂性、词汇范围、准确性和写作流畅性的定量测量）；第二，与二语习得过程相关的 CACD 语篇的交互特征（采用定性和定量分析）。Brown（1997）研究了计算机辅助语言测

第6章 第二语言习得研究的跨学科性

试,并特别侧重计算机适应语言测试(CALT),描述了 CALT 研究需要解决的问题,以及新出现的相关领域,如智能教学系统、语音识别、作文分析和评分等。

Hubbard(2008)回顾了 25 年以来的计算机辅助语言学习(CALL)研究。结合 VanPatten & Williams(2015)总结的 10 种二语习得理论,从广义上讲,CALL 研究可以定位在四种最常见的理论和方法中:基于使用的方法、交互方法、技能获取理论和社会文化理论。这些理论和方法的共同之处是强调输入、接触语言和交际语境(语言环境)的重要性,以及关注二语学习者在社会环境中相互作用的认知和社会认知过程,如注意和意义协商。

互联网等技术提供了前所未有的获取语言的机会和途径,学习者可以接触到各种各样的输入类型。不同的技术和程序可以记录各种类型的计算机中介的交流(CMC)、眼睛跟踪和智能计算机辅助的语言学习(ICALL)。跟踪学习者行动和行为的能力在 CALL 研究的整个范围内是显而易见的,从研究学习者使用电子词典进行词汇学习时的信息(Laufer & Hill,2000),到研究哪些类型的多媒体词汇增强了注意、促进了词汇学习或阅读理解(Al Seghayer,2001; Chun & Plass,1996; Yanguas,2009),再到计算机跟踪用户行为可以提供对语法知识构建的洞察(Collentine,2000)。

基于计算机的交流(CMC)主要有两种形式:基于计算机的异步交流和基于计算机的同步交流。这种交流以不同的模式(基于文本、基于音频、基于视频或某些组合)和不同的目的(从学术论坛到纯粹的社交网络)呈现。早期 CMC 对计算机辅助课堂讨论的研究记录了互动能力的发展,并将 CACD 与面对面对话(Chun,1994; Kern,1995)进行了比较,而后来对各大洲跨文化交流的研究则侧重于交际合作的社会文化方面(Belz,2002; Furstenberg et. al,2001; Thorne,2003)。

基于文本的聊天记录不足以记录学习者的全部内容,Sauro(2012)通过分析聊天记录转写和视频增强聊天脚本,比较了文本聊天和口语语篇中的二语表现,发现这两种模式中叙述的词汇或句法复杂性没有显著差异。相反,有证据表明,一些学习者主要在文本聊天中产生了更复杂的语言,而另一些学习者在口语话语中表现出更大的复杂性。Park & Kinginger(2010)使用数字视频(屏幕录音)来捕捉二语作家的创作过程,包括语料库搜索查询,并以显性方式展示了学习者的认知过程。

此外,眼睛跟踪技术在二语习得研究中越来越受重视。例如,Smith(2012)使用它来研究参与者进行简短聊天的互动任务。通过记录他们的眼睛凝视，研究"注意"这一构念。研究者通过关注眼睛凝视产生的"热图"，把握增加的视觉注意力这一概念，分析注意事件，尤其是以英语为母语的人在同步计算机中介交流（synchronous computer-mediated communication, SCMC）环境中提供的纠正反馈。热图数据与刺激回忆的数据进行比较后发现，两者表现出高度正相关的关系。两种方法的结合使用可能有助于二语习得研究人员更好地理解注意这一构念（Smith, 2012）。

其他技术，如智能语言辅导系统，可以向学习者提供详细的、针对特定错误的和个性化的反馈。学习者控制练习和纠错的经验数据告诉我们学习者控制对纠错的影响（Heift, 2002）。学习者语言语料库的技术可以用于二语习得研究，搭配软件或网站允许研究人员研究学习者如何获得搭配（Chambers, 2005）。通过在线工作记忆测量，能够体现说话任务和工作记忆之间的关系（Payne & Ross, 2005）。

随着科技的发展和跨学科交流的扩大，二语习得研究开始越来越频繁地采用其他学科中较为成熟的技术，并将其应用于自身学科的研究中，为揭示语言习得提供了更强有力的支持和基础，并进一步丰富和拓展了语言交叉学科的发展。

第四部分
第二语言习得的实践研究

第 7 章
任务教学法

7.1 理论背景与概述

任务教学法（task-based language teaching，简称 TBLT）也被称为任务型教学途径，是基于完成交际任务的一种语言教学方法，以计划和操作为其中心内容，通过师生共同完成语言教学任务，使外语学习者自然地习得语言，从而促进外语学习的进步（岳守国，2002）。该方法是基于苏联心理语言学家 Vygotsky（1978）的语言和学习理论提出的。Vygotsky 强调语言学习的社会性以及教师和学习者对促进个体学习的重要作用。文化知识的获得首先是人们相互作用的结果，然后转变为自己的知识。Vygotsky 把心理、社会和语言结合起来，构建了自己的理论体系，为任务教学法提供了坚实的理论基础。由此而言，学习者是在社会交往和相互作用中发现、学会并运用知识的。因此我们必须改变传统的以教师为中心、规定教学内容的教学观，使学生在一种社会性环境中接受教育。

20 世纪 80 年代中期，研究人员把"任务"（task）看成是二语习得的工具。他们的兴趣在作为第二语言训练媒介的任务方面，研究集中于学习者的学习策略和认知过程上，认为以语法教学活动为中心的教学法不能反映认知学习过程。语言学习所依赖的，不仅要使学生沉浸于"理解性输入"中，而且要沉浸于任务中。Lemke（1985）指出，除提供信息之外，课堂语言还有其他重要功能，可用作社会交往和创造有意义语境的工具。语言习得理论强调理解性输入，而任务教学法要求学生通过协商、讨论的方式进行自然的、有意义的交际，它是在交际教学法的基础上发展起来的一套教学新途径。

因此，任务教学法是建立在二语习得研究基础上的一个具有重要影响力的语言教学模式,是在二语习得研究启示下提出的外语学习途径(何安平,2002),是20世纪80年代以来西方英语教育的最新发展成果,也是"交际法"的最新发展。它以具体的任务为学习动力和动机,以完成任务的过程为学习过程,以展示任务成果的方式来体现教学的成就。

任务教学法强调把语言运用的基本原理转化为具有实际意义的课堂教学方式,教师围绕特定的教学目的和语言项目,设计出各种教学活动;学生通过这些语言活动完成语言学习任务,最终达到学习语言和掌握语言的目的。任务型语言教学充分体现了以学生为中心、注重学生合作学习的教学理念。

任务教学法的核心是"以学习者为中心"和"以人为本",其哲学心理学的依据是"建构主义"。Foster-Cohen(2004)指出,建构主义是一种有关知识和学习的理论。建构主义以心理学、哲学和人类学为基础,认为知识是暂时的、发展的和非客观的,是经过学习者内心建构并受社会文化影响的。该理论认为人的认知是与经验共同发展的,知识是经验的重组与重新构建,是一种连续不断的心理建构过程,是体验、发现和创造的过程。真实自然的教学任务正是为学习者提供了这种宝贵的体验过程。由于任务真实自然,它必然容易激活学习者已有的知识结构和认知图式;由于它包含有待实现的目标和需要解决的问题,就必然会激发学习者对新知识、新信息的渴求。学习者正是通过实施任务和参与活动,促进了自身知识的"重组"与"构建",促进了摄入的新信息与学习者已有的认知图式之间的互动、连接、交融与整合。而且一旦学习者体验到参与活动的意义,感受到新知识构建的成功,他们会更加主动积极,从而加速语言信息的内化。

7.2 任务教学法中的"任务"类型

任务型的课堂教学从一开始就呈现出任务,让学生从课堂教学一开始就明确要完成的任务,之后在任务的驱动下去学习语言知识和进行技能训练。这样的学习过程是任务驱动的过程,有利于强化学习的兴趣和动力,同时有利于体现任务的真实性。

如何从实际出发定义"任务"呢?任务教学法的研究者们从各自的角度出发对其进行了大量的阐述。任务教学法中的"任务"以意义表达为核心。任务完成与否是根据结果是否达到来评价的。一般来说,任务与现实生活中的语言运用有极大相似性。因此,任务教学法与交际语言教学法几乎一脉相承（Skehan，1989）。Candlin（1982）将"任务"定义为"一组涉及学习者的认知和交际过程，以集体的形式对已知和新信息进行探究，在社会语境中完成某一预期或临时目标的可区别的、相互关联的问题指向型活动"，这一定义反映了任务的本质特点，但似乎又太学术化。贾志高（2002）认为，外语课堂上"任务"这一概念可以概括为：学习者应用目的语进行的促进语言学习的，涉及信息理解、加工的，或解决问题、决策问题的一组相互关联的、具有目标指向的课堂交际或互动活动。

Pica et al.（1993）根据完成任务过程中所产生的互相影响，把任务分成五类：

- 拼板式任务（jigsaw tasks）：此类任务要求学生把散乱的若干条信息拼成一个整体。例如，几个人或几个小组各讲或各写一个故事的一部分，然后把各部分有机地组合成一体，编出一个完整的故事。
- 信息差任务（information-gap tasks）：一个或一组学生有一系列信息，而另一个或另外一组学生有另外一系列有互补作用的信息。为了完成一项交流活动，双方必须协商以探清对方的信息。
- 解决问题式任务（problem-solving tasks）：给学生一个问题及一系列信息，让其找到解决问题的方案。一般来说，只允许产生一个解决方案。
- 做决定式任务（decision-making tasks）：给学生一个可能有几种结果的问题，让他们通过协商和讨论选择一种结果，达成一致。
- 交换意见式任务（opinion exchange tasks）：学生参加讨论，交换意见，但无须达成一致。

Richards（2003）曾提出以下关于任务的类别：
- 单向或双向式：意见交换既可以是单向的，也可以是双向的。
- 收敛式或发散式：既可以达到一个共同目标，也可达到几个不同目标。
- 合作式或竞争式：既可以彼此合作完成任务，也可以就一项任务展开竞争。
- 一种或多种结果：既可以产生一种结果，也可以产生若干不同的结果。
- 具体语言或抽象语言：完成任务过程中既可以使用具体语言，也可以使用抽象语言。

- 简单过程或复杂过程：完成任务既可以通过相对简单的过程，也可以通过复杂的认知过程。
- 简单语言或复杂语言：完成任务既可以使用相对简单的语言，也可以通过相对复杂的语言。
- 具有现实或非现实意义：任务内容既可以反映现实生活，也可以是只具有教学法意义的非现实生活。

此外，Nunan（1989）从教学实践的角度列出了与外语学习任务有关的因素：目标、输入、活动、学习者角色、教师角色和背景，这些因素影响到任务的选择。任务的这六个基本要素从某种意义上也反映了任务的本质。任务本身只是一种方法、一种手段、一种形式，它本身不是内容，不是目的，但通过它可以促进学生的互动，促进学生的人际交往，促进学生思维、决策，为他们提供在真实或接近于真实的环境中进行交际和用目的语解决问题的机会，从而使语言学习摆脱单纯的语言项目练习，而成为有语境的、有意义的、有交际目的的语言实践。在进行任务设计时，有六条原则需要遵循：真实性原则（authentic principle）、形式/功能原则、连贯性原则、可操作性原则、实用性原则和趣味性原则。

Feez（1998）就任务教学法的基本内容概括如下：
- 焦点在过程上，而不在结果上。
- 基本要素是强化交际和意义表达，进行有目的的活动。
- 在进行活动和完成任务时，学习者有目的地多开口讲话，彼此产生影响。
- 语言活动和任务既是学习者现实生活的需要，也是课堂教学特定的教学目标。
- 教学活动和任务应该按难度大小循序渐进。
- 一项任务的难度取决于一系列因素，包括学习者先前的学习经历、任务的复杂性、完成任务需要什么样的语言，以及能否得到鼓励等。

需要强调的是，关于任务型教学法的内涵该如何定义，学术界的意见是不统一的。Skehan（1989）论述过三种不同的教学任务设计模式，即结构型、交际型和中间型。"结构型"教学任务强调任务执行中语言形式的运用，比如完成某一任务时，一定要使用某一特殊语言结构。事实上，这是最难的，但也是最理想的标准，许多语言结构可以巧妙地设计到任务中去，并同时不损害意义。"交际型"教学任务则强调任务的自然性和真实性。它的推崇者Willis & Willis（2007）指出，符合真实自然情景的任务会使学习者的语言获得大幅度进步，任务不应该为了某一特殊语言结构而设计，实施任务不应该强调语言规范，变成语言结构的表演。真实世界的需要应成为任务设计的驱动力，从而以互动的方式推进语言习得的过程，促进中介语的发展。"中间型"教学任务既重视任务的自然性和真实性，又强调要通过任务的设计与方法的选择，照顾到语言形式的练习，以增加中介语发展的机会。为此，必须求得两者之间的平衡，一方无损另一方。

Skehan（1989）的三种不同的任务型教学设计各有侧重，但当前国外的实践与研究证明效果较好的是第三种。方文礼（2003）认为，根据我国外语教学的国情，我们采取的模式应该不同程度地近似于第三种，因为这种模式既强调了语言形式，又注重了它的意义与功能，把语言的用法和用途融为一体，具有较强的操作性，能对我国当前一些传统的教学模式进行补充。

7.3 任务教学法的实施模式和原则

Loschky & Bley-Vroman（1993）设计了结构理解任务教学法模式：输入→目标和干扰视觉成分→任务所指的语境特征→利用语境特征的协商交际反馈→重复同样的新的任务。该模式强调引起意识的活动使学生获得语法知识及与语法有关的语用、文体、社会语言学的知识。Loschky（1993）认为这一任务实施模式可以应用于任何语言领域的教学，利用这一模式可以创造交际任务进行词汇、语音、语用学、连贯、口语、写作等方面的教学。此外，Kumaravadivelu（2006）提出了指导性的任务实施模式。他把任务实施过程分为三大类：以语言为中心的过程、以学习者为中心的过程和以学习为中心的过程。各过程的任务分别是一系列的结构练习、交际活动和教学任务，整个过程综合强调语言、语言学习者和学习为中心的过程。

针对教学原则，Willis（1996）提出了实施任务教学法的五项原则：提供有价值和真实的语言材料；运用语言；所选任务能激发学生运用语言；适当注重某些语言形式；不同阶段的侧重点不同。她还设计了完成任务的三个阶段：前期任务（介绍题目和任务）、执行任务（任务、计划、报告）和注重语言形式（分析、练习）。Skehan（1989）也提出实施任务的教学四个阶段：前期任务、执行任务和任务之后的两个阶段。前期任务的目标是重构（确定目的语、减轻认知负荷），采用的教学技巧是为了引起学习者的注意，完成任务计划；执行任务阶段的目标是平衡发展准确性与流利性，典型的教学技巧是为了注意任务选择，进行交际压力练习；任务之后的第一阶段的教学目标是不鼓励过度流利性，注重准确性和重构，采用的技巧是公开表演、分析和测试；任务之后的第二阶段的目标是分析和综合的循环，技巧是注重任务的连续与任务系列的训练。

Skehan（1998）提出用信息处理法实施任务，并提出五项实施原则：选择合适的语言结构；任务的选择符合应用标准；任务的选择和排列着眼于教学目标的协调发展；通过调节学习者注意力，最大限度地强调语言形式；定期进行学习效果的"盘点"。以上学者都强调，实施任务教学过程中要平衡语言运用的流利性、准确性和复杂性。

7.4 任务教学法的应用研究

任务教学法已经得到二语习得领域的众多关注，在外语环境下实际应用的相关研究也很广泛。应用研究的重点是任务的有效性问题，尤其是在引导学生的语言输出、互动、意义协商以及注意语言的形式等方面。

7.4.1 理论探讨

主流任务教学法的研究方向主要有以下两种。（1）输入/互动理论方向。这一研究方向的主要代表人物有 Evelyn Hatch、Stephen Krashen 和 Michael Long 等（例如 Long，1985b，2015，2016）。他们认为习得 L2 时，学习者需要接受大量的可理解性输入，其中使输入成为可理解性的有效办法就是通过意义协商。Pica et al.（1993）对意义协商的定义是，语言学习者与对话人在对话时为了达到互相理解、消除理解困难的目的而从语音、词汇、形态句法上调整语言的行为。（2）认知理论方向。这一方向主要是由 Skehan 和他的同事提出并发展的（Skehan，1989，2014）。Futaba（1994）的研究证明在输入条件没有明显差异时，日本的英语学习者在与本族人搭对完成语言任务时进行的意义协商（交叉使用 L1 和 L2）明显比与英语本族人搭对时要多，这表明母语相同的 L2 语言学习者在学习的过程中会进行更多的意义协商，也证明在外语环境下进行的 L2 教学中合理地设计教学任务是促进学习者的互动与意义协商、提高语言学习效果的有效方法。Skehan（1989）认为人类的注意力和注意力资源是有限的，在注意某些事物时，需要借助他人的注意力资源来"注意"其他事物，即由于人类信息处理能力的有限，个体在 L2 的学习过程中，很难同时关注形式和意义。van Lier（1996）也认为注意力的资源是有限的，不能做到同时关注不同的目标。Skehan & Foster（2005）还提出衡量任务的表现要从三个方面入手：准确率、流畅性和复杂性，而这三方面都竞相要求使用注意力资源，好的任务教学法应该具有同时提高这三方面技能的特征。

任务为语言习得提供输入和输出过程。理解性输入是语言习得成功的基本保证，表达性输出（不仅是输入）对第二语言的发展也很关键。Swain（1985）指出，在加拿大沉浸式语言教学法中，接受沉浸法训练的学生，即使接触了多年的理解性输入后，其语言能力依然落后于母语为英语的学生。作者认为对语言能力的全面发展来说，有充足的机会使用语言至关重要。可以说，任务教学法为语言的输入和输出创造了良机，凸显了输入和输出在语言学习过程中举足轻重的作用。其他研究者则着眼于"意义的交流"，把它作为二语习得的必要基础。"意义的交流"把学习者的注意力聚焦于表达（发音、语法、措辞等），因此可被看成是语言习得的刺激因素（Plough & Gass，1993）。人们相信，任务可以培养学生的讨论意识、纠正错误意识、润色语言意识和增强创新意识，而这都是二语习得的核心。

Bryfonski & McKay（2019）等学者曾分析了前人在二语教学中进行任务教学法的实验所得到的数据，发现研究问题主要集中在四个方面：关于 TBLT 的实施研究有何方法论特征；TBLT 在二语教学中是否具有实际意义；任务种类、群体类型、需求分析、是否重复实施对 TBLT 的效果有无明显影响；在参与者的主观感知中，TBLT 是否具有积极效应。研究同时表明，TBLT 在二语教学领域呈积极效应，且相关研究数量正在逐年递增。

国内相关学者也从实证研究出发对任务教学法进行了理论探讨。贾志高（2002）认为，任务教学法属于以学习为中心的教学法。此类教学法主要关注二语教学的认知过程和心理过程，力图为学习者提供机会，通过课堂上以意义为焦点的活动，参与开放型的交际任务。其课堂操作程序表现为一系列的教学任务，在任务实施过程中，学习者注重语言交际的意义，充分利用自己已经获得的目的语资源，通过交流获取所需信息，完成任务，其学习过程是沿着开放的途径达到了预期的教学目标。

鲁子问（2002）通过综述任务教学法在英语教学中的应用，认为任务型教学这一教学理念是交际法的最新发展，克服了交际法教学活动中出现大量非真实交际的问题，提出通过引导学生完成真实生活中的任务来学习运用英语。在教学实践中应该首先设计出真实生活的任务，再在课堂上将任务呈现给学生，学生通过学习教学内容获得完成任务所必需的知识与能力，最后完成任务，并在完成真实的生活任务的过程中学习知识、培养能力。该方法既强调在运用中学习，又强调为了运用而学习。

岳守国（2002）认为任务语言教学法是指以完成交际任务为教学目标的外语教学方法。与以语言结构为中心的教学法相比，它为激活学习过程提供了更好的语境，已成为国外语言教学法主流的一部分。在任务教学中，尽可能与别人进行口语交流是习得语言的基础。该方法重视听说能力的提高，吸收、综合了其他现行教学法的精华，有广阔的应用前景。任务教学活动具有丰富多彩的内容，给学习者带来新鲜的感受，这不但活跃了课堂气氛、激发了学习兴趣，也自然培养了综合运用语言的能力，充分体现了以学生为中心的教学思想。

方文礼（2003）概述了当前国内外流行的任务型教学法，介绍了它的三种类型以及我们应采取的选择，分析了这种新型教学方法的基本特征和重要意义，并从心理和认知层面探讨了它的可行性以及在实施过程中应注意的问题。他认为任务型教学法符合二语习得内化过程的理论假设，学习者能够通过运用语言进行交际获得二语习得中的隐性知识，最大限度地运用语言进行交际，强化语言的功能性练习，因为这种交际是一种认知的体验，能催化新旧信息的重组与融合。

黄露、韩金龙（2003）讨论了把任务教学法实施的三个阶段（前任务阶段、任务阶段和后任务阶段）运用到大学英语多媒体课堂教学中，并认为任务式多媒体教学可以提高学生的积极性和独立性，拓展人际关系的空间，促成师生、生生之间达成双向互动交流，综合培养听说读写各能力，促使学生在"做中学"，在完成任务的过程中获得语言知识、语言技能和交际策略，提高分析能力、解决问题的能力，养成协调合作的团队精神。

覃修桂、齐振海（2004）从批判审视的角度，探讨了任务及"任务教学法"的界定、大纲的设计、理论依据、主要特征及其面临的困境，并分析了在实施过程中存在的问题，提出了一些旨在引发同行进一步深入思考的建议。

贾志高（2005）再次论述了任务教学法的核心问题，认为任务这一概念不仅是涉及任务型教学法的重要概念，也是整个语言教学乃至许多非语言学科课堂教学理论中的重要概念。缺乏对任务及任务型教学法本质的认识和解释就会弄丢任务这一概念的积极内涵，使课堂教学不能反映任务教学法的特点和先进理念，同时削弱任务型教学法的包容性、可操作性和实效性。要使任务型教学法在中学外语课堂上得到充分和有效的应用，就必须明确任务及任务型教学法的本质，以及任务设计的基本原则和方法。

吴中伟（2008）从输入、输出理论的基本问题出发，讨论了任务教学法遇到的实际问题，认为在二语习得中，输入与输出是一种互动的关系，把教学任务区别为输出性任务和输入性任务。他结合了传统的 3P（presentation〔展示新的语言点和词汇〕、practice〔练习〕、production〔表达〕）模式和任务教学法，构建了新的教学模式：在表达阶段引入任务概念，即改良的 3P 模式——"借助任务"的教学。这种教学模式既保留 3P 模式的优点——循序渐进、适当控制，又让"任务"贯穿于始终。

7.4.2 写作教学

陈慧媛、吴旭东（1998）调查了写作任务（回忆性写作、标题性写作和归纳性写作）难度和两种任务条件对英语专业学生写作的影响，发现标题性写作达到准确性最高，其次是回忆性写作和归纳性写作；回忆性的写作语言准确性与学习者的目的语水平有关；归纳性写作所产生的语言复杂性最高，标题性写作最低，回忆性写作在两者之间。蔡兰珍（2001）讨论了 Willis 的任务教学模式在写作教学中的应用，认为它是过程教学法和结果教学法的结合体，强调写作的社会性和学生的相互学习，给我们的任务写作教学带来了很大的启示。阮周林（2001）探讨了任务前期准备对促进外语学习者中介语水平的作用，通过明示教学与隐含教学的对比研究，发现任务前期准备对 EFL 写作有很大的影响，写作前的任务准备可以使语言表达更流利，有利于激活学习者相关的背景知识，从而提高写作水平。

7.4.3 听说教学

徐曼菲（2002）以输入、输出理论为依托对英语专业高年级视听说课程进行改革尝试，认为该课程必须以培养学生"说"这一输出能力为核心，重点讨论了课程的目标定位、教材的选编、教学方法的改革以及教、学双方的角色转变等问题。曾文雄（2002）利用 Skehan 的任务教学模式建立了发展口语流利性的教学模式，同时根据商务英语的特点与课堂任务的实施过程，建立了任务教学法环境下的商务英语教学实施模式：（1）前期任务——注重任务前的移情，介绍任务的主题与所需的语言知识，使学习者注意要执行的任务并计划好如何执行任务；（2）执行任务——强调意义的活动训练学生的听说读写译等技能，让学习者选择任务、执行任务，并为他们提供足够的自我表演机会；（3）任务之后——对学习者的任务执行效果进行评估、分析与测试。托娅等（2003）分析了研究生英语口语教学存在的问题，提出将任务教学法引入课堂的建议，并介绍了本着情感原则、交际原则和认知原则而组织的任务教学法口语课实践活动，阐述了该教学法与素质教育的一致关系。为从"生态"视角探索社会文化理论框架下任务型语言教学在大学英语口语课中组织小组任务时发挥的指导作用，秦丽莉、戴炜栋（2013）以 SCT 为框架，通过学术性专题小组口头报告任务，尝试构建 L2 语言学习的宏观和微观生态系统，旨在从理论上论证"生态化"口语任务型语言教学的具体模式和实施方法。

7.4.4 任务复杂度

何莲珍、王敏（2004）调查了任务复杂度、任务难度以及语言水平对中国学生语言表达准确度的影响，发现：（1）任务复杂度对中国大学生语言准确度具有显著的影响。语言准确度与任务复杂性成反比，复杂度越高，学习者的语言准确度越低。复杂度受到任务前准备、背景知识、任务条件和任务结构等因素的影响；（2）语言水平对语言准确性的影响非常显著。语言水平高的学习者在任务处理中的语言准确性明显高于低水平的学习者；（3）语言水平和任务复杂度之间没有交互应；（4）构成任务难度的两个情感因素——学习者对难度的整体感受和焦虑度与准确度呈显著性负相关。邵继荣（2003）在陈慧媛、吴旭东（1998）研究的基础上，调查了不同任务类型（个人资料写作、图画描述写作和观点陈述写作）和任务有无时间限制这两个条件对非英语专业大学生英语写作的影响。实验结果表明，任务类型和任务条件与完成任务时语言运用的准确度、复杂度和流利度有着复杂的关系：相同的受试者在完成不同任务时，其语言运用表现出差异，而这些差异又与任务特性、任务条件、语言运用的测量手段和受试者的目的语水平有关。

7.4.5 语法教学与激发学习兴趣

温伟娟(2001)调查了任务教学法在语法教学中的应用,发现学生在任务式教学环境下能积极地参与语法任务,任务教学能够提高学生对语法结构的注意力,有助于引导学习者积极地思考、发现问题和提高认知能力,同时任务教学法为学生创造更多的练习机会,并大范围地提高他们整体的英语水平。

丰玉芳、唐晓岩(2004)运用英语专业精读教材《大学英语教程》中的"Computers Concern You"一课,验证以任务为导向的五项设计活动是否能激发学生的学习兴趣。结果发现,在实验过程中,学生能够将从任务中学到的知识和交际技能运用到实际生活中,转化为在真实生活中运用英语的能力,验证了任务教学法在二语教学中具有激发兴趣、促进语言应用的作用。

7.5 任务教学法的发展与面临的挑战

2001年7月,我国教育部颁布了《基础教育课程改革纲要(试行)》。根据这个文件,教育部又为全日制义务教育和普通高中教育制定了英语课程标准,提出了相应的改革措施,重点是改变过去那种过分重视语法和词汇讲解的英语教学,忽视对学生语言实际运用能力的培养,强调课程要从学生的学习兴趣、生活经验和认知水平出发,倡导体验、实践、参与、协作与交流的学习方法和任务型教学途径,发展学生的综合语言运用能力,使语言学习的过程成为学生主动思维、大胆实践、自主学习的过程。我国当前中小学英语教学的主要症结表现在:过于强调知识教学,过于忽略运用能力教学。以培养运用能力为目的的任务型教学对我国当前中小学英语教学无疑是有借鉴意义的,而且是非常必要的。

一方面,任务教学法能够教会学生如何在完成一系列任务中提高交际语言能力,注重指导学生实现交际目标,强调通过口语或书面语交际的训练来掌握语言技能。另一方面,任务教学法注重探索知识体系本身的功能,特别是探索学习及运用语言之道。可以说,任务教学法在学习者的母语和目的语之间架起了一座桥梁，为学习者提供了互动机会，能开掘学习者运用语言的潜力，激发他们创造性地运用语言的活力。

总体而言，任务教学法反映出外语教学目标与功能的转变，体现了外语教学的变革趋势：从关注教材转变为关注学生，从以教师为中心转变为以学生为中心，从注重语言本身（结构、功能、系统）转移到注重语言习得与运用的人（认知、习得过程）。这与新课程标准所倡导的理念是完全一致的。任务型教学把语言教学放在交际环境之中，把交际知识作为一个系统，交际本身作为另一个系统，最大限度地调动了这两个系统之间的有机联系，达到相辅相成的效果。任务型教学能将语言学习的几种技能有机地结合起来，使听说读写译能力同时得到提高。另外，任务的内容和类型的多变，提高了学生的学习兴趣，激发了学生的创造性，减轻了学生的学习心理负担，使学生在轻松的环境中掌握知识和技能，达到"事半功倍"的效果。因此，任务教学法在国内外语教学领域受到了广泛的认可和应用。

但是，任务教学法强调的任务的设计和实施对教师提出了很高的要求。教师自身素质是实施任务型教学模式的关键。传统的英语教学活动多为"精讲多练"，教师大多担任"主讲"和"指挥"这样的角色。而在任务型活动中，教师应该是活动的组织者、引导者，是一种媒介、桥梁，不仅要传授给学生独立学习的技巧，同时还要严格控制课堂讲解的时间，让学生充分实践。只有这样，学生才有充分表现和自我发展的空间，才会真正成为学习的主人。任务型语言学习的任务设计很难把握，任务的系统性和延续性也难以得到控制，这些需要我们在教学实践中不断进行探讨和研究。相关学者总结了国内教师实施外语任务型教学的经验，可供借鉴与参考（胡必华，2010；郑艳，2014等）。

第一，我国的外语教学在实施任务型教学时要贴近不同语言学习者的语言能力，既要有适当的难度系数，又要有可操作性。任务型教学活动既不能太难，也不能太容易。太难了，学习者会产生焦虑；太易了，会令人索然无味。关于任务型教学中任务的难度，Skehan（1998）根据任务的性质，将任务分为静态任务、动态任务和抽象型任务。第一种任务只涉及视觉信息，用于单向的弥补信息差，比如向别人描述简单的事物等；第二种涉及信息因素的变化，比如描述车祸、讲故事等；第三种涉及非语境化的信息因素，比如发表一种观点、意见等。针对我国不同水平的外语学习者，教学任务在设计上应有所变化。针对初学者，可以设计一些简单的静态任务，如描述简单事物或过程等；针对基础较好的学生，应设计一些动态性或抽象性的任务，如让他们用英语订票、请

第 7 章　任务教学法

假、购物等；设置讨论的主题，可以是让一方说服另一方，如让对方相信买自行车比买摩托车要好等。

第二，我国的外语教学在实施任务型教学时，缺少理想的语言环境，因此要兼顾意义与形式。既要注意任务的真实性、生活性和趣味性，又要有意识地为某些语言结构的使用提供机会，做到有些语言结构是可选择的，有的选择是唯一的，以促进学习者语言信息的吸收、消化，帮助他们调整认知图式，实现他们知识结构的重新建构。

第三，任务型教学应包括任务前（pre-task）的准备、任务（during-task）实施与引导和任务后（post-task）的反思（reflection）。例如，学生分成两组进行煤炭进口贸易谈判，任务前双方都要查阅文件，大致了解经贸业务，包括相关价格条款、进口许可证、品质条款（含包装条款等）、到货时间和地点、付款方式（是发货前还是发货后付款，是用信用证、电汇还是托收等）等内容。学生还要做好充分准备，保证语言表达的有效和畅通。教师在执行任务中对出现的错误应该进行适当记录，虽不必一一当场纠正（事实上也不可能），但事后要进行分析与反思。学习者在语言运用中出现的错误能反映其语言习得的进展程度，显示知识建构的过程特点，暴露其认知图式的薄弱环节，教师可以觉察个体差异，对症下药。完成任务后，教师要进行评估，要发动学习者积极参与评估，使他们成为主体，从任务的设计、执行到结果进行正反总结；对任务中有较强语用功能的语言结构，要适当进行演绎，比如提醒学生在谈判中要学会礼貌地表达不同意见。

第四，实施建构主义任务型教学是一个渐进的过程，不能泾渭分明，实行"一刀切"。从认知角度看，各种教学理论归根到底都是对不同教学实践的归纳总结和范畴化。所有的范畴都是模糊的，它们的边界是不明确的，因此范畴之间是相互交叉的（赵艳芳、周红，2001）。我们强调任务教学法，并不是说全部抛弃其他教学方法。从一种教学法过渡到另一种教学法是一个渐进的过程，而一种教学模式的实施就是一个过程的连续体。很多教学环节应因人、因地、因时而异，采取不同的、更有效的方法。比如，成人学习 26 个英文字母，可能用传统的方法比较好，因为他们有丰富的生活经历和较好的母语基础，可以联想学习；而儿童学习就不同了，往往要结合儿歌、舞蹈、卡通图片，实行趣味教学，寓教于乐。

第五，相关研究表明任务教学法在二语教学方面起着积极的推动作用，以学生学习为中心，使学生在做中学，做中用，学用结合，把语言运用的基本原理转化为具有实际意义的课堂教学方式。然而,研究者应该从更加宽泛的视角研究它,不应只是简单地关注一个任务完成的微观方面,同时还应关注学习者完成语言学习任务后长期的、宏观的方面。

  现阶段,外语教师面临的挑战主要是如何使学生学会主导二语学习计划,并学习获得二语学习资源的方法,同时有明确的学习目标。学习者也必须逐渐学习如何计划、执行任务(如深度调查和口头报告等任务),只有这样才能培养出自主学习的能力。所以,除关注任务的设计及系统之外,我们还要关注任务执行之后对学生英语能力的长期影响。

第 8 章
续　　论

8.1　续论的提出背景

　　长期以来，困扰我国英语教学的一个难题是：投入大，产出小，学习英语的时间长，会用英语者少（王初明，2000）。如何提高外语教学水平，是教育界一个经久不衰的话题。传统的外语教学法过于注重对语法的学习，课堂强调以教师为中心，学生只能被动地、机械地接受老师所教授的内容，学生语言产出和运用能力较弱，缺少参与性和合作性，学生学习语言的积极性较差，导致学习效率低下。此外，不同的语言文化背景孕育出了不同的思维结构，学习外语的本质就是一个认知重建的过程。这些因素都无形中增加了外语学习难度。对此，我国外语教育界的专家和学者提出了多种方法论（韩宝成，2018；文秋芳，2015；王初明，2000）。王初明（2000）认为英语学习有其本身的难处，但提高学习效率的根本出路在于强调英语的使用，训练学生使用英语。为了改进外语教学、提高外语教学效率，王初明将二语习得理论与国家实际外语发展需求相结合，从理论与应用两个方面着手，先后提出语境补缺假说（王初明，2003）、外语写长法（王初明，2005）和外语学习的学相伴用相随原则（简称"学伴用随"）（王初明，2009），逐步形成了一套具有坚实理论基础的语言习得观——续理论（简称"续论"）（王初明，2016），强调以"用"促学，从外语学习的角度来探索教学改革的新途径。

　　续论源于写长法。写长法（王初明，2005）是通过鼓励学习者以写的方式来促进外语学习的一种方法，以设计激发写作冲动为主要任务。通过逐步写长作文来进行外语学习，以增强学习者写作的成就感和自信心，并提升语言运用能力。该方法的主要不足之处在于学生的精确表达能力和语篇连贯衔接能力并未获得显著提高。语境补缺假说（王初明，

2003）认为语言与语境知识的有机结合是语言正确流利使用的前提。由于外语环境缺少与外语表达方式相匹配的真实语境，在外语理解、习得和使用的过程中，大脑中的母语语境知识介入补缺，致使与母语语境知识配套的母语表达式得到激活，进而引发母语迁移，影响外语学习。对此，王初明（2009）进一步提出"学伴用随"原则，该原则强调外语学习过程中相关变量之间的关联与整合，为启动语言使用创造条件，同时认为语言知识能否准确得当地运用取决于语言知识在学习过程中与什么语境相伴，相伴正确则易用对，相伴不当则易用错。

读后续写很好地体现了"学伴用随"这一原则，其利用了对话过程中存在的不完整语段，将外语读物截留其结尾，让学习者补全内容。学习者根据前文提供的恰当语境和正确的语言形式，理解语段，加深学习者对词汇的记忆，方便以后在实际交流中提取使用，体现了"学相伴"；然后，基于前文提供的语境，对其进行创造性的补全和拓展，创造出新内容并模仿先前的语言，从而体验语言使用，提高语言运用能力，并产生思维的交流互动，逐步建立外语思维，体现了"用相随"。该过程同时涉及语言理解与产出两个层面，将两个层面的界限打破。基于读后续写这一写作方法，王初明（2016）提出了续论。续论能将语言输入与输出紧密结合，将语言的模仿与创造性使用有机结合，将语言的学习与运用切实结合（王初明，2012）。这也正是续论的促学认知机理。

续论的提出对后续相关外语教学产生了较大影响。"续"是在人们交往中发生的现象。典型的"续"出现在对话过程中，指对话双方相互不断补全、拓展和创造说话内容，回应上文，表述下文（王初明，2016）。王初明（2016）认为幼儿与成人的对话，实则是在"续"中交流。幼儿之所以能够在短时间内准确、流利、连贯地表达思想，从语言习得角度看，是因为理解水平总是高于产出水平，幼儿理解成人的表达后，回应上文，表述下文。在这一过程中，"续"使理解和产出之间发生互动，引发协同，互动强则协同强，互动弱则协同弱。基于此，王初明（2016）认为，"续"的操作简易，促学效果明显，并提出假设：语言是通过"续"学会的，将其称为语言学习的续论。续论认为语言是通过"续"学会的，"续"能产生交际意图，提升对前文材料的注意；语言学习高效率是通过"续"实现的，在丰富的语境中，模仿前文语言并创造新内容。所谓"续"是指说话者在语言交际使用中承接他人的表述，阐述自己的思想，前后关联，推动交流（王初明，2017）。

续论实现了模仿与创造的有机结合，提高了外语学习效率，加速了

第 8 章 续论

语言习得。在续写的过程中，学习者的理解源于前文，产出则基于自身的语言能力，理解与产出存在前高后低的非对称现象，但两者因"续"而互动，因互动而协同，因协同而拉平差距，大力提高了学习者的语言产出水平。鉴于此，王初明（2017）指出"续"有如下促学特征：

- 唤起表达思想的内生动力。在上文的刺激下，学习者的交际意愿被激活，有话可说且想说，从而带动语言使用。
- 伴随语境。上文为"续"提供语境，具有支架功能，支撑语言学习和使用，既促进语言理解，又制约所"续"内容的拓展和演进，还促成语言形式与恰当语境的有机黏合，增大语言学过能用的概率。
- 缓解语言产出压力。拉平效应因"续"而生，促使学习者沿用上文出现的语言结构表达思想，提高交际效率，压缩犯错空间，降低语言使用犯错率。
- 抑制母语干扰。对于二语学习者而言，因"续"而与上文的正确用法协同，母语必然受到抑制，使语言表达更加地道。
- 提供连贯衔接的模板。学习者顺着语篇而"续"，自然延伸上文的内容和结构，不仅磨炼语言，而且增强语篇连贯表达能力。
- 提升注意。"续"能凸显对比效应，令学习者更容易注意到自己的语言水平与上文的差距，可在"续"中逐渐弥合。
- 在语篇使用中完善语言。语言使用发生在语篇中，"续"所补全、所拓展和所创造的是富含语境信息的语篇，而非从语篇中剥离出来的单词独句。

8.2 续论的发展历程

续论的提出不是一蹴而就的，而是基于我国英语教学效率低下这一客观事实做出的教学实验改革。续论的发展阶段总体可以概括为如下五个部分：写长法、读后续写、语言理解与产出的不对称性、模仿与创造以及续论的构建与完善。

8.2.1 写长法

写长法是针对外语作文教学困境所进行的一项改革。外语教学中存在一种普遍现象：学生怵写不愿写，教师怕改不愿教，作文课如同鸡肋，但因其重要而又不得不开设。于是，课堂上布置写短文以便批改，作文功效难以发挥，学习潜力无以释放，导致学生外语运用能力低下。为了提高运用能力，学者们曾经提出各种促学口号，强调阅读领先有之，强调听力领先有之，强调口语领先有之，唯独罕见写作领先，理由是：无足够输入哪来输出？面对这种局面，王初明（2005）以外语写作作为突破口，明确提出以写为先导，以写长文促进外语学习，称之为"写长法"。此法针对的是学生学外语多年却不会运用的困境，以设计激发写作冲动的任务为教学重点，在一定的学习阶段，通过调节作文长度要求，逐步加大写作量，让学生在表达真情实感的过程中，冲破外语学习瓶颈，释放外语学习潜力，增强学习成就感和自信心，将外语知识加速打造成外语运用能力。特别是在无外语交际需要的学习环境里，以写长文促学，可抗衡应试教学产生的消极影响。

作为一种学外语的手段，写长法与传统的外语写作教学虽然都涉及写作，但两者有较明显的区别。写长法要求教师把教学的重点由传统的精批细改转移到设计好任务上来，在任务设计上下足功夫，提供一个操练外语的平台，让学生有内容可写、愿意写、能够写、写得长，由此拓展其外语能力。之所以把任务设计作为写长法的重点，是因为任务设计的必要性是由学习者语言的特征决定的，也是由语言使用对语境的依赖性决定的。学习者语言具有过渡性，是在不断发展的，其使用会随着语境的变化而出现波动和不确定性。这是因为语言形式的运用需在不同的语境中验证，要与相应的使用功能匹配。此外，语言形式只有在语境中才产生意义。同一语言形式在不同的语境中有不同的解释，而在一个语境中通常只有一个意思。离开语境的语言使用是无意义的，也是不符合语言使用常理的。因此，加速语言学习的过渡就要为学习者提供恰当的有针对性的语境，让学习者在不同的语境中运用语言。任务设计的本质就是针对教学对象，寻求和提供最佳语境，促其发挥自己的外语学习潜力来学用外语。

写长文虽能有效释放学习潜力，增强学习成就感和自信心，并改善语言运用能力，但仍存在一些不足：强调内容自主创造而未提供足够样板以供模仿；强调语言大量输出而未系统地将之与输入紧密结合起来；强调语言流利使用而未着力打造精确表达能力；强调大胆放开写而未重点打磨语篇连贯衔接能力。因此，写作促学效率仍有较大的提升空间，写长阶段之后如何进一步打造语言运用能力，还需在理论和方法上有所突破。

8.2.2 读后续写

读后续写操作简便，通常的做法是从外语读物中截选一篇结尾缺失的材料，让学习者读完后写全内容。有效促学的读后续写一定潜藏着语言学习规律，剖析其促学特点是发现规律的第一步。除操作简单、读物因内容不完整需要补全和拓展之外，读后续写还有两个突出的特点：第一，在前文提供的语境相伴下模仿使用语言，能为所学所用的词语镀上语境标识，增强词语的记忆保持效果，增大后续提取使用的概率；第二，阅读理解与产出水平不对称，读的是别人写的，产出的是自己创造的，语言水平前高后低。由于具有这些特点，读后续写能将内容创造与语言模仿有机结合起来，使"续"成为理解与产出之间的桥梁，由此引发交流互动，进而产生拉平效应，将别人使用的语言变为自己也会使用的语言。高效促学语言的奥秘是：对于在语境中接触到的新词生句，学习者在创造内容过程中模仿用过一次便容易记住，随后用得出来（王初明，2014），而将产出与理解捆绑起来的"续"正好运用了这一高效促学程序。

"续"是人际互动的基本属性，对话中存在大量"续"现象，是因为对话是语言使用最自然、最基本的方式，是幼儿习得语言的最根本途径。稍观察幼儿学语就可发现，对话具有两个与"续"相关的特征：一是对话过程中存在大量不完整的语段，需要幼儿不断补全，并在表达自己想法时加以拓展，遇到语言表达困难时可模仿成人用语，如果任何一方不"续"，对话便告终止；二是对话因"续"而使语言理解与产出结合得格外紧密，而且理解总是伴随着丰富的语境，有上文提示，有面部表情、手势姿势配合，一来大大缓解语理解难度，二来提供机会将语境知识与所学所用的语言结构进行黏合，增强语言的后续得体运用，与"学伴用随"原则一致。更为重要的是，所理解的来自成人，所产出的源于幼儿，前高后低不对称，两者紧密结合导致互动，互动导致协同，协同导致拉平，致使幼儿语言产出水平得以拉高，语言运用能力随之快速发展起来，如此便有语言习得的高效率。将对话与读后续写进行比较或许更能彰显"续"的促学功能。"续"的过程实则是说话者实现自己交际意图的过程，在交际意图的驱动下，语言使用动力增强，促学语言的积极因素被调动起来。在对话过程中，说话者须以"续"的方式回应对方，内容须有连贯性和关联性，必须遵循合作原则，不能答非所问，不能顾左右而言他，否则对话便无法继续。因此，对话具有自适应性和自我监控功能，能使对话"续"而不断。相比之下，读后续写是续者与前文协同，自我监控较弱，若无外部压力或自我约束，在具备一定表达能力的情况下，学习者就有可能仅凭自己的兴趣和想象写下去，随意发挥，规避前文用语，不与前文内容和语言协同，所期望的语言拉平效应因此弱化。读后续写与对话的比较表明，对话中"续"的强度大于续写，尽管续写先于对话揭示"续"的促学功能，而更合乎逻辑的顺序是，续写应视为对话"续"功能的模拟运用。比较还让我们明白："续"的原生态存在于人际对话过程中，因交际需要而自然发生，"续"是人际互动的自然属性，互动促学实则是"续"在促学。幼儿能那么快捷、高效地习得母语，全凭互动中的"续"，是"续"带来自然的拉平效应；成人学习外语显得吃力，一个重要原因是与本族语者互动对话不够，"续"的机会缺失，读后续写算是一种促学替代品。

8.2.3 语言理解与产出的不对称性

王初明（2010，2011）曾撰文指出，外语学习效率的高低取决于语言理解和产出结合的紧密程度；两者结合产生协同效应，结合得越紧密，协同效应越强，外语学习效果也就越佳。这里说的协同，是指所产出的语言与所理解的语言趋于一致，是语言输出向语言输入看齐，是由低向高拉平，缩小差距。协同效应实为拉平效应，亦即学习效应，包含模仿成分，涉及他人语言的重复应用，具有巩固或扩张学习者语言表征的功能。在协同过程中，如果他人的语言水平高，水平低的学习者将得益于协同的拉平效应，语言水平提高得快。就语言学习和使用而言，人与人之间的语言理解和产出水平存在高低之别，个人的语言听读理解能力也通常强于说写产出能力，这种理解和产出之间的差距或不对称性是拉平效应的源头，也是语言水平提高的潜在动因。而要使产出与理解协同，必须将两者结合，促进互动。互动强则协同强，互动弱则协同弱。互动由人主导，一般发生在人与人之间，也可以发生在人与阅读材料或听力材料之间。创造条件促进理解与产出的互动，撬动拉平，强化协同，这是提高外语运用能力和学习效率的不二法门。

语言理解的主要方式有听和读，语言产出的主要方式有说和写。听和读可借助视图，以促进理解；说和写可用于表演与演讲，以增强学习效应。从听说读写四种基本语言技能来看，理解和产出有四种组合，分别是：听说结合、听写结合、读说结合和读写结合。每种组合可以出现在不同的语言练习中，如听说结合的练习有先听后复述，听写结合的有各类听写，读说结合的有口头复述课文，读写结合的有读后写概要，不一而足。所有这些练习虽然都能促学，但促学效应有强弱之分，促学效率有高低之别。它们的区别主要表现为理解和产出结合的强度不同，而强度则体现在互动中。例如，外语学习者与本族语者进行互动对话，同时本族语者也积极参与，这样的互动既有理解又有产出，两者结合紧密，交互协同强劲，拉平效应显著，学习效率高。与本族语者互动固然能提高外语水平，外语也能学得更地道，但是这样的互动发生在丰富的语境里，对语言表达准确度的要求降低，借助上下文、面部表情、手势或姿势甚至只需说一个单词便可传达意思，有时语言用错也不妨碍交流。由于在外语环境下与本族语者互动的机会并不多，寻求替代的方式就显得格外必要。以理解和产出紧密结合的标准来衡量，读后续写是个好方法，它不仅将理解和产出紧密地结合起来，而且符合外语环境下听说机会较少而读写条件充分的特点，是一种提高外语学习效率的好方法。

8.2.4 模仿与创造

教学并不缺需要创造内容的练习（如命题作文），也不乏要求语言模仿的操练（如句型操练），还存在结合内容创造和语言模仿的任务（如读书报告）。但是，要求学习者自主创造内容并与语言模仿紧密结合，同时模仿是在互动中进行的练习种类却相当少（王初明，2013），主要包括两种：一是与本族语者对话，二是读后续写。对话是助学语言最自然、最本真的方式，内生表达动力表现得最为明显。对话融合了交际意愿，将语言输出与语言输入紧密结合，语言理解与语言产出有机结合，语言模仿与内容创造切实结合；语言模仿在人际互动中开展，在丰富的动态语境中进行，在对话双方的协同配合中实现；模仿有样板，表达有反馈。所有这些对话特征均能加速语言习得。正因如此，在我国学汉语的外国人与国人互动对话的机会多，汉语水平自然提高得快，汉语学得也地道。与本族语者的对话除面对面交流的方式之外，还可借助网络与手机进行互动，如发电子邮件、发短信等。拥有并充分利用这些条件的学习者，外语理应学得地道。

读后续写也具备对话的主要促学特征。我国古典名著《红楼梦》是由两位作者完成的，后40回的作者接着前80回续写，是读后续写的成功运用，堪称将内容创造与语言模仿、理解与产出紧密结合的典范。这样的续写伴有前文构建的语境，伴有语言模仿的样板，伴有内容创新的依据。在强烈创作意愿的驱动下，后文作者必定反复熟读并理解了前文，同时将创作与模仿有机地结合起来，使前读与后续连贯，使创作的作品内容新颖、语言流畅。这般创造与模仿结合所产生的效果，均因互动协同使然，若能落实到外语学习中，必然会显著提高学生的外语水平。将读后续写与对话两相比较，对话是听者与说者之间轮番的"听后续说"，双向互动强且协同强；读后续写中作者与读物之间的互动协同则是单向的，强度稍逊。因此，读后续写中前读材料的选择就显得格外重要，只有符合学生兴趣的材料才易于激发其续写意愿。续写虽有弱于对话的地方，但也有优于对话之处：其一，正如英国哲学家培根所言，写作使人精确，写作有助于克服对话语言松散、语法措辞不严谨的弊端；其二，续写能让学生更清楚地看到自身语言水平与优秀读物之间的差距，通过模仿协同弥合差距，由此产生拉平效应，提升语言运用能力；其三，与听读学习方式相比，在内生表达动力驱动下写作时，词语一经学习者主动使用，其记忆便会加深，语言会学得更加扎实、有效；其四，虽然续写中的语境动态特征不如对话明显，但读物的选择可以多样化，既可以是故事或论说文，又可以是对话材料（如电影剧本），由此带来语境和文体的变化，学生可以借此学习书面语，甚至口语表达式。特别是在与本族语者接触机会较少的学习环境里，读后续写不失为一种提高外语水平的好方法（王初明，2012）。

8.2.5 续论的构建与完善

随着续论的不断发展，"续"开始出现各种变体形式，得到学界越来越多学者的认可。

续论的一个直接应用是促进第二语言学习，提高第二语言教学效率。为了有效应用，围绕"续"设计语言学习任务是关键。设计可从续论的基本理念出发，针对语言理解和语言产出两个环节展开。"续"运作于理解和产出之间，理解的主要途径是听和读，产出的主要方式是说和写，第二语言学习和使用还应包括译。按"续"的主要产出方式划分，有"续说""续写"和"续译"三类，可以统称为"续作"。下文将逐一分析各种"续作"变体的促学优势和不足，以供应用参考。

（1）听后续说。典型方式是面对面互动对话，其促学优势是：轮番听后续说，理解和产出的结合十分紧密，互动力度强；由于"续"的过程伴随着丰富的语境，互动能将语境信息融入使用中的词语，如此学到的语言有助于后续流利、得体地使用。学习者与本族语者互动对话是最佳的语言学习方式之一，对话过程中有语言使用的样板供模仿，有互动引发的拉平效应，易于学到地道的语言表达式。如果在不同的语境中边做事边谈论与当下体验直接相关的内容，语言学习效果则更佳。这种跟直接语境关联起来的体验性"含续"学习是儿童高效习得语言的主要方式。在目标语环境里学习第二语言（如外国人来我国学习汉语），具有优越的语言学习条件，宜充分利用这样的条件与本地人互动对话，向环境要学习效率。在外语环境下（如在我国学习英语），应尽量创设优质语境助学，一个有效方法是充分合理地利用外籍教师，安排他们与学生在课外进行各种体验性的互动对话。"听后续说"的短板是口语表达比较松散随意，语言组织欠严谨，若要打造精确使用语言的能力，需要有笔头训练的配合。

（2）视听续说。这种"续作"是"听后续说"的延伸，将耳听与眼看结合起来，增加视觉模态，丰富语境信息，强化语言结构与语境匹配，借此提高口语表达能力。例如，在课堂上采用视频形式，播放情节有趣的电影节选，让学生反复观看后接着续说来补全故事。在手机普及的当下，微信也可以用来开展"视听续说"。Xu et al.（2017）开展了一项研究，从多部美国电视连续剧中截取几段剧情，通过手机微信发给英语学习者，让他们视听每个剧情不完整的节选，然后发挥想象力，续说后面的情节，并将续说的内容录在手机上，通过微信再发给教师或同学。采用此法学习外语，学生不仅可以独自练习视听续说，还可以根据剧情的特点，以不同角色续说故事，或者两三人相互配合，共同完成续说。收到微信录音后，教师或同学可以对续说的内容和语言进行评论，并把反馈意见发回给续说者。此法简单易行，学外语不受课堂限制，时间地点灵活，促学效果显著，颇受学生欢迎。

（3）读后续说。同班学生的外语水平接近、母语背景相同，若要进行互动对话，由于互动有协同效应，容易导致他们使用具有母语特征的外语。为了学习地道的外语，在没有本族语者参与互动的情况下，教师可以采用优质阅读材料，抹去结尾，让学生先阅读，充分理解后再针对读物内容开展对话。读物内容应具有一定挑战性，能够引发深入讨论，且语言难度适中并易于模仿。基于读物开展互动，与读物语言协同，有助于补齐外语水平不足的短板。

（4）对比续说。这是"读后续说"的延伸。读物是相对完整的叙事，语言比较口语化，含口语常用句型。内容应是学生感兴趣的话题，包括社会、文化、教育等方面的中外比较。例如，让学生阅读一篇关于西方一位母亲教育儿女的故事，再叙说自己母亲的教育方式，然后跟前者对比。"对比续说"的最大促学优势是易于借用读物中的语言结构来表达自己的思想，从而学习新的语言表达方式。为了强化此优势，教师可以在读物中标出需要学习的句型和词语，鼓励学生在续说时运用。这种"续作"使词和句型记得牢、用得出，是识记词语并付诸使用的好方法，有助于学生在外语环境下有效地提高外语口语表达能力。

（5）读后续写。又称为"红楼梦法"，这让人容易联想到由两位作家完成的文学经典《红楼梦》，并即刻能明白何为"续写"。此法操作简单：挑选一篇内容有趣、语言难度适中的故事，抹去结尾，再让学生接着续写，补全内容。"读后续写"的优点颇多，它基于原作的理解去创造新内容，以反复回读的方式与原作互动协同，将续作与原作整合起来，由此产生拉平效应。读后续写应用于外语教学，可以弥补外语环境中缺少与本族语者交流的机会，还可以发挥写作促进外语精确表达的功效。我国的外语教学，通常将阅读和写作分开训练，多用精读方式授课，课文语言难度较大，经过详细讲解之后不再适合读后续写。为了充分发挥精读课文的促学作用，可以考虑挑选题材和体裁与精读课文相近、语言偏易的阅读材料，抹去结尾，让学生读后续写，续写时尽量使用精读课文中出现的好句型和生词，在消化精读课文的基础上进一步提高语言运用能力。

此外，在没有本族语者练习对话的情况下，为了学习口语表达式，可以让学生续写有情节发展的电影剧本节选或对话，在认真学习之后模仿对话的口语风格续写。具有类似学习效果的续写还包括：跟本族语者互通电子邮件、网上进行笔头交谈等。

（6）听读续写。此法操作如下：挑选一篇读物，将结尾抹掉，由发音标准的本族语者朗读并录音；让学生边阅读边听录音，或者由教师直接朗读，让学生边听教师朗读边阅读；如此反复数次，然后让学生续写。此法在语篇层次强化词语发音与文字的匹配，增进学生对阅读材料的理解。在理解的基础上续写，可明显改进写作质量和增强语言表达力。此法特别适合外语初学者，他们接触外语不久，须将词语的音、形、义关联起来，在录音伴随下阅读文字，可增强语感。"听读续写"在对外汉语教学中格外有用。由于汉语缺乏形态标识，这给学习汉语的外国人带来诸多困难。采用"听读续写"可帮助他们学会断词，匹配字词声调，明确词语搭配，顺利渡过初学汉字关。

第8章 续论

（7）图文续写。以图画和相应的文字描述作输入，利用图画情景增强视觉感受，激活大脑中类似的情景，以此刺激"续作"，模仿文本的篇章结构和词语，用对比方式进行续写，促进语言学习。

（8）对比续写。续写通常采用一篇内容不完整的读物作输入，若引入对比因素，所选读物可以是一篇内容较为完整的文章。"对比续写"要求学生创造新内容，与读物内容进行对比，在此过程中自然模仿使用读物中的语言或篇章结构，从而增强外语表达力，提升语篇衔接连贯能力。对比的内容可以根据学生的兴趣进行选择，涉及生活的方方面面。就促学语言而言，目的语国家与学习者本国的对比会更有帮助。"对比续写"特别适合学习新词生句，因为内容"对比续写"更易于用到前文出现的语言结构，吸收原作中的表达方式，包括篇章连贯衔接和词语句型。"读后续写"一般采用故事，不易使用论说文，但"对比续写"可克服此局限。

（9）读后续译。"续作"可以用于提高翻译水平。以汉译英为例，设计续译时，首先挑选一部优秀的汉译英作品，再从中截取不少于1500个汉字的汉英对照段落，然后抹去后面500个汉字的英译文。续译时，让学生先阅读汉英对照段落，仔细分析其语言特点和翻译技巧，充分理解汉英对照读物及其语言表达手段，熟读后再去翻译后面的500个汉字。译完之后，可将译文与原作对照研读，或与同学互动讨论，找出差距，进一步提高翻译水平。"读后续译"不仅可以用于笔译训练，还可以用于视译练习，以培养口译能力。方法基本相同，只需变换口笔译方式并在选材难易方面注意针对性即可。不管是笔头还是口头续译，因有前文参照和辅助，降低了对原文的理解障碍，为准确翻译做了铺垫。"读后续译"的不足之处是无须学习者自主创造内容，仅在文字和篇章结构上斟酌，容易引发母语干扰，其促学语言效果，不如续说和续写的效果好。因此，外语初学者不宜采用，待外语水平提高之后再练习双语互译，效果则会好得多。尽管如此，因为含"续"而产生的语言拉平效应相当明显，续译用于培养翻译技能是个不错的选择。

"续作"有多种变体形式，并非仅仅局限上述几种方法，教师可根据不同语种的学习特点和教学需要，设计出更多的"续作"变体，与其他任务配合使用，使之发挥最大促学效益。从促学语言的角度看，"听后续说"即对话，可视为"续作"的原型，其他方式为其变体，它们都具备"续"的三个促学基本功能：补全、拓展及创造。"续作"以补全的方式将产出和理解紧密结合，强化两者互动协同，带动语言模仿使用；以拓展的方式释放学习者的学习潜力，使之发挥想象力，延伸原作内容，以获得更多运用语言表达思想的机会，打造语言连贯表达力；以创造的方式激发学习者的内生动力，不断生成新内容，保持交流意愿。"续"的三个功能是促学语言的核心控力，可用于判断一种语言练习是否含"续"，能否高效促学。例如，缩写练习既无内容补全，又无内容拓展，也无内容创造；完型填充练习虽有补全功能，但不能给学习者带来拓展和创造动力；它们都不能算是"续作"，促学效果自然不佳。

8.3 续论的应用

自续论提出以后，学者们将其应用于各项实证研究之中，探讨其在二语习得中发挥的重要作用。通过整理发现，相关实证研究主要集中在以下四个层面：词汇、句法、写作和翻译。

8.3.1 词汇层面

相对于其他不含"续"的学习任务，读后续写对促学单词、提高学习效率有无优势？这个问题在学界一直备受争议，姜琳、涂孟玮（2016）以两组英语专业学生为被试，一组进行读后续写，另一组写概要。实验目标词为生造词，与干扰词一起嵌入语篇，要求两组被试在续写和概要中使用目标词，然后测评学习目标词的效果。研究结果表明：读后续写的确能促进目标词的习得，其短期和长期效果均显著优于概要写作。续写与概要虽然都要求学习者在理解读物的基础上写作，但是写概要既不含"续"，也不要求学习者自主创造内容，而续写的内容创造使单词更易学会并被牢记，以"续"促学单词的功效在此实验中得到检验。这个发现令人想到儿童习得母语单词的过程，他们无须查字典，也不须死背硬记，便能记住许多，而且多半能够用得出来。

洪炜、石薇（2016）检验了读后续写能否帮助外国留学生解决学习汉语名量词的难题。实验被试为汉语中级水平的学习者，分为续写组、阅读组和对照组。对三组学习者的量词知识进行前测、实验后的即时后测和延后测之后发现：与对照组相比，续写组的量词学习成绩显著提高，学习效应一周后仍能保持；阅读组虽然也能有效地提高量词学习成绩，但保持效果明显不如续写组，表明续写能够强化量词记忆。此实验结果表明语言学习难点可以通过"续"去攻克，支持了语言是通过"续"学会的观点。此外，在另外一项关于"读后续写"练习对汉语名量词促学促用效果的研究中发现,"读后续写"练习能将语言模仿与内容创新有机结合,促使绝大多数的留学生提高了名量词的使用频率和丰富了使用类型,促使他们自觉地大量运用名量词,这说明"读后续写"练习能带来一个明显的促学促用成果(郝红艳,2015)。

但在对来华的韩国留学生开展读后续写实验时,王启、王凤兰(2016)发现,文中出现的连接副词如果超过学习者自身水平时,读汉续汉则不会产生协同效应。

8.3.2 句法层面

通过有声思维和即时访谈的方法,刘丽、王初明(2018)深入探究读后续写促进学习汉语二语动结式的心理过程。研究发现,读物中高频出现的动结式结构有助于促进续作中动结式的正确使用;续作在语言、篇章结构和连贯性方面跟原作产生了明显的拉平效应;回读是拉平效应产生的主要途径,为对外汉语中的语言难点教学提供了启示。

辛声(2017)在考查读后续写任务条件对二语语法结构习得的影响时,发现单纯读后续写引发的互动并不能保证初级二语学习者注意目标结构并与之有效协同,而强化读后续写可以显著提升学习者对目标形式的注意,增强协同效应,促进与学习者二语发展阶段相匹配的语法结构的习得。

8.3.3 写作层面

为检验读后续写作为测试题的可行性,王初明、亓鲁霞(2013)从评分信度、评分量表、题型难度以及共时效度这四个方面展开研究。被试为从两所不同水平的高中里抽取的两个班的高三学生,测试内容分为阅读与写作两个板块,写作部分又分为读后续写和常规的书面表达,该实验对读后续写题型的信度和效度进行了初步检验,结果肯定了续论的作用。Wang & Wang(2015)通过对比英英续写和汉英续写后发现,在英英情况下,学习者写作时产出的词汇更多、犯的错误更少;在汉英续写情况下,学习者由于受到汉语一语迁移的影响,犯的错误更多。在考察读后续写对英语二语写作过程的影响时,还有研究发现读后续写对学生作文的词汇、句法结构、语篇连贯等文本特征都会产生显著影响。写作日志表明，读后续写能帮助学生发挥想象力和创造力，有语言样板可模仿的续写有利于减轻写作压力和培养写作成就感（张晓鹏，2016）。

此外，王启、王凤兰（2016）探讨了读后续写是否适用于汉语二语学习，结果发现受试在完成读后续写任务时，高频使用文中出现过的词语、词块和句法结构，汉语偏误发生率显著降低，这表明汉语二语读后续写中存在协同效应，而且协同不但发生在词汇层面，还发生在词块和句法结构层面。

除探究读后续写中的协同效应之外，辛声、李丽霞（2020）还讨论了内容创造对读后续写任务中语言协同和续作句法复杂度、准确度和流利度的影响。结果显示，两个看图续写组主要按插图指定内容续写，与前文的语言协同弱于内容创造组；内容创造组比内容指定组使用了更多的从句和动词短语，句法复杂度更高，准确度和流利度则无显著差异。这说明内容创造可以促进语言协同，能够在不影响准确度和流利度的情况下，提高成人英语学习者的句法复杂度。

8.3.4 翻译层面

除将续论应用于写作任务中之外，学界还将"续"的理念应用于翻译练习。许琪（2016）设计了"读后续译"任务，并考查这样的含"续"任务能否提高译文质量。被试为新疆某双语中学的两组高中学生，其母语为维吾尔语，汉语为第二语言。实验将他们分为续译组和非续译组。续译材料为维汉对照读物，续译组先对比阅读维汉双语材料，再将维语读物后续部分译成汉语；非续译组不进行维汉语对比阅读，仅阅读维语部分，然后与续译组一样翻译相同的内容。结果发现续译也存在协同效应，能够显著提高翻译质量。此项研究将续论的应用范围扩大到翻译领域，进一步支持了续论。通过对比续译组和非续译组对形容词、名词和动词的翻译，在考察不同词类加工中"续译"对译者主体性的影响时，张素敏（2019）发现与名词和动词相比，"续译"对形容词加工中的译者主体性影响最大，并且能显著提升形容词加工中的译者主体性，这说明"续译"对译者主体性有显著协同效应，但这一效应会因不同的词类而有所不同。

上述实证研究表明：无论是国人学外语还是外国人学汉语，无论是在外语环境还是在第二语言环境下学习，语言学习任务只要含"续"，促学效应均十分显著，这为续论提供了有力支持，也为续论的应用打开了广阔空间。

8.4　续论的质疑与进一步发展

针对续论的研究已经从最初对促学作用的阐述逐步发展到多层次、多方位的实证研究，得到了学界的广泛关注与认可。但是，由于该理论尚处于发展阶段，相关研究还存在诸多不足和需要进一步完善的地方。袁博平（2018）从五个方面讨论了续论需要改进的地方：

第一，续论的提出忽略了儿童母语习得和成人二语习得之间存在显著差异这一客观现实。儿童在几年内就能掌握他们的母语，而大量成人二语学习者即便在英语环境下学习多年外语，依旧难以达到英语母语者的水平。续论没有对二语学习者难以达到母语者水平这一普遍现象加以解释。

第二，续论似乎忽略或淡化了学习者母语对其二语习得的影响，只是简单地提到"对二语学习者而言，因'续'而与上下文的正确用法协同，母语必然受到抑制，使语言表达更加地道"（王初明，2016：785）。而对于为什么要对母语进行抑制、母语在何时与何处会对二语习得产生影响等问题没有做出相应的回答。

第三，续论忽略了语言中各种词类（比如实词与虚词的划分）、各分支（比如语音、韵律、句法、词法、语义、语篇、语用等）及其在语言中的接口界面等对语言习得产生的不同影响。

第四，续论忽略了二语学习中经常出现的扩大化（over generalization）现象。续论认为"有'续'……就不存在学不会的语言结构"（王初明，2016：792），而且没有涉及目的语的语感问题。

第五，续论忽略了成人和儿童在推理、思维和认知方面的差异。成人大脑中具有发达的推理、思维和认知功能体系，他们在习得第二语言时，往往是有意识地需要努力和思维。这与儿童习得母语存在着较大的差异。

就目前的续论研究而言，我们认为还需要从以下三个方面进行深入研究：

（1）关注二语初学者这一语言学习群体。任何一门语言的初学者如果连最基本的语法知识等都尚未掌握完整，而一味地强调"续"写与产出，认为只要采用"续"的方法就能帮助二语学习者掌握一门语言及其思想内涵，那么外语教学研究的方向势必会受到影响。此外，学习者需要掌握多少词汇量与语法知识才不会影响基本的语篇理解这一问题有待商榷。如果学习者在未经历大量语言输入便进行语言产出，就极易受到母语迁移的影响，诱发中式外语。与此同时，初学一门语言，学习者通常会遇到各种困难，学起来会比较吃力，如果是自主学习能力较差的人，甚至连正常学习下去都很困难。此时，如果还让其进行读后续写，很多学习者会对语言学习望而生怯，语言学习与教学效果可想而知。

（2）加强关于续论对学习者语言水平发展影响的长期追踪研究。关于续论的实证研究，目前学界大多通过研究学习者"续"写时的即时反应，来发现读后续写在降低错误率、增加词汇使用量等方面有显著效果，但这并不能从长期角度充分反映读后续写对语言习得和语言水平提升方面的促学效果，导致人们难以区分学习者在续写中究竟是在对前文表达的理解基础上的创造性使用，还是仅是对前文表达的简单抄袭。

（3）进一步深入探讨影响续论结果的内在认知心理因素。影响学习者学习的因素包括学习者内在认知心理因素和外在环境因素这两方面。目前，影响续论有效实施的因素研究主要集中在阅读材料本身，忽略了学习者内在认知心理因素对二语学习的重要作用。未来研究须深入探讨影响续论效果的认知心理因素，对读后续写任务过程中学习者的学习过程，利用先进的认知神经科学仪器（脑电、眼动等）进行在线评测，以更好地反映出学习者内在心理加工机制，以便对读后续写进行更全面的评估，为其在外语教学中的有效开展奠定基础。

续论经过多年的逐步发展，已经从基础的外语促学方法上升为语言习得理论，并且有着较为深厚的理论基础和大量实证研究的支持，越发受到国内外语教学研究者的关注。迄今为止，除应用于外语学习和教学等传统领域之外，续论还被扩展到语言测试领域，成为高考英语的新题型。尽管目前续论仍处于发展阶段，相关研究也存在诸多需要完善和改进的地方，但随着未来研究的不断深入，该理论在推动外语教学方面必将发挥更大的作用。

第 9 章
产出导向法

9.1 理论背景

产出导向法（production-oriented approach，POA）是文秋芳等学者结合中国外语教学实际情况，以学习为中心构建的具有中国特色的外语课堂教学理论。产出导向法旨在克服中国外语教学中"学用分离"的弊端，以产出活动开始，以产出活动结束，有效地改善了中国学生"哑巴英语"的现状。POA 继承了古代《学记》中优良的教育传统，借鉴了国外外语教学理论，体现了唯物辩证法基本理念，强调学中用，用中学，边学边用，边用边学，学用无缝对接。

产出导向法的理论原型是针对英语专业技能课程改革提出的"输出驱动假设"（output-driven hypothesis）（文秋芳，2006c，2008），后拓展到大学英语教学领域（文秋芳，2013），进而修订为"输出驱动—输入促成假设"（output-driven, input-enabled hypothesis），2015 年被正式命名为 POA（文秋芳，2015）。经过十余年的发展，POA 已经形成了完善的体系，包括教学原则、教学假设和教学流程三个部分。该假设现被多所高校采用，教学成效已初步显现，并产出了一批教学研究成果（常小玲，2017；邱琳，2017，2020；孙曙光，2017，2020；杨莉芳，2015；张伶俐，2017；张文娟，2015，2016，2017，2020；等）。本章将详细介绍 POA 的发展历程及其在中国外语教学中的应用现状。

9.2 产出导向法的发展

在理论—实践—诠释多轮循环互动的基础上，POA 理论体系的发展大致经历了五个阶段：预热期、雏形期、形成期、修订期和再修订期。表 9-1 列出了这五个阶段的时间周期、理论发展轨迹以及主要相关核心论文。

表 9-1　POA 理论体系发展历程

阶段名称	时间周期	理论发展轨迹	文秋芳发表的主要论文及发表年份
预热期	2007—2013	提出输出驱动假设	《输出驱动假设与英语专业技能课程改革》（2007）、《输出驱动假设在大学英语教学中的应用：思考与建议》（2013）
雏形期	2013—2014	提出输出驱动—输入促成假设	《"输出驱动—输入促成假设"：构建大学外语课堂教学理论的尝试》（2014）
形成期	2015—2016	首次构建 POA 理论体系	《构建"产出导向法"理论体系》（2015）、"The Production-Oriented Approach to Teaching University Students English in China"（2016）、"The Production-Oriented Approach: A Pedagogical Innovation in University English Teaching in China"（2016）
修订期	2016—2017	修订 POA 理论体系	《辩证研究法与二语教学研究》（2017c）、《"产出导向法"的中国特色》（2017a）
再修订期	2017—2018	再次修订 POA 理论体系	《"产出导向法"与对外汉语教学》（2018b）

9.2.1　理论预热期

2007 年 5 月，文秋芳应邀作为主旨发言人在"首届全国英语专业院系主任高级论坛"上做了题为《输出驱动假设和问题驱动假设——论述新世纪英语专业课程设置与教学方法的改革》的演讲。文秋芳针对

第9章　产出导向法

新世纪英语专业面临的挑战提出两大问题：英语专业毕业生的出路在哪里？怎样才能增强他们在职场上的竞争力？随后她建设性地提出了两大解决措施：以输出驱动假设为依据，改革英语技能课的课程设置与教学方法；以问题驱动假设为依据，改革英语专业知识课的课程设置与教学方法。这成为输出驱动假设理论的开端。输出驱动假设主要强调外语学习的动力来源于输出，说、写、译技能的发展不仅是教学目标，而且是听、读技能发展的动力源；反之，听、读活动是说、写、译的中介或手段。该假设认为：没有输出需要的输入不易转化为程序性知识；没有输入帮助的输出不利于语言体系的拓展；输出—输入结合的教学活动更具有交际的真实性。

2008年，文秋芳进一步阐述输出驱动假设在英语教学改革中的作用，并明确提出该假设的三大子假设：第一，从心理语言学角度看，输出比输入对外语能力发展的驱动力更大；第二，从职场需要出发，培养学生的说、写、译产出技能比单纯培养听、读接受性技能更能体现社会功能；第三，从外语教学角度看，以输出为导向的综合技能训练比单项技能训练更富成效，更符合学生未来的就业需要。依据上述主张，文秋芳认为应该：第一，改革现有的课程设置，提出"输出驱动"为教学理念的新课程体系，其中英语专业技能必修课包括技能导学课、赏析课、口头表达课、笔头表达课、口译课、笔译课，大量增加以输出为终结目标、输入为输出服务的综合技能课的课时；第二，重新描述英语专业技能必修课的分项教学要求，每门课程要求应该考虑语言与学习两个方面能力，再次体现了口笔译课程的重要性；第三，全面采用综合技能教学法，通过输入与输出的结合，组织课堂教学；第四，为单项输出技能拔尖人才的培养提供绿色通道。

2013年4月，文秋芳应邀作为主旨发言人在全国大学英语教学改革大会上发言，后发表论文《输出驱动假设在大学英语教学中的应用》（文秋芳，2013）。该文就教学过程和教学目标两方面重申了输出驱动假设的具体主张。就教学过程而言，输出比输入对外语学习的内驱力更大，输出驱动不仅可以促进接受性语言知识的运用，而且可以激发学生学习新语言知识的欲望。就教学目标而言，培养说、写、译表达性语言技能更符合社会需求，因此说、写、译表达性技能为显性考核目标，听、读接受性技能仅为隐性目标；根据社会就业的实际需要，学习者可以从说、写、译中选择一种或几种输出技能作为自己的学习目标。该文还阐明了如何具体实施输出驱动假设：积极落实提升英语综合能力的教学目标，改革现有大学英语课程体系，着重开设口笔头综合、表达和翻译等课程，明确教师任务与学生任务要求，提倡"教师主导、学生主体"的"双主体"教学理念，调整相应的教学评估。最后，该文指出了输出驱动假设面临的挑战，例如调整原有课程体系，构建输出驱动假设理论指导下的新课程体系；革新传统的教科书概念，根据学生输出情况调整输入任务；打破基于课文的教学模式，创建新教学程序。

同期，文秋芳在五所大学组织了相关教学实践研究。参加研究的每位教师依据"输出驱动"理念设计了4课时的教学方案，其中有综合英语课、视听说课和学术英语课。为了便于研究，对每位教师的授课进行全程录像。教学结束后，全体教师集体结合录像资料对教学结果进行分析和总结，发现实践中未解决的问题是：为输出提供的输入不够系统，教师的帮助缺乏针对性。

9.2.2 理论雏形期

为解决实践中面临的挑战和问题，文秋芳进一步提出输出驱动—输入促成假设。该假设弥补了输出驱动假设的瑕疵，不仅强调输出的重要性，更是清晰界定输入的作用，理清输入与输出的关系。在该假设中，输出不仅是语言习得的动力，还是语言习得的目标；输入不单是为培养理解能力和增加接受性知识服务，为未来的语言输出打基础，更是完成当下产出任务的促成手段。该假设还挑战了传统的"课文中心""课文至上"的教学理念，强调课堂教学不应把全部注意力放在课文上，应该更注重学生的实践能力。

文秋芳（2014）还进一步明确了输出驱动—输入促成假设的理据，回应了相关质疑。该假设符合学生的学业和心理需求、社会需求，符合二语习得理论的新发展以及大学英语课堂教学的实际状况。该假设明确表示不反对充足的输入，只不过在课时有限的情况下，平衡输入和输出的比例，主张在课堂上处理输入时，全面实践一切为输出服务的理念。该假设反对传统的熟读精思，认为其不适合大学英语课堂教学，应该为学生提供运用输入为输出服务的机会，提供真实的语言实践体验。该假设与任务型教学法从教学内容到教学流程均具有本质差异：输出驱动—输入促成假设以主题为基本单位，设计任务必须具有潜在的交流价值，强调教师必须起主导作用，教师教是为了学生学，课堂上的一切活动都要以学习发生为最终目标；任务型教学法以任务为教学的基本单位，设计任务具有直接实用价值，强调以学生为中心。

文秋芳（2014）还依据 Tyler 的课程教学框架对输出驱动—输入促成假设的实施提出相应要求。Tyler（1949）认为课堂教学要考虑教学目标、教学内容、教学组织和评估体系，并且这四方面互相联系，缺一不可。输出驱动—输入促成假设认为课堂教学目标一定是现实的、清晰的、可量的，师生都能评价教学目标是否达成，要以输出为驱动，并以输出为目标，要求学生运用说、写、译三项技能完成具有交际潜质的活动。该假设对教学内容的要求有三个：输入要能够很好地为输出服务；教学内容要要涉及信息接收和产出的多渠道；设计的产出任务一定要具有潜在交际价值。该假设对教学组织的要求有四个：教学过程循序渐进；课堂时间安排合理；对课堂内的学生活动要有检查成效的环节；课外作业要求恰当。该假设对课堂教学评估体系的要求有三条：评价标准要具体；评价方法要多样；产出任务如果是口头报告，评价一定要包括听众。

9.2.3 理论形成期

2014 年下半年，在前期不断实践并修正的基础上，文秋芳团队与北京外国语大学"长江学者"、加拿大多伦多大学教育学院 Alister Cuming 教授就输出驱动—输入促成假设如何凝练成抽象的概念体系进行了多次深入的探讨。经过反复斟酌，从多个英文选项中选中了"production-oriented approach"这一名称，中文译为"产出导向法"。此后，POA 这一名称一直沿用至今。

2015 年，文秋芳发表了第一篇完整阐述 POA 教学理念、教学假设和教学流程的论文。POA 的理论体系包含教学理念、教学假设和教学流程三部分及其关系（如图 9–1 所示）。其中，教学理念是其他两部分的指导思想；教学假设是教学流程的理论支撑；教学流程是教学理念和教学假设的实现方式，同时教师的中介作用体现在教学流程的各个环节之中。

POA 的教学理念主体由学习中心说、学用一体说和全人教育说三部分组成。学习中心说挑战了目前国内外流行的"以学生为中心"的理念以及"教师主导、学生主体"的原则，主张课堂教学的一切活动都要服务于实现教学目标和促成有效学习的发生，在设计每一个教学环节或任务时，首要关注的是学生能学到什么，而不是简单地考查谁在课堂上说话，谁发挥主导作用。这厘清了学校教育与社会学习的本质区别，简洁准确地反映了学校教育的本质。学用一体说针对的是"教材中心""课文至上"以及教学实践中出现的"学用分离"弊端,主张边学边用,学中用,用中学,学用结合。其中,"学"指的是输入性学习,包括听和读;"用"指的是"产出",包括说、写与口笔译。它提倡输入性学习和产出性运用紧密结合,两者之间有机联动,无明显时间间隔;在课堂教学中,一切语言教学活动都与运用紧密相连,做到"学"与"用"之间无边界、"学"与"用"融为一体。全人教育说主张语言教育面对的是人,要顾及人的智力、情感与道德等各个方面。具体而言,外语课程不仅要实现提高学生英语综合运用能力的工具性目标,而且要达成高等教育的人文性目标,要认真选择有利于人文性目标实现产出任务的话题,精心选择为产出任务服务的输入材料,巧妙设计教学活动的组织形式。

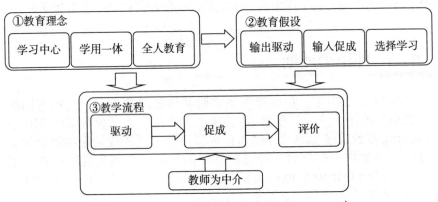

图 9-1　POA 的理论体系（文秋芳,2015:548）

POA 的教学假设主要包含三部分:输出驱动、输入促成和选择学习,其中输出驱动和输入促成主要由输出驱动—输入促成假设演变而来。输出驱动借鉴了前人对输入和输出在二语习得中作用的阐述,不同的是,它颠覆了"先输入、后输出"的常规教学顺序,取而代之的是输出—输入—输出不断循环,主张产出既是语言学习的驱动力,又是语言学习的目标,课堂教学中应以产出任务作为教学起点。输入促成不赞成"学生中心教学法",认为在有限的课堂时间里,学习效率会受到限制,主张在输出驱动的条件下,在学生互动交流的基础上,适时提供能够促成产出的恰当输入,起到"专家引领"的作用,拓展学生现有的知识与语言体系。选择学习区别于传统的"精读"教学模式,认为选择性学习比非选择性学习更能优化学习效果,主张根据产出需要,从输入材料中挑选出有用的部分进行深度加工、练习和记忆。

第 9 章　产出导向法

　　POA 教学流程涵盖三个阶段：驱动、促成和评价，其中这三个阶段都必须以教师为中介，教师的中介作用具体表现为引领、设计和支架等。与由教师组织"热身""导入"活动为开头的传统教学方法不同，POA 将产出的驱动作为新单元的开头，包括三个环节：教师呈现交际场景；学生尝试产出；教师说明教学目标和产出任务。驱动这一环节可以利用移动技术让学生在课前完成，课上教师只需要检查学生对教学目标和产出任务的理解情况即可。这样可以腾出更多时间进入第二个阶段——促成。促成主要包含三个环节：教师描述产出任务；学生进行选择性学习，教师给予指导并检查；学生练习产出，教师给予指导并检查。在该阶段中，教师的脚手架作用最为明显。教师要在充分了解学情的基础上，决定提供帮助的程度。最后一个阶段是评价，可以分为即时和延时两种。即时评价指的是促成中的检查环节；延时评价指的是学生根据教师的要求，经过课外练习后，再将练习的成果提交给教师进行评价。延时评价的产出结果有两类：复习性产出和迁移性产出。在促成阶段，学生分步练习了若干产出子任务；教师要求学生课后连贯地完成整个产出任务，并在下一节课上展示，这就是复习性产出。迁移性产出则指完成具有一定相似性的新任务，这适用于高水平学生。

　　2015 年 6 月，文秋芳应邀出席了由香港大学举办的国际研讨会，并作主旨发言。基于大会主旨发言内容撰写的英文论文 "The Production-Oriented Approach to Teaching University Students English in China"（《教授中国大学生英语的产出导向法》）于 2016 年 4 月在 *Language Teaching* 网上刊发。其后，另一篇英文论文 "The Production-Oriented Approach: A Pedagogical Innovation in University English Teaching in China"（《产出导向法：中国大学英语教学的创新》）被收在由 Routledge 出版社出版的 *Faces of English Education: Students, Teachers, and Pedagogy*（Wong & Hyland，2017）一书中。这两篇英文论文的发表是 POA 跨出国门的初始成果。在这一阶段，有多位学者在第八批"中国外语教育基金"的资助下，就 POA 理论体系在课堂教学实践中如何具体落实开展了教学研究。特别值得一提的是，2017 年 5 月，张文娟以《产出导向法对大学英语写作影响的实验研究》为题顺利完成了博士论文，为 POA 理论体系的修订提供了重要证据。

9.2.4 理论修订期

2017年,"产出导向法"研究团队举办了两次国际论坛,与国内外学者就POA的理论与实践进行对话交流。第一次于5月15日在北京外国语大学举办,第二次于10月13日至14日在奥地利维也纳大学举办。出席第一次论坛的有十位专家,其中外国专家有Rod Ellis、Alister Cuming、Paul Matsuda、Charlene Polio、Patricia Duff,国内专家有王守仁、王海啸、王俊菊、王初明、韩宝成。出席第二次论坛的有八位专家,其中外国专家有Henry Widdowson、Barbara Seidlhofer、Kurt Kohn、Eva Illés、Iris Schaller-Schwaner、Paola Vettorel,国内专家有韩宝成、徐浩。POA团队从这两次对话中汲取营养和智慧,对POA理论体系进行了第一次修订(如图9-2所示),并在对比国外理论的基础上,分析了POA的中国特色,继而发表了两篇论文(文秋芳,2017a,2017b)。

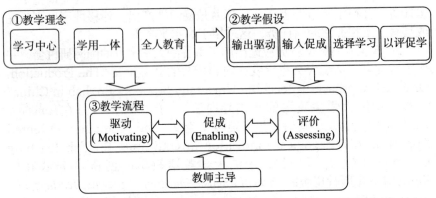

图9-2 修订版POA的理论体系(文秋芳,2017a,2017b)

与2015年的POA理论体系相比,文秋芳在2017年对该理论进行了部分调整。首先,增加了"以评促学"假设,主张在教师的专业引领下,学生边评边学、边学边评,打破"学"与"评"的界限,将评价作为学习的强化、深入阶段。该假设能平衡和弥补现有单一评价方式的不足,同时能够解决POA产出任务多、教师评价负担重的困难。其次,将教学流程中的单向箭头改为双向箭头,以突出教学环节的互动性和循环性。此外,将"教师为中介"改为"教师主导",这样更符合中文表述习惯,便于一线教师理解。

文秋芳（2017a）指出POA中国特色的主要来源有三个：毛泽东的《实践论》和《矛盾论》；我国传统教育经典《学记》；西方课程论和二语习得理论的精华。《实践论》和《矛盾论》为POA提供了哲学基础。POA的整个发展贯穿了课堂教学实践，同时特别强调POA的实施要因地制宜、因人而异；在教学中始终要突出重点，抓住关键问题。《学记》与西方相关理论为POA提供了教学原则。POA的基本教学理念和教学原则与《学记》的主张一脉相承，特别是《学记》中对教师主导作用的界定与解释。POA理论还融合了西方经典课程论以及二语习得理论，加强了POA的理论性和操作性。POA构建者尝试构建既拥有本土特色，又具有国际视野的中国外语教学理论，立足本土，面向世界。

文秋芳（2017b）认为在选择研究方法检验POA效度时，遇到了巨大挑战，发现POA难以满足"传统效度"要求，并且难以实现实践双优化的目标。因此，POA团队在辩证唯物主义思想的指导下，汲取西方研究方法的精华，逐步形成了辩证研究法（dialectical research method，DRM），并将其概念化、系统化后用于二语教学研究。DRM的理论框架包括哲学理念、研究流程和数据收集与分析三部分。哲学理念是DRM的指导思想，研究流程是哲学理念指导下的研究路径，数据收集与分析列举了多类别、多渠道数据来源与分析方法。POA团队仍在不断探索前行，逐步概念化具有中国特色的研究方法。

9.2.5 理论再修订期

文秋芳（2018a）再次修订了POA理论体系。就总体框架及其内部关系而言，新修订体系与第一次修订后的体系相同。POA体系仍由教学理念、教学假设和教学流程三部分组成。这三部分的关系是：教学理念起着指南针的作用，决定着教学假设、教学流程的方向和行动的目标；教学假设受到教学理念的制约，同时是决定教学流程的理论依据，是教学流程检验的对象；教学流程一方面要充分体现教学理念和教学假设，另一方面作为实践为检验教学假设的有效性提供实证依据。

此次修订着眼于理论体系三部分内部各自的内容和展现形式（如图9-3所示）。教学理念部分针对教学内容，增加了"文化交流说"，旨在正确处理目的语文化与学习者本土文化的关系，主张不同文明之间相互对话、相互尊重、相互理解、相互学习。语言是文化交流的载体，在课堂教学中，文化交流融合在语言教学中。对外汉语教学可以根据学习

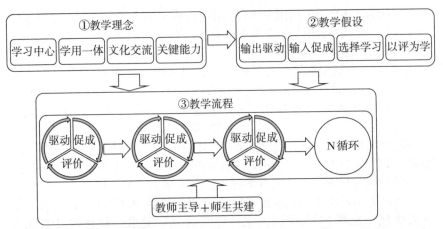

图 9-3 再修订版 POA 的理论体系（文秋芳，2018a：393）

者的具体情况，采用"明语言隐文化"或"以语言带文化"策略，使文化交流和谐顺畅、水到渠成，也可以采用"明文化隐语言"策略以满足对中国文化有着浓厚兴趣的外国学习者。教学理念部分还针对培养目标，用"关键能力说"替换了"全人教育说"，旨在使教育目标更具体化、更可教、更可测、更可量。关键能力说包含六种能力：语言能力、学习能力、思辨能力、文化能力、创新能力和合作能力（文秋芳，2018b）。语言能力是所有关键能力的基础，其他五种能力与语言能力交织在一起，相互联系、相互作用。关键能力具有迁移性、灵活性、跨学科性和跨领域性。每项关键能力都包括核心知识、核心技能、情感品格、自我管理和价值观五个要素，其功能各异。核心知识和核心技能位于中心，是其他要素的基础或载体，也是测量关键能力的起点。情感品格决定其他要素能否发挥效力，自我管理决定其他要素发挥作用的效率，价值观决定各要素发挥作用的方向。正确的价值观能引导各要素造福于民，促进社会发展；不正确的价值观会将各要素引向反方向，导致犯罪，危害他人或社会。

教学假设部分将"以评促学"改为"以评为学"。在课堂教学中，评学结合比评学分离能取得更好的教学效果（文秋芳，2018a）。评与学或者评与教应该有机结合，评价是学生学习强化和升华的关键节点，教师必须将此列为教学循环链中必不可少的环节。在外语教学中，评价相当于后期管理，最接近学习成功的终点，需要教师付出更多努力。评价的最终目的还是为了学。

教学流程部分将驱动—促成—评价三个环节分为内部的小循环和整

体的大循环,同时在教学流程中对教师和学生的作用进行了更清晰的界定,强调教师主导下师生合作共建的教学过程。POA 前期理论在驱动、促成和评价三个阶段中运用了双向箭头,主要突出每两个阶段之间的互动性和循环性,但不直观,且不利于具体操作。再修订版的 POA 理论体系充分体现出一个教学单元中大产出目标和小产出目标的前后逻辑关系,以及各自的独立性。驱动环节的主要任务是通过产出使学生认识到自己的不足,从而调动他们的学习积极性,刺激学习欲望。评估驱动环节质量的指标有三个:交际真实性、认知挑战性和产出目标恰当性。交际真实性指的是所设计的产出任务一定是现在或未来可能发生的交际活动;认知挑战性指的是所设计的产出任务一方面要能够增加学生的新知识,另一方面要能够拓展学生的思辨能力;产出目标恰当性指的是要求学生尝试产出的任务应符合学生的语言水平。促成环节的主要任务是有针对性地为学生完成产出任务提供脚手架,既包括对输入的加工,又包括对输出活动的完成,整个促成过程应体现"学用一体"的理念。评价是 POA 中必不可少的教学环节,可以对促成活动进行即时评价,也可以对产出成果进行即时或延时评估。"师生合作共评"作为评估方式的补充,强调学生评价必须有教师的专业指导,同时每次评估必须重点突出,抓主要矛盾。

文秋芳(2020)强调 POA 指导下的教学材料编写全程应由顶层理论指导,编写过程分为四个阶段:第一,确定和打磨样课结构;第二,编者根据要求选定主题与课文,这两者之间有互动关系,有时因为课文不合适,便适当调整主题;第三,确定产出任务和设计场景,这两项工作紧密相连且不停地互动,最终达到协同;第四,设计促成活动。POA 教学实施流程清晰明了(如图 9-4 所示)。在总体驱动阶段,教师首先向学生展现产出任务的场景四要素(目的、话题、受众和场合),让学生理解完成产出任务的必要性,接着解释产出任务的具体要求,其中涵盖交际功能和语言项目两个方面,然后让学生进行产出任务的尝试。通过这样的尝试让学生和教师了解完成任务有何种困难。了解产出困难一方面可以为学生学习提供动力源,另一方面可以为教学提供更精准的靶子。在促成阶段,教师将大的产出任务分解为逻辑上相互联系的若干微活动,每个微活动的完成都包含一个驱动—促成—评价的循环。当若干微活动完成后,则进入总体评价阶段。这时的评价关注整个产出任务目标的达成度,师生合作对整个产出任务进行评价,发现问题,并及时进行补救教学。

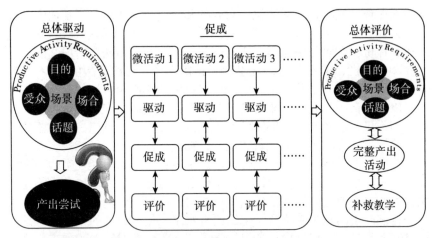

图 9-4　POA 单元教学流程（文秋芳，2020）

文秋芳（2020）着重阐述了 POA 与任务教学法的异同，理清两者的本质区别。任务教学法主要包含两种：一种是大写的 TASK-BASED LANGUAGE TEACHING（TBLT），译成"职业外语任务教学法"；另一种是小写的 task-based language teaching（tblt），译成"通用外语任务教学法"。POA 和 TBLT 的本质差异主要存在于教学对象和教学目标上。前者的教学对象是学校接受正规教育的学生，他们未来使用外语的真实、具体的需求难以预测，后者的教学对象是就业去向明确的英语学习者，教学对象不同则会有不同的教学目标。POA 和 tblt 的差异主要表现在教学单位、教学大纲与教学材料，以及教学实施三个方面。POA 的基本教学单位是"产出活动"，教学材料编写全程由顶层理论指导，教学实施流程清晰明了。tblt 的基本教学单位是"任务"，任务教学大纲大致分为两类：基于无焦点任务的大纲（即对学习者使用的语言无限制）和基于焦点任务的大纲（即隐性规定学习者使用何种语言项目），但完整的任务教学大纲至今未问世，教学实施的阐述比较零散，读者难以形成一堂课的具体样态。

文秋芳（2018a）还指出在对外汉语教学时，实施 POA 应注意的三个问题：第一，摆脱"方法已死"的偏见，用更加包容的心态学习与吸收 POA 理论；第二，区分外语和二语教学环境，外语环境是指在国外教授外国人汉语，二语环境是指在中国教授留学生汉语，除零起点的汉语学习者之外，其他外语教学均可尝试运用 POA 理论；第三，恰当应对 POA 应用初期的困难，不要急于求成，需要逐步积累。

9.3　产出导向法的应用

　　POA 构建者充分汲取了中国传统教育理论与西方教学理论的精华，并与一些国际学者进行交流，部分成果已在国际学界发表。与西方教学理论相比，POA 究竟有何中国特色？文秋芳（2007）归纳了四点：第一，融合了课程论和二语习得理论视角，克服了西方两种理论割裂、两个领域的学者缺乏对话的弊端；第二，始终坚持"实践是检验理论有效性的唯一标准"；第三，根据中国具体国情，对症下药，综合施策，而不是机械照抄照搬西方理论；第四，抓住课堂教学矛盾的主要方面，突出教师的主导作用。产出导向法发展至今，已在多个领域广泛应用，如对外汉语教学、医学英语、翻译等，涉及外语教学的多个方面。

1. 文化教学

　　罗文（2016）在产出导向法理念的指导下，针对中国英语学习者"中国文化失语症"现象，构建了教学目标清晰、教学内容丰富、教学组织灵活和评估体系多样的中国文化英语体验式教学模式，以期改善国内大学生中国文化英语表达能力缺失的现状，为提高其中国文化英语输出能力做出进一步尝试。

2. 教材编写

　　常小玲（2017）描述了产出导向法指导下的《新一代大学英语》的编写过程，提出了"教学理论行动研究双轮驱动"的教材编写模式，阐述了在教材编写不同阶段中教学理论与行动研究的作用。张伶俐（2017）以 POA 教学材料使用与评价理论框架为基础，探讨了如何针对不同英语水平的学生设定教学目标，选择和转化教学材料；而后根据产出目标恰当性、促成活动有效性和产出目标达成性三个标准，通过教师和学生的回溯性评价分析教材使用的有效性。

3. 教学环节

　　邱琳（2017）指出语言促成是产出导向法教学中的实践难点，提炼出语言促成理论原则，展示了语言促成环节过程化设计思路，并分析了语言促成教学效果。结果表明，从语言促成教学实践中总结的语言促成理论原则有较强的实践指导意义；语言促成过程化设计效果初显，循序渐进的语言促成设计会促进学生学习。

4. 教学评价

孙曙光（2017）针对英语教学评价效率低和效果差的问题，在产出导向法的指导下，提出了"师生合作评价"的新评价形式。通过一学期的反思性教学实践，探索了"师生合作评价"的操作性原则、实施手段和教学效果。经过多轮反思性教学实践，提出了确定评价焦点的原则，阐述了"以评促学"的做法，形成了学生对教学效果的反馈信息和教师对"师生合作评价"的反思信息。孙曙光（2020）以拓展学习理论为视角，采用个案研究法，分析教师在使用"产出导向法"中的新型评价方法——师生合作评价时所面临的矛盾以及化解矛盾的路径。通过分析教师反思、博士研讨记录和导师指导记录、学生反思和访谈等多种数据，发现该教师在实践师生合作评价中实现自我发展是一个由矛盾驱动的、集体合作的、横向动态发展的拓展学习过程。这一发展路径不同于传统的纵向静态发展路径，可以为教师发展提供借鉴。

5. 教学效果

齐品、史晓春（2016）采用量性和质性研究法，探讨了视听说教学程序设计对可选择性输出语言的成效和口语产出能力的影响。研究表明，POA能激活学生在高中阶段已摄入的英语知识，激发学生应用知识和技能的热情，增强学生用英语做事的兴趣，提高学生可选择性输出语言的效率，提升学生的口语输出能力。张文娟（2017）探究了产出导向法对作文以及目标语言测试成绩的影响，发现实验组和对比组两组学生在作文总分上无显著差异，在内容和语篇结构上无显著差异；实验组的作文语言得分高于对比组，在作文中使用的单元目标语言项目多于对比组，并且语言测试成绩高于对比组。张伶俐（2017）检验了产出导向法对实验组和对比组大学生英语学习的影响，发现：实验组与对比组相比，英语总体水平无显著性差异，但听力、写作水平显著提高，阅读水平显著下降，翻译水平无显著变化；实验组的英语高水平学生成绩显著提高，而对比组的英语高水平学生无显著变化；实验组学生对产出导向法持肯定态度。

6. 理论反思

张文娟（2020）采用自我叙事研究方法，呈现自己在大学英语课堂上实践产出导向法三个阶段（求真、求实和求善）时遇到的挑战与收获，揭示其与理论互动并实现专业成长的轨迹，为其他英语教师利用新理论改进教学实践、寻求自我发展提供借鉴。邱琳（2020）从教学实践者的角度出发，以自身四年的产出导向法教学反思日志为数据源，采用质性方法提炼出在新方法应用中教师发展各阶段的主要矛盾和应对措施。该研究发现，POA 实践者历经试水期、内化期和自觉期三个阶段；每个阶段教师发展的主要矛盾不同，应对策略各异，表现为"否定—发展—再否定"的路径，呈现螺旋式上升态势。

9.4 产出导向法面临的挑战与展望

产出导向法历经十几年的发展，理论系统逐渐完备，应用越来越广泛，但是依然存在着挑战。例如，曲卫国（2020）对主张发展中国特色外语教学理论的国情论和传统论提出质疑，认为他们鼓吹的特色学术是出于非学术的考量，并特别指出产出导向法的所谓中国特色来源存在非学术性问题。产出导向法基于中国国情，根据《统筹推进世界一流大学和一流学科建设实施办法（暂行）》文件精神，提出我国广大应用语言学研究者应该积极行动起来，努力建设应用语言学理论，提高其本土性、原创性和国际可理解性，增强应用语言学学科在国际学界的话语权和影响力。但是中国国情是动态变化的，且现代国情非中国所特有（曲卫国，2020）。据此，我们也许可以这样认为：产出导向法未来的发展应该更多地考虑学术因素。

在实践过程中，产出导向法的研究缺乏词汇教学方面的应用。从产出导向法的应用分析中可以看出，近几年对产出导向法的研究大都是基于大学英语阶段的阅读和写作，对词汇方面的应用涉及较少，未来可以从多维词汇知识入手，将产出导向法应用到高中或大学英语词汇习得中，以拓展 POA 应用的有效性。

第 10 章
汉语作为第二语言习得研究

10.1 现状分析

改革开放以来,随着国内外日益频繁的经济文化交流,关于以汉语为第二语言的来华留学生的二语习得研究方兴未艾。从共时角度分析,自 2000 年以来,汉语作为二语习得的相关研究从未间断。毕晋等(2017)筛选出 439 篇汉语二语习得研究领域的论文,并比较了这些论文来源期刊关于汉语二语习得研究的刊文数量,发现自 2000 年至 2016 年的 17 年间,《语言教学与研究》位居第一,共刊发相关研究 154 篇;《世界汉语教学》次之,相关研究的刊发数量为 124 篇;第三是刊发相关研究为 117 篇的《汉语学习》;发文最低的是《语言文字应用》,共刊发相关研究 44 篇。从历时角度分析,自 2000 年以来,汉语作为二语习得的相关研究稳中有增。毕晋等(2017)将 2000—2016 年划分为 2000—2005(6 年)、2006—2011(6 年)、2011—2016(5 年)三个时间段,对各个时间段内有关汉语作为二语习得相关研究的刊文数量进行统计分析,发现《语言文字应用》《世界汉语教学》《语言教学与研究》和《汉语学习》四类期刊在 2000—2005 年共刊发相关文章 128 篇,平均每年约刊发 21 篇;2006—2011 年相关文章的刊文量为 152 篇,平均每年约刊发 25 篇;2011—2016 年共刊发相关文章 159 篇,平均每年约刊发 32 篇。共时和历时的分析结果表明,汉语作为二语习得的研究受到二语习得领域相关学者日益广泛的关注。

针对汉语二语习得领域的研究成果,相关研究者进行了综述分析。有学者以研究本体为出发点进行了分析。例如,施家炜(2006)分析了自鲁健骥(1984)引进中介语理论以来的 20 多年间,对外汉语教学领域汉语第二语言习得的研究现状、发展动态、聚焦热点与研究趋向，并为研究方法、研究重心、理论框架的支撑与建构提出翔实的建议。也有学者以汉语二语习得领域的研究分支为重点进行了研究。例如，周小兵、王功平（2010）以汉语二语语音习得为研究对象，梳理了该领域在研究理论基础、研究方法、研究内容、研究材料等方面的研究现状和发展动态，并对其薄弱环节进行了深入探讨。同时，有学者以学习者为突破口进行了研究。例如，曹贤文（2009）归纳了汉语二语学习者的语言分析方法，并将其归纳为偏误、必用场合、频率、功能、三性（准确性、复杂性、流利性）、互动、会话和语料库八类。还有学者以期刊发文为导向，如吴继峰、洪炜（2017）以《世界汉语教学》《语言教学与研究》《语言文字应用》《汉语学习》《华文教学与研究》和《云南师范大学学报（对外汉语教学与研究版）》为考察对象，统计了这六种国内汉语类专业期刊在2000—2016年汉语二语词汇习得的相关研究，将其研究内容总结归纳为八个主题：学习者词汇特征、词汇习得的外部因素、词汇习得的内部因素、学习者主体因素、心理词汇的认知加工机制、词汇广度和深度的测量、词汇习得研究方法和研究综述，并指出各个主题的研究广度和深度存在不平衡发展的现象。

10.2 发展脉络

根据已有研究的统计分析，汉语二语习得的相关研究主要可以划分为综述类、理论类和实证类。江新（1999）调查了307篇1995—1998年发表在《语言文字应用》《世界汉语教学》《语言教学与研究》和《汉语学习》四种期刊上有关汉语学习和汉语教学研究的文章，统计结果显示：理论介绍和经验总结文章占比最高，约为80.8%；调查研究和实验研究分别占9.2%和3.6%；其他文章占6.4%。进一步分析表明，87.6%的研究不包含数据；虽有数据但无统计分析的研究占比1.3%；描述性统计和推论性统计分别占比7.8%、3.3%。与之相比，自2000年以来，汉语二语习得的相关实证研究呈现出明显的增长趋势。毕晋等（2017）同样以《语言文字应用》《世界汉语教学》《语言教学与研究》和《汉语学习》为研究对象，梳理出2000—2016年在四种期刊上刊发的439篇有关汉语作为二语习得的研究成果，并对其进行归纳分类。结果显示，综述类文章占比最小，约为2.0%；其次为理论类文章，约为7.1%；占比最大的是实证研究类，约为90.9%。对比江新（1999）和毕晋等（2017）的研究结果，我们可以发现自1995年至2016年，汉语二语语

第 10 章　汉语作为第二语言习得研究

言习得领域的相关学者从综述研究、理论建构逐步发展为以实证研究验证已有理论的动态发展趋势。

10.2.1　综述类研究

有关汉语二语习得的综述类研究可以分为三个子类。

第一，宏观全领域。例如，施家炜（2006）首先梳理了二语习得研究的基本问题、理论框架与国外相关研究的特点，其次分析了国内汉语二语习得的研究现状与发展动态，最后针对国内二语习得研究发展展开深入思考。

第二，中观研究方法。例如，冯丽萍、孙红娟（2010）综述了二语习得顺序的研究方法。首先，她们总结了习得顺序研究中三个关键环节（样本收集、确定习得标准、样本分析）的方法，对各类方法做出客观评价，并讨论了在各环节中应注意的问题。其次，她们对习得标准进行了归纳总结，详细介绍了准确率、出现标准和习得阶段排序方法（直接排序和蕴含量表）。再次，针对采用什么方法、从哪些角度分析语言样本等问题，她们着重讨论了频率分析、分布分析在习得序列研究中的应用，以及在涌现论和动态系统理论框架下的二语习得研究。最后，她们提出习得顺序研究对汉语作为二语习得研究的启示，认为未来研究应当注重各研究方法的适用性、明确研究方法的理论定位、结合个案研究与综合研究、结合量化研究与质化研究以及加强验证性研究。

第三，微观子领域。例如，吴继峰、洪炜（2017）统计分析了《世界汉语教学》《语言教学与研究》《语言文字应用》《汉语学习》《华文教学与研究》和《云南师范大学学报（对外汉语教学与研究版）》六种国内汉语类专业期刊在2000—2016年刊发的有关汉语二语词汇习得的相关研究。他们首先分析了164篇相关论文的数量和主题分布，发现自2000年至2016年国内汉语二语词汇习得研究的数量呈现明显的上升趋势，并对研究主题进行归纳总结。其次，针对前述的八个研究主题进行了细致的分析。最后，他们对未来汉语二语词汇习得的研究方向提出些许建议，认为相关研究者应注重加强纵向跟踪研究，加强汉语二语词汇心理加工研究，加强不同学习方法、教学法对二语词汇习得影响的研究，加强汉语二语者词汇广度和深度的研究以及加强汉语二语词汇产出测量指标的验证和测量工具的研发。

10.2.2 理论类研究

有关汉语二语习得的理论类研究可以分为三个子类。

第一，某一子领域下对理论框架的衍生思考。例如，张博（2011）研究了二语学习中母语词义误推的类型与特点。首先，他观察、分析了英语背景学习者汉语词语误用的情况，发现母语词义误推遍及词义系统、义位和义素等各个层面，并据此把母语词义误推分为义位误推、义域误推和语义特征误推三种类型。其次，他讨论了第二语言学习者母语词义误推的三个主要特点：从母语词义的常用度来看，误推的方向是由非常用义向常用义推移；从词义关系来看，意义关系近则易发生母语词义误推；从词义的抽象度来看，意义抽象度高则易发生母语词义误推。最后，他分析了研究母语词义误推的应用价值，主要体现在三方面：允许研究者理性地探寻二语学习者特异性词语错误的根源；根据不同类型的词义误推对语言表达的影响力来确定纠错的重点和时机；针对词义误推的不同类型采取适宜的预防和消解对策。

第二，全领域或子领域与理论框架的综合思考。例如，邢红兵（2009）基于联结主义理论阐述了第二语言词汇习得研究框架。首先，他介绍了联结主义理论与词汇知识，主要包括词汇知识（形态、意义、功能和用法）表征与存储（知识表征、聚类和互联）、浮现特征和学习与权重值的调整。其次，他分析了词汇习得过程中的关键因素，主要包括词汇家族、频度（使用频度、同现概率和句法功能）、规则性和一致性。最后，他梳理了第二语言词汇的习得阶段性研究、第二语言词汇知识定义和学习的过程，并提出了第二语言词汇习得的模型构想，认为第二语言词汇的习得主要包括三个阶段：静态词义的转换学习；动态词汇知识的纠正学习；第二语言词汇知识自主表征阶段。

第三，研究方法的理论思考。例如，肖奚强（2011）详细论述了汉语中介语研究的主要理论与方法。首先，他介绍了中介语研究所依据的二语习得理论（对比分析、错误分析与中介语理论和"内在大纲"与习得顺序假说）和语言学理论，如汉语研究中的三个平面的语法理论（肖奚强，2009）、篇章语言学的分析框架（肖奚强，2001；徐开妍、肖奚强，2008）、语法化的研究视角（高顺全，2002、2006）和构式语法理论（刘丹青，2005）。其次，他综述了中介语的研究方法，主要包括以下三种：问卷调查法、实验研究法和语料库研究法。针对语料库研究法，他还提出了四点建议：注意对比的各种语料的同质性；注意语料标注；合理运用统计分析手段；注意国别问题。最后，他提出了未来中介语研究的重要课题，如中介语系统究竟是怎样的，它与目的语以及教学输入语言之间究竟存在多大的差异。

10.2.3 实证类研究

有关汉语二语习得的实证类研究亦可以分为四个子类。

第一，学习者语言特征研究。主要包括四方面：（1）偏误分析，如肖奚强等（2015）将外国学生习得汉语所产生的偏误分为汉语语音偏误、汉字偏误、汉语词汇偏误、汉语词类偏误和汉语句型句式偏误。（2）习得研究，如汉语语音习得（陈默，2013）、汉字习得（吴门吉等，2006）、汉语词汇习得（洪炜、陈楠，2013）和汉语特殊句式习得（姜有顺，2018、2020）。（3）语言变异研究，如王佳琳（2017）研究了哈尔滨话古日母字的语音变异，通过对136名讲话人所提供的有效语音样本进行定性与定量统计分析，她认为古日母字的语音变异与多种因素相关，如古日母字所在音节的音节结、讲话人的年龄、教育程度、幼年时期的语言背景和职业声望等。（4）语用研究，如范香娟、刘建达（2017）采用多项选择话语填充的形式对外国留学生汉语言语行为和程式语的产出及会话含意的理解进行测量，探索了外国留学生汉语中介语语用能力的测量方法。

第二，学习者外部因素。主要包括两个部分：社会环境研究和语言输入与互动研究，如夏蓉（2020）研究了迁移理论视域下的在华留学生汉语习得，发现受试的汉语水平与其心理语言距离不相关，而被试的心理语言距离与其个性特征、文化移情能力呈正相关，被试的汉语水平主要与语言接触、文化差异感知呈现互动关系。

第三，学习者内部习得机制研究。主要包括两方面：（1）言语技能（听、说、读、写），如金琰如、王佶旻（2012）研究了初级阶段留学生的汉语听力能力的构成，并对其特点进行了详细分析，认为初级阶段留学生的听力能力由三部分构成，包括听觉识别能力（包括语音识别能力和信息识别能力）、记忆能力（包括短时记忆能力和选择记忆能力）和理解推断能力（包括词语理解能力和语境推断能力）。（2）语言成分习得及其影响因素，如王韫佳（2002）以汉语语音习得为研究重点，分析了日本学习者感知与产生汉语普通话鼻音韵母之间的关系，其结果表明在第二语言的语音习得过程中，知觉与发音之间的关系是错综复杂的；郝美玲、张伟（2006）从汉字习得出发，研究了语素意识在留学生汉字学习中的作用，发现语素意识对留学生的汉字学习成绩具有独特的预测作用，同形语素意识对汉字学习成绩起着非常重要的作用；高立群、赵媛琳（2008）基于汉语词汇习得，以动宾和偏正两种结构为构词框架，以首词素和末词素上的位置频率为变化条件，构造出不同词素组合类型的假词，通过词汇判断任务和学习任务，对比分析了日语高级水平者、日语初级水平者和汉语母语者的汉语构词法意识，以及词素位置频率在汉语双字复合词加工中的作用和地位。结果表明，汉语双字复合词中的词素位置频率对词汇判断和识别起着支配性的作用，它是汉语复合词构词法意识在形式上的核心因素。

第四，学习者研究。主要涉及两部分：(1) 个体差异研究，如柴省三（2013）以英语、日语、韩语、法语、西班牙语等16种不同母语的209名汉语学习者为受试，在控制汉语习得初始状态、习得方式、习得时长和习得环境等变量的前提下，考察留学生起始年龄与汉语语音、语法、词汇和汉字四个模块习得速度之间的相关性。(2) 学习策略研究，如钱玉莲（2006）研究了韩国学生中文阅读的学习策略，发现韩国学生最常用的阅读学习策略是推测和语境策略，其次是标记、略读和预览策略，最不常用的是母语策略和互动策略，进一步分析表明预览策略对韩国学生学习成绩具有预测力，而文本观念和互动策略具有轻微的负预测力。

10.3 "词本位"与"字本位"教学之争

自20世纪初以来，本位一直是汉语研究的重要话题。徐通锵（1997）指出，本位是研究语言结构的理论核心，牵一发而动全身。如果能正确地把握语言结构的本位，就有可能为深入分析语言结构的规律，顺利地解决有关问题的争论开辟前进的道路。施正宇（2010）认为，学者们对"本位"的表述或有不同侧重乃至差异，主要有以下三点：本位是语言结构中的一级单位，是母语者心目中现成的单位；一种语言只有一个本位，语言系统中的其他单位都依据它来定位；本位是语法研究的中心。作为文化交流的重要媒介，对外汉语教学领域针对本学科的发展一直存在着认识论与本体论方面的问题，如基本教学单位。白乐桑（2018）指出，基本教学单位的一元论观点坚持词是唯一的基本语言教学单位，而二元论观点则主张汉语同时拥有词和字两个基本语言教学单位。相关学者针对"词本位教学法"和"字本位教学法"的优缺点以及二者是对立关系还是共存关系展开激烈讨论（管春林，2008；刘颂浩，2010）。究竟什么是"词本位教学法"？什么是"字本位教学法"？学界为何对二者的教学之争产生如此激烈的反响？

10.3.1　词本位教学

白乐桑（2018）追踪了对外汉语教学中以"词本位教学"作为唯一基本语言教学单位的一元论观点的兴起与发展。他指出，作为中国第一部系统性的汉语语法著作，1898年《马氏文通》的诞生对中国语言学界产生了巨大影响。但是，《马氏文通》是一部模仿西方语法而构建的汉语语法书籍。西方语言隶属印欧语系，属于典型的拼音文字，字母无表意功能，其语法系统以"词本位"为重，而汉语隶属汉藏语系，是典型的表意文字，几乎每个汉字都有独立的表意功能。《马氏文通》虽为汉语语法系统的开山著作，但所模仿的西方语法规则致使其建立起以汉语"词本位"为首的语法体系。20世纪初，随着"五四运动"的暴发，汉字在中国被"妖魔化"。在这样一股反抗汉字的浪潮中，白乐桑（2018）发现，人们开始以西方语言以及西方语言教学为模仿对象和参照点，忽视中国语言的固有特征。这体现在中国大陆和台湾地区的对外汉语教学教材之中。大约从20世纪中叶开始，汉字以及汉字的字形、字意，汉语作为语素凸显语言、汉字的组合规律被完全忽视，在中国出版的大部分教材隐含了汉字并不是语言教学单位这一观念。长期以来，词在对外汉语教学中被视为唯一的基本教学单位，而字却被冷落甚至被根本忽视。

张朋朋（1992）站在对外汉语教学的教材编写角度指出，按"词本位教学法"原则编写的教材一般分为三部分：中外文对照的词表、课文和用词造句的语法规则。伴随着词的引入，是人们对字的否定（施正宇，2010），这同样体现在对外汉语教学的日常授课之中。施正宇（2010）认为黎锦熙在《新著国语教学法》中指出了以字为中心的教学法的弊端，主张进行复合词教学。周辨明所言"最新的理论"即西方的语言理论，他主张区别字和词，实际上是在强调词的重要性的同时，否认字的合理性。"张朋朋（1992）站在对外汉语教学的教学法角度指出，自中华人民共和国成立以来，我国一直使用的是"词本位教学法"。比如，在教学生"我去商店"这个句子时，教师一般先教授学生"我""去""商店"三个词，再教学生如何利用这三个词造句。对外汉语教学中所使用的"词本位教学法"，基本上是套用教印欧语系拼音文字语言（如英语和法语）的方法，其核心是"教学生语言就是教其如何遣词造句"。

10.3.2 字本位教学

学界对目前现存的"字本位"观点做出细致区分：一是指徐通锵自 1991 年起所提出的"字本位"之说（徐通锵，1991，1994，1997，2004，2008）；一是指白乐桑 1989 年在他与张朋朋合写的法文本汉语教材里所提出的"字本位"之说（Bellassen & Zhang, 1989）。陆俭明（2011）认为这两种"字本位"观点只是术语相同，实质有别。徐通锵基于汉语本体及汉语语法研究，认为字是汉语句法的基本结构单位或字是汉语基本结构单位，而语素、词、句都是印欧语系的产物，不适合汉语（徐通锵，1991，1994，1997，2004，2008）。白乐桑则是站在汉语作为第二语言教学的角度，指出："汉语教学上不是有两口锅吗？我们认为有这么以下两口：以字为基本语言教学单位的书面语言算一口，以词为基本语言教学单位的口头语言算一口。"（1996：100）施正宇（2010）对汉语教学中的"字本位"做出客观评价，认为其包含两个含义：一是以方块汉字为教学的基本单位，即汉字本位；二是以汉语语素为教学的基本单位，即语素本位。

王若江（2000）就 Bellassen & Zhang（1989）所撰写的《汉语语言文字启蒙》一书展开深入思考。书中介绍道，《汉语语言文字启蒙》最醒目的特点是教材所高擎的"字本位"旗帜。教材开卷就介绍了汉字的概貌，其中特别突出了汉字的笔画。正文之前，列有两个可以称之为"字本位"的"本原"表：一是汉字偏旁表，作者从现代字典部首中选择排列了 92 个有意义的偏旁，用法语逐一说明这些偏旁所表示的语义类别；二是 400 字字表，根据作者的统计，这 400 个常用字，占常用字的 66.27%，教材用字限制在这 400 字之内。作者在正课之前介绍"（笔画—）偏旁—常用字"这样一种排列顺序，显示了一种书写逻辑：汉字是由小到大，由部件组合而成的；同时又不是简单的书写逻辑，其主线是语义逻辑，即汉字是有意义的结构单位，而这正是白乐桑"字本位"思想的主旨。施正宇（2010）对比分析了《现代汉语程序教材》（白乐桑，1996）和《汉字速成课本》（柳燕梅，2001）两册对外汉语教学教材，并做出客观评价：《现代汉语程序教材》与《汉字速成课本》虽都是汉字本位，却有着明显的不同。首先，《现代汉语程序教材》

以汉字为出发点展开汉字、汉语教学，是一部语言教材；《汉字速成课本》以汉字为唯一的教学内容，是一部文字教材。其次，《现代汉语程序教材》是学习者所使用的唯一教材，《汉字速成课本》则是配合其他汉语教材使用的辅助教材，其使用寿命因此长于《现代汉语程序教材》。

10.4 效果与评价

对外汉语教学界经过长期的探索和总结，已经归纳出不少宝贵的教学原则，有些原则在各类教学中都能普遍运用，并在实践的考验中渐渐成为"经典"。例如，刘珣（2006）提出以学生为中心、教师为主导，重视情感因素，充分发挥学生的主动性和创造性；与结构、功能和文化相结合；精讲多练；循序渐进；充分利用现代化教学技术手段。在这些原则的指导下进行教学，能够充分培养交际能力，并且结合语言习得本身的规律，让学生重复记忆知识点，有利于知识的巩固。以上经验的总结是对外汉语教学中的宝贵财富。但是，在实际的教学过程中，每个学生对教学内容的需求是不一样的。事实上，教学对象、教学阶段和教学条件等往往不同，所以除以上普遍性原则之外，还需要结合教学的实际情况有针对性地制定具体的教学原则。陈一宽、范茸（2011）主张，对于广大的初学者，尤其是非专业的、速成学习班的学生而言，他们最主要的学习目的是用汉语进行口头交际，他们学习的动力仅仅是兴趣或特定工作的需要。对此，教师应该把握住这一点，注重教学的趣味性、互动性，侧重对听说技能的培养，把话语教学作为基本单位，鼓励学生开口，尽量少纠错，等等。对外汉语教学领域的研究者针对不同的教学法在实际课堂中的应用情况展开研究，并做出客观评价。主要包括以下四种教学法及其评价。

第一，任务型教学法。刘壮等（2007）评述任务型教学法具有以下特点：重视学生的情感因素，强调通过任务来实现对语言的意识和感知。它要求培养听、说、读、写等多种语言技能，更强调对外汉语的综合运用能力，其核心是强调通过交流学会交际。它有如下重要原则：（1）真实性原则，即注重言语、情景的真实性，学习一门语言的重要目的就是交流，而真实性原则迎合了交流的需要，避免出现"纸上谈兵"的情况。（2）形式—功能原则（form-function principle），即注重句型的系统性和完整性，有利于学习者在基础阶段对语言形式的掌握。（3）循序渐进原则（task depending and task chain principle），即任务间互相依附，形成"任务链"，有利于学生对知识的整体把握。此外，任务型教学法还要求学生在实践中学习，教师能当堂发现和解决学生在实际情况下可能遇到的问题；讲究层层深入，让知识一环扣一环，紧密联系，便于有效的记忆。任务型教学法尽管有以上诸多的优点，但在实际运用时，尤其是在综合了各种技能的训练之后，就避免不了出现各种各样的实际困难，如对教师的要求太多太高，任务难设计；教师对课堂的控制会减弱，课堂可能会失控；设计好的任务非常困难，评价任务阶段的操作更难；在综合训练时，往往可能花费大量时间来改正学生写作中的错误，导致重点不突出。

第二，交际型教学法。交际型教学法是美国社会语言学家 Hymes 于1972年提出的一种教学法。它在课堂上以学生为主体，教师主要发挥监控和引导作用，促使学生与学生之间开展交流与沟通。交际型教学法的目的是使学生在交流与沟通的过程中强化语言知识储存，提高语言能力。该教学法与传统教学法区别较大，传统教学法有利于学生理解和储备语言知识，而交际型教学法则有利于提升学生的口语交际能力。鉴于提升口语交际能力正是第二语言教学的主要目标，交际型教学法在第二语言教学中有着广阔的应用空间。孙文婧（2013）探讨了交际型教学法在对外汉语阅读课教学中的运用。她指出，运用交际型教学法需要从整个教学过程入手，需要使教学过程交际化，把促进交际和交流作为全部教学的出发点。课堂主要涉及以下三个环节：选择题材，以学生兴趣为导向；引导学习，在正式上课之前要求学生预习课程；课中互动，在上课期间，教师与学生之间、学生与学生之间应围绕教学内容，以对话、沟通与合作的方式进行交流，从而达到共享、共识与共进的目的。

第三，认知功能教学法。认知功能教学法主张不将语言规则直接告诉学生，而是充分利用学生的认知能力和语言能力（人类天生能够获得语言的能力），为学生提供准确的、规范的、数量上足以让其认知出目的语某一语言规则的"有效语料"（邵菁、金立鑫，2007），从而引导学生认知和总结语言规则。因此，认知功能教学法中的"认知"是指为服从某一教学目的而向学生提供规范的、可比较的、数量充足的语言材料，帮助学生主动寻求目的语的语言规则的方法。邵菁（2011）认为认知功能教学法是一种授之以渔的方法。认知功能教学法中的"功能"是指教师或教材对提供给学生的语料进行功能处理（邵菁、金立鑫，2007）。邵菁（2011）探讨了认知功能教学法在词语辨析教学中的运用。她阐述了如何利用认知功能教学法进行词语辨析教学，主要包括两点：（1）引导学生主动认知近义词的异同，要求教师先对一组近义词在语义、语法和语用三方面的异同进行分析、总结，然后设计便于学生发现的"有效语料",进而设计引发学生思考的问题,引导学生自主总结近义词的异同。(2)用"功能"的方法进行辨析,教师需要将句子中可以相互替换的近义词放至语境中,引导学生发现并总结语境中句子内嵌近义词之间的异同。

  第四,综合教学法。综合教学法是国外各种语言教学法流派与中国对外汉语教学的理论和实践相结合的产物,它吸取了国外第二语言教学法的优点,摒弃其缺点,并结合汉语的特点,是在长期的实践中创造出来的具有中国特色的一种教学法。综合教学法的总特点就是吸纳百家、博采众长:既重视语言功能的教学和交际能力的培养,又重视语言结构的教学;既重视语法知识的理解和掌握,又重视通过模仿和操练形成习惯;既重视课堂上的自觉学习,又重视课后的自然习得;既强调以学生为中心,又重视教师的主导作用。王素梅(2007)探讨了综合教学法在对外汉语教学中的应用。她阐述了如何在教学中实施综合教学法,主要包括六点:(1)根据教材。尽管教材种类繁多,但用何种教学法,应根据教材的性质和内容而定,不能绝对化。(2)根据不同的学习对象。例如,儿童比较适合用听说法(audio-lingual method),通过反复操练、模仿和重复记忆以形成习惯;成人比较适合使用认知法和交际法,从理解新语言材料及语言规则的意义、构成和用法开始,接着围绕教材内容进行大量练习和操练以培养语言能力,最后教师提供一定的交际环境,让学生脱离课文进行交际性言语活动。(3)根据不同的学习目的。(4)根据不同的学习阶段。不同阶段的学生的学习内容不同,实施的教学法也应该不同;同一阶段也可以交叉使用几种教学法。(5)根据不同的课型。(6)根据不同的教学内容和训练项目。

第五部分　结语

第 11 章
中国外语教学与第二语言习得理论创新

国际二语习得研究学科在发展之初,具有两个非常鲜明的特点:一是深刻地受到母语习得研究的影响;二是其研究活动主要为外语教学服务。此外,早期本领域的学者对二语和外语的学习和习得的区分争论颇多,然而,由于该学科在本质上是探索语言学习者如何习得第二语言,不管学习的语境条件如何,二语发展的过程与机制存在相似性(Ortega,2009)。因此,国际上一些学者认为,决定二语习得结果的最重要因素仍是学习者的认知因素(Long,1990);二语习得研究若要取得长足发展,应该在认知科学中找到自己的容身之处(Long & Doughty,2003)。

在我国,二语习得研究起步较晚,主要是从 20 世纪 80 年代初才开始引起人们的注意,当时的研究以引进、介绍或评述西方学者的二语习得研究成果为主(如胡壮麟,1984;桂诗春,1985,1992;王初明,1990),这一时期的研究为我国的外语教学和二语习得研究提供了信息,拓展了思路,开阔了视野,为其后来的繁荣奠定基础。进入 90 年代,国内的二语习得研究开始全面系统地引进、消化和吸收西方的研究成果,并结合我国的实际情况,开展了一些针对性的研究(如戴曼纯,1998;戴炜栋,1994;盖淑华,2004;蒋祖康,1999;靳洪刚,1997;李炯英,2002;李哲,2000;刘润清,1995;王立非,2002;文秋芳,1996;吴旭东,2000;肖德法、张积家,1994;杨连瑞,1996,1998)。这一阶段的研究有两个特点:一是研究重点逐渐向学习者主体转移,着重探讨学习者的认知、情感和策略等因素;二是批判性的文章开始出现,研究者不再一味地引进和吸收西方的语言习得理论和方法,而是结合国内的实际情况,用辩证和批判的态度评价和反思国外的有关理论。从 90 年代后期以来,国内的二语习得研究,特别是针对我国大学生的英语习得研究,从理论探讨到实证研究渐趋活跃,出现了国外成果吸纳和国内实践创新并存的局面（如蔡金亭，1998，2003；陈月红，1998；戴曼纯，1999；文秋芳、王立非，2004）。这类研究是研究者在充分了解和研究二语习得理论的基础上，以中国英语学习者在习得英语时表现出的特征和规律为研究对象的实证研究。近年来，我国的二语习得研究取得了蓬勃发展，外语类核心期刊发表了大量的研究成果，中国学者在国际期刊发表的有关二语习得的研究论文也越来越多，本学科的硕博人才培养成绩斐然，各种学术活动异常活跃。例如，自2004年成立以来，中国二语习得研究会已经举办了九届国际学术研讨会，就二语习得研究领域的一些重大问题和学科发展进行了一系列的讨论。尽管如此，国内对二语习得学科的研究内容、方法和范式的认识依然存在很大差异，学科研究方面的一些问题在一定程度上依然存在，学科的理论建设仍需加强（戴运财等，2011）。

11.1　二语习得的本质与外语教学

　　二语习得研究源于对语言教学的关心，其发展的源头可以追溯至20世纪50、60年代的对比分析（Lado, 1957），对比分析的关注焦点是如何改进教学材料。因此，早期的二语习得研究主要服务于外语教学的实践，而且这种传统一直延续了下来。Ortega（2009）认为，二语习得学科是研究第二语言学习的能力与过程的学术领域，其内容包括各种习得条件下对习得结果具有影响的一系列复杂因素。简而言之，二语习得研究就是研究学习者在习得母语后如何习得另一种语言，以及哪些重要因素影响了习得的结果。二语习得能够为外语教学提供理论与方法实践上的参考，目前尚不能过高地期望二语习得研究的成果能够直接应用于我国的外语教学，或从根本上解决我国外语教学的一些顽症。随着人类对自我的科学探索，二语习得研究在国外的发展动力并不只是满足教学的需要，而是在于满足人类基本的认识需要，即认识第二语言发展乃至一般的语言发展这一难解之谜。

　　二语习得与外语教学的最根本区别在于前者强调习得的过程与心理，涉及习得的心理机制、生物学基础、语言的影响、环境的作用和文化的作用等，而后者更注重外语的教育特性，如影响外语教学效果的个体与社会因素、大纲设计、教学方法、教学活动、教材编写和教学测评等。二语习得利用多学科的理论与实证的视角来解决人们如何习得第二语言以及为何存在习得差异的问题。毫无疑问，二语习得研究的结果可以为外语教学提供启发与指导。因此，二语习得研究这一新兴学术领域

第 11 章　中国外语教学与第二语言习得理论创新

为我国的外国语言学的探索开辟了新的增长点，代表了应用语言学研究的发展方向。密切结合中国学习者特点的二语习得研究将有助于认识中国学生外语学习的客观规律，揭示外语学习的认知心理过程，有助于我们树立正确的外语教学指导思想，有助于解决我国外语教学中普遍存在的诸多问题，从而整体上提高我国外语教育水平，发展我国的外语学习理论和外语教学理论。

探索二语习得研究的本质，涉及这一学术领域研究内容的多样性，以及其研究理论与方法的跨学科性。二语习得以语言学、心理学、教育学和认知科学为基础，涉及语言、心理、认知神经、社会文化、教育等领域的内容，主要研究对象可以归纳为中介语体系研究、学习者内在因素研究和学习者外部因素研究。中介语语言学的产生与发展使二语习得研究成为真正的科学，通过对本族语、目的语和中介语三者的比较，揭示其内在规律，从而更进一步地探索中介语发展的途径和内在机制。学习者个体差异主要包含个体认知差异、个体情感差异和学习策略（Ellis, 2008a）；学习过程及其心理机制包括输入、吸收、融合、输出、反馈以及注意、监控等（Schmidt, 2001）；母语与目标语的差异及迁移主要包括了母语习得经验与母语知识的影响，普遍语法的作用与可及性，母语与目标语在语言结构与类型上的差异及其迁移（Gass & Selinker, 2008; Jarvis & Pavlenko, 2008）。社会文化与环境因素又可以分为社会环境、语言环境、学习环境等。这些因素皆为二语习得研究的重要内容，并制约二语习得的结果，也可以形成局域理论。

二语习得研究内容的多样性决定了理论来源的多样性，其理论来源主要有语言学、心理学、教育学、认知科学以及社会文化理论等。多种理论并存，形成了一种百花齐放的局面。因为二语习得借用了不同学科的理论，其研究方法不仅差异很大，而且需要创新地加以应用。从早期的定性研究到定量研究，再到定性与定量相结合的混合研究，并始终注重理论引导下的实证研究（Gass, 2009）。近年来，现代技术手段在二语习得研究中的运用明显增多，尤其是心理语言学和神经语言学领域的研究技术，如事件相关电位技术、功能磁共振技术，以及计算语言学的信息模拟技术（Verspoor et al., 2011）等。值得说明的是，定量研究范式在我国二语习得研究中长期没有得到重视，直到近些年才有学者开始大力提倡。科学的态度是我们应克服那种非此即彼的做法，要把定量研究范式与定性研究范式结合起来，使二语习得研究方法从对立走向统一或多元。二语习得研究的跨学科特点注定了该领域的研究内容多元化、理论来源多样化。来自语言学、心理学、母语习得、社会文化以及其他学科领域的理论因其复杂性、实用性和适用性决定了其在中国传播的扩展与接受。

11.2 汉语母语与英语二语本体上的差异

近些年来,关于汉语的研究结果突飞猛进。汉字作为表意文字,不同于西方的拼音文字,汉语在发展过程中牺牲了它在听觉上的明确性,而提高了它在视觉上的明确性和辨别效率(张学新,2011)。汉语中存在大量的同音字,尤其是在没有语境的情况下,很难从听觉上通达语义层面。其他拼音文字虽然也存在同音字现象,但是相比汉语这种同音字还是相当少的,所以拼音文字的听觉理解相对汉语要好得多。拼音文字在保证听觉上高识别效率的情况下,牺牲了它在视觉上的明确性,导致其在视觉上,即造字方面的复杂性和多样性。而汉语在视觉上是高效而简单的,基本上只需要掌握上千个常见的汉语词汇,就可以熟练地用在口头表达和书面表达当中,还可以很轻易地读懂一般的文章。

但是,拼音文字如英语则不具备汉语的这些特性。英语对词汇量的要求较高,尤其是在书面表达当中,使用的词汇量特别丰富,存在大量的同义词。这使汉语者在学习英语时,首先面对的巨大挑战就是需要掌握大量的词汇量。很多人认为掌握了足够的词汇量,就可以把英语学好,甚至有很多中国学生,为了把英语学好,背过英语词典。可是在人的记忆是有限的情况下,记忆这么庞大的英语词汇量,做到这一点似乎是极其不现实的(Klein et al., 2001)。

汉语者的母语和第二语言的发展过程是不同的。汉语作为母语是作为汉英双语者首先习得的语言,尤其在视觉上是简单和高效的,每一个汉字都对应着一个独特的发音。而且每一个汉字都必须特意学习和记忆,才能掌握它的发音(李正根,2020)。但是由于汉语的词汇量特别小,所以在小学阶段很快就掌握了所有常见词汇。经过小学几年的学习之后,汉语为母语的学生很快就能熟练地运用汉语,接下来是慢慢地进入英语的学习。由于受到之前汉语学习的影响,汉语在视觉上的明确性,使我们形成了视觉为优势的思维倾向(王慧莉、刘欣,2018)。当我们使用视觉为优势的思维倾向来学习英语时,遇到了巨大的困难。因为英语是一门听觉思维倾向的语言。英语在听觉上有更高的明确性,谈话者从听觉上很容易就能理解对方说话的意思(李正根,2020)。近年来,有研究探讨了英语为母语和汉语为母语的个体在加工各自母语时大脑激活区域的异同。研究者发现汉语母语者在与视觉相关的脑区激活程度更大，英语母语者在与听觉相关的脑区激活量更大，在视觉相关的语言理解和产生脑区激活量更小。这一发现表明，母语为汉语的个体对视觉语言信息的处理能力更强，但是对听觉信息的处理能力更弱（丁雪华，2019）。

11.3　大脑差异与思维方式

除教学方式和方法的错误容易造成"哑巴英语""聋子英语""文盲英语"等现象以外，对于学生来说，童年说汉语与说英语所产生的大脑差异，也会造成"哑巴英语"现象。一些科学家发现人的大脑有两个分管语言的区域，一个位于前脑，另一个是位于后脑。因为发生阅读障碍的人都是后脑语言区功能发生障碍，所以科学家一直认为位于前脑的语言功能区基本不发挥什么作用。但最新研究发现，学习拼音文字的人若出现语言阅读障碍，一般都是位于后脑的语言功能区出了问题；而使用中文这种表意象形文字的人，如果存在语言阅读障碍，一般是位于大脑前部的语言功能区出了问题。这表明说汉语和说英语的人，大脑内部存在差异。

那么这种差异，会给中国人学习英语带来哪些困难呢？进一步研究发现，学习表意象形文字的人与学习拼音文字的人，两者的大脑差异一般出现在12岁以后。这种差异一旦形成，相互学习对方语言就比较困难了，就很容易按照自己母语的学习习惯来学习对方的语言，于是就会造成"哑巴英语"或"哑巴汉语"等现象。但如果人在12岁之前学习这两种不同类型的语言，大脑两个语言功能区都会得到良性刺激，都会发生作用，学习外语就会事半功倍。当然，如果在12岁以后学习外语，也不是注定学不好，因为研究证实，学习表意象形文字的人的脑语言功能区与大脑主管运动功能的区域紧密相连，所以在"运动"中学习就会有好的效果，如要多看、多写、多说等，把各种器官调动起来；而学习拼音文字的人的脑语言功能区与大脑主管听力功能的区域紧密相连，所以要学会营造语音环境，让耳朵能够多听。

要摆脱"哑巴英语"等不良现象，就要实现语言的自动化，就像母语学习者一样，不需要在说话的时候还要想着单词、语法等这些规则。也就是说，说话的时候，除花费脑细胞在构思想法或者陈述逻辑以外，对于使用语言的关注是相对较少的。也就是跟母语一样，只要有想法，就能够直接从大脑中提取出与之对应匹配的语言符号，而不会使用大量的脑细胞在回忆单词或者语法上。

实现语言的自动化是掌握一门语言的核心标志。将那些外在的规则转化为内在的直觉，实现外显知识和内隐知识的转化。外显知识可以理解成我们学习的规则，而内隐知识可以理解为是习得到的一种能力。对于成年人而言，像孩子一样有习得的能力是不太可能的，但是可以通过学习转化为内隐知识，实现知识的内化，变成直觉或身体的一部分。

在语言的学习目标当中，一般会涉及两个方面：一个是语言知识，另外一个是语言技能。语言知识包括词汇句型、语法和语音，语言技能则是指我们平日里所说的听说读写。语言是一种技能，而非知识。所以一般来讲，对于二语学习者来说，一个完整的学习闭环应该包含这两个部分，语言知识和语言技能。知识只是这个过程中的拐杖，那么能力就是目的。但是在学习初期，还是需要知识作为指导，一旦获得这种能力，就不需要大脑继续做工了。

语言能力，其中不仅仅包含被动听和读的能力，也包括说和写这两项输出技能。现行教育的最大问题就是讲了太多知识，而对于语言技能的训练相对较少。以我们引以为傲的阅读能力为例，很多中国学生到了国外后，在进行大量的文献阅读或者做信息筛选的时候，仍会存在着一个非常痛苦、不适应的过程，这其中不仅仅涉及阅读时候的语言解码能力，还涉及阅读技能中比如迅速摘取信息、提炼核心观点等能力。简而言之，词汇和语法等语言知识对于大多数普通的二语学习者来说，是有利的必要条件，但并非充分条件。我们传统的课堂英语教学方法主要包括翻译、背单词、抠语法等。不能完全否定这些教学方法在英语教学过程当中的作用，但是这些方法既有自己的优势，也有劣势，并且不足以涵盖英语学习的全貌，触及语言学习的本质。

11.4　国际二语习得理论在中国的传播

当前国际二语习得的理论建设可谓百家争鸣，其中一些理论被引入中国并指导我们的研究和实践，并在中国产生重要影响，如输入假说、输出假说、互动假说、注意假说、社会文化理论、复杂动态系统理论等。根据 Richards（1985）等学者的界定，"理论"（theory）指的是以理论和证据为基础的、用于解释某一事实或现象的普遍原理的陈述，它比"假说"（hypothesis）往往能得到更有力的证明；理论研究的是与实践相对的普遍原理和方法，即一套用于课题研究的规则和原则。"模式"（model）在语言学里指的是确定语言的某些方面或特征以便说明其结构或功能的系统方法，假说则指在研究中用量化的方法和统计手段分析数

第11章 中国外语教学与第二语言习得理论创新

据并就有关现象之间的已知关系或预计关系作出推测。英美不少应用语言学家对理论、模式等有滥用之嫌，其中很多是还没有完全被证实的论断或假说。对此我们应有充分的认识和科学的态度。

VanPatten & Williams（2015）曾归纳出国际二语习得研究中的十种重要理论，包括普遍语法理论、功能语法理论、可加工理论、基于使用的理论、技能习得理论、输入加工理论、陈述性／程序性模型、社会文化理论、复杂理论（动态系统理论）以及输入、互动和输出假说。Ellis（1985a）总结了七种二语习得理论或模式，即文化适应模式、适应理论、话语理论、监察模式、变异能力模式、普遍假设和神经功能理论。Lightbown（1993）总结了四种理论，即行为主义理论、认知理论、创造性构造理论和第二语言相互作用论。

二语习得理论众多，观点各异，每一种理论和观点都从不同侧面向我们展示了二语习得的一些特点和规律。国外学者从 Nurture 和 Nature 的角度出发，把二语习得理论分为基于"后天培养"的二语习得理论和基于"先天本能"的二语习得理论（杨连瑞，2010），具体如表11-1所示。

表11-1 二语习得理论流派

类别	二语习得理论流派
基于"后天培养"的二语习得理论	维果斯基的最近发展区理论（Vygotsky's zone of proximal development theory） 斯金纳的言语行为理论（Skinner's verbal behavior theory） 皮亚杰的语言习得观（Piaget's view of language acquisition） 竞争模式（competition model） 语言习得的认知理论（cognitive theory: Language acquisition view） 话语理论（discourse theory） 文化导入模式（acculturation model） 顺应模式（accommodation theory） 多种语言能力理论（variable competence theory） 语言习得的相互作用观（the interactionist view of language acquisition） 连通模式（connectionist model）
基于"先天本能"的二语习得理论	神经功能理论（a neurofunctional theory of language acquisition） 普遍语法理论（universal grammar theory） 模块理论（the modular approach） 监察模式（monitor model）

国际二语习得研究的理论在中国的影响及传播程度不一,原因可能是多方面的(戴运财,2019):

首先,由二语习得理论本身的特点所决定,包括理论的复杂度和研究上的技术难度等。比如,可加工理论(Pienemann,1998)建立在词汇功能语法的基础之上,从该视角进行的研究,需要有一定的词汇功能语法方面的基础,此外,相关分支领域研究的深入,也需要在多种语言的习得中进行交叉验证。又如,技能习得理论(DeKeyser,2015)需要运用大量的心理学知识和数学知识,对习得结果的分析和研究在方法论上要求较高,需要认知心理学的分析方法以及相应的数据模拟技术。

其次,由理论的可实践性所决定。中国二语习得研究的主体是外语教师,他们当中大多数人非常关注二语习得研究对外语教学的启发和指导作用,研究的很多问题来自外语教学,并希望研究的结果能服务于教学,因此尤其关注理论与教学实际结合的可实践性。例如,陈述性/程序性模型(Ullman,2015)虽然能对外语教学有宏观层面的指导作用——通过大量的实践促使学习者的陈述性知识向程序性知识转换,但是在具体的研究中,陈述性知识如何转换为程序性知识,陈述性记忆和程序性记忆在何种情况下发挥更重要的作用以及如何作用,这些都需要非常高级的技术手段去发现和验证。因此,从事该理论的研究对方法和技术有非常高的要求,而普通教师由于条件和学习经历的制约,难以开展实践操作,因此可实践性不强。

最后,受汉语语言系统、学习语境和中国文化的影响。一方面,中国的二语习得研究离不开母语的影响,二语习得中或多或少存在母语的迁移,而汉语与英语在语言类型上又存在巨大的差异,因此,二语习得理论若要在中国生根发芽,应该关注中国的语言特征,从这方面来看,基于认知科学和心理语言学的二语习得研究拥有无法比拟的优势。另一方面,中国的二语学习语境不仅与双语国家不同,与欧洲国家、其他亚洲国家也不一样。从宏观的社会经济与社会环境来看,中国教育主管部门、社会和学生都很重视外语学习,这一点从各级升学考试的科目、教育投入、社会培训等方面均可以看出;并且学校也创造一切条件来改善学习条件,如聘请数量可观的外教、巨量投入的外语教学网络平台和软硬件设备、基于网络和多媒体的外语教学改革等。然而,在中国使用外语的语境毕竟有限。基于使用的外语学习观认为,语言在使用中不断得到发展,不仅母语习得如此,二语习得也是如此,这就是为什么基于使用的二语习得研究近年来在国际受到高度重视(Tomasello,2003)。此外,由于受中国传统文化的影响,中国学习者有一些自身学习上的特点，表现为其外语学习目的、文化认同感、语言自我意识、认知方式、交际意愿等方面均与欧美学习者可能存在一定的差异。国际的二语习得理论被引进中国后，首要任务是要适用中国本土的语境、文化和学习者，然后在此基础上改进、融合与创新，进而得到发展。因此，符合中国的外语学习语境、教育国情和中国传统文化的理论则更容易在中国被接受和传播，如输入、交互和输出假说被反复采用和检验，不仅是因为它们与外语教学的实践密切相关，同时在一定程度上与中国语境下的学习国情和中国教育的传统文化相吻合。

11.5 中国二语习得理论的创新

二语习得理论创新的动力来自于诸多方面，主要有：（1）学科发展的内生驱动力。在学科的深入研究中发现一些重要的规律和特点，然后在归纳、分析和演绎中就学科本质提出创造性的理论，如浅层结构假说（Clahsen & Felser，2018）、瓶颈假说（Slabakova，2016）等。（2）理论应用中解决实际问题的驱动力。因为在理论的实践与应用过程中会出现一些长期存在而又无法克服的问题，或者出现一些意想不到的问题，这些问题促使研究者们进一步去探索，发现问题的根源以及解决之道，如 Krashen（1985）的输入假说、Swain（2005）的输出假说等。（3）立足本土二语习得的实际情况和特色发展的驱动力。比如，为解决长期困扰中国英语教学的"投入大、产出小"的难题，王初明（2000）提出了"以写促学"，并在此基础上产生了外语教学的写长法。该方法针对的是中国学生多年学习外语而不会运用的困境，最初的重点是设计出激发写作冲动的任务。后来，根据二语习得研究的相关理论，又提出"学伴用随"原则（王初明，2009）。近年来该理论结合社会文化理论研究的成果，发展成为"以续促学"或者"续论"（王初明，2016，2017）。同样，为了满足中国外语教学效率提高的需要，文秋芳（2008）提出了产出导向法。产出导向法的原型是输出驱动假说，最初也是针对英语技能课程改革的实际需要。该理论自提出后被多方面实验检验，基于实验的结果，该理论也在不断被修订（文秋芳，2015，2018b）。产出导向法理论来源于中国本土的教学实践，它不仅与西方教学论和二语习得的理论相吻合，也具有中国的特色（文秋芳，2017a）。

中国的二语习得理论主要是应教学的需要，并在解决问题中产生，其生命力和发展前景在一定程度上取决于与中国本土实际的结合，最根本的原因还是中国的文化和教育传统有其自身的特色。理工科研究通常不受文化的影响，但应用语言学研究却往往会受文化因素的制约。理论引进之后需要结合中国的本土实际来展开应用，而在中国本土的应用情况可以验证理论的科学性和可推广性；在实践检验中发现的问题则可以让我们重新审视理论，并据此修正理论。引进的国外理论只有在融入本土之后，才易于在理论上创新，然后在创新中发展。因此，中国的二语习得界应该更加注重本土实践和中国特色，并结合中国语言、文化、教育和环境方面的特色，建构更加符合中国实际和国情的理论体系。

当前，中国的二语习得研究的跨学科研究范式非常明显，其他学科的渗透力、影响力持续加强，并且有继续深化的趋势。例如，复杂动态系统理论从原理论的层面将二语习得看作是一个复杂的、动态的、非线性的过程，并根据环境和学习者的差异而变化，符合语言和语言习得的内在规律性，因此在国内外有着较大的影响力（Ortega & Han, 2017）。因为某些新理论有着更强的描述力、解释力或预测力，所以如何有效地利用其他学科的理论为二语习得学科的理论建设服务，值得我国二语习得学术界的深入探索。

二语习得研究一方面需要微观的、精确的实验研究，但微观的研究倾向于碎片化，不利于理论的建构；另一方面，理论的建构往往立足对历史研究的归纳，为了使理论更具解释力，有些理论范围比较宽泛，进行整体性研究的难度较大，但割裂开来进行分散研究的结果却难以证伪理论（戴运财，2019）。因此，我国二语习得学术界需要大力开展与我国大规模外语教学实践相匹配的二语习得研究，从国家战略层面设置国家课题攻关项目和团队研究，大力加强二语习得的应用研究和实证研究，使我国的英语教学建立在二语习得研究的科学基础上，促使我国的二语习得研究立足学科发展前沿，与国际二语习得研究接轨。

参考文献

白乐桑 . 1996. 汉语教材中的文、语领土之争：是合并，还是自主，抑或分离 . 世界汉语教学，（4）：100–102.

白乐桑 . 2018. 一元论抑或二元论：汉语二语教学本体认识论的根本分歧与障碍 . 华文教学与研究，（4）：1–11+24.

毕晋，肖奚强，程仕仪 . 2017. 新世纪以来汉语作为第二语言习得研究成果分析——基于四份 CSSCI 中国语言学来源期刊文献的统计 . 语言与翻译，（4）：74–82.

蔡金亭 . 2004. 时体习得的变异研究 . 外语与外语教学，（5）：10–15.

蔡金亭 . 2008. 中国学生英语过渡语研究 . 北京：外语教学与研究出版社 .

蔡金亭 . 2012. 元分析在二语研究中的应用 . 外语教学与研究，（1）：105–115+159–160.

蔡金亭 . 2021. 语言迁移研究 . 北京：外语教学与研究出版社 .

蔡金亭，王敏 . 2020. 基于使用取向的二语习得研究：理论、实证与展望 . 外语与外语教学，（2）：1–15+147.

蔡金亭，朱立霞 . 2010. 认知语言学角度的二语习得研究：观点、现状与展望 . 外语研究，（1）：1–7.

蔡兰珍 . 2001. 任务教学法在大学英语写作中的应用 . 外语界，（4）：41–46.

蔡兰珍 . 2009. 套语及双过程加工模式在语言学习中的作用 . 继续教育研究，（3）：133–136.

蔡龙权 . 2003. 隐喻理论在二语习得中的应用 . 外国语（上海外国语大学学报），（6）：38–45.

曹贤文 . 2009. 汉语作为第二语言习得研究中的学习者语言分析方法述评 . 汉语学习，（6）：88–97.

柴省三 . 2013. 汉语作为第二语言习得的关键期假设研究 . 外语教学与研究，（5）：692–706.

常辉，陈永捷 . 2006. 普遍语法可及性新说 . 当代语言学，（3）：244–257.

常小玲 . 2017. "产出导向法"的教材编写研究 . 现代外语，（3）：359–368+438.

常欣，朱黄华，王沛 . 2014. 跨语言句法结构相似性对二语句法加工的影响 . 外语教学与研究，（4）：560–571.

陈浩，文秋芳 . 2020. 基于"产出导向法"的学术英语写作名词化教学研究——以促成教学环节为例 . 外语教育研究前沿，（1）：15–23.

陈慧. 1994. 从儿童语言的发展看语言习得. 山东外语教学,（1）: 157–160.
陈慧媛, 吴旭东. 1998. 任务难度与任务条件对 EFL 写作的影响. 现代外语,（2）: 27–39.
陈默. 2013. 美国留学生汉语口语产出的韵律边界特征研究. 世界汉语教学,（1）: 97–106.
陈向明. 2000. 质的研究方法与社会科学研究. 北京: 教育科学出版社.
陈晓红. 2019. 基于 CiteSpace 的国际二语习得研究科学计量分析（2008—2018）. 南通职业大学学报,（3）: 53–58.
陈亚平. 2020. 二语的外显学习和内隐学习. 北京: 外语教学与研究出版社.
陈一宽, 范茸. 2011. 对外汉语教学原则和教学法刍议. 河北师范大学学报（教育科学版）,（12）: 93–95.
陈勇. 2003. 论经验主义和理性主义之争——关于西方语言学研究中的认识论. 外语学刊,（3）: 57–62.
陈悦, 陈超美, 刘则渊, 胡志刚, 王贤文. 2015. CiteSpace 知识图谱的方法论功能. 科学学研究,（2）: 242–253.
程可拉. 2000. 产品式大纲与过程式大纲. 国外外语教学,（3）: 45–50.
代凤菊, 刘承宇. 2020. 近十年国际语言政策与规划研究热点与趋势——基于 Scopus 数据库的可视化分析. 北京科技大学学报（社会科学版）,（5）: 33–42.
戴曼纯. 2007. 二语习得研究的生成语法新范式——中介语特征理论评介. 外语教学与研究,（6）: 444–450.
戴曼纯. 2010. 二语习得研究理论建设探讨——认识论、理论取向与理论类型的融合观. 中国外语,（3）: 65–75.
戴炜栋. 2001. 构建具有中国特色的英语教学"一条龙"体系. 外语教学与研究,（5）: 322–327.
戴炜栋. 2018. 高校外语专业 40 年改革历程回顾与展望. 外国语（上海外国语大学学报）,（4）: 101–105.
戴炜栋, 蔡龙权. 2001. 中介语的认知发生基础. 外语与外语教学,（9）: 2–5+25.
戴炜栋, 陈莉萍. 2005. 二语语法教学理论综述. 外语教学与研究,（2）: 92–99.
戴炜栋, 胡壮麟, 王初明, 李宇明, 文秋芳, 黄国文, 王文斌. 2020. 新文科背景下的语言学跨学科发展. 外语界,（4）: 2–9+27.
戴炜栋, 王栋. 2002. 语言迁移研究: 问题与思考. 外国语,（6）: 1–9.
戴炜栋, 王雪梅. 2006. 建构具有中国特色的外语教育体系. 外语界,（4）: 2–12.
戴炜栋, 王雪梅. 2011. 信息化环境中外语教师专业发展的内涵与路径研究. 外语电化教学,（6）: 8–13.
戴炜栋, 王雪梅. 2014. 教育发展规划背景下的高考英语改革思路. 中小学外语教学,（7）: 1–4.
戴炜栋, 王宇红. 2008. 双语心理词汇研究述评. 外语与外语教学,（2）: 16–20.

戴炜栋，杨仙菊．2005．第二语言语用习得的课堂教学模式．外语界，（1）：2–8．

戴炜栋，张雪梅．2011．英语专业教学测试、英语专业教学发展及教学质量监控体系．外语测试与教学，（1）：14–25+50．

戴运财．2019．中国的二语习得理论建设：引进与创新．当代外语研究，（4）：26–36．

戴运财，蔡金亭．2008．二语习得中的语言学能研究：回顾、现状、思考与展望．外国语（上海外国语大学学报），（5）：80–90．

戴运财，戴炜栋．2010．从输入到输出的习得过程及其心理机制分析．外语界（1）：23–30+46．

丁学东．1993．文献计量学基础．北京：北京大学出版社．

丁雪华．2019．汉英双语者视觉词汇加工中的语音启动研究．外语教学理论与实践，（2）：43–52．

丁言仁，戚焱．2005．词块运用与英语口语和写作水平的相关性研究．解放军外国语学院学报，（3）：49–53．

董燕萍．2003．从广东省小学英语教育现状看"外语要从小学起"问题．现代外语，（26）：39–47．

段士平．2008．国内二语语块教学研究述评，中国外语，（4）：63–67+74．

范香娟，刘建达．2017．外国留学生汉语中介语语用能力测量方法初探．语言教学与研究，（6）：9–19．

范烨．2009．有关注意在二语习得中的作用研究综述．外语界，（2）：56–65．

方玲玲．2004．"写长法"在大学英语教学中的应用研究．外语界，（3）：40–45．

方文礼．2003．外语任务教学法纵横谈．外语与外语教学，（9）：17–20．

丰玉芳，唐晓岩．2004．任务型语言教学法在英语教学中的运用．外语与外语教学，（6）：35–38．

冯丽萍，孙红娟．2010．第二语言习得顺序研究方法述评．语言教学与研究，（1）：9–16．

甘容辉，何高大．2020．5G时代二语习得游戏化学习路径探究．外语教学，（5）：60–65．

高海英，戴曼纯．2004．中国学生英语关系从句外置结构的习得——显性教学与隐性教学实证研究．外语教学与研究，（6）：444–450+481．

高立群，赵媛琳．2008．日本学生汉语复合词构词法意识实验研究．汉语学习，（2）：82–90．

高顺全．2002．动词虚化与对外汉语教学．语言教学与研究，（2）：19–23．

高顺全．2006．从语法化的角度看语言点的安——以"了"为例．语言教学与研究，（5）：60–66．

高一虹，李莉春，吕王君．1992．中西应用语言学研究方法发展趋势．外语教学与研究，（2）：8–16．

高瑛，张绍杰. 2010. 社会文化视域下的互动话语研究理据及其方法建构. 东北师范大学学报（哲学社会科学版），（6）：103–109.

高玉娟，王瑞婷，刘静. 2019. 1998—2018年国内二语习得研究的文献计量分析. 辽宁师范大学学报（社会科学版），（5）：75–83.

高远. 2002. 对比分析与错误分析. 北京：北京航空航天大学出版社.

管春林. 2008. "字本位"与"词本位"教学方法结合质疑——兼与刘颂浩先生商榷. 暨南大学华文学院学报，（4）：26–30.

桂诗春. 1985. 心理语言学. 上海：上海外语教育出版社.

韩宝成. 2018. 整体外语教学理念. 外语教学与研究，（4）：584–595.

郝广伟，杨连瑞，赖艳. 2007. 国外二语习得关键期研究的进展. 中国海洋大学学报（社会科学版），（6）：81–84.

郝红艳. 2015. 读后续写练习对汉语名量词促学促用效果研究. 广东外语外贸大学学报，（6）：90–94.

郝美玲，张伟. 2006. 语素意识在留学生汉字学习中的作用. 汉语学习，（1）：62–67.

何安平. 2002. 新课程理念与初中英语课程改革. 长春：东北师范大学出版社.

何莲珍，王敏. 2004. 任务复杂度、任务难度及语言水平对中国学生语言表达准确性的影响. 现代外语，（2）：172–179.

何伟，刘佳欢. 2020. 多元和谐，交互共生：生态哲学观的构建与发展. 山东外语教学，（1）：11–24.

洪炜，陈楠. 2013. 汉语二语者近义词差异的习得考察. 语言文字应用，（2）：99–106.

洪炜，石薇. 2016. 读后续写任务在汉语二语量词学习中的效应. 现代外语，（6）：806–818.

胡必华. 2010. "任务型教学法"常见问题分析及对策. 新课程（教育学术），（12）：6–7.

胡增宁. 2018. 后现代视角下的二语习得研究——认知派和社会派论战与对话. 外语教学理论与实践，（1）：57–63.

黄露，韩金龙. 2003. 任务教学法与大学英语多媒体课堂教学. 外语界，（5）：51–56.

贾冠杰. 2004. 第二语言习得理论之间的矛盾统一性. 外语与外语教学，（12）：34–36.

贾志高. 2002. 任务型英语教学研究综述. 教育科学，（6）：26–30.

贾志高. 2005. 有关任务教学法的几个核心问题. 课程教材教法，（1）：51–55.

江桂英，李成陈. 2017. 积极心理学视角下的二语习得研究述评与展望. 外语界，（5）：32–39.

江新. 1999. 第二语言习得的研究方法. 语言文字应用，（2）：33–39.

姜琳，涂孟玮. 2016. 读后续写对二语词汇学习的作用研究. 现代外语，（6）：819–829.

姜有顺. 2018. 基于构式语法的汉语母语者和二语者"把"字句意义表征研究. 解放军外国语学院学报，（3）：60–67.

姜有顺. 2020. 高级汉语二语学习者对谓语是动结式的"把"字句题元关系的习得. 世界汉语教学，（2）：245–259.

蒋祖康. 1999. 第二语言习得研究. 北京：外语教学与研究出版社.
金琰如, 王佶旻. 2012. 初级阶段留学生汉语听力能力结构探究. 语言教学与研究, （3）：35–41.
靳洪刚. 1997. 语言获得理论研究. 北京：中国社会科学出版社.
靳洪刚, 高飞, 陈忠. 2019. 事件相关电位（ERP）技术在第二语言句法习得研究中的应用. 世界汉语教学, （4）：522–547.
乐眉云. 2001. 二语习得研究的多学科前景. 外语研究, （4）：23–25+78.
李茨婷, 任伟. 2018. 第三空间理论下二语语用能力和语用选择研究. 外语与外语教学, （2）：68–78.
李红, 田秋香. 2005. 第二语言词汇附带习得研究. 外语教学, （3）：52–56.
李鸿春. 2019. 国外 2014—2018 年"语篇分析"研究动态的可视化分析——基于 Web of Science 核心数据库的统计. 青海师范大学学报（哲学社会科学版）, （4）：148–152.
李杰, 陈超美. 2017. CiteSpace：科技文本挖掘及可视化. 北京：首都经济贸易大学出版社.
李炯英. 2002. 回顾二十世纪中国二语习得研究. 国外外语教学, （2）：9–14.
李兰霞. 2011. 动态系统理论与第二语言发展. 外语教学与研究, （3）：409–421.
李民, 陈新仁. 2018. 国内外语用能力研究特点与趋势对比分析. 外语教学理论与实践, （2）：3–10.
李谦. 2019. 形成性评价在大学英语教学中的运用. 语言文学艺术研究, （4）：189–190.
李锡江, 刘永兵. 2013. 从对比分析到概念迁移——语言迁移研究理论的嬗变. 东北师大学报, （1）：101–104.
李晓军, 刘怀亮, 杜坤. 2016. 基于科学知识图谱的替代计量研究进展分析. 情报理论与实践, （5）：139–144.
李燕飞, 冯德正. 2019. 多元读写教学法的系统功能语言学阐释. 外语教学理论与实践, （2）：8–14.
李宇明. 1993. 语言学习异同论. 世界汉语教学, （1）：4–10.
李宇明. 1995. 儿童语言的发展. 武汉：华中师范大学出版社.
李宇明. 2000. 论语言运用与语言获得. 民族教育研究, （3）：64–72.
李宇明. 2003. 语言学习与教育. 北京：北京广播学院出版社.
李正根. 2020. 汉英双语者研究对英语教学的启示. 武汉：新课程研究杂志社.
李芝, 戴曼纯. 2009. 乔姆斯基的普遍语法理论对二语习得研究的影响. 山东外语教学, （5）：106–112.
梁丽. 2008. 套语使用状况分析及其对教学的启示. 外语与外语教学, （2）：24–27.
梁文霞, 朱立霞. 2007. 国外二语课堂实证研究 20 年述评. 外语界, （5）：58–67.
刘艾娟, 戴曼纯, 李芝. 2013. 特征组装视角的英语冠词习得研究. 外语教学与研究, （3）：385–397.

刘丹青. 2005. 汉语关系从句标记类型初探. 中国语文,（1）: 3–15.
刘丽, 王初明. 2018. "续论"与对外汉语动结式的学习. 广东外语外贸大学学报,（3）: 21–27.
刘绍龙. 2001. 论二语词汇深度习得及发展特征——关于词义与词缀习得的实证调查. 外语教学与研究,（6）: 436–441+480.
刘颂浩. 2010. 关于字本位教学法和词本位教学法的关系. 华文教学与研究,（1）: 38–39.
刘晓玲, 阳志清. 2003. 词汇组块教学——二语教学的一种新趋势. 外语教学,（6）: 51–55.
刘学惠. 2005. 课堂环境下的第二语言习得: 理论框架与分析单位. 外语与外语教学,（10）: 54–58.
刘珣. 2006. 对外汉语教育学引论. 北京: 北京语言大学出版社.
刘正光, 冯玉娟, 曹剑. 2013. 二语习得的社会认知理论及其理论基础. 外国语（上海外国语大学学报）,（6）: 42–52.
刘壮, 戴雪梅, 阎彤, 竺燕. 2007. 任务式教学法给对外汉语教学的启示. 世界汉语教学,（2）: 120–127.
柳燕梅. 2001. 汉字速成课本. 北京: 北京语言大学出版社.
卢仁顺. 2002. "输出假设"研究对我国英语教学的启示. 外语与外语教学,（4）: 34–37.
卢婷. 2020. 概念型教学法对英语专业学生隐喻能力发展的影响. 现代外语,（1）: 106–118.
鲁健骥. 1984. 中介语理论与外国人学习汉语的语音偏误分析. 语言教学与研究,（3）: 44–56.
鲁子问. 2002. 任务型英语教学简述. 学科教育,（6）: 26–30.
陆俭明. 2011. 我关于"字本位"的基本观点. 语言科学,（3）: 225–230.
陆效用. 2002. 试论母语对二语习得的正面影响. 外语界,（4）: 11–15.
罗文. 2016. "产出导向法"理念下中国文化英语体验式教学模式探析. 高教学刊,（11）: 103–104.
马克·康斯特斯, 张莉莉. 1997. 教育定性研究的概念和方法探讨. 外国教育资料,（3）: 19–23.
马跃. 2003. 学生语料库与二语习得研究. 暨南大学学报（哲社版）,（25）: 87–92.
马拯. 2017.《二语习得和任务型语言教学》评介. 解放军外国语学院学报,（1）: 154–158.
马志刚, 李亮. 2006. 唯理论、经验论与二语习得理论构建——区分二语教学研究与二语认知研究的认识论思考. 现代外语,（2）: 180–90.
毛文伟. 2011. 二语习得量化研究中两种数据采集方法的对比研究. 日语学习与研究,（1）: 12–18.

梅德明. 1995. 普遍语法与原则—参数理论. 外国语（上海外国语大学学报），（4）：17–23.

梅德明. 1996. 当代比较语言学与原则—参数理论. 外国语（上海外国语大学学报），（4）：18–22.

孟亚茹，秦丽莉. 2019. 社会文化理论与二语发展——James Lantolf 访谈录. 外语教学，（5）：57–60.

苗兴伟，董素蓉. 2009. 从句法—语篇界面看语言学的整合研究. 中国外语，（3）：20–24.

宁春岩. 2001. 对二语习得中的某些全程性问题的理论语言学批判. 外语与外语教学，（6）：2–5.

潘文国. 2012. 界面研究四论. 中国外语，（3）：1+110–111.

齐品，史晓春. 2016. 基于 POA 的英语视听说课程设计和效应研究. 教育学，（8）：106–111.

钱玉莲. 2006. 韩国学生中文阅读学习策略调查研究. 世界汉语教学，（4）：80–88.

秦丽莉，戴炜栋. 2013. 活动理论框架下的大学英语学习动机自我系统模型构建. 外语界，（6）：23–31.

邱琳. 2017. "产出导向法"语言促成环节过程化设计研究. 现代外语，（3）：386–396+439.

邱琳. 2020. "产出导向法"应用中的教师发展：矛盾与对策. 中国外语，（1）：68–74.

曲卫国. 2020. 中国特色学术能走向世界吗？当代外语研究，（4）：13–26.

任伟. 2019. 出国语境下国际学生汉语语用能力研究. 外语与外语教学，（2）：2–13.

阮周林. 2001. 任务前期准备对 EFL 写作的影响. 外语与外语教学，（4）：24–27.

邵斌. 2015. 英语浮现词缀. 博士论文. 浙江大学.

邵继荣. 2003. 任务类型和任务条件对 EFL 写作的影响. 国外外语教学，（2）：28–34.

邵菁. 2011. "认知功能教学法"在词语辨析教学中的应用. 汉语学习，（5）：93–98.

邵菁，金立鑫. 2007. 认知功能教学法. 北京：北京语言大学出版社.

申云化，张军. 2020. 国内外二语研究元分析新进展（2010—2019）. 外语界，（3）：70–79.

申云化，张军，周玲. 2019. 二语听力策略教学效果实证研究的元分析. 中国外语，（6）：57–66.

沈骑. 2018. 语言规划视域下的大学外语教学改革. 外语教学，（6）：49–53.

施家炜. 2006. 国内汉语第二语言习得研究二十年. 语言教学与研究，（1）：15–26.

施正宇. 2010. 从汉字教学看对外汉语教学中的本位问题. 民族教育研究，（6）：104–110.

史兴松，万文菁. 2018. 国内外商务英语研究方法探析（2007—2017）. 外语界，（2）：20–28.

孙慕天，杨庆旺，王智忠. 1990. 实用方法辞典. 哈尔滨：黑龙江人民出版社.

孙曙光. 2017. "师生合作评价"课堂反思性实践研究. 现代外语,（3）: 397–406+439.
孙曙光. 2020. 拓展学习视角下师生合作评价实践中的教师自我发展. 中国外语,（1）: 75–84.
孙文婧. 2013. 交际式教学法在对外汉语阅读课教学中的运用. 教育探索,（10）: 23–24.
覃修桂,齐振海. 2004. 任务及任务教学法的再认识. 外语教学,（3）: 69–74.
唐安华. 2008.《二语得中的问题》评介. 现代外语,（1）: 105–107.
托娅,乔爱玲,张桂萍. 2003. 任务教学法在研究生口语课中的运用. 学位与研究生教育,（1）: 25–26.
王初明. 1989. 中国学生的外语学习模式. 外语教学与研究,（4）: 47–52.
王初明. 2000. 以写促学——一项英语写作教学改革的试验. 外语教学与研究,（3）: 207–212.
王初明. 2001. 二语习得年龄研究. 中国的语言学研究与应用. 上海: 上海外语教育出版社.
王初明. 2003. 补缺假设与外语学习. 外语学刊,（1）: 1–5.
王初明. 2004. 自我概念与外语语音学习假设. 外语教学与研究,（1）: 56–63.
王初明. 2005. 外语写长法. 中国外语,（1）: 45–49.
王初明. 2006. 运用写长法应当注意什么. 外语界,（5）: 7–12.
王初明. 2009. 学相伴用相随——外语学习的学伴用随原则. 中国外语,（5）: 53–59.
王初明. 2010. 互动协同与外语教学. 外语教学与研究,（4）: 297–299.
王初明. 2011. 外语教学三大情结与语言习得有效路径. 外语教学与研究,（4）: 540–549.
王初明. 2012. 读后续写——提高外语学习效率的一种有效方法. 外语界,（5）: 2–7.
王初明. 2013. 哪类练习促学外语. 当代外语研究,（2）: 28–31.
王初明. 2014. 内容要创,语言要模仿——有效外语教学和学习的基本思路. 外语界,（2）: 42–48.
王初明. 2015. 读后续写何以有效促学. 外语教学与研究,（5）: 753–762.
王初明. 2016. 以"续"促学. 现代外语,（6）: 784–793.
王初明. 2017. 从"以写促学"到"以续促学". 外语教学与研究,（4）: 547–556.
王初明. 2018. 如何提高读后续写中的互动强度. 外语界,（5）: 40–45.
王初明. 2019. 运用"续作"应当注意什么? 外语与外语教学,（3）: 1–7.
王初明,亓鲁霞. 2013. 读后续写题型研究. 外语教学与研究,（5）: 12.
王栋. 2020. 复杂适应系统语言观与二语习得研究. 山东外语教学,（6）: 52–59.
王改燕. 2010. 第二语言阅读过程中词汇附带习得认知机制探析. 外语教学,（2）: 49–53.
王慧莉,刘欣. 2018. 用心与用脑——中西语言解释艺术的遥相呼应. 西南民族大学学报（人文社科版）,（10）: 82–86.

王佳琳. 2017. 哈尔滨话古日母字语音变异研究. 天津大学学报（社会科学版），（2）：181–187.

王立非. 2000. 国外第二语言习得交际策略研究述评. 外语教学与研究，（2）：124–131+160.

王立非. 2002. 国外二语习得研究新进展. 国外外语教学，（2）：1–8.

王立非，江进林. 2012. 国际二语习得研究十年热点及趋势的定量分析（2000—2009）. 外语界，（6）：2–9.

王立非，文秋芳. 2007. "中国学生英语口笔语语料库"的建设与研究评述. 外语界，（1）：22–28.

王立非，张大凤. 2006. 国外二语预制语块习得研究的方法进展与启示. 外语与外语教学，（5）：17–21.

王立非，张岩. 2006. 基于语料库的大学生英语议论文中的语块使用模式研究. 外语电化教学，（4）：36–41.

王敏，王初明. 2014. 读后续写的协同效应. 现代外语，（4）：501–512.

王启，王凤兰. 2016. 汉语二语读后续写的协同效应. 现代外语，（6）：794–805.

王仁强，康晶. 2017. 复杂适应系统语言观视角的当代英语过去分词词化研究——以《牛津高阶英语词典》（第8版）为例. 英语研究，（5）：58–65.

王若江. 2000. 由法国"字本位"汉语教材引发的思考. 世界汉语教学，（3）：89–98.

王素梅. 2007. 谈综合教学法在对外汉语教学中的应用. 教育与职业，（24）：145–146.

王欣，戴炜栋. 2015. 基于"二语动机自我系统"理论的二语动机策略实证研究. 外语教学，（6）：48–52.

王韫佳. 2002. 日本学习者感知和产生普通话鼻音韵母的实验研究. 世界汉语教学，（2）：47–60.

魏大为，武和平. 2012. 第二语言ERP研究的新进展. 解放军外国语学院学报，（5）：48–52.

温伟娟. 2001. 语法教学中的任务教学法的实验报告. 国外外语教学，（4）：18–23.

温雅茹. 2008. 试论儿童第二语言学习的规律和特点. 硕士论文. 天津师范大学.

文秋芳. 1995. 英语学习成功者与不成功者在方法上的差异. 外语教学与研究，（3）：61–66.

文秋芳. 1996. 大学生英语学习策略变化的趋势及其特点. 外语与外语教学，（4）：43–46.

文秋芳. 2001. 英语学习者动机、观念、策略的变化规律与特点. 外语教学与研究，（2）：105–110.

文秋芳. 2003. 频率作用与二语习得——《第二语言习得研究》2002年6月特刊评述. 外语教学与研究，（2）：151–154.

文秋芳. 2006a. 英语专业学生口语词汇变化的趋势与特点. 外语教学与研究，（3）：189–195+240–241.

文秋芳. 2006b. 英语专业学生口语词汇进步模式研究. 外语电化教学, (4): 3–8.

文秋芳. 2006c. 英语专业学生使用口语-笔语词汇的差异. 外语与外语教学, (7): 9–13.

文秋芳. 2007. 输出驱动假设与英语专业技能课程改革. 外语界, (2): 2–9.

文秋芳. 2008. 评析二语习得认知派与社会派20年的论战. 中国外语, (3): 13–20.

文秋芳. 2009. 学习者英语语体特征变化的研究. 外国语（上海外国语大学学报）, (4): 2–10.

文秋芳. 2013. 输出驱动假设在大学英语教学中的应用：思考与建议. 外语界, (6): 14–22.

文秋芳. 2014. 输出驱动—输入促成假设：构建大学外语课堂教学理论的尝试. 中国外语教育, (2): 1–12.

文秋芳. 2015. 构建"产出导向法"理论体系. 外语教学与研究, (4): 547–558.

文秋芳. 2016. "师生合作评价"："产出导向法"创设的新评价形式. 外语界, (5): 37–43.

文秋芳. 2017a. "产出导向法"的中国特色. 现代外语, (3): 348–358+438.

文秋芳. 2017b. 产出导向法教学材料使用与评价理论框架. 中国外语教育, (2): 17–23.

文秋芳. 2017c. 辩证研究法与二语教学研究. 外语界, (4): 2–11.

文秋芳. 2017d. 唯物辩证法在应用语言学研究中的应用——桂诗春先生的思想遗产. 现代外语, (6): 855–860.

文秋芳. 2018a. "辩证研究范式"的理论与应用. 外语界, (2): 2–10.

文秋芳. 2018b. "产出导向法"与对外汉语教学. 世界汉语教学, (3): 387–400.

文秋芳. 2019. 辩证研究与行动研究的比较. 现代外语, (3): 385–396.

文秋芳. 2020. 产出导向法：中国外语教育理论创新探索. 北京：外语教学与研究出版社.

文秋芳, 毕争. 2020. 产出导向法与任务教学法的异同评述. 外语教学, (4): 41–46.

文秋芳, 丁言仁. 2004. 中国英语专业学生使用频率副词的特点. 现代外语, (2): 150–156.

文秋芳, 郭纯洁. 1998. 母语思维与外语写作能力的关系：对高中生英语看图作文过程的研究. 现代外语, (4): 46–48+58.

文秋芳, 刘艳萍, 王海妹, 王建卿, 赵彩然. 2010. 我国外语类大学生思辨能力量具的修订与信效度检验研究. 外语界, (4): 19–26+35.

文秋芳, 孙旻. 2015. 评述高校外语教学中思辨力培养存在的问题. 外语教学理论与实践, (3): 6–12.

文秋芳, 孙旻, 张伶俐. 2018. 外语专业大学生思辨技能发展趋势跟踪研究. 外语界, (6): 12–19.

文秋芳, 王海啸. 1996. 大学生英语学习观念与策略的分析. 解放军外国语学院学报, (4): 61–66.

文秋芳，王建卿，赵彩然，刘艳萍，王海妹. 2009. 构建我国外语类大学生思辨能力量具的理论框架. 外语界，（1）：37–43.

文秋芳，王建卿，赵彩然，刘艳萍，王海妹. 2011. 对我国大学生思辨倾向量具信度的研究. 外语电化教学，（6）：19–23.

文秋芳，王立非. 2004. 二语习得研究方法35年：回顾与思考. 外国语（上海外国语大学学报），（4）：18–25.

文秋芳，张伶俐. 2016. 外语专业大学生思辨倾向变化的跟踪研究. 外语电化教学，（1）：3–8.

文秋芳，张伶俐，孙旻. 2014. 外语专业学生的思辨能力逊色于其他专业学生吗？现代外语，（6）：794–804.

文秋芳，赵彩然，刘艳萍，王海妹，王建卿. 2010. 我国外语类大学生思辨能力客观性量具构建的先导研究. 外语教学，（1）：59–62+67.

邬焜. 2015. 近代以来认识论的研究趋势. 自然辩证法研究，（6）：122–128.

吴斐. 2005. 理解性输出与语言学习效率——一项"写长法"的实证研究. 外语教学，（1）：44–49.

吴继峰，洪炜. 2017. 国内汉语二语词汇习得研究述评——基于6种汉语类专业期刊17年（2000—2016）的统计分析. 汉语学习，（5）：83–93.

吴门吉，高定国，肖晓云，章睿健. 2006. 欧美韩日学生汉字认读与书写习得研究. 语言教学与研究，（6）：64–71.

吴诗玉. 2019. 第二语言加工及R语言应用. 北京：外语教学与研究出版社.

吴旭东，陈晓庆. 2000. 中国英语学生课堂环境下词汇能力的发展. 现代外语，（4）：349–360.

吴中伟. 2008. 输入、输出和任务教学法. 华东师范大学学报（哲学社会科学版），（1）：109–113.

郗佼. 2020. 社会文化理论与二语习得研究——理论、方法与实践. 外语界，（2）：90–96.

夏蓉. 2020. 迁移理论视域下在华留学生汉语习得的实证研究. 温州大学学报（社会科学版），（1）：92–100.

肖明. 2014. 知识图谱工具使用指南. 北京：中国铁道出版社.

肖奚强. 2001. 外国学生照应偏误分析——偏误分析丛论之三. 汉语学习，（1）：50–54.

肖奚强. 2009. 外国学生汉语句式学习难度及分级排序研究. 北京：高等教育出版社.

肖奚强. 2011. 汉语中介语研究论略. 语言文字应用，（2）：109–115.

肖奚强，颜明，乔俊，周文华. 2015. 外国留学生汉语偏误案例分析. 北京：世界图书出版公司.

辛声. 2017. 读后续写任务条件对二语语法结构习得的影响. 现代外语，（4）：507–517.

辛声，李丽霞 . 2020. 内容创造对语言协同和续写任务表现的影响 . 现代外语，（5）：680–691.

邢红兵 . 2009. 基于联结主义理论的第二语言词汇习得研究框架 . 语言教学与研究，（5）：66–73.

徐锦芬 . 2020. 外语教育研究新趋势：积极心理学视角 . 英语研究，（12）：155–164.

徐锦芬，曹忠凯 . 2010. 国内外外语/二语课堂互动研究 . 外语界，（3）：53–61.

徐锦芬，雷鹏飞 . 2017. 基于动态系统理论的课堂二语习得研究：理论框架与研究方法 . 外语教学理论与实践，（1）：9+22–29.

徐锦芬，雷鹏飞 . 2018. 社会文化视角下的外语课堂研究 . 现代外语，（4）：563–574.

徐锦芬，聂睿 . 2015.《社会文化理论及其在二语教育中的必要性》述评 . 现代外语，（4）：575–578.

徐开妍，肖奚强 . 2008. 外国学生汉语代词照应习得研究 . 语言文字应用，（4）：120–127.

徐丽华，蔡金亭 . 2014.《二语发展的动态路径：方法与技术》述评 . 外语教学与研究，（1）：144–148.

徐曼菲 . 2002. 完善输入激活输出——以"说"为核心改革视听说课教学 . 外语电化教学，（3）：3–12.

徐通锵 . 1991. 结合——语言理论研究的发展趋向 . 语文研究，（2）：1–9.

徐通锵 . 1994. "字"和汉语研究的方法论——兼评汉语研究中的"印欧语的眼光". 世界汉语教学，（3）：1–14.

徐通锵 . 1997. 核心字和汉语的语义构辞法 . 语文研究，（3）：1–15.

徐通锵 . 2004. 语文规范化研究的新贡献 . 语言文字应用，（2）：36–37.

徐通锵 . 2008. 述谓结构和汉语的基本句式 . 语文研究，（3）：1–13.

徐志辉 . 1996. 略论欧洲哲学史上的经验论和唯理论 . 河北师范大学学报（社会科学版），（1）：40–43.

许琪 . 2016. 读后续译的协同效应及促学效果 . 现代外语，（6）：830–841.

杨莉芳 . 2015. 产出导向法"驱动"环节的微课设计——以《新一代大学英语综合教程2》"艺术与自然"单元为例 . 中国外语教育，（4）：3–9.

杨连瑞 . 2004. 第二语言习得的临界期和最佳年龄研究 . 外语学刊，（5）：101–106.

杨连瑞 . 2010. 二语习得多学科研究 . 青岛：中国海洋大学出版社 .

杨连瑞 . 2013. 中介语语言学多维研究 . 北京：外语教学与研究出版社 .

杨连瑞，常辉，尹洪山 . 2011. 中介语发展的语言共性研究 . 外语研究，（6）：60–64.

杨连瑞，戴月，李绍鹏 . 2013. 国外二语习得界面研究 . 中国外语，（5）：56–63.

杨连瑞，尹洪山 . 2005. 发展中的第二语言习得研究 . 现代外语，（2）：181–192+220.

杨连瑞，张德禄 . 2007. 二语习得研究与中国外语教学 . 上海：上海外语教育出版社 .

杨敏 . 2008. 再论语言意识 . 外语界，（6）：71–75.

杨旭，王仁强（译）.2015.语言乃是一个复杂适应系统：立场论文.英语研究，（2）：86–100.
杨雪燕.2003.外语教师课堂策略研究：状况与意义.外语教学与研究，（1）：54–61.
姚计海.2017.教育实证研究方法的范式问题与反思.华东师范大学学报（教育科学版），（3）：64–70.
尹洪山，王树胜.2020.《二语语用学：从理论到研究》述评.中国外语，（2）：109–111.
尹洪山，夏秀芳.2018.《理解第二语言加工——可加工性理论概要》述评.外语教育研究前沿，（1）：86–89.
俞理明.2012.语言迁移研究的新视角.上海：上海交通大学出版社.
袁博平.1995.第二语言习得研究的回顾与展望.世界汉语教学，（4）：52–62.
袁博平.2002.汉语中的两种不及物动词与汉语第二语言习得.世界汉语教学，（3）：91–101.
袁博平.2003.第二语言习得的普遍失败应归咎于功能语类吗？外语教学与研究，（4）：259–267.
袁博平.2007.谈对外汉语基础研究与教学应用的关系.世界汉语教学，（3）：22–24.
袁博平.2012.从汉语二语习得中的界面问题看影响成人二语习得成功的因素——以习得汉语 wh- 词做不定代词为例.外语教学与研究，（6）：856–960.
袁博平.2015.汉语二语习得中的界面研究.现代外语，（1）：58–72+146.
袁博平.2017.计算复杂性与第一语言迁移——以汉语第二语言态度疑问句为例.世界汉语教学，（1）：85–104.
袁博平.2018.谈"续"理论——与王初明先生商榷.现代外语，（2）：290–293.
岳守国.2002.任务语言教学法：概要、理据及运用.外语教学与研究，（5）：364–367.
曾文雄.2002.英语会话中的语用流利性——明示教学与隐含教学对比研究.成都师专学报，（3）：74–78.
曾志.2005.西方知识论哲学中的真理融贯论.社会科学辑刊，（1）：4–9.
张博.2011.二语学习中母语词义误推的类型与特点.语言教学与研究，（3）：1–9.
张辉.2014.中国英语学习者句法加工的 ERP 研究.解放军外国语学院学报，（1）：88–99.
张辉，卞京.2016.二语习得和加工假说与模式：主要观点与分歧.外语与外语教学，（4）：10–21.
张会平，刘永兵.2013.英语介词学习与概念迁移——以常用介词搭配与类联接为例.外语教学与研究，（4）：560–580+641.
张继光.2016.国内翻译研究动态的科学知识图谱分析（2005—2014）——基于 12 种外语类核心期刊的词频统计.东北大学学报（社会科学版），（4）：429–435.
张伶俐.2017."产出导向法"的教学有效性研究.现代外语，（3）：369–376.
张朋朋.1992.词本位教学法和字本位教学法的比较.世界汉语教学，（3）：222–223.

张萍. 2006. 二语词汇习得研究：十年回溯与展望. 外语与外语教学，（6）：21–26.
张素敏. 2019. 不同词类加工中"续译"对译者主体性的作用研究. 外语与外语教学，（3）：17–26.
张文娟. 2015. 学以致用、用以促学——产出导向法"促成"环节的课堂教学尝试. 中国外语教育，（4）：10–17.
张文娟. 2016. 基于"产出导向法"的大学英语课堂教学实验. 外语与外语教学，（2）：106–114.
张文娟. 2017. "产出导向法"对大学英语写作影响的实验研究. 现代外语，（3）：377–385.
张文娟. 2020. 高校外语教师应用"产出导向法"的自我叙事研究. 中国外语，（3）：60–67.
张晓鹏. 2016. 读后续写对二语写作过程影响的多维分析. 外语界，（6）：86–94.
张学新. 2011. 汉字拼义理论：心理学对汉字本质的新定性. 华南师范大学学报（社会科学版），（4）：5–13.
张雪梅，戴炜栋. 2001. 反馈二语习得语言教学. 外语界，（2）：2–8.
赵金铭. 2018. 汉语作为第二语言教学语法：格局 + 碎片化. 语言教学与研究，（2）：1–10.
赵艳芳，周红. 2000. 语义范畴与词义演变的认知机制. 郑州工业大学学报（社会科学版），（4），4.
赵杨. 2015. 第二语言习得. 北京：外语教学与研究出版社.
赵杨，胡琬莹. 2020. 基于特征重组假说的二语习得研究述评. 华文教学与研究，（3）：9–17.
郑明达. 2010. 过程性评价的组织策略与方法研究. 中国电化教育，（9）：107–109.
郑艳. 2014. 任务型教学法与《英语课程标准》的实施. 课程教育研究，（6）：8–9.
郑咏滟. 2011. 动态系统理论在二语习得中的应用. 现代外语，（3）：303–309.
郑咏滟. 2020. 复杂动态系统理论研究十年回顾与国内外比较. 第二语言学习研究，（10）：84–98.
中国大百科全书. 1987. 北京：中国大百科全书出版社.
周平，张吉生. 2003. 论二语习得研究与外语教学的互动关系. 外语与外语教学，（2）：13–16.
周卫京. 2005. 二语习得风格研究五十年回顾. 外语研究，（5）：39–45
周小兵，王功平. 2010. 近三十年汉语作为二语的语音习得研究述评. 汉语学习，（1）：88–95.
周璇，饶振辉. 2007. 二语学习动机研究的方向问题. 外语界，（2）：39–44.
朱智贤. 1989. 心理理学大辞典. 北京：北京师范大学出版社.
庄少霜. 2016. 近二十年国外认知语言学领域研究的可视化分析——基于 CiteSpace Ⅱ 的计量分析. 哈尔滨学院学报，（8）：97–101.

宗世海，祝晓宏，刘文辉．2012．"写长法"及其在汉语二语写作教学中的应用．世界汉语教学，（2）：254-265.

Abraham, R., & Vann, R. 1987. Strategies of two language learners: A case study. In A. Wenden & J. Rubin (Eds.), *Learner Strategies in Language Learning* (pp. 85-102). Englewood Cliffs: Prentice Hall.

Abrahamsson, N. 2012. Age of onset and nativelike L2 ultimate attainment of morphosyntactic and phonetic intuition. *Studies in Second Language Acquisition*, 34(2): 187-214.

Abrahamsson, N., & Hyltenstam, K. 2008. The robustness of aptitude effects in near-native second language acquisition. *Studies in Second Language Acquisition*, 30(4): 481-509.

Abrahamsson, N., & Hyltenstam, K. 2009. Age of onset and nativelikeness in a second language: Listener perception versus linguistic scrutiny. *Language learning*, 59(2): 249-306.

Adamson, H. D. 2009. *Interlanguage variation in theoretical and pedagogical perspective*. New York & London: Routledge.

Adjemian, C. 1976. On the nature of interlanguage systems. *Language Learning*, 26(2): 297-320.

Ai, H. 2015. *Promoting second language development with concept-based language instruction and intelligent computer-assisted language learning*. Doctoral dissertation, The Pennsylvania State University.

Al Seghayer, K. 2001. The effect of multimedia annotation modes on L2 vocabulary acquisition: A comparative study. *Language Learning & Technology*, 5(1): 202-232.

Alcón-Soler, E., & Sánchez-Hernández, A. 2017. Learning pragmatic routines during study abroad: A focus on proficiency and type of routine. *Atlantis*, 39(2): 191-210.

Aljaafreh, A., & Lantolf, J. P. 1994. Negative feedback as regulation and second language learning in the zone of proximal development. *The Modern Language Journal*, 78(4): 465-483.

Amenos-Pons, J., Ahern, A., & Guijarro-Fuentes, P. 2019. Feature reassembly across closely related languages: L1 French vs L1 Portuguese learning of L2 Spanish past tenses. *Language Acquisition*, 26(2): 183-209.

Archard, M., & Niemeier, S. (Eds.). 2004. *Cognitive linguistics, second language acquisition, and foreign language Teaching*. Berlin & New York: Mouton de Gruyter.

Ary, D., Jacobs, L. C., & Razavieh, A. 2007. *Introduction to research in education*. California: Wadsworth.

Atkinson, D. 2002. Toward a sociocognitive approach to second language acquisition. *The Modern Language Journal, 86*(4): 525–545.

Atkinson, D. 2010a. Extended, embodied cognition and second language acquisition. *Applied Linguistics, 31*(5): 599–622.

Atkinson, D. 2010b. Sociocognition: What it can mean second language acquisition. In R. Batstone (Ed.), *Sociocognitive Perspectives on Second Language Use/Learning* (pp. 24–39). Oxford: Oxford University Press.

Atkinson, D. 2011a. A sociocognitive approach to second language acquisition: How mind, body and world work together in learning additional languages. In D. Atkinson (Ed.), *Alternative Approaches to Second Language Acquisition* (pp. 143–166). New York & London: Routledge.

Atkinson, D. 2011b. *Alternative approaches to second language acquisition*. New York: Taylor & Francis.

Austin, G., Pongpairoj, N., & Trenkic, D. 2015. Structural competition in second language production: Toward a constraint-satisfaction model. *Language Learning, 65*(3): 689–722.

Ávila, J., & Zacher Pandya, J. (Eds.). 2012. *Critical digital literacies as social praxis: Intersections and challenges*. New York: Peter Lang.

Baker, C. 2006. *Foundations of bilingual education and bilingualism*. Clevedon: Multilingual Matters.

Bardovi-Harlig, K. 1998. Narrative structure and lexical aspect: Conspiring factors in second language acquisition of tense-aspect morphology. *SSLA, 20*(4): 471–508.

Bardovi-Harlig, K. 1999. From morpheme studies to temporal semantics. *SSLA, 21*(3): 341–382.

Bardovi-Harlig, K. 2000. *Tense and aspect in second language acquisition: Form, meaning and use*. Oxford: Blackwell.

Bardovi-Harlig, K. 2007. Recognition and production of formulas in L2 pragmatics. In Z.-H. Han (Ed.), *Understanding Second Language Process* (pp. 205–222). Clevedon: Multilingual Matters.

Bardovi-Harlig, K. 2009. Conventional expressions as a pragmalinguistic resource: Recognition and production of conventional expressions in L2 pragmatics. *Language Learning, 59*(4): 755–795.

Bardovi-Harlig, K. 2013. Developing L2 pragmatics. *Language Learning, 63*(S1): 68–86.

Bardovi-Harlig, K. 2014. Awareness of meaning of conventional expressions in second language pragmatics. *Language Awareness*, 23(1–2): 41–56.

Bardovi-Harlig, K. 2018. Matching modality in L2 pragmatics research design. *System*, 75: 13–22.

Bardovi-Harlig, K., & Bastos, M. 2011. Proficiency, length of stay, and intensity of interaction, and the acquisition of conventional expressions in L2 pragmatics. *Intercultural Pragmatics*, 8(3): 347–384.

Bardovi-Harlig, K., & Reynolds, D. W. 1995. The role of lexical aspect in the acquisition of tense and aspect. *TESOL Quarterly*, 29(1): 107–131.

Bardovi-Harlig, K., & Su, Y. 2018. The acquisition of conventional expressions as a pragmalinguistic resource in Chinese as a foreign language. *The Modern Language Journal*, 102(4): 732–757.

Bardovi-Harlig, K., & Vellenga, H. E. 2012. The effect of instruction on conventional expressions in L2 pragmatics. *System*, 40(1): 77–89.

Bardovi-Harlig, K., Mossman, S., & Su, Y. 2017. The effect of corpus-based instruction on pragmatic routines. *Language Learning & Technology*, 21(3): 76–103.

Bardovi-Harlig, K., Mossman, S., & Vellenga, H. E. 2015. The effect of instruction on pragmatic routines in academic discussion. *Language Teaching Research*, 19(3): 324–350.

Barkhuizen, G. 2014. Narrative research in language teaching and learning. *Language Teaching*, 47(4): 450–466.

Barron, A. 2019. Using corpus-linguistic methods to track longitudinal development: Routine apologies in the study abroad context. *Journal of Pragmatics*, 146: 87–105.

Bates, D., Mächler, M., Bolker, B. M., & Walker, S. C. 2014. Fitting linear mixed-effects models using lme4. *Journal of Statistical Software*, 67(1): 1–48.

Bellassen, J., & Zhang, P. 1989. *Méthode d'initiation à la langue et à l'écriture Chinoises* (《汉语语言文字启蒙》). Paris: La Campagnie.

Belz, J. A. 2002. Social dimensions of telecollaborative foreign language study. *Language Learning & Technology*, 6(1): 60–81.

Benati, A. 2005. The effects of processing instruction, traditional instruction and meaning-output instruction on the acquisition of English past simple tense. *Language Teaching Research*, 9(1): 67–93.

Benati, A., & Lee, J. F. 2008. *Grammar acquisition and processing instruction*. Bristol: Multilingual Matters.

Benson, S., & DeKeyser, R. 2019. Effects of written corrective feedback and language aptitude on verb tense accuracy. *Language Teaching Research*, 23(6): 702–726.

Beretta, A. 1991. Theory construction in SLA: Complementarity and opposition. *Studies in Second Language Acquisition*, 13(4): 493–511.

Best, C. T. 1995. A direct realist view of cross-language speech perception. In W. Strange (Ed.), *Speech Perception and Linguistic Experience* (pp. 171–204). Timonium: New York Press.

Best, C. T., & Tyler, M. 2007. Non-native and second-language speech perception. In O. S. Bohn & M. Munro (Eds.), *Language Experience in Second Language Speech Learning: In Honor of James Emil Flege* (pp. 13–34). New York: John Benjamins.

Bettoni, C., & Di Biase, B. (Eds.). 2015. *Grammatical development in second languages: Exploring the boundaries of processability theory*. Reggio Emilia: European Second Language Association.

Bialystok, E. A. 1978. Theoretical model of second language learning. *Language Learning*, 28(1): 69–84.

Bialystok, E. A. 1998. Coming of age in applied linguistics. *Language Learning*, 48(4): 497–518.

Birdsong, D., & Molis, M. 2001. On the evidence for maturational constraints in second-language acquisition. *Journal of Memory and Language*, 44(2): 235–249.

Bitchener, J., & Knoch, U. 2010. The contribution of written corrective feedback to language development: A ten-month investigation. *Applied Linguistics*, 31(2): 193–214.

Bley-Vroman. R. 1983. The comparative fallacy in interlanguage studies: The case of systematicity. *Language Learning*, 33(1): 1–17.

Bley-Vroman, R. 1986. Hypothesis testing in second language acquisition. *Language Learning*, 36(3): 353–376.

Bley-Vroman, R. 1989. The logical problem of foreign language learning. *Linguistic Analysis*, 20(1): 41–68.

Bley-Vroman, R. 2009. The evolving context of the fundamental difference hypothesis. *Studies in Second Language Acquisition*, 31(2): 175–198.

Block, D. 1996. Not so fast! Some thoughts on theory culling, relativism, accepted findings and the heart and the soul of SLA. *Applied Linguistics*, 17(1): 65–83.

Block, D. 2003. *The social turn in second language acquisition*. Edinburgh: Edinburgh University Press.

Blom, E., Küntay, A. C., Messer, M., Verhagen, J., & Leseman, P. 2014. The benefits of being bilingual: Working memory in bilingual Turkish-Dutch children. *Journal of Experimental Child Psychology, 128*: 105–119.

Blum-Kulka, S., House, J., & Kasper, G. 1989. *Cross-cultural pragmatics: Requests and apologies*. Norwood: Ablex.

Bohman, T. M., Bedore, L. M., Peña, E. D., Mendez-Perez, A., & Gillam, R. B. 2010. What you hear and what you say: Language performance in Spanish-English bilinguals. *International Journal of Bilingual Education and Bilingualism, 13*(3): 325–344.

Bourdieu, P. 1986. The forms of capital. In J. F. Richardson (Ed.), *Handbook of Theory and Research for the Sociology of Education* (pp. 241–258). New York: Greenwood.

Bourdieu, P., & Passeron, J. 1977. *Reproduction in education, society, and culture*. London & Beverly Hills: SAGE.

Bowden, H. W., Steinhauer, K., Sanz, C., & Ullman, M. T. 2013. Native-like brain processing of syntax can be attained by university foreign language learners. *Neuropsychologia, 51*(13): 2492–2511.

Boyd, J., & Goldberg, A. E. 2009. Input effects within a constructionist framework. *The Modern Language Journal, 93*(3): 418–429.

Bradley, J. 1993. Methodological issues and practices in qualitative research. *The Library Quarterly, 63*(4): 431–449.

Breen, M. 1985. The social context for language learning: A neglected situation? *Studies in Second Language Acquisition, 7*(2): 135–158.

Brown, J. D. 1997. Computers in language testing: Present research and some future directions. *Language Learning & Technology, 1*(1): 44–59.

Brown, J. D., & Rodgers, T. S. 2002. *Doing second language research*. Oxford: Oxford University Press.

Brown, P., & Levinson, S. 1987. *Politeness: Some universals in language usage*. Cambridge: Cambridge University Press.

Brown, R. 1973. *A first language: The early stages*. Harvard: Harvard University Press.

Bryfonski, L., & McKay, T. H. 2019. TBLT implementation and evaluation: A meta-analysis. *Language Teaching Research, 23*(5): 603–632.

Bryman, A. 2006. Paradigm peace and the implications for quality. *International Journal of Social Research Methodology, 9*(2): 111–126.

Bucholtz, M., & Hall, K. 2005. Identity and interaction: A socio-cultural linguistic approach. *Discourse Studies, 7*(4–5): 585–614.

Bulté, B., & Housen, A. 2012. Defining and operationalising L2 complexity. In A. Housen, F. Kuiken, & I. Vedder (Eds.), *Dimensions of L2 Performance and Proficiency: Complexity, Accuracy and Fluency in SLA* (pp. 23–46). New York: John Benjamins.

Bybee, J. L. 2007. *Frequency of use and the organization of language*. Oxford: Oxford University Press.

Bybee, J. L., & Hopper, P. 2001. Introduction to frequency and the emergence of linguistic structure. In J. L. Bybee & P. Hopper (Eds), *Frequency and the Emergence of Linguistic Structure* (pp. 1–24). Amsterdam: John Benjamins.

Bylund, E., & Athanasopoulos, P. 2014. Linguistic relativity in SLA: Toward a new research program. *Language Learning, 64*(4): 952–985.

Canale, M., & Swain, M. 1980. Theoretical bases of communicative approaches to second language teaching and testing. *Applied Linguistics, 1*(1): 1–47.

Candlin. N. C. 1982. Principles and practice in communicative language teaching. Foreign Language Teaching and Research, (4): 36–44.

Carroll, S. 2004. Commentary: Some general and specific comments on input processing and processing instruction. In B. VanPatten (Ed.), *Processing Instruction: Theory, Research and Commentary* (pp. 293–309). Mahwah: Lawrence Erlbaum.

Cenoz, J., & Gorter, D. 2008. The linguistic landscape as an additional source of input in second language acquisition. *International Review of Applied Linguistics, 46*(3): 267–287.

Cenoz, J., & Jessner, U. (Eds.). 2000. *English in Europe: The acquisition of a third language*. Clevedon: Multilingual Matters.

Cenoz, J., Hufeisen, B., & Jessner, U. (Eds). 2001. *Cross-linguistic influence in third language acquisition: Psycholinguistic perspectives*. Clevedon: Multilingual Matters.

Chambers, A. 2005. Integrating corpus consultation in language studies. *Language Learning & Technology, 9*(2): 111–125.

Chambers, G. N. 1999. *Motivating language learners*. Clevedon: Multilingual Matters.

Cheshire, J., Kerswill, P., Fox, S., & Torgersen, E. 2011. Contact, the feature pool and the speech community: The emergence of multicultural London English. *Journal of Sociolinguistics, 15*(2): 151–196.

Chiang, S. Y. 2011. Pursuing a response in office hour interactions between US college students and international teaching assistants. *Journal of Pragmatics, 43*(14): 3316–3330.

Cho, J., & Slabakova, R.. 2014. Interpreting definiteness in a second language without articles: The case of L2 Russian. *Second Language Research, 30*(2): 159–190.

Cho, J. 2017. The acquisition of different types of definite noun phrases in L2-English. *International Journal of Bilingualism, 21*(3): 367–382.

Chomsky, N. 1959. A review of B. F. Skinner's verbal behavior. *Language, 1*(35): 26–58.

Chomsky, N. 1965. *Aspects of the theory of syntax*. Cambridge: MIT Press.

Chomsky, N. 1981. *Lectures on government and binding*. Dordrecht: Foris.

Chomsky, N. 1976. *Reflections on language*. London: Temple Smith.

Chomsky, N. 1995. *The minimalist program*. Cambridge: MIT Press.

Chrabaszcz, A., & Jiang, N. 2014. The role of the native language in the use of the English non-generic definite article by L2 learners: A cross-linguistic comparison. *Second Language Research, 30*(3): 351–379.

Chun, D. M. 1994. Using computer networking to facilitate the acquisition of interactive competence. *System, 22*(1): 17–31.

Chun, D. M., & Plass, J. L. 1996. Effects of multimedia annotations on vocabulary acquisition. *The Modern Language Journal, 80*(2): 183–198.

Cicourel, A. V. 2007. A personal, retrospective view of ecological validity. *Text & Talk, 27*(5–6): 735–752.

Clahsen, H., & Felser, C. 2006. Grammatical processing in language learners. *Applied Psycholinguistics, 27*(1): 3–42.

Clahsen, H., & Felser, C. 2018. Some notes on the shallow structure hypothesis. *Studies in Second Language Acquisition, 40*(3): 693–706.

Cohen, A. D. 1998. *Strategies in learning and using a second language*. Harlow: Longman.

Cohen, J. 1988. *Statistical power analysis for the behavioral sciences* (2nd ed.). Hillside: Lawrence Eribaum.

Collentine, J. 2000. Insights into the construction of grammatical knowledge provided by user-behavior tracking technologies. *Language Learning & Technology, 3*(2): 44–57.

Colonnesi, C., Stams, G. J. J., Koster, I., & Noom, M. J. 2010. The relation between pointing and language development: A meta-analysis. *Developmental Review, 30*(4): 352–366.

Comrie, B. 1984. *Language universals and linguistic typology*. Oxford: Basil Blackwell.

Cook, H. 2008. *Socializing identities through speech style*. Bristol: Multilingual Matters.

Cook, V. J. 1992. Evidence for multicompetence. *Language Learning*, 42(4): 557–591.

Cook, V. J. 1993. *Linguistics and second language acquisition*. London: Palgrave Macmillan.

Cooper, C. 2002. *Individual differences* (2nd ed.). London: Arnold.

Corder, S. P. 1967. The significance of learners' errors. *International Review of Applied Linguistics*, 5(4): 161–169.

Corder, S. P. 1971. Idiosyncratic dialects and error analysis. *International Review of Applied Linguistics*, 1(5): 149–159.

Costa, A., & Sebastián-Gallés, N. 2014. How does the bilingual experience sculpt the brain? *Nature Reviews Neuroscience*, 15(5): 336–345.

Crabtree, B. F., & Miller, W. L. 1992. *Doing qualitative research: Multiple strategies*. Thousand Oaks: SAGE.

Creswell, J. W. 1999. Mixed-method research: Introduction and application. In G. J. Cizek (Ed.), *Handbook of Educational Policy* (pp. 455–472). Condon: Academic.

Creswell, J. W. 2009. *Research design: Qualitative, quantitative, and mixed methods approaches* (3rd ed.). Thousand Oaks: SAGE.

Creswell, J. W. 2015. *Educational research: Planning, conducting, and evaluating quantitative and qualitative research* (5th ed.). London: Pearson.

Creswell, J. W., & Plano Clark, V. L. 2007. *Designing and conducting mixed-methods research: The mixed methods*. Thousand Oaks: SAGE.

Creswell, J. W., & Plano Clark, V. L. 2011. *Designing and conducting mixed-methods research* (2nd ed.). Thousand Oaks: SAGE.

Creswell, J. W., & Plano Clark, V. L. 2018. *Designing and conducting mixed-methods research* (3rd ed.). Thousand Oaks: SAGE.

Creswell, J. W., & Poth, C. N. 2018. *Qualitative inquiry and research design: Choosing among five approaches* (4th ed.). Thousand Oaks: SAGE.

Creswell, J. W., Klassen, A. C., Plano Clark, V. L., & Smith, K. C. 2011. Best practices for mixed methods research in the health sciences. Bethesda: National Institutes of Health.

Creswell, J. W., Plano Clark, V. L., Gutmann, M., & Hanson, W. 2003. Advanced mixed methods research designs. In A. Tashakkori & C. Teddlie (Eds.), *Handbook of Mixed Methods in Social and Behavioral Research* (pp. 209–240). Thousand Oaks: SAGE.

Cunnings, I. 2017. Parsing and working memory in bilingual sentence processing. *Bilingualism: Language and Cognition*, 20(4): 659–678.

Dan, V. 2017. Empirical and non-empirical methods. In J. Matthes, R. Potter, & C. S. Davis (Eds.), *The Wiley International Encyclopedia of Communication Research Methods* (pp. 1–3). New York: John Wiley & Sons.

Darvin, R., & Norton, B. 2015. Identity and a model of investment in applied linguistics. *Annual Review of Applied Linguistics*, (35): 36–56.

Davila, L. T. 2019. "J'aime to Be Funny!": Humor, learning, and identity construction in high school English as a second language classrooms. *The Modern Language Journal*, 103(2): 502–514.

Davin, K. J. 2016. Classroom dynamic assessment: A critical examination of constructs and practices. *The Modern Language Journal*, 100(4): 1–17.

de Bot, K. 1992. A bilingual production model: Levelt's speaking model adapted. *Applied Linguistics*, 13 (1): 1–24.

de Bot, K. 2008. Introduction: Second language development as a dynamic process. *The Modern Language Journal*, 92: 166–178.

de Bot, K. 2015. *A history of applied linguistics*. New York & London: Routledge.

de Bot, K., & van der Hoeven, N. 2011. Language and ageing. In J. Simpson (Ed.), *The Routledge Handbook of Applied Linguistics* (pp. 124–137). New York & London: Routledge.

de Bot, K., Lowie, W., & Verspoor, M. 2007. A dynamic systems theory approach to second language acquisition. *Bilingualism: Language and Cognition*, 10(1): 7–21.

de Costa, P. I. 2010. Reconceptualizing language, language learning, and the adolescent immigrant language learner in the age of postmodern globalization. *Language and Linguistics Compass*, 4(9): 769–781.

de Guerrero, M. C. M., & Commander, M. 2013. Shadow-reading: Affordances for imitation in the language classroom. *Language Teaching Research*, 17(4): 433–453.

de Kleijn, R., & van Leeuwen, A. 2018. Reflections and review on the audit procedure. *International Journal of Qualitative Methods*, 17(1): 1–8.

Deary, I. J., Egan, V., Gibson, G. J., Austin, E. J., Brand, C. R., & Kellaghan, T. 1996. Intelligence and the differentiation hypothesis. *Intelligence*, 23(2): 105–132.

DeKeyser, R. 1997. Beyond explicit rule learning: Automatizing second language morphosyntax. *Studies in Second Language Acquisition*, 19(2): 195–221.

DeKeyser, R. 1998. Beyond focus on form: Cognitive perspectives on learning and practicing second language grammar. In C. Doughty & J. Williams (Eds.), *Focus on Form in Classroom Second Language Acquisition* (pp. 42–63).

Cambridge: Cambridge University Press.

DeKeyser, R. 2000. The robustness of critical period effects in second language acquisition. *Studies in Second Language Acquisition*, 22(4): 499–533.

DeKeyser, R. 2010. Where is our field going? Comments from the outgoing editor of language leaning. *The Modern Language Journal*, 94(4): 646–647.

DeKeyser, R. 2012. Interactions between individual differences, treatments, and structures in SLA. *Language Learning*, 62(S2): 189–200.

DeKeyser, R. 2013. Age effects in second language learning: Stepping stones toward better understanding. *Language Learning*, 63(S1): 52–67.

DeKeyser, R. 2015. Skill acquisition theory. In J. Williams & B. VanPatten (Eds.), *Theories in Second Language Acquisition: An introduction* (2nd ed., pp. 94–112). New York & London: Routledge.

DeKeyser, R. 2016. Of moving targets and chameleons: Why the concept of difficult is so hard to pin down. *Studies in Second Language Acquisition*, 38(2): 353–363.

DeKeyser, R., & Botana, G. P. 2015. The effectiveness of processing instruction in L2 grammar acquisition: A narrative review. *Applied Linguistics*, 36(3): 290–305.

DeKeyser, R., Alfi-Shabtay, I., & Ravid, D. 2010. Cross-linguistic evidence for the nature of age effects in second language acquisition. *Applied Psycholinguistics*, 31(3): 413–438.

DeKeyser, R., Salaberry, R., Robinson P., & Harrington, M. 2002. What gets processed in processing instruction? A commentary on Bill VanPatten's "Processing Instruction: An Update". *Language Learning*, 52: 805–823.

Denzin, N. K., & Lincoln, Y. S. 1994. *Handbook of qualitative research*. Newbury Park: SAGE.

Denzin, N. K., & Lincoln, Y. S. 1995. Transforming qualitative research methods: Is it a revolution? *Journal of Contemporary Ethnography*, 24(3): 349–358.

Denzin, N. K., & Lincoln, Y. S. 1998. *Strategies of qualitative inquiry*. Thousand Oaks: SAGE.

Denzin, N. K., & Lincoln, Y. S. 2011. *The SAGE handbook of qualitative research*. Thousand Oaks: SAGE.

Denzin, N. K., & Lincoln, Y. S. 2018. *The SAGE handbook of qualitative research* (5th ed.). Thousand Oaks: SAGE.

Dewaele, J. M, Magdalena, A. F., & Saito, K. 2019. The effect of perception of teacher characteristics on Spanish EFL learners' anxiety and enjoyment.

The Modern Language Journal, 103(2): 412–427.

Dewaele, J. M., & MacIntyre, P. D. 2014. The two faces of Janus? Anxiety and enjoyment in the foreign language classroom. *Studies in Second Language Learning and Teaching*, 4(2): 237–274.

Dewey, D. P., Bown, J., & Eggett, D. 2012. Japanese language proficiency, social networking, and language use during study abroad: Learners' perspectives. *Canadian Modern Language Review*, 68(2): 111–137.

Dimitrov, D. M. 2008. *Quantitative research in education: Intermediate and advanced methods*. New York: Whittier.

Dörnyei, Z., & Csizer, K. 1998. Ten commandments for motivating language learners: Results of an empirical study. *Language Teaching Research*, 2(3): 203–229.

Dörnyei, Z., & Skehan, P. 2003. Individual differences in second language learning. In A. Davies & C. Elder (Eds.), *The Handbook of Applied Linguistics* (pp. 589–630). Oxford: Blackwell.

Dörnyei, Z. 1994. Motivation and motivating in the foreign language classroom. *The Modern Language Journal*, 78(3): 273–284.

Dörnyei, Z. 2003. Attitudes, orientations, and motivation in language learning: Advances in theory, research and applications. *Language Learning*, 53(1): 3–32.

Dörnyei, Z. 2005. *The psychology of the Language Learner: Individual differences in second language acquisition*. Mahwah: Lawrence Erlbaum.

Dörnyei, Z. 2006. Individual differences in second language acquisition. *AILA Review*, (19): 42–68.

Dörnyei, Z. 2007. *Research methods in applied linguistics: Quantitative, qualitative, and mixed methodologies*. Oxford: Oxford University Press.

Dörnyei, Z., & Ottó, I. 1998. Motivation in action: A process model of L2 motivation. *Working Papers in Applied Linguistics*, 4: 43–69.

Dörnyei, Z., Henry, A., & Muir, C. 2016. *Motivational currents in language learning: Frameworks for focused interventions*. New York & London: Routledge.

Dörnyei, Z., Ibrahim, Z., & Muir, C. 2014. "Directed motivational currents": Regulating complex dynamic systems through motivational surges. In Z. Dörnyei, P. MacIntyre, & A. Henry (Eds.), *Motivational Dynamics in Language Learning* (pp. 95–105). Bristol: Multilingual Matters.

Dörnyei, Z., MacIntyre, P. D., & Henry, A. (Eds.). 2015. *Motivational dynamics in language learning*. Bristol: Multilingual Matters.

Doughty, C. J., & Long, M. H. (Eds.). 2003. *The handbook of second language acquisition*. Oxford: Blackwell.

Dulay, H. C., & Burt, M. K. 1974a. A new perspective on the creative construction process in child second language acquisition. *Language Learning*, 24: 245–258.

Dulay, H. C., & Burt, M. K. 1974b. Natural sequences in child second language acquisition. *Language Learning*, 24(1): 37–53.

Dulay, H. C., & Burt, M. K. 1975. A new approach to discovering universal strategies of child second language acquisition. In D. P. Dato (Ed.), *Developmental Psycholinguistics: Theory and Applications* (pp. 209–233). Washington, D.C.: Georgetown University Press.

Dulay, H., & Crashen, S. 1982. *Language two*. Oxford: Oxford University Press.

Dunn, L. M., & Dunn, D. M. 2007. *PPVT-4: Peabody picture vocabulary test*. London: Pearson.

Dyson, B. P., & Håkansson, G. 2017. *Understanding second language processing: A focus on processability theory*. Amsterdam: John Benjamins.

Eaves, R. C. 2007. Galton, Sir Francis (1822–1911). In N. J. Salkind & K. Rasmussen (Eds.), *Encyclopedia of Measurement and Statistics* (pp. 383–384). Thousand Oaks: SAGE.

Eckman, F. R. 1996. A functional typological approach to second language acquisition theory. In W. C. Ritchie & T. K. Bhatia (Eds.), *Handbook of Second Language Acquisition* (pp. 195–211). San Diego: Academic.

Eckman, F., Bell, L., & Nelson, D. 1988. On the generalization of relative clause instruction in the acquisition of English as a second language. *Applied Linguistics*, 9(1): 1–20.

Ehrman, M. E., & Leaver, B. L. 2003. Cognitive styles in the service of language learning. *System*, (31): 391–415.

Ellis, N. C. (Ed.). 1994. *Implicit and explicit learning of languages*. London: Academic.

Ellis, N. C. 2002. Frequency effects in language processing: A review with implications for theories of implicit and explicit acquisition. *Studies in Second Language Acquisition*, 24(2): 143–188.

Ellis, N. C. 2003. Constructions, chunkings, and connectionism: The emergence of second language structure. In C. J. Doughty & M. H. Long (Eds.), *The Handbook of Second Language Acquisition*. Oxford: Blackwell.

Ellis, N. C. 2005. At the interface: Dynamic interactions of explicit and implicit language knowledge. *Studies in Second Language Acquisition*, 27(2): 305–352.

Ellis, N. C. 2006. Selective attention and transfer phenomena in L2 acquisition: Contingency, cue competition, salience, interference, overshadowing, blocking, and perceptual learning. *Applied Linguistics*, 27(2): 164–194.

Ellis, N. C. 2007. Dynamic systems and SLA: The wood and the trees. *Bilingualism: Language and Cognition*, 10(1): 23–25.

Ellis, N. C. 2014. Cognitive and social language usage. *Studies in Second Language Acquisition*, 36: 397–402.

Ellis, N. C. 2015. Cognitive and social aspects of learning from usage. In T. Cadierno & S. Eskildsen (Eds.), *Usage-based Perspectives on Second Language Learning* (pp. 49–73). Berlin: Walter de Gruyter.

Ellis, N. C. 2019. Essentials of a theory of language cognition. *The Modern Language Journal*, 103(S1): 39–58.

Ellis, N. C., & Ferreira-Junior, F. 2009. Constructions and their acquisition: Islands and the distinctiveness of their occupancy. *Annual Review of Cognitive Linguistics*, 7: 111–139.

Ellis, N. C., & Wulff, S. 2015. Usage-based approaches to SLA. In B. VanPatten & J. Williams (Eds.), *Theories in Second Language Acquisition* (pp. 76–93). New York & London: Routledge.

Ellis, N. C., O'Donnell, M. B., & Römer, U. 2014. Second language verb-argument constructions are sensitive to form, function, frequency, contingency, and prototypicality. *Linguistic Approaches to Bilingualism*, 4: 405–431.

Ellis, N. C., Römer, U., & O'Donnell, M. B. 2016. *Usage-based Approaches to language acquisition and processing: Cognitive and corpus investigations of construction grammar*. New York: Wiley-Blackwell.

Ellis, R. 1984. Can syntax be taught? A study of the effects of formal instruction on the acquisition of WH questions by children. *Applied Linguistics*, 5(2): 79–100.

Ellis, R. 1985a. A variable competence model of second language acquisition. *International Review of Applied Linguistics in Language Teaching*, 23(1): 47–59.

Ellis, R. 1985b. *Understanding second language acquisition*. Oxford: Oxford University Press.

Ellis, R. 1986. Activities and procedures for teacher training. *ELT Journal*, (2): 91–99.

Ellis, R. 1987. Interlanguage variability in narrative discourse: Style-shifting in the use of the past tense. *Studies in Second Language Acquisition*, 9(1): 1–20.

Ellis, R. 1990. *Instructed second language acquisition*. Oxford: Blackwell.

Ellis, R. 1994. *The study of second language acquisition*. Oxford: Oxford University Press.
Ellis, R. 1995. Uptake as language awareness. *Language Awareness*, 4(3):147–160.
Ellis, R. 1997. *The study of second language acquisition*. Oxford: Oxford University Press.
Ellis, R. 1999. Item versus system learning: Explaining free variation. *Applied Linguistics*, 20(4): 460–480.
Ellis, R. 2000. Task-based research and language pedagogy. *Language Teaching Research*, 4(3):193–220.
Ellis, R. 2003. Designing a task-based syllabus. *RELC Journal*, 34(1): 64–81.
Ellis, R. 2004. The definition and measurement of L2 explicit knowledge. *Language Learning*, 54(2): 227–275.
Ellis, R. 2005. Measuring implicit and explicit knowledge of a second language: A psychometric study. *Studies in Second Language Acquisition*, 27(2): 141–172.
Ellis, R. 2008a. A typology of written corrective feedback types. *ELT Journal*, 63(2): 97–107.
Ellis, R. 2008b. *The study of second language acquisition* (2nd ed.). Oxford: Oxford University Press.
Ellis, R. 2009. Task-based language teaching: Sorting out the misunderstandings. *International Journal of Applied Linguistics*, 19(3): 221–246.
Ellis, R. 2010. Second language acquisition, teacher education and language pedagogy. *Language Teaching*, (2): 182–201.
Ellis, R. 2018. Toward a modular language curriculum for using tasks. *Language Teaching Research*, 23(4): 454–475.
Ellis, R. 2021. A short history of SLA: Where have we come from and where are we going? *Language Teaching*, 54(2): 190–205.
Ellis, R., & Barkhuizen, G. 2005. *Analyzing learner language*. Oxford: Oxford University Press.
Ellis, R., Basturkmen, H., & Loewen, S. 2002. Learner uptake in communicative ESL lessons. *Language Learning*, 51(2): 281–318.
Ellis, R., Loewen, S., & Erlam, R. 2006. Implicit and explicit corrective feedback and the acquisition of L2 grammar. *Studies in Second Language Acquisition*, 28(2): 339–368.
Ellis, R., & Loewen, S. 2007. Confirming the operational definitions of explicit and implicit knowledge in Ellis (2005): Responding to Isemonger. *Studies in Second Language Acquisition*, 29(1): 119–126.

Ellis, R., Loewen, S., Elder, C. Philp, J., Reinders, H., & Erlam, R. 2009. *Implicit and explicit knowledge in second language learning, testing and teaching.* Bristol: Multilingual Matters.

Ellis, R., Skehan, P., Li, S., Shintani, N., & Lambert, C. 2019. *Task-based language teaching: Theory and practice.* Cambridge: Cambridge University Press.

Ellis, R., & Sheen, Y. H. 2006. Re-examining the role of recasts in L2 acquisition. *Studies in Second Language Acquisition, 28*(4): 575–600.

Elman, J. L., Bates, E. A., Johnson, M. H., Karmiloff-Smith, A., Parisi, D., & Plunkett, K. 1996. *Rethinking innateness: A connectionist perspective on development.* Cambridge: MIT Press.

Escobar, C. F. 2019. Translanguaging by design in EFL classrooms. *Classroom Discourse, 10*(3–4): 290–305.

Eskildsen, S. W. 2012. L2 negation constructions at work. *Language Learning, 62*(2): 335–372.

Eskildsen, S.W., & Wagner, J. 2015. Embodied L2 construction learning. *Language Learning, 65*(2): 268–297.

Eysenck, H. 1972. *The structure of human personality.* London: Routledge & Kegan Paul.

Eysenck, H. J., & Eysenck, M. W. 1985. *Personality and individual differences.* New York: Plenum.

Eysenck, M. W. 1994. *Individual differences: Normal and abnormal.* Hove: Lawrence Erlbaum.

Farr, M., & Song, J. 2011. Language ideologies and policies: Multilingualism and education. *Language and Linguistics Compass, 5*(9): 650–665.

Feez, S. 1998. *Text-based syllabus design.* Sydney: MacQuarie University/AMES.

Fernández, C. 2008. Reexamining the role of explicit information in processing instruction. *Studies in Second Language Acquisition, 30*: 277–305.

Ferris, D. R. 2003. *Response to student writing: Implications for second language students.* Mahwah: Lawrence Erlbaum.

Ferris, D. R. 2004. The "grammar correction" debate in L2 writing: Where are we, and where do we go from here? (and what do we do in the meantime...?). *Journal of Second Language Writing, 13*: 49–62.

Ferris, D. R. 2010. Second language writing research and written corrective feedback in SLA: Intersections and practical applications. *Studies in Second Language Acquisition, 32*(2): 181–201.

Filivić, L., & Hawkins, J. A. 2013. Multiple factors in second language acquisition: The CASP model. *Linguistics, 51*(1): 145–176.

Firth, A., & Wagner, J. 1997. On discourse, communication and (some) fundamental concepts in SLA research. *The Modern Language Journal, 2*: 285–300.

Firth, A., & Wagner, J. 1998. SLA property: No trespassing! *The Modern Language Journal, 82*: 91–94.

Firth, A., & Wagner, J. 2007. Second/Foreign language learning as a social accomplishment: Elaborations on a reconceptualized SLA. *The Modern Language Journal, 5*: 800–19.

Flege, J. E. 1995. Second language speech learning: Theory, findings, and problems. *Speech Perception and Linguistic Experience: Issues in Cross-language Research, 92*: 233–277.

Flege, J. E., Yeni-Komshian, G. H., & Liu, S. 1999. Age constraints on second-language acquisition. *Journal of Memory and Language, 41*(1): 78–104.

Foster-Cohen, S. 2004. Relevance theory and second language learning/behavior. *Second Language Research*, (3): 189–192.

Foucart, A., & Frenck-Mestre, C. 2012. Can late L2 learners acquire new grammatical features? Evidence from ERPs and eye-tracking. *Journal of Memory and Language, 66*(1): 226–248.

Fraenkel, J. R., Wallen, N. E., & Hyun, H. H. 2012. *How to design and evaluate research in education* (8th ed.). New York: McGraw-Hill.

Frawley, W., & Lantolf, J. P. 1985. Second language discourse: A Vygotskyan perspective. *Applied Linguistics, 6*(1): 19–44.

Fry, G., Chantavanich, S., & Chantavanich, A. 1981. Merging quantitative and qualitative research techniques: Toward a new research paradigm. *Anthropology & Education Quarterly, 12*(2): 145–158.

Fuhrmann, D., Knoll, L. J., & Blakemore, S. 2015. Adolescence as a sensitive period of brain development. *Trends in Cognitive Sciences, 19*(10): 558–566.

Furstenberg, G., Levet, S., English, K., & Maillet, K. 2001. Giving a virtual voice to the silent language of culture: The Cultura project. *Language Learning & Technology, 5*(1): 55–102.

Futaba, T., 1994. *Second language acquisition through negotiation: A case study of non-natives who share the same first language.* Doctoral dissertation, University of Pennsylvania.

Gal'perin, P. I. 1992. Stage-by-stage formation as a method of psychological investigation. *Journal of Russian & East European Psychology, 30*(4): 60–80.

Galante, A., & Thomson, R. I. 2017. The effectiveness of drama as an instructional approach for the development of second language oral fluency, comprehensibility, and accentedness. *TESOL Quarterly, 51*(1): 115–142.

Garder, R. 1985. *Social psychology and second language learning: The role of attitudes and motivation*. London: Edward Arnold.

Gardner, R., & Lambert, W. 1972. *Attitudes and motivation in second language learning*. Rowley: Newbury House.

Gardner, R., Masgoret, A. M., Tennant, J., & Mihic, L. 2004. Integrative motivation: Changes during a year-long intermediate-level language course. *Language Learning, 54*(1): 1–34.

Gass, S. 1979. Language transfer and universal grammatical relations. *Language Learning, 29*(2): 327–344.

Gass, S. 1984. A review of interlanguage syntax: Language transfer and language universals. *Language Learning, 34*(2): 115–132.

Gass, S. 1988. Integrating research areas: A framework for second language Studies. *Applied Linguistics, 9*(2): 198–217.

Gass, S. 1989. Language universals and second language acquisition. *Language Learning, 39*(4): 497–534.

Gass, S. 1997. *Input, interaction, and the second language learner*. Mahwah: Lawrence Erlbaum.

Gass, S. 1998. Apples and oranges: Or, why apples are not oranges and don't need to be. *The Modern Language Journal, 82*: 83–90.

Gass, S. 2001. Sentence matching: A re-examination. *Second language Research, 17*(4): 421–441.

Gass, S. 2009. A survey of SLA research. In W. Ritchie & T. Bhatia (Eds.), *Handbook of SLA* (pp. 3–28). Bingley: Emerald.

Gass, S., & Lee, J. 2007. Second language acquisition of relative clauses. *Studies in Second Language Acquisition*, (2): 329–335.

Gass, S., & Polio, C. 2014. Methodological influences of "Interlanguage" (1972): Data then and data now. In Z. Han & E. Tarone (Eds.), *Interlanguage: Forty Years Later* (Vol. 39, pp. 147–172). Amsterdam: John Benjamins.

Gass, S., & Mackey, A. 2000. *Stimulated recall methodology in second language research*. Mahwah: Lawrence Erlbaum.

Gass, S., & Mackey, A. 2015. *Second language research: Methodology and design* (2nd ed.). New York & London: Routledge.

Gass, S., & Selinker, L. 2008. *Second language acquisition: An introductory* course (3rd ed.). New York & London: Routledge.

Gass, S., & Torres, M. J. A. 2005. Attention when? An investigation of the ordering effect of input and interaction. *Studies in Second Language Acquisition*, 27(1): 1–31.

Gass, S., & Varonis, E. 1994. Input, interaction and second language production. *Studies in Second Language Acquisition*, 16(3): 283–302.

Gass, S., Behney, J., & Plonsky, L. 2013. *Second language acquisition: An introductory course* (4th ed.). New York & London: Routledge.

Gass, S., Behney, J., & Plonsky, L. 2020. Second language acquisition: An introductory course (5th ed.). New York & London: Routledge.

Gass, S., Loewen, S., & Plonsky, L. 2020. Coming of age: The past, present, and future of quantitative SLA research. *Language Teaching*, 36: 1–14.

Gass, S., Mackey, A., & Pica, T. 2011. The role of input and interaction in second language acquisition. *Modern Language Journal*, 82(3): 299–307.

Gass, S., Mackey, A., & Ross-Feldman, L. 2011. Task-based interactions in classroom and laboratory settings. *Language Learning*, 61(1): 189–220.

Gay, L. R., Mills, G. E., & Airasian, P. W. 2012. *Educational research: Competencies for analysis and applications* (10th ed.). London: Pearson.

Gee, J. P. 1999. *An introduction to discourse analysis theory and method*. New York & London: Routledge.

Gentles, S. J., & Vilches, S. L. 2017. Calling for a shared understanding of sampling terminology in qualitative research. *International Journal of Qualitative Methods*, 16(1): 1–7.

Gil, K. H., & Marsden, H. 2013. Existential quantifiers in second language acquisition: A feature reassembly account. *Linguistic Approaches to Bilingualism*, 3(2): 117–149.

Giles, H. 1980. Accommodation theory: Some new directions. *York Papers in Linguistics*, (9): 105–136.

Givón, T. 1985. Language, function and typology. *Journal of Literary Semantics*, 14(2): 83–97.

Goldberg, A. E. 1995. *Constructions: A construction grammar approach to argument structure*. Chicago & London: University of Chicago Press.

Goldberg, A. E. 1999. The emergence of semantics of argument structure constructions. In B. MacWhinney (Ed.), *The Emergence of Language* (pp. 197–212). Mahwah: Lawrence Erlbaum.

Goldberg, A. E. 2006. *Constructions at work: The nature of generalization in language*. Oxford: Oxford University Press.

Goldberg, L. R. 1992. The development of markers for the big-five factor structure. *Psychological Assessment*, 4(1): 26–42.
Goldberg, L. R. 1993. The structure of phenotypic personality traits. *American Psychologist*, (48): 26–34.
Gombert, J. E. 1992. *Metalinguistic development*. Hemel Hempstead: Harvester.
Grabe, W., Kaplan, R. B., & Savignon, S. J. 1992. *Introduction to applied linguistics*. Boston: Addison-Wesley.
Granena, G., & Long, M. H. 2013. Age of onset, length of residence, language aptitude, and ultimate L2 attainment in three linguistic domains. *Second Language Research*, 29(3): 311–343.
Greene, J. C. 2007. *Mixed methods in social inquiry*. San Francisco: Jossey-Bass.
Greene, J. C., & Caracelli, V. J. 1997. Defining and describing the paradigm issue in mixed-method evaluation. *New Directions for Evaluation*, (74): 5–17.
Gregg, K. 1984. Krashen's monitor and Occam's razor. Applied Linguistics, 5(2): 79–100.
Gregg, K. 1989. Second language acquisition theory: The case for a generative perspective. In S. Gass & J. Schachter (Eds.), *Linguistic Perspectives on Second Language Acquisition*. Cambridge: Cambridge University Press.
Gregg, K. 1993. Taking explanation seriously: Or, let a couple of flowers bloom. *Applied Linguistics*, 14: 276–294.
Grosjean, F. 2008. *Studying bilinguals*. Oxford: Oxford University Press.
Grüter, T., Rohde, H., & Schafer, A. J. 2017. Coreference and discourse coherence in L2: The roles of grammatical aspect and referential form. *Linguistic Approaches to Bilingualism*, 7(2): 199–229.
Guba, E. G. 1992. The alternative paradigm dialog. In E. G. Guba (Ed.), *The Paradigm dialog* (pp. 17–27). Thousand Oaks: SAGE.
Guba, E. G., & Lincoln, Y. S. 1981. *Effective evaluation*. San Francisco: Jossey-Bass.
Gullberg, M., & McCafferty, S. G. 2008. Introduction to gesture and SLA: Toward an integrated approach. *Studies in Second Language Acquisition*, 30(2): 133–146.
Guo, Y. 2020. From a simple to a complex aspectual system: Feature reassembly in L2 acquisition of Chinese imperfective markers by English speakers. *Second Language Research*, 38(1): 89–116.
Haberzettl, S. 2000. *Der Erwerb der Verbstallung in der Zweisprache Deutsch durch Kinder mit typologisch verschiedenen Muttersprachen*. Doctoral dissertation, Potsdam University.

Håkansson, G., Pienmann, M., & Sayehli, S. 2002. Transfer and typological proximity in the context of L2 processing. *Second Language Research*, 18(3): 250–273.

Hakuta, K. A. 1976. A case study of Japanese child learning English as a second language. *Language Learning*, 26(2): 321–351.

Hall, B., & Howard, K. 2008. A synergistic approach: Conducting mixed methods research with typological and systemic design considerations. *Journal of Mixed Methods Research*, 2(3): 248–269.

Hall, J. K. 2019. *Essentials of SLA for L2 teachers*. New York & London: Routledge.

Halliday, M. A. 1993. Toward a language-based theory of learning. *Linguistics and Education*, 5(2): 93–116.

Halliday, M. A. 2001. New ways of meaning: The challenges to applied linguistics. In A. Fill & P. Mühlhäusler (Eds.), *The Ecolinguistics Reader: Language Ecology and Environment* (pp. 175–202). New York: Continuum. (Original work published 1990)

Hammersley, M. 1992. *What is wrong with ethnography? Methodological explorations*. New York & London: Routledge.

Hammersley, M., & Atkinson, P. 2007. *Ethnography: Principles in practice* (3rd ed.). New York & London: Routledge.

Han, Z. H. 1998. *Fossilization: An investigation into advanced L2 learning of a typologically distant language*. Doctoral dissertation, University of London.

Han, Z. H. (Ed.). 2019. *Profiling learner language as a dynamic system*. Bristol: Multilingual Matters.

Harrington, M. 2004. IP as a theory of processing input. In B. VanPatten (Ed.), *Processing Instruction: Theory, Research and Commentary* (pp. 79–92). Mahwah: Lawrence Erlbaum.

Hartshorn, K. J, Evans, N. W, Merrill, P. F, Sudweeks, R. R., Strong-Krause, D., & Anderson, N. J. 2010. Effects of dynamic corrective feedback on ESL writing accuracy. *TESOL Quarterly*, 44(1): 84–109.

Haun, D. B. M., Rapold, C. J., Janzen, G., & Levinson, S. C. 2011. Plasticity of human spatial cognition: Spatial language and cognition covary across cultures. *Cognition*, 119: 70–80.

Hawkings, R. 1998, March. *The inaccessibility of formal features of functional categories in second language acquisition*. The Pacific Second Language Researchers Forum, Tokyo.

Hawkings, R., & Chan, Y. C. 1997. The partial availability of universal grammar in second language acquisition: The "failed features" hypothesis. *Second

Language Research, (13): 187–226.

Hawkins, R., & Hattori, H. 2006. Interpretation of English multiple *wh*-questions by Japanese speakers: A missing uninterpretable feature account. *Second Language Research*, 22: 269–301.

Heift, T. 2002. Learner control and error correction in ICALL: Browsers, peekers, and adamants. *CALICO Journal*, 19(2): 295–313.

Henry, A., & Davydenko, S. 2020. Thriving? Or surviving? An approach-avoidance perspective on adult language learners' motivation. *The Modern Language Journal*, 104(2): 363–380.

Henry, A., Davydenko, S., & Dörnyei, Z. 2015. The anatomy of directed motivational currents: Exploring intense and enduring periods of L2 motivation. *The Modern Language Journal*, 99(2): 329–345.

Herazo, J. D, David, K. J., & Sagre, A. 2019. L2 dynamic assessment: An activity theory perspective. *The Modern Language Journal*, 103(2): 443–458.

Herdina, P., & Jessner, U. 2002. *A dynamic model of multilingualism: Perspectives of change in psycholinguistics*. Clevedon: Multilingual Matters.

Hicks, G., & Dominguez, L. 2020. A model for L1 grammatical attrition. *Second Language Research*, 36(2): 143–165.

Higgins, C. 2015. Intersecting scapes and new millennium identities in language learning. *Language Teaching*, 48(3): 373–389.

Higgins, C. 2017. Toward sociolinguistically informed language teacher identities. In G. Barkhuizen (Ed.), *Reflections on Language Teacher Identity Research* (pp. 37–42). New York: Taylor & Francis.

Holland, J. H. 1995. *Hidden order: How adaption builds complexity*. Reading: Addison-Wesley.

Holland, J. H. 1998. *Emergence: From chaos to order*. Oxford: Oxford University Press.

Holland, J. H. 2006. A cognitive model of language acquisition. *Journal of Bio-Education*, (1): 79–83.

Holliday, A. 2004. Issues of validity in progressive paradigms of qualitative Research. *TESOL Quarterly*, 38(4): 731–734.

Holliday, A. 2007. *Doing and writing qualitative research* (2nd ed.). Thousand Oaks: SAGE.

Hopewell, S., & Escamilla, K. 2014. Struggling reader or emerging biliterate student? Reevaluating the criteria for labeling emerging bilingual students as low achieving. *Journal of Literacy Research*, 46(1): 68–89.

Hopp, H. 2010. Ultimate attainment in L2 inflectional morphology: Performance similarities between non-native and native speakers. *Lingua, 120*: 901–931.

Hopp, H. 2014. Working memory effects in the L2 processing of ambiguous relative clauses. *Language Acquisition, 21*: 250–278.

Hopp, H., Bail, J., & Jackson, C. N. 2020. Frequency at the syntax-discourse interface: A bidirectional study on fronting options in L1/L2 German and L1/L2 English. *Second Language Research, 36*: 65–96.

House, J. 2010. The pragmatics of English as a lingua franca. In A. Trosborg (Ed.), *Handbook of Pragmatics* (Vol. VII, pp. 363–387). Berlin: Mouton de Gruyter.

Howe, K. R. 1988. Against the quantitative-qualitative incompatibility thesis or dogmas die hard. *Educational Researcher, 17*(8): 10–16.

Hoy, W. K., & Adams, C. M. 2016. *Quantitative research in education: A primer* (2nd ed.). Thousand Oaks: SAGE.

Hubbard, P. 2008. CALL and the future of language teacher education. *CALICO Journal, 25*(2): 175.

Huebner, T. 1998. Methodological considerations in data collection for language learning in a study abroad context. *Frontiers: The Interdisciplinary Journal of Study Abroad, 4*(1): 1–30.

Hulstijn, J. H. 2014. Epistemological remarks on a social-cognitive gap in the study of second language learning and teaching. *Studies in Second Language Acquisition, 36*: 375–80.

Hulstijn, J. H., Young, R. F., Ortega, L., Bigelow, M., DeKeyser, R., Ellis, N. C., Lantolf, J. P., Mackey, A., & Talmy, S. 2014. Bridging the gap: Cognitive and social approaches to research in second language learning and teaching. *Studies in Second Language Acquisition, 36*(3): 361–421.

Hunter, A. D., & Brewer, J. 2003. Multimethod research in sociology. In A. Tashakkori & C. Teddlie (Eds.), *Handbook of Mixed Methods in Social & Behavioral Research* (pp. 577–594). Thousand Oaks: SAGE.

Hwang, S. H., & Lardiere, D. 2013. Plural-marking in L2 Korean: A feature-based approach. *Second Language Research, 29*(1): 57–86.

Hymes, D. 1972a. Editorial introduction to *Language in Society*. *Language in Society, 1*(1): 1–14.

Hymes, D. 1972b. On communicative competence. In J. B. Pride & J. Holmes (Eds.), *Sociolinguistics: Selected Readings* (pp. 269–293). Harmondsworth: Penguin.

Ibbotson, P. 2013. The scope of usage-based theory. *Frontiers in Psychology*, (4): 255.

Ibrahim, Z. 2016. Affect in directed motivational currents: Positive emotionality in long-term L2 engagement. In T. Gregersen, P. MacIntyre, & S. Mercer (Eds.), *Positive Psychology in SLA* (pp. 258–281). Bristol: Multilingual Matters.

Ibrahim, Z., & Al-Hoorie, A. H. 2019. Shared, sustained flow: Triggering motivation with collaborative projects. *ELT Journal, 73*(1): 51–60.

Ionin, T. 2017. Second language acquisition by Roumyana Slabakova. *Language, 93*(3): 198–201.

Ishihara, N. 2019. Identity and agency in L2 pragmatics. In N. Taguchi (Ed.), *The Routledge Handbook of Second Language Acquisition and Pragmatics* (pp. 161–175). New York & London: Routledge.

Jach, D. 2018. A usage-based approach to preposition placement in English as a second language. *Language Learning, 68*: 271–304.

Jacob, E. 1987. Qualitative research traditions: A review. *Review of Educational Research, 57*(1): 1–50.

Jakobsen, I. K., & Tønnessen, E. S. 2018. A design-oriented analysis of multimodality in English as a foreign language. *Designs for Learning*, (10): 40–52.

Jansen, H. 2010. The logic of qualitative survey research and its position in the field of social research methods. *Forum: Qualitative Social Research, 11*(2): 1–21.

Jarvis, S. 1998. *Conceptual transfer in the interlingual lexicon*. Bloomington: Indiana University Linguistics Club Publications.

Jarvis, S. 2000a. Methodological rigor in the study of transfer: Identifying L1 influence on the interlanguage lexicon. *Language Learning, 50*(2): 245–309.

Jarvis, S. 2000b. Semantic and conceptual transfer. *Bilingualism: Language and Cognition*, (3): 19–21.

Jarvis, S. 2007. Theoretical and methodological issues in the investigation of conceptual transfer. *Vigo International Journal of Applied Linguistics, 4*: 43–71.

Jarvis, S. 2010. Comparison-based and detection-based approaches to transfer research. *EuroSLA Yearbook, 10*: 169–192.

Jarvis, S. 2011. Conceptual transfer: Crosslinguistic effects in categorization and construal. *Bilingualism: Language and Cognition*, (14): 1–8.

Jarvis, S. 2016. Clarifying the scope of conceptual transfer. *Language Learning, 66*(3): 608–635.

Jarvis, S., & Bylund, E. 2011. L2 effects on L1 event conceptualization patterns. *Bilingualism: Language and Cognition*, (14): 47–59.

Jarvis, S., & Pavlenko, A. 2008. *Crosslinguistic influence in language and cognition*. New York & London: Routledge.

Jensen, I. N., Slabakova, R., Westergaard, M., & Lundquist, B. 2020. The bottleneck hypothesis in L2 acquisition: L1 Norwegian learners' knowledge of syntax and morphology in L2 English. *Second Language Research*, *1*: 3–29.

Jeong, H., & Jiang, N. 2019. Representation and processing of lexical bundles: Evidence from word monitoring. *System*, *80*: 188–198.

Jessner, U., Allgäuer-Hackl, E., & Hofer, B. 2016. Emerging multilingual awareness in educational contexts: From theory to practice. *Canadian Modern Language Review*, *72*(2): 157–182.

Jiang, N. 2000. Lexical representation and development in a second language. *Applied Linguistics*, *21*(1): 47–77.

Jiang, N. 2002. Form-meaning mapping in vocabulary acquisition in a second language. *Studies in Second Language Acquisition*, *24*(4): 617–637.

Jiang, N. 2004. Semantic transfer and its implications for vocabulary teaching in a second language. *The Modern Language Journal*, *88*(3): 416–432.

Jiang, N. 2007. Selective integration of linguistic knowledge in adult second language learning. *Language Learning*, *57*(1): 1–33.

Jiang, N. 2012. *Conducting reaction time research in second language studies*. New York & London: Routledge.

Jiang, N. 2018. *Second language processing: An introduction*. New York & London: Routledge.

Jiang, N., & Nekrasova, T. M. 2007. The processing of formulaic sequences by second language speakers. *The Modern Language Journal*, *91*(3): 433–445.

Jiang, N., Hu, G. L., Chrabaszcz, A., & Ye, L. J. 2017. The activation of grammaticalized meaning in L2 processing: Toward an explanation of the morphological congruency effect. *International Journal of Bilingualism*, *21*(1): 81–98.

Jiang, N., Novokshanova, E., Masuda, K., & Wang, X. 2011. Morphological congruency and the acquisition of L2 morphemes. *Language Learning*, *61*(3): 940–967.

Jick, T. D. 1979. Mixing qualitative and quantitative methods: Triangulation in action. *Administrative Science Quarterly*, *24*(4): 602–611.

Johnson, B., & Christensen, L. B. 2017. *Educational research: Quantitative, qualitative, and mixed approaches* (6th ed.). Thousand Oaks: SAGE.

Johnson, J. S., & Newport, E. L. 1989. Critical period effects in second language learning: The influence of maturational state on the acquisition of English as a second language. *Cognitive Psychology, 21*(1): 60–99.

Johnson, M. 2004. *A philosophy of second acquisition*. New Haven: Yale University Press.

Johnson, R. B., & Onwuegbuzie, A. J. 2004. Mixed methods research: A research paradigm whose time has come. *Educational Researcher, 33*(7): 14–26.

Johnson, R. B., Onwuegbuzie, A. J., & Turner, L. A. 2007. Toward a definition of mixed methods research. *Journal of Mixed Methods Research, 1*(2): 112–133.

Jong, N. D., & Perfetti, C. A. 2011. Fluency training in the ESL classroom: An experimental study of fluency development and proceduralization. *Language Learning, 61*(2): 533–568.

Jordan, G. 2004. *Theory construction in second language acquisition*. Amsterdam: John Benjamins.

Judy, T. 2018. The bottleneck hypothesis as applied to the Spanish DP. In J. Cho, M. Iverson, T. Judy, T. Leal, & E. Shimanskaya (Eds.), *Meaning and Structure in Second Language Acquisition: In honor of Roumyana Slabakova* (pp. 123–148). Amsterdam: John Benjamins.

Juffs, A. 2017. Moving generative SLA from knowledge of constraints to production data in educational settings. *The Japanese Second Language Association, 16*: 19–38.

Kachru, B. 1985. Standards, codification, and sociolinguistic realism: The English language in the outer circle. In R. Quirk & H. G. Widdowson (Eds.), *English in the World: Teaching and Learning the Language and Literature* (pp. 11–30). Cambridge: Cambridge University Press.

Kaiser, H. F., & Rice, J. 1974. Little Jiffy, Mark Iv. *Educational and Psychological Measurement, 34*: 111–117.

Kang, S. 2014. L2 syntax-discourse interface: *Wh*-parameter and D-linking. *Language Research, 50*: 239–274.

Kankaanranta, A., Louhiala-Salminen, L., & Karhunen, P. 2015. English in multinational companies: Implications for teaching "English" at an international business school. *Journal of English as a Lingua Franca, 4*(1): 125–148.

Kanno, Y. 2008. *Language and education in Japan*. London: Palgrave.

Kartchava, E., & Ammar, A. 2014. Learners' beliefs as mediators of what is noticed and learned in the language classroom. *TESOL Quarterly, 48*(1): 86–109.

Kasper, G., & K. Rose. 2002. *Pragmatic development in a second language*. Oxford: Blackwell.

Kawaguchi, S. 2002. Grammatical development in learners of Japanese as a second language. In B. Di Biase (Ed.), *Developing a Second Language: Acquisition, Processing and Pedagogy of Arabic, Chinese, English, Italian, Japanese, Swedish* (pp. 17-28). Melbourne: Language Australia.

Kayi-Aydar, H. 2014. Social positioning, participation, and second language learning: Talkative students in an academic ESL classroom. *TESOL Quarterly, 48*(4): 686-714.

Keating, G. D. 2009. Sensitivity to violations of gender agreement in native and non-native Spanish: An eye-movement investigation. *Language Learning, 59*(3): 503-535.

KeBler, J. (Ed.). 2008. *Processability approaches to second language development and second language learning*. Newcastle: Cambridge Scholars.

Kecskes, I. 2000. Conceptual fluency and the use of situation-bound utterances in L2. *Links & Letters, 7*: 145-161.

Kellerman, E. 1983. Now you see it, now you don't. In S. Gass & L. Selinker (Eds.), *Language Transfer in Language Learning* (pp. 112-134). Rowley: Newbury House.

Kennedy, K., & Norman, C. 2006. Introduction to special issue. What don't we know. *Science, 309*: 75.

Kern, R. G. 1995 Restructuring classroom interaction with networked computers: Effects on quantity and characteristics of language production. *The Modern Language Journal, 79*(4): 457-476.

Khajavy, G. H., Ghonsooly, B., Fatemi, A. H., & Choi, C. W. 2016. Willingness to communicate in English: A microsystem model in the Iranian EFL classroom context. *TESOL Quarterly, 50*(1): 15-180.

Khany, R., & Tazik, K. 2019. Levels of statistical use in applied linguistics research articles: From 1986 to 2015. *Journal of Quantitative Linguistics, 26*(1): 48-65.

Kim, E., Baek, S., & Tremblay, A. 2016. The role of island constraints in second language sentence processing. *Language Acquisition, 22*: 384-416.

Kim, K. H. S., Relkin, N., Lee, K. M., & Hirsch, J. 1997. Distinct cortical areas associated with native and second languages. *Nature, 388*(6638): 171-174.

King, J. 2013. Silence in the second language classroom. *Applied Linguistics, 34*(3): 325-343.

Kinginger, C. 2008. Language learning in study abroad: Case studies of Americans in France. *The Modern Language Journal, 92*(S1): 1-124.

Kirkpatrick, A. 2007. *World Englishes: Implications for international communication and English language teaching*. Cambridge: Cambridge University Press.

Kirkpatrick, A. 2012. English as an Asian Lingua Franca: The "Lingua Franca Approach" and implications for language education policy. *Journal of English as a Lingua Franca, 1*(1): 121–139.

Klein, D., Mok, K., Chen, J., & Watkins, K. E. 2014. Age of language learning shapes brain structure: A cortical thickness study of bilingual and monolingual individuals. *Brain and Language, 131*: 20–24.

Klein, D., Zatorre, R. J., Milner, B., & Zhao, V. 2001. A cross-linguistic PET study of tone perception in Mandarin Chinese and English speakers. *Neuroimage, 13*(4): 646–653.

Klein, W. 1998. The contribution of second language acquisition research. *Language Learning, 48*: 527–550.

Kormos, J. 2012. The role of individual differences in L2 writing. *Journal of Second Language Writing, 21*(4): 390–403.

Koro-Ljungberg, M., Bussing, R., Williamson, P., & M'Cormack-Hale, F. 2008. Reflecting on the experience sampling method in the qualitative research context: Focus on knowledge production and power during the data-collection process. *Field Methods, 20*(4): 338–355.

Kotilainen, L., & Kurhila, S. 2020. Orientation to language learning over time: A case analysis on the repertoire addition of a lexical item. *The Modern Language Journal, 104*(3): 647–661.

Kotz, S. A. 2009. A critical review of ERP and fMRI evidence on L2 syntactic processing. *Brain Lang, 109*(2–3): 68–74.

Krashen, S. D. 1976. Formal and informal linguistic environments in language acquisition and language learning. *TESOL Quarterly, 10*(2): 157–168.

Krashen, S. D. 1977. Some issues relating to the monitor model. *On TESOL*, (77): 144–158.

Krashen, S. D. 1981. *Second language acquisition and second language learning*. New York: Pergamon.

Krashen, S. D. 1982. *Principles and practice in second language acquisition*. New York: Pergamon.

Krashen, S. D. 1983. Newmark's ignorance hypothesis and current second language acquisition theory. In S. Gass & L. Selinker (Eds.), *Language Transfer in Language Learning* (pp. 135–153). Rowley: Newbury House.

Krashen, S. D. 1985. *The input hypothesis: Issues and implication*. London: Longman.

Kroll, J. F., & Stewart, E. 1994. Category interference in translation and picture naming: Evidence for asymmetric connections between bilingual memory representations. *Journal of Memory and Language, 33*(2): 149–174.

Kroskrity, P. V. 2010. Language ideologies. In Jan-Ola Östman & J. Verschueren (Eds.), *Handbook of Pragmatics* (pp. 1–24). Amsterdam: John Benjamins.

Kuhl, P. K. 2010. Brain mechanisms in early language acquisition. *Neuron, 67*(5): 713–727.

Kuhn, T. S. 1962. *The structure of scientific revolutions* (2nd ed.). Chicago: University of Chicago Press.

Kumaravadivelu, B. 2006. Learner perception of learning tasks. *International Journal of Applied Linguistic, 152*(1): 127–129.

Kurtz, L. 2017. *Vygotsky goes to law school: A concept-based pedagogical intervention to promote legal reading and reasoning development in international LL.M. students.* Doctoral dissertation, The Pennsylvania State University.

Lado, R. 1957. *Linguistics across cultures: Applied linguistics for language teachers.* Ann Arbor: University of Michigan.

Lake, J. 2013. Positive L2 self: Linking positive psychology with L2 motivation. In M. T. Apple, D. da Silva, & T. Fellner (Eds.), *Language Learning Motivation in Japan* (pp. 225–244). Bristol: Multilingual Matters.

Lancy, D. F. 1993. *Qualitative research in education: An introduction to the major traditions.* New York: Longman.

Langacker, R. W. 1987. *Foundations of cognitive grammar* (Vol. 1): *Theoretical prerequisites.* Stanford: Stanford University Press.

Langacker, R. W. 2000. A dynamic usage-based model. In M. Barlow & S. Kemmer (Eds.), *Usage Based Models of Language* (pp. 1–63). Stanford: CSLI Publications.

Lantolf, J. P. 1994. Sociocultural theory and second language learning [Special issue]. *The Modern Language Journal, 78*(4): 418–420.

Lantolf, J. P. 1996. Second language theory building: Letting all the flowers bloom! *Language Learning, 46*(4): 713–749.

Lantolf, J. P. 2000. *Sociocultural theory and second language learning.* New York: Oxford University Press.

Lantolf, J. P. 2006. Socialcultural theory and L2: State of the art. *Studies in Second Language Acquisition, 1*: 67–109.

Lantolf, J. P. 2014. A bridge not needed: The socio-cultural perspective. *Studies in Second Language Acquisition, 36*: 368–374.

Lantolf, J. P., & Appel, G. 1994a. Theoretical framework: An introduction to Vygotskian perspective on second language research. In J. P. Lantolf & G. Appel (Eds.), *Vygotskian Approaches to Second Language Research* (pp. 13–32). Norwood: Ablex.

Lantolf, J. P., & Appel, G. 1994b. *Vygotskian Approaches to second language research*. Norwood: Ablex.

Lantolf, J. P., & Poehner, M. E. 2014. *Sociocultural theory and the pedagogical imperative in L2 education*. New York & London: Routledge.

Lantolf, J. P., & Thorne, S. L. 2006. *Sociocultural theory and the genesis of L2 development*. Oxford: Oxford University Press.

Lantolf, J. P., Poehner, M. E., & Swain, M. (Eds.) 2018. *The Routledge handbook of sociocultural theory and second language development*. New York & London: Routledge.

Lardiere, D. 2000. Mapping features to forms in second language acquisition. In J. Archibald (Ed.), *Second Language Acquisition and Linguistic Theory* (pp. 102–129). Oxford: Blackwell.

Lardiere, D. 2009. Some thoughts on the contrastive analysis of features in second language acquisition. *Second Language Research*, 25: 173–227.

Larsen-Freeman, D. 1976. An explanation for the morpheme acquisition order of second language learners. *Language Learning*, 26(1): 125–134.

Larsen-Freeman, D. 1983. Assessing global second language proficiency. In H. Selinger & M. H. Long (Eds.), *Classroom-Oriented Research in Second Language Acquisition* (pp. 287–304). Rowley: Newbury House.

Larsen-Freeman, D. 1997. Chaos/Complexity science and second language acquisition. *Applied Linguistics*, 18(2): 141–165.

Larsen-Freeman, D. 2000. Second language acquisition and applied linguistics. *Annual Review of Applied Linguistics*, (20): 165–181.

Larsen-Freeman, D. 2003. *Teaching language: From grammar to grammaring*. Boston: Thompson-Heinle.

Larsen-Freeman, D. 2006a. Second language acquisition and the issue of fossilization: There is no end and there is no state. In Z. Han & T. Odlin (Eds.), *Studies of Fossiliaztion in Second Language Acquisition* (pp. 189–200). Clevedon: Multilingual Matters.

Larsen-Freeman, D. 2006b. The emergence of complexity, fluency and accuracy in the oral and written production of five Chinese learners of English. *Applied Linguistics*, 27(4): 590–616.

Larsen-Freeman, D. 2007a. On the complementarity of complexity theory and dynamic systems theory in understanding the second language acquisition process. *Bilingualism, Language and Cognition*, 10(1): 35–37.

Larson-Freeman, D. 2007b. Reflecting on the cognitive-social debate in second language acquisition. *The Modern Language Journal*, 5: 773–87.

Larsen-Freeman, D. 2009a. Adjusting expectations: The study of complexity, accuracy, and fluency in second language acquisition. *Applied Linguistics*, 30(4): 579–589.

Larsen-Freeman, D. 2009b. Teaching and testing grammar. In M. H. Long & C. J. Doughty (Eds.), *The Handbook of Language Teaching* (pp. 518–542). Malden: Blackwell.

Larsen-Freeman, D. 2010. The dynamic co-adaption of cognitive and social views: A complexity theory perspective. In R. Batstone (Ed.), *Sociocognitive Perspectives on Language Use and Language Learning* (pp. 40–53). Oxford: Oxford University Press.

Larsen-Freeman, D. 2012. Complex, dynamic systems: A new transdisciplinary theme for applied linguistics? *Language Teaching*, 45(2): 202–214.

Larsen-Freeman, D. 2014. Teaching grammar. In M. Celce-Murcia, D. M. Brinton, & M. A. Snow (Eds.), *Teaching English as a Second of Foreign Language* (4th ed., pp. 256–270). Boston: Heinle.

Larsen-Freeman, D. 2015a. Complexity theory. In B. Vanatten & J. Williams (Eds.), *Theories in Second Language Acquisition* (pp. 227–244). New York & London: Routledge.

Larsen-Freeman, D. 2015b. Research into practice: Grammar learning and teaching. *Language Teaching*, 48(2): 263–280.

Larsen-Freeman, D. 2016a. Classroom-oriented research from a complex systems perspective. *Studies in Second Language Learning and Teaching*, 6(3): 377–393.

Larsen-Freeman, D. 2016b. Ten "lessons" from complex dynamic systems theory: What is on offer? In Z. Dörnyei, P. D. MacIntyre, & A. Henry (Eds.), *Motivational Dynamics in Language learning* (pp. 11–19). Shanghai: Shanghai Foreign Language Education Press.

Larsen-Freeman, D. 2018. Looking ahead: Future directions in, and future research into, second language development. *Foreign Language Annals*, 51(1): 55–72.

Larsen-Freeman, D. 2019. On language learner agency: A complex dynamic systems theory perspective. *The Modern Language Journal*, 103(S1): 61–79.

Larsen-Freeman, D., & Cameron, L. 2008a. *Complex systems and applied linguistics*. Oxford: Oxford University Press.

Larsen-Freeman, D., & Cameron, L. 2008b. Research methodology on language development from a complex systems perspective. *The Modern Language Journal, 92*(2): 200–213.

Larsen-Freeman, D., & Long, M. H. 1991. *An introduction to second language acquisition research*. New York: Longman.

Laufer, B., & Hill, M. 2000. What lexical information do L2 learners select in a CALL dictionary and how does it affect word retention? *Language Learning & Technology, 3*(2): 58–76.

Lave, J., & Wenger, E. 1991. *Situated learning: Legitimate peripheral participation*. Cambridge: Cambridge University Press.

LeCompte, M. D., & Goetz, J. P. 1982. Problems of reliability and validity in ethnographic research. *Review of Educational Research, 52*(1): 31–60.

Lee, A., Perdomo, M., & Kaan, E. 2020. Native and second-language processing of contrastive pitch accent: An ERP study. *Second Language Research, 36*(4): 503–527.

Lee, C., & García, G. E. 2020. Unpacking the oral translanguaging practices of Korean-American first graders. *Bilingual Research Journal, 43*(1): 32–49.

Lee, E., & Lardiere, D. 2019. Feature reassembly in the acquisition of plural marking by Korean and Indonesian bilinguals: A bidirectional study. *Linguistic Approaches to Bilingualism, 9*(1): 73–119.

Lee, G., & Wallace, A. 2018. Flipped learning in the English as a foreign language classroom: Outcomes and perceptions. *TESOL Quarterly, 52*(1): 62–84.

Lee, J., Jang, J., & Plonsky, L. 2015. The effectiveness of second language pronunciation instruction: A meta-analysis. *Applied Linguistics, 36*(3): 345–366.

Lee, W. 1968. Thoughts on contrastive linguistics in the context of language teaching. In J. Alatis (Ed.), *Contrastive Linguistics and Its Pedagogical Implications* (pp. 185–194). Washington, D.C.: Georgetown University Press.

Leech, G. 1983. *Principles of pragmatics*. London: Longman.

Leedy, P. D., & Ormrod, J. E. 2016. *Practical research: Planning and design* (11th ed.). London: Pearson.

Lemhöfer, K., Schriefers, H., & Indefrey, P. 2020. Syntactic processing in L2 depends on perceived reliability of the input: Evidence from P600 responses to correct input. *Journal of Experimental Psychology: Learning, Memory, and Cognition, 46*(10): 1948–1965.

Lemke, J. L. 1985. Ideology, intertextuality, and the notion of register. In J. D. Benson & W. S. Greaves (Eds.), *Systemic Perspectives on Discourse* (Vol. 1, pp.). Norwood: Ablex.

Lenneberg, E. H. 1967. *Biological foundations of language*. New York: Wiley & Sons.

Levelt, W. J. M. 1983. Monitoring and self-repair in speech. *Cognition, 14*: 41–104.

Li, S. 2010. The effectiveness of corrective feedback in SLA: A meta-analysis. *Language Learning, 60*(2): 309–365.

Lidz, J., & Gagliardi, A. 2015. How nature meets nature: Universal grammar and statistical learning. *Annual Review of Linguistics, 1*: 333–352.

Lightbown, P. M. 1993. *How languages are learned*. Oxford: Oxford University Press.

Lightbown, P. M., & Spada, N. 2006. *How languages are learned* (3rd ed.). Oxford: Oxford University Press.

Linck, J. A., Osthus, P., Koeth, J. T., & Bunting, M. F. 2014. Working memory and second language comprehension and production: A meta-analysis. *Psychonomic Bulletin & Review, 21*(4): 861–883.

Lincoln, Y. S., & Guba, E. G. 1985. *Naturalistic inquiry*. Thousand Oaks: SAGE.

Liszka, S. 2004. Exploring the effects of first language influence on second language pragmatic process deficit perspective. *Second Language Research*, (3): 212–231.

Littlemore, J. 2009. *Applying cognitive linguistics to second language learning and teaching*. London: Palgrave Macmillan.

Loewen, S., & Gass, S. 2009. Research timeline: Statistical rigor in SLA. *Language Teaching, 42*(2): 181–196.

Loewen, S., & Sato, M. 2017. *The Routledge handbook of instructed second language acquisition*. New York & London: Routledge.

Long, M. H. 1981. Input, interaction, and second language acquisition. *Annals of the New York Academy of Sciences, 379*(1): 259–78.

Long, M. H. 1983. Native speaker/non-native speaker conversation and the negotiation of comprehensible input. *Applied Linguistics, 4*(2): 126–141.

Long, M. H. 1985a. A role for instruction in second language acquisition: Task-based language teaching. In K. Hyltenstam & M. Pienemann (Eds.), *Modeling and Assessing Second Language Acquisition* (pp. 77–99). Bristol: Multilingual Matters.

Long, M. H. 1985b. Input and second language acquisition theory. In S. Gass & C. Madden (Eds.), *Input in Second Language Acquisition* (pp. 377–393). Rowley: Newbury House.

Long, M. H. 1990. Maturational constraints on language development. *Studies in Second Language Acquisition*, 12(3): 251–285.

Long, M. H. 1993. Assessment strategies for second language acquisition theories. *Applied Linguistics*, 2: 225–249.

Long, M. H. 1996. The role of the linguistic environment in second language acquisition. In W. C. Ritchie & T. K. Bhatia (Eds.), *Handbook of Research on Second Language Acquisition* (Vol. 2, pp. 413–468). San Diego: Academic.

Long, M. H. 1997, May 22–24. *Fossilization: Rigor mortis in living linguistic systems?* Plenary address to the EuroSLA 97 Conference, Universitat Pompeu Fabra, Barcelona, Spain

Long, M. H. 1998. SLA breaking the siege. *University of Hawai'i Working Papers in ESL*, 17(1): 79–129.

Long, M. H. 2005. Methodological issues in learner needs analysis. In M. H. Long (Ed.), *Second Language Needs Analysis* (pp. 19–76). Cambridge: Cambridge University Press.

Long, M. H. 2007. *Problems in SLA*. New York: Francis Group.

Long, M. H. 2009. Methodological principles for language teaching. In M. H. Long & C. J. Doughty (Eds.), *Handbook of Language Teaching* (pp. 373–394). Oxford: Blackwell.

Long, M. H. 2013. Identifying and satisfying language needs for TBLT in the tourist industry. In G. I. Bosch Roig (Ed.), *Teaching Foreign Languages for Tourism: Research and Practice* (pp. 21–44). Berlin: Peter Lang.

Long, M. H. 2014. *Second language acquisition and task-based language teaching*. New York: Wiley-Blackwell.

Long, M. H. 2016. In defense of tasks and TBLT: Non-issues and real issues. *Annual Review of Applied Linguistics*, 36(1): 5–33.

Long, M. H. 2019. Foreword: The many contributions of Peter Skehan. In Z. Wen & M. Ahmadian (Eds.), *Researching L2 Task Performance and Pedagogy: In Honor of Peter Skehan* (pp. xxi–xxiii). Amsterdam: John Benjamins.

Long, M. H., & Doughty, C. J. 2003. SLA and cognitive science. In C. J. Doughty, & M. Long (Eds.), *The Handbook of Second Language Acquisition* (pp. 866–870). Malden: Blackwell.

Loschky, L., & Bley-Vroman, R.. 1993. Grammar and task-based methodology. In G. Crookes & S. Gass (Eds.), *Tasks in Integrating Theory and Practice*. Clevedon: Multilingual Matters.

Louhiala-Salminen, L., & Kankaanranta, A. 2011. Professional communication in a global business context: The notion of global communicative competence.

IEEE Transactions on Professional Communication, 54(3): 244–262.

Lowie, W., & Verspoor, M. 2015. Variability and variation in second language acquisition orders: A dynamic re-evaluation. *Language Learning*, 65: 63–88.

Lowie, W., Michel, M., Rousse-Malpat, A., Keijzer, M., & Steinkrauss, R. (Eds.). 2020. *Usage-based dynamics in second language development*. Bristol: Multilingual Matters.

Luka, B. J., & Choi, H. 2012. Dynamic grammar in adults: Incidental learning of natural syntactic structures extends over 48h. *Journal of Memory and Language*, 66(2): 345–360.

Lwin, S. (Ed.) 2013. *Language in education: Social implications*. London: Continuum.

Lyster, R., & Saito, K. 2010. Oral feedback in classroom SLA: A meta-analysis. *Studies in Second Language Acquisition*, 32(2): 265–302.

MacIntyre, P. D., & Mercer, S. 2014. Introducing positive psychology to SLA. *Studies in Second Language Learning and Teaching*, 4(2): 153–172.

MacIntyre, P. D., Gregersen, T., & Mercer, S. 2019. Setting an agenda for positive psychology in SLA: Theory, practice, and research. *The Modern Language Journal*, 103(1): 262–274.

Mackey, A., & Gass, S. M. 2012. *Research methods in second language acquisition: A practical guide*. Oxford: Blackwell.

Mackey, A., & Gass, S. M. 2016. *Second language research: Methodology and design* (2nd ed.). New York & London: Routledge.

Magnan, S. S. 2006. From the editor: The MLJ turns 90 in a digital age. *The Modern Language Journal*, 90(1): 1–5.

Majlesi, A. R. 2018. Instructed vision: Navigating grammatical rules by using landmarks for linguistic structures in corrective feedback sequences. *The Modern Language Journal*, (102): 11–29.

Malt, B., C., Li, P., Pavlenko, A., Zhu, H., & Ameel, E. 2015. Bidirectional lexical interaction in late immersed Mandarin-English bilinguals. *Journal of Memory and Language*, (82): 86–104.

Marecka, M., McDonald, A., Madden, G., & Fosker, T. 2020. Why learning foreign words is hard: Evidence of shallower encoding for non-native than native sounding words. *International Journal of Bilingual Education and Bilingualism*, 11: 1–14.

Markee, N. 2011. Doing, and justifying doing, avoidance. *Journal of Pragmatics*, 43(2): 602–615.

Marshall, C., & Rossman, G. B. 2011. *Designing qualitative research* (5th ed.). Thousand Oaks: SAGE.

Martínez-Prieto, D., & Lindahl, K. 2020. Delegitimization: The impact of language policy on identity development in an EFL teacher. *TESOL Journal*, *11*(3): 1–11.

Masogret, A. M., & Gardner, R. C. 2003. Attitudes, motivation, and second language learning: A meta-analysis of studies conducted by Gardner and associates. *Language Learning*, (53): 123–163.

Matsumoto, Y., & Dobs, A. M. 2017. Pedagogical gestures as interactional resources for teaching and learning tense and aspect in the ESL grammar classroom. *Language Learning*, *67*(1): 7–42.

Mauranen, A. 2003. The corpus of English as a Lingua Franca in academic setting. *TESOL Quarterly*, *37*(3): 513–527.

Mauranen, A. 2012. *Exploring ELF: Academic English shaped by non-native speakers.* Cambridge: Cambridge University Press.

Mauranen, A. 2018. Second language acquisition, World Englishes, and English as a Lingua Franca. *World Englishes*, (37): 106–119.

Maxwell, J. A., & Loomis, D. M. 2003. Mixed methods design: An alternative approach. In A. Tashakkori & T. Charles (Eds.), *Handbook of Mixed Methods in Social and Behavioral Research* (pp. 241–272). Thousand Oaks: SAGE.

McCafferty, S. G. 1998. Non-verbal expression and L2 private speech. *Applied Linguistics*, *19*(1): 73–96.

McCrae, R. R., & Costa, P. T. 2003. *Personality in adulthood: A five-factor theory perspective* (2nd ed.). New York: Guilford.

McDonald, J. 2006. Beyond the critical period: Processing-based explanations for poor grammaticality judgement performance by late second language learners. *Journal of Memory and Language*, 55: 381–401.

McLaughlin, B. 1987. *Theories of second language learning.* London: Edward Arnold.

Mertens, D. M. 2015. *Research and evaluation in education and psychology: Integrating diversity with quantitative, qualitative, and mixed methods* (4th ed.). Thousand Oaks: SAGE.

Mertler, C. A. 2015. *Introduction to educational research.* Thousand Oaks: SAGE.

Miles, M. B., & Huberman, A. M. 1994. *Qualitative data analysis: An expanded sourcebook.* Thousand Oaks: SAGE.

Miller, E. R., & Zuengler J. 2011. Negotiating access to learning through *resistance to classroom practice*. *The Modern Language Journal*, *95*(S1): 130–147.

Mitchell, R., & Myles, F. 1998. *Second language learning theories.* London: Hodder Arnold.

Mitchell, R., & Myles, F. 2004. *Second language learning theories* (2nd ed.). London: Hodder Arnold.

Montrul, S. 2018. The bottleneck hypothesis extends to heritage language acquisition. In J. Cho, M. Iverson, T. Judy, T. Leal, & E. Shimanskaya (Eds.), *Meaning and Structure in Second Language Acquisition: In Honor of Roumyana Slabakova* (pp. 147–177). Amsterdam: John Benjamins.

Moore, A. R. 2019. Interpersonal factors affecting queer second or foreign language learners' identity management in class. *The Modern Language Journal, 103*(2): 428–442.

Moret, M. 2003. Principles of mixed methods and multimethod research design. In A. Tashakkori & C. Teddlie (Eds.), *Handbook of Mixed Methods in Social & Behavioral Research* (pp. 189–208). Thousand Oaks: SAGE.

Morgan, D. L. 1998. Practical strategies for combining qualitative and quantitative methods: Applications to health research. *Qualitative Health Research, 8*(3): 362–376.

Morgan-Short, K., Sanz, C., Steinhauer, K., & Ullman, M. T. 2010. Second language acquisition of gender agreement in explicit and implicit training conditions: An event-related potential study. *Language Learning, 60*(1): 154–193.

Morgan-Short, K., Steinhauer, K., Sanz, C., & Ullman, M. T. 2012. Explicit and implicit second language training differentially affect the achievement of native-like brain activation patterns. *Journal of Cognitive Neuroscience, 24*(4): 933–947.

Morita, N. 2004. Negotiating participation and identity in second language academic communities. *TESOL Quarterly, 3*(8): 573–603.

Morse, J. M. 1991. Approaches to qualitative-quantitative methodological triangulation. *Nursing Research, 40*(2): 120–123.

Morse, J. M. 1994. Designing funded qualitative research. In N. K. Denzin & Y. S. Lincoln (Eds.), *Handbook of Qualitative Inquiry* (pp. 220–235). Thousand Oaks: SAGE.

Moustakas, C. E. 1994. *Phenomenological research methods*. Thousand Oaks: SAGE.

Muir, C., & Dörnyei, Z. 2013. Directed motivational currents: Using vision to create effective motivational pathways. *Studies in Second Language Learning and Teaching, 3*(3): 357–375.

Munhall, P. L., & Oiler, C. J. 1986. *Nursing research: A qualitative perspective*. Norwalk: Appleton-Century-Crofts.

Muñoz, C., & Singleton, D. 2011. A critical review of age-related research on L2 ultimate attainment. *Language Teaching, 44*(1): 1–35.

Nassaji, H. 2011. Immediate learner repair and its relationship with learning targeted forms in dyadic interaction. *System, 39*(1): 17–29.

Nation, I. S. 2001. *Learning vocabulary in another language.* Cambridge: Cambridge University Press.

Negueruela, E. 2003. *A sociocultural approach to teaching and researching second languages: Systemic-theoretical instruction and second language development.* Doctoral dissertation, The Pennsylvania State University.

Nemser, W. 1971. Approximate systems of foreign language learners. *International Review of Applied Linguistics,* (9): 115–123.

Neufeld, G. 1978. On the acquisition of prosodic and articulatory features in adult language learning. *Canadian Modern Language Review,* (34): 163–174.

Nguyen, H. 2018. Interactional practices across settings: From classroom role-plays to workplace patient consultations. *Applied Linguistics, 39*(2): 213–235.

Nicholas, J. G., & Geers, A. E. 2007. Will they catch up? The role of age at cochlear implantation in the spoken language development of children with severe to profound hearing loss. *Journal of Speech, Language and Hearing Research, 50*(4): 1048–1062.

Noels, K. A. 2003. Learning Spanish as a second language: Learners' orientations and perceptions of their teachers' communication style. In Z. Dörnyei (Ed.), *Attitudes, Orientations, and Motivations in Language Learning* (pp. 97–136). Oxford: Blackwell.

Norris, J. M., & Ortega, L. 2000. Effectiveness of L2 instruction: A research synthesis and quantitative meta-analysis. *Language Learning, 50*(3): 417–528.

Norris, J. M., & Ortega, L. 2009. Toward an organic approach to investigating CAF in instructed SLA: The case of complexity. *Applied Linguistics, 30*(4): 555–578.

Norton, B. 2000. *Identity and language learning.* London: Pearson.

Norton, B. 2001. Non-participation, imagined communities and the language classroom. In M. P. Breen (Ed.), *Learner Contributions to Language Learning: New directions in research* (pp. 159–171). Harlow: Longman.

Norton, B. 2013. Identity and second language acquisition. In C. Chapelle (Ed.), *Encyclopedia of Applied Linguistics* (pp. 2587–2594). New York: Wiley-Blackwell.

Norton, B., & Toohey, K. 2011. Identity, language learning, and social change. *Language Teaching, 44*(4): 412–446.

Nunan, D. 1989. *Designing tasks for the communicative classroom*. Cambridge: Cambridge University Press.

O'Grady, W. 2003. The radical middle: Nativism without universal grammar. In C. J. Doughty & M. H. Long (Eds.), *The Handbook of Second Language Acquisition* (pp. 43–62). Malden: Blackwell.

O'Malley, T. M., & Chamot, A. U. 1990. *Learning strategies in second language acquisition*. Cambridge: Cambridge University Press.

Odlin, T. 1989. *Language transfer: Cross-linguistic influence in language learning*. Cambridge: Cambridge University Press.

Ohta, A. S. 2001. *Second language acquisition processes in the classroom: Learning Japanese*. Mahwah: Lawrence Erlbaum.

Omaki, A., & Schulz, B. 2011. Filler-gap dependencies and island constraints in second-language sentence processing. *Studies in Second Language Acquisition*, *33*: 563–588.

Öner, Ö. 2018. Interface hypothesis and the L2 acquisition of quantificational scope at the syntax-semantics-pragmatics interface. *Language Acquisition*, 25: 213–223.

Ong, J., & Zhang, L. J. 2010. Effects of task complexity on the fluency and lexical complexity in EFL students' argumentative writing. *Journal of Second Language Writing*, *19* (4): 218–233.

Onwuegbuzie, A. J., & Leech, N. L. 2005. On becoming a pragmatic researcher: The importance of combining quantitative and qualitative research methodologies. *International Journal of Social Research Methodology*, *8*(5): 375–387.

Ortega, L. 1997. Processes and outcomes in networked classroom interaction: Defining the research agenda for L2 computer-assisted classroom discussion. *Language learning & Technology*, *1*: 82–93.

Ortega, L. 2003. Syntactic complexity measures and their relationship to L2 proficiency: A research synthesis of college-level L2 writing. *Applied Linguistics*, *24*(4): 492–518.

Ortega, L. 2009. *Understanding second language acquisition*. London: Hodder Arnold.

Ortega, L. 2010, March. *The bilingual turn in SLA*. The Annual Conference of the American Association for Applied Linguistics (AAAL), Atlanta, U.S.A.

Ortega, L. 2012. Epistemological diversity and moral ends of research in instructed SLA. *Language Teaching Research*, *16*: 206–226.

Ortega, L. 2013. SLA for the 21st century: Disciplinary progress, transdisciplinary relevance, and the bi/multilingual turn. *Language Learning, 63*(1): 1–24.

Ortega, L. 2019. SLA and the study of equitable multilingualism. *The Modern Language Journal, 19*(S1): 23–38.

Ortega, L., & Han, Z. (Eds.). 2017. *Complexity theory and language development: In celebration of Diane Larsen-Freeman*. Amsterdam: John Benjamins.

Ortega, L., Tyler, A. E., Park, H. I., & Uno, M. (Eds.). 2016. *The usage-based study of language learning and multilingualism*. Washington, D.C.: Georgetown University Press.

Oswald, F. L., & Plonsky, L. 2010. Meta-analysis in second language research: Choices and challenges. *Annual Review of Applied Linguistics, 30*: 85–110.

Oxford, R. L. 1990. *Language learning strategies*. New York: Newbury House.

Oxford, R. L. 2016. Powerfully positive: Searching for a model of language learner well-being. In D. Gabrys-Barker & D. Galajda (Eds.), *Positive Psychology Perspectives on Foreign Language Learning and Teaching* (pp. 21–37). Gewerbestrasse: Springer.

Özçelik, O. 2018. Universal grammar and second language phonology: Full transfer/prevalent access in the L2 acquisition of Turkish "stress" by English and French speakers. *Language Acquisition, 25*(3): 231–267.

Paradis, M. 2009. *Declarative and procedural determinants of second languages* (Vol. 40). Amsterdam: John Benjamins.

Park, K., & Kinginger, C. 2010. Writing/thinking in real time: Digital video and corpus query analysis. *Language Learning & Technology, 14*(3): 31–50.

Park, K., & Ziegler. 2014. Cognitive shift in the bilingual mind: Spatial concepts in Korean-English bilinguals. *Bilingualism: Language and Cognition, 17*(2): 410–430.

Patton, M. Q. 1999. Enhancing the quality and credibility of qualitative analysis. *Health Services Research, 34*(5): 1189–1208.

Patton, M. Q. 2015. *Qualitative research and evaluation methods: Integrating theory and practice* (4th ed.). Thousand Oaks: SAGE.

Pavlenko, A. 1998, January. *SLA and acculturation: Conceptual transfer in L2 learners' narratives*. Paper presented at AAAL, Seattle, U.S.A.

Pavlenko, A. 1999. New approaches to concepts in bilingual memory. *Bilingualism: Language and Cognition*, (2): 209–230.

Pavlenko, A., & Barbara Malt. 2010. Kitchen Russian: Crosslinguistic differences and first language object naming by Russian-English bilinguals. *Bilingualism: Language and Cognition, 14*(1): 19–45.

Pavlenko, A., & Driagina, V. 2007. Russian emotion vocabulary in American learners' narratives. *Modern Language Journal*, (91): 213–234.

Pavlenko, A., & Norton, B. 2007. Imagined communities, identity, and English language teaching. In J. Cummins & C. Davison (Eds.), *International Handbook of English Language Teaching* (pp. 669–680). New York: Springer.

Payne, S., & Ross, B. 2005. Synchronous CMC, working memory, and L2 oral proficiency development. *Language Learning & Technology*, 9(3): 35–54.

Peirce, B. N. 1995. Social identity, investment, and language learning. *TESOL Quarterly*, 29(1): 9–31.

Peng, J., Wang, C., & Lu, X. 2020. Effect of the linguistic complexity of the input text on alignment, writing fluency, and writing accuracy in the continuation task. *Language Teaching Research*, 24(3): 364–381.

Perry, F. L. 2011. *Research in applied linguistics: Becoming a discerning consumer* (2nd ed.). New York & London: Routledge.

Pica, T., Kanagy, R., & Falodun, J. 1993. Choosing and Using communicative tasks for second language instruction. In G. Crookes & S. Gass (Eds.), *Tasks and Language Learning: Integrating Theory and Practice* (pp. 9–34). Clevedon: Multilingual Matters.

Pickering, W. A. 2016. Natural languages as a complex adaptive system. *Estudos Linguisticos*, (45): 180–191.

Pienemann, M. 1998. *Language processing and second language development: Processability theory*. Amsterdam: John Benjamins.

Pienemann, M. 2007. Variation and dynamic systems in SLA. *Bilingualism: Language and Cognition*, 10(1): 43–45.

Pienemann, M. 2015. An outline of processability theory and its relationship to other approaches to SLA. *Language Learning*, 65(1): 123–151.

Pienemann, M., & Lenzing, A. 2015. Processability theory. In B. VanPatten & J. Williams (Eds.), *Theories in Second Language Acquisition: An Introduction* (2nd ed., pp. 159–171). New York & London: Routledge.

Pienemann, M., Biase, B. D., & Kawaguchi, S. 2005. Extending processability theory. In M. Pienemann (Ed.), *Cross-linguistic Aspects of Processability Theory* (pp. 199–252). Amsterdam: John Benjamins.

Pienemann, M., Biase, B. D., Kawaguchi, S., & Hákansson, G. 2005. Processing constraints on L1 transfer. In J. F. Kroll & A. M. B. de Groot (Eds.), *Handbook of Bilingualism: Psycholinguistic Approaches* (pp. 128–153). New York: Oxford University Press.

Pienemann, M., KeBler, J. U., & Lenzing, A. 2013. Developmentally moderated transfer and the role of the L2 in L3 acquisition. In A. F. Attsson & C. Norrby (Eds.), *Language Acquisition and Use in Multilingual Contexts: Theory and Practice* (pp. 142–159). Lund: Media-Tryck.

Pienemann, M., Lenzing, A., & Kessler, J. 2016. Testing the developmentally moderated transfer hypothesis: The initial state and the role of the L2 in L3 acquisition. In J. Kessler, A. Lenzing, & M. Liebner (Eds.), *Developing, Modeling and Assessing Second Languages* (pp. 79–98). Amsterdam: John Benjamins.

Pinto, M. A., Titone, R., & Trusso, F. 1999. *Metalinguistic awareness: Theory, development and measurement instruments*. Pisa & Roma: International Polygraphic Publishing Institutes.

Pliatsikas, C., & Marinis, T. 2013. Processing empty categories in a second language: When naturalistic exposure fills the (intermediate) gap. *Bilingualism: Language and Cognition, 16*: 167–182.

Plonsky, L. 2015. *Advancing quantitative methods in second language research*. New York & London: Routledge.

Plonsky, L., & Gass, S. 2011. Quantitative research methods, study quality, and outcomes: The case of interaction research. *Language Learning, 61*(2): 325–366.

Plonsky, L., & Oswald, F. L. 2014. How big is "big"? Interpreting effect sizes in L2 research. *Language Learning, 64*(4): 878–912.

Poehner, M. E. 2005. *Dynamic assessment of oral proficiency among advanced L2 learners of French*. Doctoral dissertation, The Pennsylvania State University.

Poehner, M. E., & Lantolf, J. P. 2013. Bringing the ZPD into the equation: Capturing L2 development during computerized dynamic assessment (C-DA). *Language Teaching Research, 17*(3): 323–342.

Poehner, M. E., Zhang, J., & Lu, X. 2015. Computerized dynamic assessment (C-DA): Diagnosing L2 development according to learner responsiveness to mediation. *Language Testing, 32*(3): 337–357.

Pomerantz, A., & Bell, N. D. 2011. Humor as safe house in the foreign language classroom. *The Modern Language Journal, 95*(S1): 148–161.

Prevoo, M. J. L., Malda, M., Emmen, R. A. G., Yeniad, N., & Mesman, J. 2015. A context-dependent view on the linguistic interdependence hypothesis: Language use and SES as potential moderators. *Language Learning, 65*(2): 449–469.

Prévost, P., & White, L. 2000. Missing surface inflection or impairment in second language acquisition? Evidence from tense and agreement. *Second Language Research, 16*: 103–133.

Probyn, M. 2019. Pedagogical translanguaging and the construction of science knowledge in a multilingual South African classroom: Challenging monoglossic/post-colonial orthodoxies. *Classroom Discourse,* (10): 216–236.

Rah, A., & Adone, D. 2010. Processing of the reduced relative clause versus main verb ambiguity in L2 learners at different proficiency levels. *Studies in Second Language Acquisition, 32*: 79–109.

Rampton, B. 2013. Styling in a language learned later in life. *The Modern Language Journal, 97*(2): 360–382.

Rebuschat, P. (Ed.) 2015. *Implicit and explicit learning of languages.* Amsterdam: John Benjamins.

Reed, D. K. 2013. The effects of explicit instruction on the reading performance of adolescent English language learners with intellectual disabilities. *TESOL Quarterly, 47*(4): 743–761.

Reid, J. M. (Ed.) 1995. *Learning styles in the ESL/EFL classroom.* Boston: Heinle and Heinle.

Révész, A., Michel, M., & Gilabert, R. 2016. Measuring cognitive task demands using dual task methodology, subjective self-ratings, and expert judgments: A validation study. *Studies in Second Language Acquisition, 38*(4): 703–737.

Ricento, T. 2000. Historical and theoretical perspectives in language policy and planning. *Journal of Sociolinguistics,* (4): 196–213.

Richards, J. C. 1985. *The context of language teaching.* Cambridge: Cambridge University Press.

Richards, K. 2003. *Qualitative inquiry in TESOL.* London: Palgrave Macmillan.

Richards, K. 2009. Trends in qualitative research in language teaching since 2000. *Language Teaching, 42*(2): 147–180.

Ringbom, H. 1987. *The role of the first language in foreign language learning.* Bristol: Multilingual Matters.

Ringbom, H. 2007. *Cross-linguistic similarities in foreign language teaching.* Clevedon: Multilingual Matters.

Ritchie, W. C., & Bhatia, T. K. (Eds.). 2009. *The new handbook of second language acquisition.* London: Emerald.

Robins, R.H. 1967. *A short history of linguistics.* London: Longman.

Robinson, P. 1995a. Learning simple and complex rules under implicit, incidental, rule-search, and instructed conditions. *Studies in Second Language Acquisition, 8*(1): 27–67.

Robinson, P. 1995b. Task complexity and second language narrative discourse. *Language Learning*, 45(1): 99–140.

Robinson, P. 1996. *Consciousness, rules and instructed second language acquisition*. New York: Peter Lang.

Robinson, P. 1997a. Generalizability and automaticity of second language learning under implicit and incidental, enhanced and instructed conditions. *Studies in Second Language Acquisition*, 19(2): 223–247.

Robinson, P. 1997b. Individual differences and the similarity of implicit and explicit adult second language learning. *Language Learning*, 47(1): 45–99.

Robinson, P. 2001a. *Cognition and second language instruction*. Cambridge: Cambridge University Press.

Robinson, P. 2001b. Individual differences, cognitive abilities, aptitude complexes and learning conditions in second language acquisition. *Second Language Research*, 17(4): 368–392.

Robinson, P. 2001c. Task complexity, task difficulty and task production: Exploring interactions in a componential framework. *Applied Linguistics*, 22(1): 27–57.

Robinson, P. 2002. Effects of individual differences in intelligence, aptitude and working memory on adult incidental SLA: A replication and extension of Reber, Walkenfield and Hernstadt. In P. Robinson (Ed.), *Individual Differences and Instructed Language Learning* (pp. 211–266). Amsterdam: John Benjamins.

Robinson, P. 2003. Multiple aptitudes for instructed second language acquisition. *Korean Journal of English Language and Linguistics*, 3(3): 375–410.

Robinson, P. 2005a. Aptitude and second language acquisition. *Annual Review of Applied Linguistics*, 2: 46–73.

Robinson, P. 2005b. Cognitive complexity and task sequencing: Studies in a componential framework for second language task design. *IRAL*, 43(1): 1–32.

Robinson, P. 2007. Task complexity, theory of mind, and intentional reasoning: Effects on L2 speech production, interaction, uptake and perceptions of task difficulty. *IRAL*, 45(3): 193–213.

Robinson, P., Cadierno, T., & Shirai, Y. 2009. Time and motion: Measuring the effects of the conceptual demands of tasks on second language speech production. *Applied Linguistics*, 28(4): 533–554.

Robinson, P., & Ellis, N. C. (Eds.). 2008. *The handbook of cognitive linguistics and second language acquisition*. New York & London: Routledge.

Robinson, P., & Gilabert, R. 2007. Task complexity, the cognition hypothesis and second language learning and performance. *IRAL, 45*(3): 161–176.

Rock, I., & Ebenholtz, S. 1959. The relational determination of perceived size. *Psychological Review, 66*(6): 387–401.

Roehr-Brackin, K. 2018. *Metalinguistic awareness and second language acquisition*. New York & London: Routledge.

Roever, C. 2005. *Testing ESL pragmatics: Development and validation of a Web-based assessment battery*. Frankfurt am Main: Peter Lang.

Roever, C. 2012. What learners get for free: Learning of routine formulae in ESL and EFL environments. *ELT Journal, 66*(1): 10–21.

Roever, C., Wang, S., & Brophy, S. 2014. Learner background factors and learning of second language pragmatics. *International Review of Applied Linguistics in Language Teaching, 52*(4): 377–401.

Rosaldo, R. 1989. *Culture & truth: Remaking of social analysis*. Boston: Beacon Press.

Rose, H., & McKinley, J. 2016. *Doing research in applied linguistics: Realities, dilemmas and solutions*. New York & London: Routledge.

Ross, S. 1998. Self-assessment in second language testing: A meta-analysis and analysis of experiential factors. *Language Testing, 15*: 1–20.

Rothman J. 2008. Aspect selection in adult L2 Spanish and the competing systems hypothesis: When pedagogical and linguistic rules conflict. *Languages in Contrast, 8*: 74–106.

Rothman, J. 2015. Linguistic and cognitive motivations for the typological primacy model (TPM) of third language (L3) transfer: Timing of acquisition and proficiency considered. *Bilingualism: Language and Cognition, 18*(2): 179–190.

Rothman, J., & Slabakova, R. 2018. The generative approach to SLA and its place in modern second language studies. *Studies in Second Language Acquisition, 40*(2): 417–442.

Rothoni, A. 2018. The complex relationship between home and school literacy: A blurred boundary between formal and informal English literacy practices of Greek teenagers. *TESOL Quarterly, 52*(2): 331–359.

Rubin, J. 2005. The expert language learner: A review of good language learner studies and learner strategies. In K. Johnson (Ed.), *Expertise in Second Language Learning and Teaching* (pp. 37–63). Basingstoke: Palgrave Macmillan.

Rudolph, N., Selvi, A. F., & Yazan B. 2015. Conceptualizing and confronting inequity: Approaches within and new directions for the "NNEST Movement". *Critical Inquiry in Language Studies, 12*(1): 27–50.

Rutherford, W. 1983. Functions of grammar in a language teaching syllabus. *Language Learning and Communication*, (1): 21–37.

Saito, K. 2013. The acquisitional value of recasts in instructed second language speech learning: Teaching the perception and production of English /ɹ/ to adult Japanese learners. *Language Learning, 63*(3): 499–529.

Saito, K., & Lyster, R. 2012. Effects of form-focused instruction and corrective feedback on L2 pronunciation development of /ɹ/ by Japanese learners of English. *Language Learning, 62*(2): 595–633.

Saldana, J. 2011. *Fundamentals of qualitative research*. Oxford: Oxford University Press.

Sandelowski, M. 2003. Tables or tableaux? The challenges of writing and reading mixed methods studies. In A. Tashakkori & C. Teddlie (Eds.), *Handbook of Mixed Methods in Social & Behavioral Research* (pp. 321–350). Thousand Oaks: SAGE.

Sanz, C., & Morgan-Short, K. 2004. Positive evidence vs explicit rule presentation and explicit negative feedback: A computer-assisted study. *Language Learning, 54*: 35–78.

Sato, M. 2017. Interaction mindsets, interactional behaviors, and L2 development: An affective-social-cognitive model. *Language Learning, 67*(2): 249–283.

Sato, M., & Loewen, S. 2018. Metacognitive instruction enhances the effectiveness of corrective feedback: Variable effects of feedback types and linguistic targets. *Language Learning, 68*(2): 507–545.

Sauro, S. 2012. L2 performance in text-chat and spoken discourse. *System, 40*(3): 335–348.

Scarcella, R. C. 1979. Watch up! *Working Papers in Bilingualism, 19*: 79–88.

Schachter, J. 1974. An error in error analysis. *Language Learning*, (24): 205–214.

Schauer, G. 2009. *Interlanguage pragmatic development: The study abroad context*. London & New York: Continuum.

Scheele, A. F., Leseman, P. P. M., & Mayo, A. Y. 2010. The home language environment of monolingual and bilingual children and their language proficiency. *Applied Psycholinguistics, 31*(1): 117–140.

Schmid, M. S. 2011. *Language attrition*. Cambridge: Cambridge University Press.

Schmidt, R. W. 1990. The role of consciousness in second language learning. *Applied Linguistics, 11*(2): 129–158.

Schmidt, R. W. 2001. Attention. In P. Robinson (Ed.), *Cognition and Second Language Instruction* (pp. 3–32). Cambridge: Cambridge University Press.

Schmidt, R., & Frota, S. 1986. Developing basic conversational ability in a second language: A case study of an adult learner. In R. Day (Ed.), *Talking to Learn: Conversation in Second Language Acquisition* (pp. 237–326). Rowley: Newbury House.

Schumann, J. 1978. The acculturation model for second language acquisition. In R. Gingras (Ed.), *Second Language Acquisition and Foreign Language Teaching* (pp. 27–50). Arlington: Center for Applied Linguistics.

Schwab, S., Giroud, N., Meyer, M., & Dellwo, V. 2020. Working memory and not acoustic sensitivity is related to stress processing ability in a foreign language: An ERP study. *Journal of Neurolinguistics, 55*: 1–15.

Schwartz, B. D., & Sprouse, R. A. 1996. L2 cognitive states and the full transfer/full access model. *Second Language Research,* (12): 40–72.

Schwartz, B. D., & Sprouse, R. A. 1998. Back to basics in generative second language acquisition research. *Second Language Research Forum,* 7: 27–44.

Searle, J. 1969. *Speech acts*. Cambridge: Cambridge University Press.

Seligman, M. E. P. 2012. *Flourish: A visionary new understanding of happiness and well-being*. New York: Simon & Schuster.

Seligman, M. E. P., & Csikszentmihalyi, M. 2000. Positive psychology: An introduction. *American Psychologist, 55*(1): 5–14.

Selinker, L. 1972. Interlanguage. *International Review of Applied Linguistics,* (10): 209–231.

Selinker, L., & Gass, S. M. 2008. *Second language acquisition*. Hillsdale: Lawrence Erlhaum.

Sfard, A. 1998. On two metaphors for learning and the dangers of choosing just one. *Educational Researcher, 27*(2): 4–13.

Shao, K., Yu, W., & Ji, Z. 2013. An exploration of Chinese EFL students' emotional intelligence and foreign language anxiety. *The Modern Language Journal, 97*(4): 917–929.

Sharwood-Smith, M. 1994. *Second language learning: Theoretical foundations*. London: Longman.

Sheen, Y., Wright, D., & Moldawa, A. 2009. Differential effects of focused and unfocused written correction on the accurate use of grammatical forms by adult ESL learners. *System, 37*(4): 556–569.

Sherman, R. R., & Webb, R. B. (Eds.). 1988. *Qualitative research in education: Focus and methods*. London: Falmer.

Shulha, L. M., & Wilson, R. J. 2003. Collaborative mixed methods research. In A. Tashakkori & C. Teddlie (Eds.), *Handbook of Mixed Methods in Social & Behavioral Research* (pp. 639–669). Thousand Oaks: SAGE.

Silverman, D. 2017. *Doing qualitative research* (5th ed.). Thousand Oaks: SAGE.

Skehan, P. 1989. *Individual differences in second language acquisition*. London: Edward Arnold.

Skehan, P. 1991. Individual differences in second language learning. *SSLA*, (13): 275–298.

Skehan, P. 1998. *A cognitive approach to language learning by Peter Skehan*. Oxford: Oxford University Press.

Skehan, P. 2014. *Individual differences in second language learning*. New York & London: Routledge.

Skehan, P., & Foster, P. 2012. Complexity, accuracy, fluency and lexis in task-based performance: A synthesis of the Ealing research. In A. Housen, F. Kuiken, & I. Vedder (Eds.), *Dimensions of L2 performance and proficiency: Complexity, accuracy and fluency in SLA* (pp. 199–220). Amsterdam: John Benjamins.

Skeide, M., & Friederici, A. 2016. The ontogeny of the cortical language network. *Nat Rev Neurosci*, 17: 323–332.

Slabakova, R. 1998. L2 acquisition of an aspect parameter. *Journal of Slavic Linguistics*, 6(1): 71–106.

Slabakova, R. 1999. The parameter of aspect in second language acquisition. *Second Language Research*, 15(3): 283–317.

Slabakova, R. 2000. L1 transfer revisited: The L2 acquisition of telicity in English by Spanish and Slavic native speakers. *Linguistics*, 38(4): 739–770.

Slabakova, R. 2001. *Telicity in the second language*. Amsterdam: John Benjamins.

Slabakova, R. 2002. The compounding parameter in second language acquisition. *Studies in Second Language Acquisition*, 24(4): 507–540.

Slabakova, R. 2003. Semantic evidence for functional categories in interlanguage grammars. *Second Language Research*, 19(1): 42–75.

Slabakova, R. 2005. What is so difficult about telicity marking in L2 Russian? *Bilingualism: Language and Cognition*, 8(1): 63–77.

Slabakova, R. 2006. Learnability in the second language acquisition of semantics: A bidirectional study of a semantic parameter. *Second Language Research*, 22(4): 498–523.

Slabakova, R. 2008. *Meaning in the second language*. Berlin: Mouton de Gruyter.

Slabakova, R. 2009. How is inflectional morphology learned? *EuroSLA Yearbook, 9*: 56–75.
Slabakova, R. 2010. Scalar implicatures in second language acquisition. *Lingua, 120*(10): 2444–2462.
Slabakova, R. 2011. Which features are at the syntax-pragmatics interface? *Linguistic Approaches to Bilingualism, 1*(1): 89–94.
Slabakova, R. 2012. L2 knowledge at the mapping of syntax and discourse. *Second Language, 11*: 5–23.
Slabakova, R. 2013. Adult second language acquisition: A selective overview with a focus on the learner linguistic system. *Linguistic Approaches to Bilingualism, 3*(1): 48–72.
Slabakova, R. 2014. The bottleneck of second language acquisition. *Foreign Language Teaching and Research, 46*(4): 543–559.
Slabakova, R. 2015a. Acquiring temporal meanings without tense morphology: The case of L2 Mandarin Chinese. *The Modern Language Journal, 99*(2): 283–307.
Slabakova, R. 2015b. The effect of construction frequency and native transfer on second language knowledge of the syntax-discourse interface. *Applied Psycholinguistics, 36*: 671–699.
Slabakova, R. 2016. *Second language acquisition*. Oxford: Oxford University Press.
Slabakova, R. 2017. The scalpel model of third language acquisition. *International Journal of Bilingualism, 21*(6): 651–665.
Slabakova, R., & Garcia Mayo, M. D. P. 2015. The L3 syntax-discourse interface. *Bilingualism: Language and Cognition, 18*(2): 208–226.
Slabakova, R., Cabrelli Amaro, J., & Kyun Kang, S. 2016. Regular and novel metonymy: Can you curl up with a good Agatha Christie in your second language? *Applied Linguistics, 37*(2): 175–197.
Slabakova, R., Kempchinsky, P., & Rothman, J. 2012. Clitic-doubled left dislocation and focus fronting in L2 Spanish: A case of successful acquisition at the syntax-discourse interface. *Second Language Research, 28*(3): 319–343.
Slabakova, R., Leal, T., Dudley, A., & Stack, M. 2020. *Generative second language acquisition*. Cambridge: Cambridge University Press.
Slabakova, R., White, L., & Guzzo, N. B. 2017. Pronoun interpretation in the second language: Effects of computational complexity. *Frontiers in Psychology, 8*: 1–12.

Slife, B. D., & Williams, R. N. 1995. *What's behind the research? Discovering hidden assumptions in the behavioral sciences*. Thousand Oaks: SAGE.

Slobin, D. I. 1993. Adult language acquisition: A view from child language study. In C. Perdue (Ed.), *Adult Language Acquisition: Cross-Linguistic Perspectives* (pp. 245–262). Cambridge: Cambridge University Press.

Slobin, D. I. 1997. The origins of grammaticizable notions: Beyond the individual mind. In D. I. Slobin(Ed.), *The Crosslinguistic Study of Language Acquisition* (Vol. 5, pp. 265–323). Mahwah: Lawrence Erlbaum.

Slobin, D. I. 2003. Language and thought online: Cognitive consequences of linguistic relativity. In D. Gentner & S. Goldin-Meadow (Eds.), *Language in Mind: Advances in the Study of Language and Thought* (pp. 157–191). Cambridge: MIT Press.

Smit, U. 2002. The interaction of motivation and achievement in advanced EFL pronunciation learners. *International Review of Applied Linguistics*, (40): 89–116.

Smith, B. 2012. Eye tracking as a measure of noticing: A study of explicit recasts in SCMC. *Language Learning & Technology*, 16(3): 53–81.

Smith, H. J. 2007. The social and private worlds of speech: Speech for inter- and intramental activity. *The Modern Language Journal*, 91(3): 341–356.

Smith, M. L. 2006. Multiple methodology in education. In J. L. Green, G. Camilli, & P. B. Elmore (Eds.), *Handbook of Complementary Methods in Education Research* (pp. 457–476). Washington, D.C.: American Educational Research Association.

Smith, M. S., & Truscott, J. 2014. *The multilingual mind: A modular processing perspective*. Cambridge: Cambridge University Press.

Snow, R. E. 1992. Aptitude theory: Yesterday, today, and tomorrow. *Educational Psychologist*, 27: 5–32.

Solano-Campos, A. 2017. Language ideologies in a U.S. state-funded international school: The invisible linguistic repertoires of bilingual refugee students. *Journal of Research in International Education*, 16(1): 36–54.

Sorace, A. 2011. Pinning down the concept of "interface" in bilingualism. *Linguistic Approaches to Bilingualism*, 1(1): 1–33.

Sorace, A., & Filiaci, F. 2006. Anaphora resolution in near-native speakers of Italian. *Second Language Research*, (22): 339–368.

Sorace, A., & Serratrice, L. 2009. Internal and external interfaces in bilingual language development: Beyond structural overlap. *International Journal of Bilingualism*, 13(2): 195–210.

Spada, N., & Tomita, Y. 2010. Interactions between type of instruction and type of language feature: A meta-analysis. *Language Learning, 60*(2): 263–308.

Spinner, P. 2013. The second language acquisition of number and gender in Swahili: A feature reassembly approach. *Second Language Research, 29*: 455–479.

Spinner, P., Gass, S., & Behney, J. 2013. Ecological validity in eye-tracking: An empirical study. *Studies in Second Language Acquisition, 35*(2): 389–415.

Spolsky, B. 2000. *Conditions for second language learning*. Shanghai: Shanghai Foreign Language Education Press.

Stam, G. 2015. Changes in thinking for speaking: A longitudinal case study. *The Modern Language Journal, 99*(S1): 83–89.

Steckler, A., McLeroy, K. R., Goodman, R. M., Bird, S. T., & McCormick, L. 1992. Toward integrating qualitative and quantitative methods: An introduction. *Health Education Quarterly, 19*(1): 1–8.

Steinhauer, K., White, E. J., & Drury, J. E. 2009. Temporal dynamics of late second language acquisition: Evidence from event-related brain potentials. *Second Language Research, 25*(1): 13–41.

Sternberg, R. J. 2002. The theory of successful intelligence and its implications for language-aptitude testing. In P. Robinson (Ed.), *Individual Differences and Instructed Language Learning* (pp. 13–43). Amsterdam: John Benjamins.

Stevick, E. W. 1980. *Teaching languages: A way and ways*. Rowley: Newbury House.

Strauss, A., & Corbin, J. M. 1990. *Basics of qualitative research: Grounded theory procedures and techniques*. Thousand Oaks: SAGE.

Su, J. 2018. Reassembly of plural and human features in the L2 acquisition of Chinese by adult Korean speakers. *Second Language Research, 35*(4): 529–555.

Su, J. 2019. Reassembly of plural and human features in the L2 acquisition of Chinese by adult Korean speakers. *Second Language Research, 35*: 529–555.

Suzuki, Y., & DeKeyser, R. 2017. Exploratory research on second language practice distribution: An aptitude X treatment interaction. *Applied Psycholinguistics, 38*(1): 27–56.

Swain, M. 1985. Communicative competence: Some roles of comprehensible input and comprehensible output in its development. In S. Gass & C. Madden (Eds.), *Input in Second Language Acquisition* (pp. 235–253). Rowley: Newbury House.

Swain, M. 2005. The output hypothesis: Theory and research. In E. Hinkel (Ed.), *The Handbook of Research in Second Language Teaching and Learning* (pp. 471–483). Mahwah: Lawrence Erlbaum.

Swain, M. 2006. Language, agency and collaboration in advanced second language learning. In H. Byrnes (Ed.), *Advanced Language Learning: The Contribution of Halliday and Vygotsky* (pp. 95–108). London: Continuum.

Swain, M., & Deters, P. 2007. "New" mainstream SLA theory: Expanded and enriched. *The Modern Language Journal*, (91): 820–836.

Tachihara, K., & Goldberg, A. E. 2020. Reduced competition effects and noisier representations in a second language. *Language Learning*, 70(1): 219–265.

Taguchi, N., & Roever, C. 2017. *Second language pragmatics*. Oxford: Oxford University Press.

Tanner, D., Inoue, K., & Osterhout, L. 2014. Brain-based individual differences in online L2 grammatical comprehension. *Bilingualism: Language and Cognition*, 17(2): 277–293.

Tarone, E. E. 1980. Some influences on the syllable structure of interlanguage phonology. *International Review of Applied Linguistics in Language Teaching*, 18(1–4): 139–158.

Tashakkori, A., & Teddlie, C. 1998. *Mixed methodology: Combining qualitative and quantitative approaches*. Thousand Oaks: SAGE.

Tashakkori, A., & Teddlie, C. (Eds.). 2003. *Handbook of mixed methods in social & behavioral research*. Thousand Oaks: SAGE.

Team, R. C. 2016. *R: A language and environment for statistical computing*.

Tesch, R. 1990. *Qualitative research: Analysis types and software tools*. New York & London: Routledge.

The Douglas Fir Group. 2016. A transdisciplinary framework for SLA in a multilingual world. *The Modern Language Journal*, 100 (S1): 19–47.

The "Five Graces Group". 2009. Language is a complex adaptive system: Position paper. *Language Learning*, 59(S1): 1–26.

Theakston, A. L., Lieven, E. V., Pine, J. M., & Rowland, C. F. 2001. The role of performance limitations in the acquisition of verb-argument structure: An alternative account. *Journal of Child Language*, 28: 127–152.

Thomas, J. 1983. Cross-cultural pragmatic failure. *Applied Linguistics*, 4: 91–112.

Thomas, R. M. 2003. *Blending qualitative and quantitative research methods in theses and dissertations*. Thousand Oaks: Corwin.

Thorne, S. L. 2003. Artifacts and cultures-of-use in intercultural communication. *Language Learning & Technology*, 7(2): 38–67.

Tight, D. G. 2010. Perceptual learning style matching and L2 vocabulary acquisition. *Language Learning*, 60(4): 792–833.

Timpe-Laughlin, V. 2019. Pragmatics learning in the workplace. In N. Taguchi (Ed.), *The Routledge Handbook of Second Language Acquisition and Pragmatics* (pp. 413–428). New York & London: Routledge.

Tollefson, J. W. (Ed.). 2002. *Language policies in education: Critical issues*. Mahwah: Lawrence Erlbaum.

Tomasello, M. 2003. *Constructing a language*. Cambridge & London: Harvard University Press.

Tomlin, R., & Villa, V. 1994. Attention in cognitive science and second language acquisition. *Studies in Second Language Acquisition*, (16): 183–203.

Toth, P. D. 2011. Social and cognitive factors in making teacher-led classroom discourse relevant for second language development. *The Modern Language Journal*, 95(1): 1–25.

Trembley, P. F., & Gardner, R. C. 1995. Expanding the motivation construct in language leaning. *Modern Language Journal*, (79): 505–520.

Trenkic, D. 2009. Accounting for patterns of article omissions and substitutions in second language production. In R. Hawkins & M. P. Garcia Mayo (Eds.), *Second Language Acquisition of Articles: Empirical Findings and Theoretical Implications* (pp. 115–143). Amsterdam: John Benjamins.

Trenkic, D., & Pongpairoj, N. 2013. Referent salience affects second language article use. *Bilingualism: Language and Cognition*, 16: 152–166.

Trofimovich, P., & Baker, W. 2006. Learning second language suprasegmentals: Effect of L2 experience on prosody and fluency characteristics of L2 speech. *Studies in Second Language Acquisition*, 28(1): 1–30.

Truscott, J. 1996. The case against grammar correction in L2 writing classes. *Language Learning*, 46: 327–369.

Truscott, J. 2007. The effect of error correction on learners' ability to write accurately. *Journal of Second Language Writing*, 16: 255–272.

Truscott, J. 2015. Consciousness in SLA: A modular perspective. *Second Language Research*, 31(3): 413–434.

Tsimpli, I. M., & Dimitrakopoulou, M. 2007. The interpretability hypothesis: Evidence from *wh*-interrogatives in second language acquisition. *Second Language Research*, 23: 215–242.

Tyler, A. E. 2010. Usage-based approaches to language and their applications to second language learning. *Annual Review of Applied Linguistics*, 30: 270–292.

Tyler, A. E., Ortega, L., Uno, M., & Park, H. I. (Eds.). 2018. *Usage-inspired L2 instruction: Researched pedagogy*. Amsterdam: John Benjamins.

Tyler, R. W. 1949. *Basic principles of curriculum and instruction*. Chicago: University of Chicago Press.

Ullman, M. T. 2001. The neural basis of lexicon and grammar in first and second language: The declarative/procedural model. *Bilingualism: Language and cognition*, 4(2): 105–122.

Ullman, M. T. 2005. A cognitive neuroscience perspective on second language acquisition: The declarative/procedural model. *Mind and Context in Adult Second Language Acquisition*, (3): 141–178.

Ushioda, E. 2001. Language learning at university: Exploring the role of motivational thinking. In Z. Dörnyei & R. Schmidt (Eds), *Motivation and Second Language Acquisition* (pp. 91–124). Honolulu: University of Hawaii Press.

Vainikka, A., & Young-Scholten, M. 1996. Gradual development of L2 phrase structures. *Second Language Research*, (12): 7–39.

van Beuningen, C. G., de Jong, N. H., & Kuiken, F. 2012. Evidence on the effectiveness of comprehensive error correction in second language writing. *Language Learning*, 62(1): 1–41.

van Compernolle, R. A., & Henery, A. 2014. Instructed concept appropriation and l2 pragmatic development in the classroom. *Language Learning*, 64(3): 549–578.

van Compernolle, R. A., & McGregor, J. (Eds.). 2016. *Authenticity, language and interaction in second language contexts*. New York: Multilingual Matters.

van Compernolle, R. A., & Williams, L. 2011. Thinking with your hands: Speech-gesture activity during an L2 awareness-raising task. *Language Awareness*, 20(3): 203–219.

van Lier, L. 1996. *Interaction in the language curriculum: Awareness, autonomy, and authenticity*. London: Longman.

VanPatten, B. (Ed). 2004a. *Processing instruction: Theory, research and commentary*. Mahwah: Lawrence Erlbaum.

VanPatten, B. (Ed). 2004b. Some reflections on why there is good reason to continue researching the effects of processing instruction. In B. VanPatten (Ed.), *Processing Instruction: Theory, Research and Commentary* (pp. 325–335). Mahwah: Lawrence Erlbaum.

VanPatten, B. 1996. *Input processing and grammar instruction*. Norwood: Ablex.

VanPatten, B. 2002. Processing the content of input processing and processing instruction research: A response to DeKeyser, Salberry, Robinson, and Harrington. *Language Learning*, 52: 825–831.

VanPatten, B. 2008. Processing matters. In T. Piske & M. Young-Scholten (Eds.), *Input Matters* (pp. 47–61). Clevedon: Multilingual Matters.

VanPatten, B. 2010. The two faces of SLA: Mental representation and skill. *International Journal of English Studies, 10*: 1–18

VanPatten, B. 2012. Input processing. In S. M. Gass & A. Mackey (Eds.), *The Routledge Handbook of Second Language Acquisition* (pp. 268–281). New York & London: Routledge.

VanPatten, B. 2015a. Foundations of processing instruction. *International Review of Applied Linguistics in Language Teaching, 53*(2): 91–109.

VanPatten, B. 2015b. Input processing in adult second language acquisition. In B. VanPatten & J. Williams (Eds.), *Theories in Second Language Acquisition* (2nd ed., pp. 113–134). New York & London: Routledge.

VanPatten, B., & Cadierno, T. 1993. Explicit instruction and input processing. *Studies in Second Language Acquisition, 15*: 225–243.

VanPatten, B., & Fernández, C. 2004. The long-term effects of processing instruction. In B. VanPatten (Ed.), *Processing Instruction: Theory, Research, and Commentary* (pp. 273–289). Mahwah: Lawrence Erlbaum.

VanPatten, B., & Williams, J. (Eds.). 2014. *Theories in second language acquisition* (2nd ed.). New York & London: Routledge.

VanPatten, B., & Williams, J. 2007. *Theories in second language acquisition: An introduction.* Mahwah: Lawrence Erlbaum.

VanPatten, B., & Williams, J. 2015. *Theories in second language acquisition: An introduction.* New York & London: Routledge.

VanPatten, B., Williams, J., Rott, S., & Overstreet, M. (Eds.). 2004. *Form-meaning connections in second language acquisition.* Mahwah: Lawrence Erlbaum.

Verspoor, M., & Behrens, H. 2011. Dynamic systems theory and a usage-based approach to second language development. In M. H. Verspoor, K. de Bot, & W. Lowie (Eds.), *A Dynamic Approach to Second Language Development* (pp. 5–23). Amsterdam: John Benjamins.

Verspoor, M., de Bot, K., & Lowie, W. (Eds.). 2011. *A dynamic approach to second language development: Methods and techniques.* Amsterdam: John Benjamins.

Verspoor, M., Lowie, W., & van Dijk, M. 2008. Variability in L2 development from a dynamic systems perspective. *The Modern Language Journal, 92*: 214–231.

Vidal, C. P., & Shively, R. L. 2019. L2 pragmatic development in study abroad settings. In N. Taguchi (Ed.), *The Routledge Handbook of Second Language Acquisition and Pragmatics* (pp. 355–371). New York & London: Routledge.

Vungthong, S., Djonov, E., & Torr, J. 2017. Images as a resource for supporting vocabulary learning: A multimodal analysis of Thai EFL tablet Apps for primary school children. *TESOL Quarterly, 51*(1): 32–58.

Vygotsky, L. S. 1978. *Mind in society: The development of higher psychological processes*. Cambridge: Harvard University Press.

Vygotsky, L. S. 1979. Consciousness as a problem in the psychology of behavior. *Soviet Psychology, 17*: 3–35.

Vygotsky, L. S. 1987. *The collected works of L. S. Vygotsky: Problems of general psychology, including the volume thinking and speech*. New York: Plenum.

Wang, C., & Wang, M. 2015. Alignment effect on L2 written production. *Applied Linguistics, 36*(5): 503–526.

Waring, H. Z. 2012. "Any Questions?": Investigating the nature of understanding-checks in the language classroom. *TESOL Quarterly, 46*(4): 722–752.

Waring, H. Z. 2013. Doing being playful in the second language classroom. *Applied Linguistics, 34*(2): 191–210.

Watson-Gegeo, K. A. 2004. Mind, language and epistemology: Toward a language socialization paradigm for SLA. *The Modern Language Journal, 3*: 331–50.

Watson-Gegeo, K. A., & Nielsen, S. 2003. Language Socialization in SLA. In C. J. Doughty & M. H. Long (Eds.), *The Handbook of Second Language Acquisition* (pp. 155–177). Oxford: Blackwell.

Weber-Fox, C. M., & Neville, H. J. 1996. Maturational constraints on functional specializations for language processing: ERP and behavioral evidence in bilingual speakers. *Journal of Cognitive Neuroscience, 8*(3): 231–256.

Weber-Fox, C. M., & Neville, H. L. 1999. Functional neural subsystems are differentially affected by delay in second language immersion: ERP and behavioral evidence in bilingual speakers. In D. Birdsong (Ed.), *The Second Language Acquisition and Critical Period Hypothesis* (pp. 23–38). Mahwah: Lawrence Erlbaum.

Weinreich, U. 1953. *Languages in contact*. New York: Publications of the Linguistic Circle of New York.

Wen, Q. 2014, October 23–25. *Production-oriented approach to teaching Chinese adult learners*. The 7th International Conference on English Language Teaching in China, Nanjing, China.

Wen, Q. 2016. The production-oriented approach to teaching university students English in China. *Language Teaching, 51*(4): 526–540.

Wen, Q. 2017. The production-oriented approach: A pedagogical innovation in university English teaching in China. In L. Wong & K. Hyland (Eds.), *Faces of English Education: Students, Teachers, and Pedagogy* (pp. 91–106). New York & London: Routledge.

Wen, Q., & Johnson, R. K. 1997. L2 learner variables and English achievement: A study of tertiary-level English majors in China. *Applied Linguistics*, *18*(1): 27–48.

Wen, Z., & Ahmadian, M. 2019. *Researching L2 task performance and pedagogy in honor of Peter Skehan*. Amsterdam: John Benjamins.

White, L. 1989. *Universal grammar and second language acquisition*. Amsterdam: John Benjamins.

White, L. 2002. Morphological variability in end state L2 grammars: The question of L1 influence. In B. Skarabela, S. Fish, & A. H.-J. Do (Eds.), *Proceedings of the 26th Annual Boston University Conference on Language Development* (pp. 84–94). Somerville: Cascadilla.

White, L. 2011. Second language acquisition at the interfaces. *Lingua*, (4): 577–590.

White, L. 2018. Formal linguistics and second language acquisition. In D. Miller, F. Bayram, J. Rothman, & L. Serratrice (Eds.), *Bilingual Cognition and Language: The State of the Science Across Its Subfields* (pp. 57–78). Amsterdam: John Benjamins.

Williams, J. 2012. The potential role(s) of writing in second language development. *Journal of Second Language Writing*, *21*(4): 321–331.

Williams, M, Burden, R., & Lanvers, U. 2002. "French is the language of love and stuff": Student perceptions of issues related to motivation in learning a foreign language. *British Educational Research Journal*, (4): 503–528.

Williams, M. 2007, November. *An emotionally intelligence user interface: Modeling emotion for user engagement*. Proceedings of the 19th Australasian Conference on Computer Human Interaction: Entertaining User Interfaces, Australia.

Williams, M., & Burden, R. 1997. *Psychology for language teachers*. Cambridge: Cambridge University Press.

Willis, D., & Willis, J. 2007. *Doing task-based teaching*. Oxford: Oxford University Press.

Willis, J. 1996. *A framework for task-based learning*. Oxford: Longman.

Wode, H. 1976. Developmental sequences in naturalistic L2 acquisition. *Working Papers on Bilingualism*, *1*(1): 1–13.

Wolcott, H. F. 1992. Posturing in qualitative inquiry. In M. D. LeCompte, W. L. Millroy, & J. Preissle (Eds.), *The Handbook of Qualitative Research in Education* (pp. 3–52). Condon: Academic.

Wray, A. 1999. Formulaic language in learners and native speakers. *Language Teaching*, 32(4): 213–231.

Wray, A. 2012. What do we (think we) know about formulaic language? An evaluation of the current state of play. *Annual Review of Applied Linguistics*, 32: 231–254.

Xiao, F. 2015. Adult second language learners' pragmatic development in the study-abroad context: A review. *Frontiers: The Interdisciplinary Journal of Study Abroad*, 25: 132–149.

Xiong, T., & Qian, Y. 2012. Ideologies of English in a Chinese high school EFL textbook: A critical discourse analysis. *Asia Pacific Journal of Education*, 32(1): 75–92.

Xu, Q., Dong, X., & Jiang, L. 2017. EFL learners' perceptions of mobile-assisted feedback on oral production. *TESOL Quarterly*, 51(2): 408–417.

Yamashita, J., & Jiang, N. 2010. L1 influence on the acquisition of L2 collocations: Japanese ESL users and EFL learners acquiring English collocations. *TESOL Quarterly*, 44(4): 647–668.

Yanguas, I. 2009. Multimedia glosses and their effect on L2 text comprehension and vocabulary learning. *Language Learning & Technology*, 13(2): 48–67.

Yeldham, M. 2016. Second language listening instruction: Comparing a strategies-based approach with an interactive, strategies/bottom-up skills approach. *TESOL Quarterly*, 50(2): 394–420.

Yip, V. 1995. *Interlanguage and learnability: From Chinese to English*. Amsterdam: John Benjamins.

Yoshida, R. 2010. How do teachers and learners perceive corrective feedback in the Japanese language classroom? *Modern Language Journal*, 94(2): 293–314.

Young, R. F., & Astarita, A. C. 2013. Practice theory in language learning. *Language Learning*, 63(S1): 171–189.

Yuan, B. 1995. Acquisition of base-generated topics by English-speaking learners of Chinese. *Language Learning*, 45: 201–237.

Yuan, B. 1997. Asymmetry of null subject and null object in Chinese learners' interlanguages of English. *Studies in Second Language Acquisition*, 19: 467–497.

Yuan, B. 1998. The interpretation of binding and orientation of the Chinese reflexive *Ziji* by English and Japanese speakers. *Second Language Research*, 14(4): 325–340.

Yuan, B. 1999. Acquiring the unaccusative/unergative distinction in a second language: Evidence from English-speaking learners of L2 Chinese. *Linguistics, 37*: 275–296.

Yuan, B. 2001. The status of thematic verbs in the second language acquisition of Chinese: Against inevitability of thematic-verb raising in second language acquisition. *Second Language Research, 17*(3): 248–272.

Yuan, B. 2007a. Behaviors of *wh*-words in English speakers' L2 Chinese *wh*-questions: Evidence of no variability, temporary variability and persistent variability in L2 grammars. *Bilingualism: Language and Cognition, 10*(3): 277–298.

Yuan, B. 2007b. Japanese speakers' second language Chinese *wh*-questions: A lexical morphological feature deficit account. *Second Language Research, 23*(3): 329–357.

Yuan, B. 2010. Domain-wide or variable-dependent vulnerability of the semantics—syntax interface in L2 acquisition? Evidence from *wh*-words used as existential polarity words in L2 Chinese grammars. *Second Language Research, 26*(2): 219–260.

Yuan, B. 2012. Is Chinese "daodi" "the hell" in English speakers' L2 acquisition of Chinese *daodi…wh…*questions? Effects and recoverability of L1 transfer at L2 interfaces. *International Journal of Bilingualism, 17*(4): 403–430.

Yuan, B. 2014. "*Wh*-on-earth" in Chinese speakers' L2 English: Evidence of dormant features. *Second Language Research, 30*(4): 515–549.

Yuan, B. 2015. The effect of computational complexity on L1 transfer: Evidence from L2 Chinese attitude-bearing *wh*-questions. *Lingua, 167*: 1–18.

Yuan, B. 2017. Can L2 sentence processing strategies be native-like? Evidence from English speakers' L2 processing of Chinese base-generated-topic sentences. *Lingua, 191–192*: 42–64.

Yuan, B., & Dugarova, E. 2012. *Wh*-topicalization at the syntax-discourse interface in English speakers' L2 Chinese grammars. *Studies in Second Language Acquisition, 34*: 533–560.

Yuan, B., & Mai, Z. 2016. Uneven reassembly of tense, telicity and discourse features in L2 acquisition of the Chinese *shì…de* cleft construction by adult English speakers. *Second Language Research, 32*(2): 247–276.

Yuan, B., & Zhang, L. 2020. An incremental model of second language speech production mechanisms: Developmental evidence from object ellipsis in second language Chinese speech production. *International Journal of Bilingualism, 24*(4): 783–810.

Yuan, B., & Zhao, Y. 2010. Asymmetric syntactic and thematic reconfigurations in English speakers' L2 Chinese resultative compound constructions. *International Journal of Bilingualism, 15*(1): 38–55.

Žegarac, V. 2004. Relevance theory and *the* in second language acquisition. *Second Language Research,* (3): 193–211.

Zhang, L. J. 2001. Awareness in reading: EFL students' meta-cognitive knowledge of reading strategies in an acquisition-poor environment. *Language Awareness, 10* (4): 268–288.

Zhang, L. J. 2008. Constructivist pedagogy in strategic reading instruction: Exploring pathways to learner development in the English as a second language (ESL) classroom. *Instructional Science, 36* (2): 89–116.

Zhang, L. J. 2010. A dynamic meta-cognitive systems account of Chinese university students' knowledge about EFL reading. *TESOL Quarterly, 44* (2): 320–353.

Zhang, L. J., & Zhang, D. 2013. Thinking meta-cognitively about meta-cognition in second and foreign language learning, teaching and research. *Contemporary Foreign Languages Studies,* (12): 111–121.

Zhang, X., & Lantolf, J. P. 2015. Natural or artificial: Is the route of L2 development teachable? *Language Learning, 65*: 152–180.

Ziegler, J. C., & Goswami, U. 2005. Reading acquisition, developmental dyslexia, and skilled reading across languages: A psycholinguistic grain size theory. *Psychological Bulletin, 131*(1): 3–29.

Zuengler, J., & Miller, E. R. 2006. Cognitive and sociocultural perspectives: Two parallel SLA worlds? *TESOL Quarterly, 1*: 35–48.

术 语 表

保姆语	caretaker talk
比较失误	comparative fallacy
变异社会语言学	variationist sociolinguistics
表层屈折词缀缺少假说	missing surface inflection hypothesis
表征缺失假说	the representational deficit hypothesis
并发三角验证	concurrent triangulation
产出导向法	production-oriented approach, POA
阐释转向	interpretative turn
沉浸式教学法	immersion teaching
沉默期	silent period
陈述性和程序性模型	declarative/procedural model
成熟期限制	maturational constraints
承受者	patient
程序技能	procedural skills
传统简化论	reductionism
纯句法操作	syntactic operation
纯实验研究设计	true experimental design
词汇功能语法	lexical-functional grammar
词汇映射理论	lexical mapping theory
词目可及	lemma access
词组程序	phrasal procedure
从句程序	subordinate clause procedure
磋商	negotiation
单一受试研究设计	single-subject design
等值性	equivalence
第二语言习得	second language acquisition, SLA
迭代设计	iteration design
定性跟踪方法	qualitative follow-up approach
动态系统理论	dynamic systems theory, DST
多基线设计	multiple-baseline design
多语动态模型	dynamic model of multilingualism
二次社会化	secondary socialization

二级接触语言	secondary order contact language
二语语用	second language pragmatics
发展调节迁移假说	developmentally moderated transfer hypothesis
发展性阅读障碍	developmental dyslexia
反思性	reflexivity
范畴程序	category procedure
非言语证据	nonverbal evidence
非语法顺序	not grammatically sequenced
分解动词位置	split-verb position
附带学习	incidental learning
复杂理论	complexity theory
复杂性与动态系统理论	complexity and dynamic systems theory
副词前置	adverb fronting
副词前置句中的主谓倒装	subject-verb inversion after adverb fronting
概率性加工	probabilistic processing
概念迁移	conceptual transfer
感知表征	perceptual representation
感知同化模型	perception assimilation model
个体差异	individual differences
工作记忆	working memory
公度性	commensurability
功能结构	functional structure
构式语法	construction grammar
过渡能力	transitional competence
厚重描述	thick description
互动	interaction
会话分析	conversation analysis
混沌理论	chaos theory
或然性	contingency
基于使用的理论	usage-based theory
计算机辅助动态评估	computerized dynamic assessment
既有趣又关联性	interesting and relevant
继承语双语者	heritage bilinguals
加工程序	processing procedures
加工器	processor
假设空间	hypothesis space
监察假说	the monitor hypothesis

监察模式	monitor model
僵化现象	stabilization and fossilization
交汇模型	convergence model
交汇性设计	convergent design
交替处理设计	alternating-treatment design
教师语言	teacher talk
接口假说	interface hypothesis
结构性结果	structural outcome
解释性顺序设计	explanatory sequential design
仅后测控制组匹配设计	matching posttest-only control group design
仅后测控制组设计	posttest-only control group design
近期性	recency
近似体系	approximative systems
经验验证	empirical validation
竞争系统假说	competing systems hypothesis
句子程序	S-procedure
具身认知观	embodied view of cognition
可变性	variability
可变性规则	variable rule
可加工性层级	processability hierarchy
可加工性理论	processability theory
可解释性假说	the interpretability hypothesis
可理解的输入	comprehensible input
跨语言影响	cross-linguistic influence
理想二语自我	ideal L2 self
理性加工	rational processing
连通模式	connectionist model
联想学习	associative learning
临界期假说	critical period hypothesis
论元结构	argument structure
论旨角色	thematic roles
敏感期	sensitive period
命题	proposition
模块化加工	modular processing
母亲语	motherese
母语—二语结构竞争模型	L1-L2 structural competition model
母语形成器	formulator

内化	internalization
内隐教学	implicit instruction
判断性验证	judgmental validation
平行研究	parallel study
平衡设计	counterbalanced design
瓶颈假说	bottleneck hypothesis
普遍语法特征库	UG inventory of features
前后测控制组匹配设计	matching pretest-posttest control group design
前后测控制组设计	pretest-posttest control group design
浅层结构假设	shallow structure hypothesis
浅层理论	shallow theories
情感过滤假说	the affective filter hypothesis
认知语言学	cognitive linguistics
认知主义	cognitivism
任务教学法	task-based language teaching, TBLT
融习得与损耗于一体的模型	unified model of acquisition and attrition
弱迁移假说	weak transfer hypothesis
社会距离	social distance
社会认同理论	social identity theory
社会认知方法	sociocognitive approach
社会认知理论	sociocognitive theory
社会文化理论	sociocultural theory
深层理论	deep theories
审计线索	audit trail
生物文化视角	biocultural perspective
失语症	aphasia
施动者	agent
时间序列设计	time-series design
世界英语	World Englishes
事件相关脑电位	ERPs
书面纠正性反馈	written corrective feedback, CF/WCF
输出驱动假设	output-driven hypothesis
输出驱动-输入促成假设	output-driven, input-enabled hypothesis
输入加工教学	input processing instruction
输入加工理论	input processing theory
输入调整	input modification
双语	bilingualism

双语语言模式	bilingual language mode
顺序模型	sequential model
顺序三角测量	sequential triangulation
私语	private speech
损耗	attrition
所罗门四组设计	Solomon four-group design
探索性顺序设计	exploratory sequential design
特异方言	idiosyncratic dialects
特征联合	feature unification
特征休眠假说	feature dormant hypothesis
特征重组假说	feature reassembly hypothesis
梯度差异	gradient differences
提示竞争	cue competition
听说法	audio-lingual method
同步三角验证	simultaneous triangulation
同行核验	peer debriefing
突显度	salience
突现性	burstness
外显教学	explicit instruction
完全可及	full access
完全迁移	full transfer
文化适应	acculturation
无主体迁移假说	no bulk transfer hypothesis
吸收	intake
吸态	attractor state
习得—学习假说	the acquisition-learning hypothesis
系统概念教学法	systematical theoretical instruction
系统功能语言学	systemic functional linguistics
先天大纲	built-in or innate syllabus
显性知识	explicit knowledge
效应量	effect size
写长法	the length approach
心理距离	psychological distance
心理语言学组块理论	psycholinguistic grain size theory
形式—功能原则	form-function principle
形式聚焦	focus on forms
形态	morphology

性别一致性	gender agreement
学得注意	learned attention
循序渐进原则	task depending and task chain principle
延展认知观	extended view of cognition
言语表象	verbal-imagery
言语感知	speech perception
言语证据	verbal evidence
要素结构	constituent structure
异质发展轨迹	heterogeneous developmental trajectories
意识	awareness
意义聚焦	focus on form and meaning
意义推算	meaning calculation
意义协商	negotiate for meaning
隐性知识	implicit knowledge
隐喻	metaphor
英语作为通用语	English as a Lingua Franca, ELF
应该二语自我	ought-to L2 self
有意学习	intentional learning
语码混合	code-mixing
语码转换	code switching
语言干扰	language interference
语言加工程序层级	hierarchy of processing procedures
语言类型优选模型	typological primacy model
语言社会化	language socialization
语言输入假说	the input hypothesis
语言维持	language maintenance
语言习得机制	language acquisition device, LAD
语言相对论	linguistic relativity
语言学能	language aptitude
语音	phonology
语音感知	speech perception
语音学习模型	speech learning model
语音意识	phonological awareness
语用能力	pragmatic competence
预实验研究设计	pre-experimental design
元认知策略	metacognitive strategies
原型性	prototypicality

源语	source language
遮蔽	overshadow
真实性原则	authenticity principle
整体—分析	wholist-analytic
整体民族志	holistic ethnography
中介	mediation
中介语	interlanguage
注意	attention
转喻	metonymy
准实验研究设计	quasi-experimental
自顶向下的过程	top-down processes
自然顺序假说	the natural order hypothesis
自适应系统	a complex adaptive system
自下而上的处理能力	bottom-up processing capacities
最简树假设	minimal trees hypothesis
最近发展区	zone of proximal development
最终成效	ultimate attainment